a cidade antiga

a cidade antiga

FUSTEL DE COULANGES

Tradução:
Roberto Leal Ferreira

MARTIN CLARET

SUMÁRIO

A CIDADE ANTIGA

Introdução — 13

LIVRO I - ANTIGAS CRENÇAS

I. Crenças sobre a alma e sobre a morte — 21
II. O culto dos mortos — 28
III. O fogo sagrado — 33
IV. A religião doméstica — 43

LIVRO II - A FAMÍLIA

I. A religião foi o princípio constitutivo da família antiga — 53
II. O casamento — 56
III. Da continuidade da família; celibato proibido; divórcio em caso de esterilidade. Desigualdade entre o filho e a filha — 63
IV. Da adoção e da emancipação — 69
V. Do parentesco do que os romanos chamavam de agnação — 72
VI. O direito de propriedade — 76
VII. O direito de sucessão — 91
VIII. A autoridade na família — 106
IX. A antiga moral da família — 117
X. A *gens* em Roma e na Grécia — 124

Livro III - A cidade

I. A fratria e a cúria; a tribo — 147
II. Novas crenças religiosas — 151
III. Forma-se a cidade — 158
IV. A urbe — 167
V. O culto do fundador; A lenda de Eneias — 176
VI. Os deuses da cidade — 182
VII. A religião da cidade — 192
VIII. Os rituais e os anais — 206
IX. Governo da cidade. O rei — 214
X. O magistrado — 221
XI. A lei — 229
XII. O cidadão e o estrangeiro — 237
XIII. O patriotismo — o exílio — 242
XIV. Do espírito municipal — 246
XV. Relações entre as cidades; a guerra; a paz; a aliança dos deuses — 250
XVI. O romano; o ateniense — 257
XVII. Da onipotência do Estado; os antigos não conheceram a liberdade individual — 267

Livro IV - As revoluções

I. Patrícios e clientes — 276
II. Os plebeus — 281
III. Primeira revolução — 287
IV. A aristocracia governa as cidades — 301
V. Segunda revolução: mudanças na constituição da família; desaparece o direito de primogenitura; a *gens* desmembra-se — 306
VI. Os clientes libertam-se — 311
VII. Terceira revolução: a plebe entra na cidade — 327
VIII. Mudança no direito privado; o código das Doze Tábuas; o código de Sólon — 369
IX. Novo princípio de governo; o interesse público e o voto — 380

X. Uma aristocracia da riqueza tenta constituir-se;
estabelecimento da democracia; quarta revolução … 386
XI. Regras do governo democrático; exemplo da
democracia ateniense … 394
XII. Ricos e pobres; morre a democracia; os tiranos populares … 402
XIII. Revoluções de Esparta … 410

Livro V - Desaparece o regime municipal

I. Novas crenças; a filosofia muda as regras da política … 423
II. A conquista romana … 432
III. O cristianismo muda as condições do governo … 465

a cidade antiga

ESTUDO SOBRE O CULTO,
O DIREITO, AS INSTITUIÇÕES
DA GRÉCIA E DE ROMA

introdução

DA NECESSIDADE DE ESTUDAR AS MAIS
VELHAS CRENÇAS DOS ANTIGOS PARA
CONHECER AS SUAS INSTITUIÇÕES

Propomo-nos mostrar aqui segundo quais princípios e por que regras a sociedade grega e a sociedade romana se governaram. Reunimos no mesmo estudo os romanos e os gregos, porque esses dois povos, que eram dois ramos de uma mesma raça e falavam dois idiomas originados de uma mesma língua, tiveram também as mesmas instituições e os mesmos princípios de governo e passaram por uma série de revoluções semelhantes.

Empenhar-nos-emos sobretudo em ressaltar as diferenças radicais e essenciais que distinguem definitivamente das sociedades modernas esses povos antigos. O nosso sistema educativo, que nos faz viver desde a infância em meio aos gregos e aos romanos, habitua-nos a compará-los continuamente a nós mesmos, a julgar a história deles segundo a nossa e a explicar as nossas revoluções pelas suas. O que recebemos deles e o que nos legaram faz-nos crer que fossem semelhantes a nós; temos certa dificuldade em considerá-los povos estrangeiros; quase sempre vemos a nós mesmos neles. Essa é a origem de muitos erros. Raramente deixamos de nos enganar sobre esses povos antigos quando nos vemos através das opiniões e dos fatos do nosso tempo.

Ora, os erros nessa matéria não deixam de ser perigosos. A ideia que fizemos da Grécia e de Roma muitas vezes perturbou as nossas gerações. Por termos observado mal as instituições da cidade antiga, imaginamos fazê-las reviver entre nós.

Acalentamos ilusões sobre a liberdade entre os antigos, e só por isso foi posta em perigo a liberdade entre os modernos. Os últimos oitenta anos da nossa história mostraram claramente que uma das grandes dificuldades que se contrapõem ao avanço da sociedade moderna é o hábito por ela adquirido de sempre ter a antiguidade grega e romana diante dos olhos.

Exige a prudência que, para conhecermos a verdade sobre esses povos antigos, os estudemos sem pensar em nós mesmos, como se nos fossem completamente estranhos, com o mesmo desinteresse e com o espírito tão livre como se estudássemos a Índia antiga ou a Arábia.

Assim observadas, a Grécia e Roma se nos apresentam com um caráter absolutamente inimitável. Nada se assemelha a elas nos tempos modernos. Nada poderá assemelhar-se no futuro. Tentaremos mostrar por que regras se governavam essas sociedades, e verificaremos com facilidade que as mesmas regras não podem mais governar a humanidade.

Qual a razão disso? Por que as condições do governo dos homens não são mais as mesmas de antigamente? As grandes mudanças que surgem de quando em quando na constituição das sociedades não podem ser o efeito nem do acaso nem da força apenas. A causa que as produz deve ser potente, e essa causa deve residir no homem. Se as leis da associação humana não são mais as mesmas que na Antiguidade, é porque há no homem algo que mudou. Com efeito, parte do nosso ser modifica-se de século em século; é a nossa inteligência. Ela está sempre em movimento e quase sempre em progresso, e, por causa dela, as nossas instituições e as nossas leis estão sujeitas a mudança. O homem não pensa mais hoje o que pensava há vinte e cinco séculos, e é por isso que não se governa mais como se governava.

A história da Grécia e de Roma é um testemunho e um exemplo da estreita relação que sempre há entre as ideias da inteligência humana e o estado social de um povo. Considerai as instituições dos antigos sem levar em conta as suas crenças e as achareis obscuras, esquisitas, inexplicáveis. Por que patrícios e plebeus, patrões e clientes, eupátridas e tetas, e de onde vêm as diferenças inatas e indeléveis que encontramos entre essas classes? Que significam essas instituições lacedemônias que nos parecem tão contrárias à natureza? Como explicar essas esquisitices iníquas do antigo direito privado: em Corinto, em Tebas, proibição de vender sua terra; em Atenas, em Roma, desigualdade na sucessão entre o irmão e a irmã? Que entendiam os jurisconsultos por agnação, pela *gens?* Por que essas revoluções no direito e essas revoluções na política? Que era esse singular patriotismo que por vezes obliterava todos os sentimentos naturais? Que se entendia por essa liberdade de que tanto se falava? Como é possível que instituições que se afastam tanto de tudo o que concebemos hoje tenham podido estabelecer-se e reinar por tanto tempo? Qual é o princípio superior que lhes deu autoridade sobre o espírito dos homens?

Mas colocai as crenças diante dessas instituições e dessas leis; de imediato os fatos se tornarão mais claros, e sua explicação se apresentará por si mesma. Se, remontando às primeiras épocas dessa raça, ou seja, ao tempo em que ela fundou suas instituições, observarmos a ideia que tinha do ser humano, da vida e da morte, da segunda existência, do princípio divino, notaremos uma relação íntima entre essas opiniões e as regras antigas do direito privado, entre os ritos que derivaram dessas crenças e as instituições políticas.

A comparação das crenças e das leis mostra que uma religião primitiva constituiu a família grega e romana, estabeleceu o matrimônio e a autoridade paternal, definiu os níveis de parentesco, consagrou o direito de propriedade e o direito de herança. Essa mesma religião, depois de ter ampliado e estendido a família, formou uma associação maior, a cidade, e nela reinou como na família. Dela vieram todas as instituições, assim como todo o direito privado dos antigos. Foi dela que a cidade recebeu os seus princípios, as suas regras, os seus costumes e as suas magistraturas. Mas, com o tempo, essas velhas crenças se modificaram ou se eclipsaram; o direito privado e as instituições política modificaram-se com elas. Desenvolveu-se, então, a série de revoluções, e as transformações sociais seguiram regularmente as transformações da inteligência.

Cumpre, portanto, estudar antes de tudo as crenças desses povos. As mais velhas são as que mais nos importa conhecer. Pois as instituições e as crenças que encontramos nas épocas de esplendor da Grécia e de Roma são apenas o desenvolvimento de crenças e de instituições anteriores; cumpre procurar as suas raízes no passado mais remoto. As populações gregas e italianas são infinitamente mais velhas do que Rômulo e Homero. Foi numa época mais antiga, numa antiguidade sem data, que as crenças se formaram e as instituições ou foram estabelecidas ou foram preparadas.

Mas que esperança há de se chegar ao conhecimento desse passado distante? Quem nos dirá o que pensavam os homens, dez ou quinze séculos antes da nossa era? Podemos reencontrar o que é tão inapreensível e tão fugitivo, as crenças e as opiniões? Sabemos o que pensavam os árias do Oriente, há trinta e cinco séculos; sabemo-lo pelos hinos dos Vedas, que certamente são muito antigos, e pelas leis de Manu, em que podemos distinguir trechos de uma época extremamente remota. Mas onde estão os hinos dos antigos helenos? Tinham, como os italianos, cantos antigos, velhos livros sagrados; mas nada disso chegou até nós. Que lembrança nos pode restar dessas gerações que não nos deixaram um único texto escrito?

Felizmente, o passado jamais morre completamente para o homem. O homem pode muito bem esquecê-lo, mas continua trazendo-o consigo. Pois, tal como é em cada época, ele é o produto e o resumo de todas as épocas anteriores. Se descer ao fundo de sua alma, pode reencontrar e distinguir essas diferentes épocas pelo que cada uma delas nela deixou.

Observemos os gregos do tempo de Péricles, os romanos do tempo de Cícero; trazem em si as marcas autênticas e os vestígios certos dos séculos mais distantes. O contemporâneo de Cícero (refiro-me sobretudo ao homem do povo) tem a imaginação repleta de lendas; essas lendas vêm-lhe de um tempo antiquíssimo e testemunham da maneira de pensar daquele tempo. O contemporâneo de Cícero vale-se de uma língua cujos radicais são infinitamente antigos; essa língua, ao exprimir os pensamentos das épocas passadas, modelou-se sobre elas, e conservou a sua marca, que transmite de século em século. O sentido íntimo de um radical pode às vezes revelar uma antiga opinião ou um antigo costume; as ideias transformaram-se e as recordações desapareceram; mas as palavras permanecem, imutáveis testemunhas de crenças desaparecidas. O contemporâneo de Cícero pratica ritos nos sacrifícios, nos funerais, na cerimônia do casamento; esses ritos são mais velhos do que ele, e a prova é que eles não respondem mais às crenças que ele tem. Mas consideremos mais de perto os ritos que ele observa ou as fórmulas que recita, e neles encontraremos a marca daquilo em que os homens criam quinze ou vinte séculos antes.

LIVRO I
antigas crenças

CAPÍTULO I

Crenças sobre a alma e sobre a morte

Até os últimos tempos da história da Grécia e de Roma, vemos persistir entre o vulgo um conjunto de pensamentos e de costumes que por certo datava de uma época muito remota e pelo qual podemos aprender que opiniões o homem tinha inicialmente sobre a sua própria natureza, sobre a sua alma e sobre o mistério da morte.

Por mais longe no passado que recuemos na história da raça indo-europeia, de que as populações gregas e italianas são ramos, não vemos que essa raça tivesse alguma vez pensado que depois desta breve vida tudo estivesse acabado para o homem. As mais antigas gerações, muito antes de haver filósofos, creram numa segunda existência depois desta. Elas encararam a morte, não como uma dissolução do ser, mas como uma simples mudança de vida.

Mas em que lugar e de que maneira se passava essa segunda existência? Criam que o espírito imortal, tendo escapado de um corpo, ia animar outro? Não; a crença na metempsicose jamais pôde ganhar raízes na mente das populações greco-italianas; tampouco é a mais antiga opinião dos árias do Oriente, pois os hinos dos Vedas estão em oposição a ela. Criam eles que o espírito subia ao céu, à região da luz? Também não; o pensamento de que as almas entrassem numa morada celestial é de uma época mais recente na área ocidental, pois a vemos exprimida pela primeira vez pelo poeta Focílides; a morada celeste jamais foi considerada a recompensa de alguns grandes homens e dos benfeitores da humanidade. Segundo as mais velhas crenças dos italianos e dos gregos, não era num mundo estranho a este que a alma ia passar a sua segunda existência; ela permanecia bem perto dos homens e continuava a viver sob a terra.[1]

Chegaram até a crer durante muito tempo que nessa segunda existência a alma permanecia associada ao corpo. Nascida com ele, a morte não a separava dele; encerrava-se com ele na tumba.

Por mais velhas que sejam essas crenças, chegaram até nós testemunhos autênticos a seu respeito. Esses testemunhos são os ritos de sepultamento, que sobreviveram de muito a essas crenças primitivas, mas certamente nasceram com elas e podem fazer que as compreendamos.

Os ritos de sepultamento mostram com clareza que, quando se colocava um corpo no sepulcro, se cria ao mesmo tempo que nele se colocava algo vivo. Virgílio, que sempre descreve com tanta precisão e escrúpulo as cerimônias religiosas, termina a narrativa dos funerais de Polidoro com estas palavras: "Encerramos a alma no túmulo". Encontra-se a mesma expressão em Ovídio e em Plínio, o Moço; não que ela correspondesse às ideias que esses escritores tinham da alma, mas desde tempos imemoriais ela se perpetuara na língua, atestando crenças antigas e populares.[2]

---

[1] *Sub terra censevant reliquam vitam agi mortuorum.* Cícero, *Tusc.*, I, 16. Eurípides, *Alceste*, 163; *Hécuba, passim.*

[2] Ovídio, *Fastes*, V, 451. Plínio, *Cartas*, VII, 27. Virgílio, *En.*, III, 67. A descrição de Virgílio relaciona-se ao uso dos cenotáfios; admitia-se que, quando não se podia encontrar o corpo de um parente, lhe fizessem uma cerimônia que reproduzisse exatamente todos os ritos do sepultamento, e com isso se acreditava encerrar, na ausência do corpo, pelo menos a alma no túmulo. Eurípides, *Helena*, 1061, 1240. *Scholiast. ad Pindar. Pyth.*, IV, 284. Virgílio, VI, 505; XII, 214.

Era costume, ao término da cerimônia fúnebre, chamar três vezes a alma do morto pelo nome que ele tivera. Desejavam-lhe que vivesse feliz sob a terra. Três vezes lhe diziam: Passe bem. Acrescentavam: Que a terra lhe seja leve.[3] Tal era a crença de que o ser continuaria vivendo sob essa terra e nela conservaria o sentimento de bem-estar e de dor! Escreviam sobre o túmulo do homem que ali repousava; expressão que sobreviveu a essas crenças e que de século em século chegou até nós. Ainda a empregamos, embora decerto hoje ninguém mais pense que um ser imortal repousa num túmulo. Mas na Antiguidade se acreditava tão firmemente que ali vivia um homem, que jamais se deixava de enterrar com ele os objetos de que se supunha tivesse necessidade, roupas, vasos, armas. Derramava-se vinho sobre o seu túmulo para matar-lhe a sede; colocavam alimentos para saciar-lhe a fome. Degolavam cavalos e escravos, com a ideia de que esses seres, encerrados com o morto, o serviriam na tumba, como o haviam servido durante a vida. Depois da tomada de Troia, os gregos vão retornar para os seus países; cada qual leva a sua bela cativa; mas Aquiles, que está sob a terra, também exige a sua, e dão-lhe Polixena.[4]

Um verso de Píndaro conservou-nos um curioso vestígio desses pensamentos das antigas gerações. Frixo fora forçado a deixar a Grécia e fugira para a Cólquida. Ele morrera naquele país; mas, embora morto, queria voltar à Grécia. Apareceu, pois, a Pélias e lhe recomendou ir à Cólquida para trazer de lá a sua alma. Sem dúvida, essa alma sentia saudades do solo da

---

[3] *Ilíada*, XXIII, 221. Pausânias, II, 7, 2. Eurípides, *Alc.*, 463. Virgílio, *En.*, III, 68. Catulo, 98, 10. Ovídio, *Trist.*, III, 3, 43; *Fast.*, IV, 852; *Metam.*, X, 62. Juvenal, VII, 207. Marcial, I, 89; V, 35; IV, 30. Sérvio, *ad Aen.*, II, 644; III, 68; XI, 97. Tácito, *Agric.*, 46.
[4] Eurípides, *Héc.*, *passim*; *Alc.*, 618; *Ifig.*, 162. *Ilíada*, XXIII, 166. Virgílio, *En.*, V, 77; VI, 221; XI, 81. Plínio, *H. N.*, VIII, 40. Suetônio, *César*, 84; Luciano, *De luctu*, 14.

pátria, do túmulo da família; mas, presa aos restos corporais, não podia deixar a Cólquida sem eles.[5]

Dessa crença primitiva derivou a necessidade da sepultura. Para que a alma fosse fixada nessa morada subterrânea que lhe convinha para a sua segunda vida, era preciso que o corpo ao qual ela permanecia presa fosse recoberto de terra. A alma que não tivesse o seu túmulo não tinha residência. Era errante. Em vão aspirava ao repouso, que devia desejar depois das agitações e dos trabalhos desta vida; tinha de errar para sempre, sob forma de larva ou de fantasma, sem jamais parar, sem jamais receber as oferendas e os alimentos de que precisava. Infeliz, logo se tornava malfazeja. Atormentava os vivos, enviava-lhes doenças, destruía as colheitas, apavorava-os com aparições lúgubres, para avisá-los a dar sepultura ao seu corpo e a ela própria. Veio daí a crença nos fantasmas. Toda a Antiguidade estava convencida de que, sem a sepultura, a alma era miserável, e que pela sepultura se tornava feliz para sempre. Não era para exibição da dor que se realizava a cerimônia fúnebre, mas pelo repouso e pela felicidade do morto.[6]

Note-se bem que não bastava enterrar o corpo. Era preciso ainda observar ritos tradicionais e pronunciar determinadas fórmulas. Encontramos em Plauto a história de um fantasma;[7] é uma alma forçada a permanecer errante, porque o seu corpo foi enterrado sem que se observassem os ritos. Conta Suetônio que, tendo o corpo de Calígula sido enterrado sem que fosse realizada a cerimônia fúnebre, isso fez que sua alma permanecesse errante e aparecesse aos vivos, até o dia em que decidiram desenterrar o corpo e dar-lhe uma sepultura conforme as normas.

---

[5] Píndaro, *Pít.*, IV, 284, edit. Heyne; *vide* Escoliasta.
[6] *Odisseia*, XI, 72. Eurípides, *Troianas*, 1085. Heródoto, V, 92. Virgílio, VI, 371, 379. Horácio, *Odes*, I, 23. Ovídio, *Fast.*, V, 483. Plínio, *Epist.*, VII, 27. Suetônio, *Calíg.*, 59. Sérvio, *ad Aen.*, III, 68.
[7] Plauto, *Mostellaria*.

Esses dois exemplos mostram claramente que efeito se atribuía aos ritos e às fórmulas da cerimônia fúnebre. Uma vez que sem eles as almas permaneciam errantes e se mostravam aos vivos, é, portanto, porque com eles as almas eram fixadas e encerradas no túmulo. E assim como havia fórmulas com essa virtude, os antigos dispunham de outras com a virtude contrária, a de evocar as almas e de fazê-las sair momentaneamente do sepulcro.

Podemos ver nos escritores antigos como o homem era atormentado pelo medo de que depois da morte os ritos não fossem observados. Era uma fonte de pungentes angústias. Temia-se menos a morte do que a privação da sepultura. É que dela dependiam a felicidade e o repouso eternos. Não devemos surpreender-nos muito ao ver os atenienses condenarem à morte os generais que, depois de uma vitória marítima, haviam negligenciado enterrar os mortos. Esses generais, alunos dos filósofos, distinguiam nitidamente a alma do corpo e, como não criam que a sorte de uma estivesse ligada à sorte do outro, parecia-lhes pouco importante que um cadáver se decompusesse em terra ou na água. Não tinham, portanto, enfrentado a tempestade pela vã formalidade de recolher e enterrar os mortos. Mas a multidão, que, mesmo em Atenas, permanecia apegada às velhas crenças, acusou seus generais de impiedade e fê-los morrer. Com a vitória haviam salvado Atenas; mas com a negligência haviam perdido milhares de almas. Os parentes dos mortos, pensando no longo suplício que essas almas iriam sofrer, vieram ao tribunal em trajes de luto e exigiram vingança.

Nas cidades antigas, a lei atingia os grandes culpados com um castigo considerado terrível, a privação de sepultura. Punia-se assim a própria alma, e lhe infligiam um suplício quase eterno.

Cumpre observar que se estabeleceu entre os antigos uma outra opinião sobre a morada dos mortos. Imaginaram uma região, igualmente subterrânea, mas infinitamente mais vasta do que a tumba, em que todas as almas, longe do corpo, viviam reunidas e onde eram distribuídas penas e recompensas, de acordo com o comportamento que o homem tivera durante a vida. Os ritos de sepultamento, porém, tais como acabamos de descrevê-los, estão manifestamente em desacordo com essas crenças: prova certa de que, na época em que se estabeleceram esses ritos, ainda não se acreditava no Tártaro e nos Campos Elísios. A opinião primitiva dessas antigas gerações foi que o ser humano vivia no túmulo, que a alma não se separava do corpo e que ela permanecia presa a essa parte do solo em que os ossos eram enterrados. O homem não tinha, além disso, nenhuma conta a prestar sobre a sua vida pregressa. Uma vez posto no túmulo, não aguardava nem recompensas nem suplícios. Opinião grosseira, de fato, mas que é a infância da noção da vida futura.

O ser que vivia sob a terra não se separava o bastante da humanidade para não precisar mais de alimentos. Dessa forma, em certos dias do ano, levava-se uma refeição a cada túmulo. Ovídio e Virgílio deram-nos uma descrição dessa cerimônia, cujo costume se conservara intacto até a sua época, embora as crenças já se houvessem transformado. Mostram-nos que o túmulo era cercado de grandes guirlandas de ervas e de flores, que nele se colocavam doces, frutas, sal e sobre ele se derramava leite e vinho e, às vezes, o sangue de uma vítima.[8]

Estaríamos muito enganados se acreditássemos que essa refeição fúnebre não passava de uma comemoração. O alimento que a família levava era realmente para o morto, exclusivamente para ele. Prova disso é que o leite e o vinho eram derramados sobre a terra do túmulo; que se fazia um buraco para os alimentos sólidos chegarem ao morto; que, se se imolava uma vítima, todas as suas carnes eram queimadas para que nenhum ser vivo tivesse a sua parte; que se pronunciavam certas fórmulas consagradas para convidar o morto a

---

[8] Virgílio, *En.*, III, 300 s; V, 77. Ovídio, *Fast.*, II, 535-542.

comer e a beber; que, se a família inteira assistia a essa refeição, nem por isso ela tocava nos pratos; que, enfim, ao se retirarem, tinham o cuidado de deixar um pouco de leite e alguns doces nos vasos, e que era grande impiedade que um vivo tocasse nessa pequena provisão destinada às necessidades do morto.[9]

Esses costumes eram atestados da maneira mais formal. "Verto sobre a terra do túmulo", diz Ifigênia em Eurípides, "o leite, o mel, o vinho; pois é com isto que agradamos aos mortos".[10] Entre os gregos, diante de cada túmulo havia um lugar destinado à imolação da vítima e ao cozimento da sua carne.[11] O túmulo romano tinha também a sua culina, espécie particular de cozinha, destinada unicamente ao uso do morto.[12] Conta Plutarco que depois da batalha de Plateia, tendo os guerreiros mortos sido enterrados no local do combate, os plateus se comprometeram a lhes oferecer a cada ano o banquete fúnebre. Desse modo, no dia do aniversário, dirigiam-se em grande procissão, conduzidos pelos primeiros magistrados, para a terra sob a qual repousavam os mortos. Ofereciam-lhes leite, vinho, óleo, perfumes e imolavam uma vítima. Depois que os alimentos eram colocados sobre o túmulo, os plateus pronunciavam uma fórmula pela qual convidavam os mortos a virem servir-se da refeição. Essa cerimônia ainda se realizava na época de Plutarco, que pôde ver seu sexcentésimo aniversário.[13]

Um pouco mais tarde, Luciano, zombando dessas opiniões e desses costumes, mostrava como estavam fortemente arraigados no vulgo. "Os mortos", diz ele, "alimentam-se dos pratos que colocamos sobre seu túmulo e bebem o vinho que

---

[9] Heródoto, II, 40. Eurípides, *Hécuba*, 536. Pausânias, II, 10. Virgílio, V, 98. Ovídio, *Fast.*, II, 566. Luciano, *Charon*.
[10] Ésquilo, *Coéf.*, 476. Eurípides, *Ifigênia*, 162.
[11] Eurípides, *Electra*, 513.
[12] Festo, v. *Culina*.
[13] Plutarco, *Aristides*, 21.

nele derramamos; assim, um morto a quem nada se oferece está condenado à fome perpétua".[14]

Eis crenças muito velhas e que nos parecem muito falsas e ridículas. Elas exerceram, porém, seu império sobre o homem durante grande número de gerações. Governaram as almas; logo veremos, até, que elas regeram as sociedades e que a maioria das instituições domésticas e sociais dos antigos tem essa origem.

CAPÍTULO II

O culto dos mortos

Essas crenças logo levaram à criação de regras de conduta. Uma vez que o morto precisava de comida e bebida, concebeu-se que era um dever para os vivos satisfazer essa necessidade. O cuidado de levar aos mortos os alimentos não foi entregue ao capricho ou aos sentimentos variáveis dos homens; foi obrigatório. Assim se estabeleceu toda uma religião da morte, cujos dogmas podem ter desaparecido rapidamente, mas cujos ritos duraram até o triunfo do cristianismo.

Os mortos eram tidos como seres sagrados. Os antigos davam-lhes os epítetos mais respeitosos que pudessem achar; chamavam-nos bons, santos, bem-aventurados. Tinham por eles a veneração que o homem pode ter pela divindade que ama ou teme. Em seu pensamento, cada morto era um deus.[1]

Essa espécie de apoteose não era o privilégio dos grandes homens; não se fazia distinção entre os mortos. Diz Cícero:

---

[14] Luciano, *De luctu*.
[1] Ésquilo, *Coéf.*, 469. Sófocles, *Antíg.*, 451. Plutarco, *Sólon*, 21; *Quest. rom.*, 52; *Quest. gr.*, 5. Virgílio, V, 47; V, 80.

"Nossos antepassados quiseram que os homens que deixaram esta vida fossem tidos como deuses". Não era sequer necessário ter sido um homem virtuoso; o mau tornava-se um deus tanto quanto o homem de bem; só que conservava nessa segunda existência todas as más inclinações que tivera na primeira.[2]

Os gregos gostavam de dar aos mortos o nome de deuses subterrâneos. Em Ésquilo, eis como um filho invoca o pai morto: "Ó tu que és um deus sob a terra". Eurípides diz ao falar de Alceste: "Junto ao seu túmulo o passante vai parar e dizer: Esta é agora uma divindade bem-aventurada".[3] Os romanos davam aos mortos o nome de deuses Manes. "Dai aos deuses Manes o que lhes é devido", diz Cícero; "são homens que deixaram a vida; considerai-os seres divinos".[4]

As tumbas eram os templos dessas divindades. Desse modo, traziam a inscrição sacramental *Dis Manibus*, e em grego θεῖος χθονίοις. Era ali que o deus vivia sepultado, *Manesque sepulti*, diz Virgílio. Diante da tumba havia um altar para os sacrifícios, como diante dos templos dos deuses.[5]

Encontramos esse culto dos mortos entre os helenos, entre os latinos, entre os sabinos[6] e entre os etruscos; deparamo-nos com ele também entre os árias da Índia. Os hinos do Rig-Veda mencionam-nos. O livro das leis de Manu fala desse culto como do mais antigo que os homens tenham tido. Vemos já nesse livro que a ideia da metempsicose passou por cima dessa velha crença; já antes, até, se estabelecera a religião de Brahma. E, no entanto, sob o culto de Brahma, sob a doutrina da metempsicose, a religião das almas dos antepassados

---

[2] Cícero, *De legib.*, II, 22. Santo Agostinho, *Cidade de Deus*, IX, 11; VIII, 26.
[3] Eurípides, *Alceste*, 1003, 1015.
[4] Cícero, *De legib.*, II, 9. Varrão, em Santo Agostinho, *Cidade de Deus*, VIII, 26.
[5] Virgílio, *En.*, IV, 34. Aulo Gélio, X, 18. Plutarco, *Quest. rom.*, 14. Eurípides, *Troi.*, 96; *Electra*, 513. Suetônio, *Nero*, 50.
[6] Varrão, *De ling. lat.*, V, 74.

ainda subsiste, viva e indestrutível, e força o redator das leis de Manu a levá-la em conta e a ainda admitir suas prescrições no livro sagrado. Não é a menor das singularidades desse livro tão estranho ter conservado as regras relativas a essas crenças antigas, quando foi evidentemente redigido numa época em que crenças completamente opostas já prevaleciam. Isso prova que, se é preciso muito tempo para que as crenças humanas se transformem, é preciso ainda muito mais tempo para que as práticas exteriores e as leis se modifiquem. Ainda hoje, depois de tantos séculos e de tantas revoluções, os hindus continuam a fazer oferendas aos antepassados. Essa crença e esses ritos são o que há de mais velho na raça indo-europeia, e também o que houve de mais persistente.

Esse culto era o mesmo na Índia, na Grécia e na Itália. O hindu devia dar aos Manes a refeição, que era chamada *sraddha*. "Que o senhor da casa faça o *sraddha* com arroz, leite, raízes e frutas, para atrair para si a benevolência dos Manes." O hindu cria que, no momento em que oferecia essa refeição fúnebre, os Manes dos antepassados vinham sentar-se junto a ele e tomavam o alimento que lhes era oferecido. Cria também que essa refeição dava aos mortos grande prazer: "Quando o *sraddha* é feito segundo os ritos, os antepassados de quem oferece a refeição sentem uma satisfação inalterável".[7]

Dessa forma, os árias do Oriente pensaram, originalmente, como os do Ocidente acerca do mistério do destino após a morte. Antes de crerem na metempsicose, o que supunha uma distinção absoluta entre a alma e o corpo, creram na existência vaga e indecisa do ser humano, invisível mas não imaterial, a exigir dos mortais alimento e oferendas.

O hindu, como o grego, via os mortos como seres divinos que gozavam de uma existência bem-aventurada. Mas havia

---

[7] *Leis de Manu*, I, 95; III, 82, 122, 127, 146, 189, 274.

uma condição para a sua felicidade; era preciso que as oferendas lhe fossem levadas regularmente pelos vivos. Se se deixasse de realizar o *sraddha* para um morto, a alma desse morto saía de sua morada tranquila e se tornava uma alma errante que atormentava os vivos; assim, os Manes eram realmente deuses, mas apenas se os vivos os honrassem com um culto.

Os gregos e os romanos tinham exatamente as mesmas crenças. Se se deixasse de oferecer aos mortos a refeição fúnebre, de imediato os mortos saíam de sua tumba; sombras errantes, ouviam-se os seus gemidos no silêncio da noite. Censuravam aos vivos sua ímpia negligência; procuravam puni-los, enviavam-lhes doenças ou tornavam estéril a terra. Não davam, pois, nenhuma trégua aos vivos até o dia em que as refeições fúnebres fossem restabelecidas. O sacrifício, a oferenda do alimento e a libação faziam-nos voltar ao túmulo e lhes devolviam o repouso e os atributos divinos. O homem voltava, então, a estar em paz com eles.[8]

Se o morto desdenhado era um ser malfazejo, aquele que era honrado era um deus tutelar. Ele amava os que lhe traziam alimento. Para protegê-los, continuava a participar dos negócios humanos; com frequência neles desempenhava o seu papel. Embora morto, sabia ser forte e ativo. Rezavam a ele; rogavam-lhe o apoio e os favores. Quando se encontrava um túmulo, parava-se e dizia-se: "Deus subterrâneo, sede-me propício".[9]

Podemos avaliar a potência que os antigos atribuíam aos mortos por esta oração que Electra dirige aos Manes do pai:

---

[8] Ovídio, *Fast.*, II, 549-556. Assim, em Ésquilo, Clitemnestra, avisada por um sonho que os Manes de Agamêmnon estão irritados contra ela, apressa-se em enviar alimentos para o túmulo dele.

[9] Eurípides, *Alceste*, 1004 (1016): "Cremos que, se não tivermos nenhuma atenção com esses mortos e desdenharmos o seu culto, eles nos farão mal e, ao contrário, nos farão bem se os tornarmos propícios com nossas oferendas". Porfírio, *De abstin.*, II, 37. *Vide* Horácio, *Odes*, II, 23; Platão, *Leis*, IX, p. 926, 927.

"Tem piedade de mim e de meu irmão Orestes; faz que volte a esta região; ouve a minha súplica, ó meu pai; atende aos meus votos, recebendo as minhas libações". Esses deuses poderosos não dão só bens materiais, visto que Electra acrescenta: "Dá-me um coração mais casto do que o da minha mãe e mãos mais puras".[10] Assim roga o hindu aos Manes "que em sua família aumente o número dos homens de bem, e que haja muito para dar".

Essas almas humanas divinizadas pela morte eram aquilo a que os gregos chamavam Demônios ou Heróis.[11] Os latinos davam-lhes o nome Lares, Manes, Gênios. "Nossos antepassados acreditaram", diz Apuleio, "que os Manes, quando malfazejos, deviam ser chamados larvas, e os chamavam lares quando bons e propícios".[12] Lemos em outro lugar: "Gênio e Lar é o mesmo ser; assim criam nossos antepassados".[13] E em Cícero: "Os que os gregos chamam de demônios, nós os chamamos de Lares".[14]

Essa religião dos mortos parece ser a mais antiga que existiu nessa raça de homens. Antes de conceber e de adorar Indra ou Zeus, o homem adorou os mortos; teve medo deles, dirigiu-lhes orações. Parece que o sentimento religioso tenha começado com isso. Foi talvez à visão da morte que o homem teve pela primeira vez a ideia do sobrenatural e quis ter esperanças para

---

[10] Ésquilo, *Coéf.*, 122-135.
[11] O sentido primitivo dessa última palavra parece ser o de homem morto. A língua das inscrições, que é a do vulgo entre os gregos, emprega-a muitas vezes com esse significado. Boeckh, *Corp. inscript.*, nºˢ 1629, 1723, 1781, 1784, 1786, 1789, 3398.—Ph. Lebas, *Monum. de Morée*, p. 205. *Vide* Teognis, edição Welcker, v. 513. Os gregos também davam ao morto o nome de *daimou*, Eurípides, *Alceste*, 1140 e Escol.; Ésquilo, *Pers.*, 620. Pausânias, VI, 6.
[12] Sérvio, *ad Aen.*, III, 63.
[13] Censorino, 3.
[14] Cícero, *Timeu*, 11. Dionísio de Halicarnasso traduz *Lar familiaris* por Κατ'οἰκίαν ηρως (*Antiq. rom.*, IV, 2).

além do que via. A morte foi o primeiro mistério; pôs o homem no caminho dos outros mistérios. Ela elevou o pensamento do visível para o invisível, do transitório para o eterno, do humano para o divino.

CAPÍTULO III

O fogo sagrado

A casa de um grego ou de um romano continha um altar; sobre esse altar devia haver sempre um pouco de cinzas e de brasas acesas.[1] Era uma obrigação sagrada para o senhor de cada casa conservar o fogo aceso dia e noite. Ai da casa na qual ele viesse a se apagar! Cada noite se cobriam as brasas com cinza para impedi-las de se consumir completamente; ao acordar, a primeira preocupação era reavivar esse fogo e alimentá-lo com alguns ramos. O fogo só cessava de brilhar no altar quando a família inteira se houvesse extinguido; lareira extinta, família extinta, eram expressões sinônimas entre os antigos.[2]

É claro que esse costume de manter sempre o fogo sobre um altar estava ligado a uma antiga crença. As regras e os ritos que se observavam a esse respeito mostram que não se tratava de um costume insignificante. Não era permitido alimentar aquele fogo com qualquer tipo de madeira; a religião distinguia,

---

[1] Os gregos davam a esse altar diversos nomes, βῶμος, ἐσχάρα, ἑστία; este último acabou prevalecendo no uso e foi a palavra com que mais tarde se designou a deusa Vesta. Os latinos chamavam ao mesmo altar *ara* ou *focus*.

[2] *Hinos homér.*, XXIX. *Hinos órf.*, LXXXIV. Hesíodo, *Opera*, 732. Ésquilo, *Agam.*, 1056. Eurípides, *Hércules furioso*, 503, 599. Tucídides, I, 136. Aristófanes, *Plut.*, 795. Catão, *De re rust.*, 143. Cícero, *Pro Domo*, 40. Tíbulo, I, 1, 4. Horácio, *Epod.*, II, 43. Ovídio, *A. A.*, I, 637. Virgílio, II, 512.

entre as árvores, as espécies que podiam ser usadas para esse fim e aquelas de que seria impiedade servir-se.[3] A religião dizia também que esse fogo devia permanecer sempre puro;[4] o que significava, no sentido literal, que nenhum objeto sujo devia ser jogado nele e, no sentido figurado, que nenhuma ação culpada devia ser cometida em sua presença. Havia um dia do ano, que entre os romanos era o 1º de março, em que cada família devia apagar seu fogo sagrado e reacender outro logo em seguida.[5] Mas, para se conseguir o fogo novo, havia ritos que tinham de ser observados escrupulosamente. Era preciso, sobretudo, evitar servir-se de um seixo e de batê-lo com ferro. Os únicos procedimentos permitidos eram concentrar sobre um ponto o calor dos raios solares ou esfregar rapidamente dois pedaços de pau de determinada espécie, provocando uma centelha.[6] Essas diferentes regras provam bem que, na opinião dos antigos, não se tratava apenas de produzir ou de conservar um elemento útil e agradável; esses homens viam outra coisa no fogo que queimava sobre os seus altares.

Esse fogo era algo de divino; adoravam-no, prestavam-lhe um verdadeiro culto. Ofertavam-lhe tudo o que acreditavam poder ser agradável a um deus, flores, frutas, incenso, vinho, vítimas. Pedia-se a sua proteção; acreditava-se em seu poder. Rezavam fervorosamente a ele para obter esses eternos objetos dos desejos humanos, saúde, riqueza, felicidade. Uma das orações que chegou até nós na coletânea de hinos órficos é assim concebida: "Torna-nos sempre florescentes, sempre felizes, ó lar; ó tu que és eterno, belo, sempre jovem, tu que nutres, tu que és rico, recebe de bom grado as nossas ofertas e dá-nos em troca a felicidade e a saúde, tão doce".[7] Assim,

---

[3] Virgílio, VII, 71. Festo, v. *Felicis*. Plutarco, *Numa*, 9.
[4] Eurípides, *Hércules fur.*, 715. Catão, *De re rust.*, 143. Ovídio, *Fast.*, III, 698.
[5] Macróbio, *Saturn.*, I, 12.
[6] Ovídio, *Fast.*, III:, 148. Festo, v. *Felicis*. Juliano, *Oração em louvor ao Sol*.
[7] *Hinos órf.*, 84. Plauto, *Captiv.*, II, 2. Tibulo, I, 9, 74. Ovídio, *A. A.*, I, 637. Plínio, *H. N.*, XVIII, 8.

viam na lareira um deus benfazejo que cuidava da vida do homem, um deus rico que o alimentava com seus dons, um deus forte que protegia a casa e a família. Na presença de um perigo, procurava-se refúgio junto a ele. Quando o palácio de Príamo foi invadido, Hécuba arrastou o velho rei para junto da lareira: "Tuas armas não podem defender-te, diz-lhe ela; mas este altar nos protegerá a todos".[8]

Vide Alceste a caminho da morte, que dá a vida para salvar o esposo. Aproxima-se da lareira e a invoca nestes termos: "Ó divindade, senhora desta casa, esta é a última vez que me inclino diante de ti e dirijo a ti as minhas preces; pois vou descer até onde estão os mortos. Cuida de meus filhos, que não terão mais mãe; dá ao meu filho uma esposa carinhosa, à minha filha um nobre esposo. Faz que não morram cedo como eu, mas em meio à felicidade tenham uma longa vida".[9] No infortúnio o homem se voltava para o seu fogo sagrado e lhe dirigia censuras; na felicidade lhe dava graças. O soldado que voltava da guerra agradecia-lhe ter permitido escapar dos perigos. Ésquilo representa-nos Agamêmnon de volta de Troia, feliz, coberto de glórias; não é a Júpiter que ele vai levar a sua alegria e o seu reconhecimento; oferece o sacrifício de ação de graças à lareira de sua casa.[10] O homem não saía de casa sem dirigir uma prece à lareira; ao voltar, antes de rever a mulher e de beijar as crianças, devia inclinar-se diante dele e invocá-lo.[11]

O fogo da lareira era, pois, a Providência da família. Seu culto era simplíssimo. A primeira regra era que sempre houvesse sobre o altar algumas brasas acesas; pois, se o fogo se extinguisse, era um deus que cessava de ser. Em certos momentos do dia se colocavam sobre a lareira ervas secas e madeira;

---

[8] Virgílio, *En.*, II, 523. Horácio, *Epíst.*, I, 5. Ovídio, *Trist.*, IV, 8, 22.
[9] Eurípides, *Alceste*, 162-168.
[10] Ésquilo, *Agam.*, 1015.
[11] Catão, *De re rust.*, 2. Eurípides, *Hércules furioso*, 523.

o deus, então, se manifestava como uma chama fulgurante. Ofereciam-lhe sacrifícios; ora, a essência de todo sacrifício era conservar e reavivar esse fogo sagrado, nutrir e desenvolver o corpo do deus. É por isso que antes de tudo lhe davam lenha; é por isso que em seguida derramavam sobre o altar o vinho ardente da Grécia, o óleo, o incenso, a gordura das vítimas. O deus recebia essas oferendas, devorava-as; satisfeito e radiante, erguia-se sobre o altar e iluminava o adorador com seus raios. Era o momento de invocá-lo; o hino da prece vinha do coração do homem.

A refeição era o ato religioso por excelência. O deus presidia a ela. Ele é que assara o pão e preparara os alimentos;[12] por isso lhe deviam uma prece no começo e outra no fim da refeição. Antes de comer, depositavam sobre o altar as primícias do alimento; antes de beber, vertia-se a libação de vinho. Era a parte do deus. Ninguém duvidava que ele estivesse presente, que comesse e bebesse; e, de fato, não viam a chama crescer, como se se alimentasse dos pratos oferecidos? Assim, a refeição era compartilhada entre o homem e o deus: era uma cerimônia santa, pela qual entravam em comunhão um com o outro.[13] Velhas crenças, que com o tempo desapareceram dos espíritos, mas deixaram por muito tempo após si costumes, ritos, formas de linguagem de que o incrédulo não podia livrar-se. Horácio, Ovídio, Petrônio ainda ceavam diante da lareira e faziam a libação e a prece.[14]

Esse culto do fogo sagrado não pertencia exclusivamente às populações da Grécia e da Itália. Tornamos a encontrá-lo no Oriente. As leis de Manu, na redação que chegou até nós, mostram-nos a religião de Brahma completamente estabelecida e até já começando a declinar; mas conservaram vestígios

---

[12] Ovídio. *Fast.*, VI, 315.
[13] Plutarco, *Quest. rom.*, 64; *Com. sobre Hesíodo*, 44. *Hinos homér.*, 29.
[14] Horácio, *Sát.*, II, 6, 66. Ovídio, *Fast.*, II, 631. Petrônio, 60.

e resíduos de uma religião mais antiga, a religião da lareira, que o culto de Brahma relegara ao segundo plano, mas não conseguira destruir. O brâmane tem a sua lareira, de que deve cuidar dia e noite; a cada manhã e a cada fim de tarde lhe dá lenha como alimento; mas, como entre os gregos, só pode ser a lenha de certas árvores indicadas pela religião. Como os gregos e os italianos lhe oferecem o vinho, o hindu lhe verte o licor fermentado a que chama *soma*. A refeição é também um ato religioso, e os seus ritos são descritos escrupulosamente nas leis de Manu. Dirigem preces ao fogo sagrado, como na Grécia; oferecem-lhe as primícias da refeição, o arroz, a manteiga, o mel. Diz-se: "O brâmane não deve comer do arroz da nova colheita antes de ter oferecido as suas primícias à lareira. Pois o fogo sagrado é ávido de grãos, e, quando não é honrado, devora a existência do brâmane negligente". Os hindus, como os gregos e os romanos, imaginavam os deuses ávidos não só de honras e de respeito, mas até de bebidas e de alimentos. O homem acreditava-se obrigado a saciar-lhes a fome e a sede, se quisesse evitar sua cólera.

Entre os hindus, essa divindade do fogo é muitas vezes chamada Agni. O Rig-Veda contém grande número de hinos que lhe são dedicados. Diz um deles: "Ó Agni, és a vida, és o protetor do homem... Como prêmio por nossos louvores, dá a glória e a riqueza ao pai de família que te implora... Agni, és um defensor prudente e um pai; a ti devemos a vida, somos a tua família". Dessa sorte, o deus do lar é, como na Grécia, uma potência tutelar. O homem pede-lhe a abundância: "Faz que a terra nos seja sempre generosa". Pede-lhe a saúde: "Que eu goze por muito tempo da luz e chegue à velhice como o Sol ao seu poente". Pede-lhe até a sabedoria: "Ó Agni, conduz ao bom caminho o homem que se perde pelo mau... Se cometermos um erro, se caminharmos longe de ti, perdoa-nos". Esse fogo da lareira era, como na Grécia, essencialmente puro; era severamente proibido ao brâmane nele jogar algo sujo e até mesmo nele aquecer os pés. Como na Grécia, o homem culpado não mais podia aproximar-se do seu lar, antes de ter-se purificado de sua imundície.

Uma grande prova da antiguidade dessas crenças e dessas práticas é encontrá-las ao mesmo tempo entre os homens das margens do Mediterrâneo e nas da península indiana. Com certeza os gregos não tomaram essa religião emprestada dos hindus, nem os hindus dos gregos. Mas os gregos, os italianos, os hindus pertenciam a uma mesma raça; seus ancestrais, numa época muito remota, haviam vivido juntos na Ásia central. Foi lá que eles primeiro conceberam essas crenças e estabeleceram esses ritos. A religião do fogo sagrado data, pois, da época distante e misteriosa quando ainda não havia gregos nem italianos nem hindus, só árias. Quando as tribos se separaram umas das outras, transportaram esse culto consigo, umas para as margens do Ganges, outras para as praias do Mediterrâneo. Mais tarde, entre essas tribos separadas e já sem relações entre si, umas adoraram Brahma, outras Zeus, outras Janus; cada grupo criou seus próprios deuses. Mas todos conservaram como um antigo legado a religião primeira que haviam concebido e praticado no berço comum de sua raça.

Se a existência desse culto entre todos os povos indo-europeus não demonstrasse suficientemente a sua alta antiguidade, encontraríamos outras provas disso nos ritos religiosos dos gregos e dos romanos. Em todos os sacrifícios, mesmo nos que se faziam em honra de Zeus ou de Atena, era sempre ao lar que se dirigia a primeira invocação.[15] Toda prece a um deus, qualquer que fosse ele, devia começar e acabar com uma prece à lareira.[16] Em Olímpia, o primeiro sacrifício oferecido pela Grécia reunida era para a lareira; o segundo, para Zeus.[17]

---

[15] Porfírio, *De abstin.*, II, p. 106; Plutarco, *De frigido.*
[16] *Hinos hom.*, 29; *Ibid.*, 3, v. 33. Platão, *Crátilo* 18. Hesíquio, αφ στας Diodoro, VI, 2. Aristófanes, *Os pássaros*, 865.
[17] Pausânias, V, 14.

Assim, também em Roma a primeira adoração era sempre para Vesta, que não era senão o lar;[18] Ovídio diz dessa divindade que ela ocupa o primeiro lugar nas práticas religiosas dos homens. É assim que lemos nos hinos do Rig-Veda: "Antes de todos os outros deuses cumpre invocar Agni. Pronunciaremos o seu nome venerável antes de todos os outros imortais. Ó Agni, seja qual for o deus que homenageamos com nosso sacrifício, sempre a ti se dirige o holocausto". É, pois, certo que em Roma, no tempo de Ovídio, na Índia no tempo dos brâmanes, o fogo do lar ainda passava à frente de todos os outros deuses; não que Júpiter e Brahma não tivessem adquirido uma importância muito maior na religião dos homens, mas havia a lembrança de que o fogo da lareira era muito anterior àqueles deuses. Ele obtivera, havia muitos séculos, o primeiro lugar no culto, e os deuses mais novos e maiores não conseguiram destroná-lo.

Os símbolos dessa religião modificaram-se com o passar dos tempos. Quando as populações da Grécia e da Itália adquiriram o hábito de imaginar os seus deuses como pessoas e dar a cada um deles um nome próprio e uma forma humana, o velho culto do lar sofreu a lei comum que a inteligência humana, nesse período, impunha a toda religião. O altar do fogo sagrado foi personificado; chamaram-no ἑστία, Vesta; o nome era o mesmo em latim e em grego, e não era, aliás, senão a palavra que na língua primitiva comum designava o altar. Por um processo bastante comum, de nome comum passara a ser nome próprio. Aos poucos se formou uma lenda. Imaginaram essa divindade sob os traços de uma mulher, porque a palavra que designava o altar era do gênero feminino. Chegou-se até a representar essa deusa por estátuas. Mas nunca se conseguiu apagar o rasto da crença primitiva, segundo a qual essa divindade era simplesmente o fogo do altar; e o

---

[18] Cícero, *De nat. Deor.*, II, 27. Ovídio, *Fast.*, VI, 304.

próprio Ovídio era obrigado a convir que Vesta não era senão uma "chama viva".[19]

Se aproximarmos do culto dos mortos, de que acabamos de falar, esse culto do fogo sagrado, veremos que há entre eles uma relação estreita.

Notemos, primeiramente, que esse fogo mantido no lar não é, no pensamento dos homens, o fogo de natureza material. O que nele se vê não é o elemento físico que aquece ou arde, transforma os corpos, funde os metais e se torna um potente instrumento da indústria humana. O fogo do lar tem uma natureza completamente diferente. É um fogo puro, que só pode ser produzido por meio de certos ritos e só se conserva com certas espécies de madeira. É um fogo casto; a união dos sexos deve ser afastada para longe da sua presença.[20] Não lhe pedem só a riqueza e saúde; reza-se a ele para se obter também a pureza de coração, a temperança, a sabedoria. "Torna-nos ricos e prósperos", diz um hino órfico; torna-nos também sábios e castos". O fogo do lar é, portanto, uma espécie de ser moral. É bem verdade que ele brilha, aquece, assa o alimento sagrado; mas tem ao mesmo tempo um pensamento, uma consciência; concebe deveres e cuida que sejam cumpridos. Dir-se-ia que é homem, pois tem a dupla natureza do homem: fisicamente, resplandece, move-se, vive, proporciona a abundância, prepara a refeição, nutre o corpo; moralmente, tem sentimentos e afeições, dá ao homem a pureza, comanda o belo e o bem, nutre a alma. Pode-se dizer que ele conserva a vida humana na dupla série das suas manifestações. É ao mesmo tempo a fonte da riqueza, da saúde, da virtude. É realmente o Deus da natureza humana.
— Mais tarde, quando esse culto foi relegado ao segundo plano por Brahma ou por Zeus, o fogo da lareira continuou sendo o que de mais acessível ao homem havia no divino; foi o seu

---

[19] Ovídio, *Fast.*, VI, 291.
[20] Hesíodo, *Opera*, 731. Plutarco, *Com. sobre Hes.*, fr. 43.

intermediário junto aos deuses da natureza física; encarregou-se de levar ao céu a prece e a oferenda do homem e de trazer ao homem os favores divinos. Ainda mais tarde, quando se fez desse fogo sagrado a grande Vesta, Vesta passou a ser a deusa virgem; ela não representava no mundo nem a fecundidade nem a potência; ela era a ordem; mas não a ordem rigorosa, abstrata, matemática, a lei imperiosa e fatal, ἀνάγκη, que logo se notou entre os fenômenos da natureza física. Era a ordem moral. Imaginaram-na como uma espécie de alma universal que regia os diversos movimentos dos mundos, como a alma humana introduzia a norma entre os nossos órgãos.

Assim se deixa entrever o pensamento das gerações primitivas. O princípio desse culto está fora da natureza física e se encontra nesse pequeno mundo misterioso que é o homem.

Isso nos traz de volta ao culto dos mortos. Ambos têm a mesma antiguidade. Estavam tão estreitamente associados, que a crença dos antigos fazia deles uma só religião. Fogo, Demônios, Heróis, deuses Lares, tudo isso estava misturado.[21] Vemos por dois trechos de Plauto e de Columela que na linguagem ordinária se dizia indiferentemente fogo ou Lar doméstico, e vemos ainda por Cícero que não se distinguia o fogo dos Penates, nem os Penates dos deuses Lares.[22] Lemos em Sérvio: "Por fogos os antigos entendiam os deuses Lares"; por isso Virgílio pôde escrever indiferentemente, ora lar por Penates, ora Penates por lar".[23] Num trecho famoso da Eneida, Heitor diz a Eneias que vai entregar-lhe os Penates troianos, e é o fogo da lareira que ele entrega-lhe. Em outro trecho, Eneias, ao invocar esses mesmos deuses, chama-os ao mesmo tempo Penates, Lares e Vesta.[24]

---

[21] Tibulo, II, 2. Horácio, *Odes*, IV, 11. Ovídio, *Trist.*, III, 13; V, 5. Os gregos davam a seus deuses domésticos ou heróis o epíteto de ἐφέστιοι ou ἑστιοῦχοι.
[22] Plauto, *Aulul.*, II, 7, 16: *In foco nostro Lari*. Columela, XI, 1, 19: *Larem focumque familiarem*. Cícero, *Pro domo*, 41; *Pro Quintio*, 27, 28.
[23] Sérvio, *in Aen.*, III, 134.
[24] Virgílio, IX, 259; V, 744.

Vimos, aliás, que os que os antigos chamavam de Lares ou Heróis não eram senão a alma dos mortos, a que o homem atribuía um poder sobre-humano e divino. A lembrança de um desses mortos sagrados estava sempre ligada ao lar. Adorando um, não se podia esquecer o outro. Estavam associados no respeito dos homens e em suas preces. Os descendentes, quando falavam da lareira, de bom grado recordavam o nome do antepassado: "Saia deste lugar", diz Oreste à irmã, e vai à antiga lareira de Pélope para ouvir as minhas palavras".[25] Eneias, igualmente, ao falar da lareira que transporta através dos mares, designa-a com o nome de Lar de Assáraco, como se visse naquela lareira a alma do antepassado.

O gramático Sérvio, muito erudito no que se refere às antiguidades gregas e romanas (que eram muito mais estudadas no seu tempo do que no de Cícero), diz ser um costume muito antigo sepultar os mortos nas casas, e acrescenta: "Em decorrência desse costume, é também nas casas que são honrados os Lares e os Penates".[26] Essa frase estabelece nitidamente uma antiga relação entre o culto dos mortos e a lareira. Podemos, por conseguinte, pensar que o fogo doméstico não foi originalmente senão o símbolo do culto dos mortos, que sob essa pedra da lareira repousava um antepassado, que ali se acendia o fogo para honrá-lo e que esse fogo parecia conservar a vida ou representava a sua alma sempre vigilante.

Essa é apenas uma conjetura, e nos faltam provas. Mas o que é certo é que as mais antigas gerações da raça de onde saíram os gregos e os romanos tiveram o culto dos mortos e da lareira, antiga religião que não tomava seus deuses da natureza física, mas do próprio homem, e que tinha por objeto de adoração o ser invisível que está em nós, a força moral e pensante que anima e governa o nosso corpo.

---

[25] Eurípides, *Orestes*, 1140-1142.
[26] Sérvio, *in Aen.*, V, 84; VI, 152. *Vide* Platão, *Minos*, p. 315.

Essa religião nem sempre teve o mesmo poder sobre a alma; ela aos poucos se enfraqueceu, mas não desapareceu. Contemporânea das primeiras eras da raça ariana, ela se instalou tão profundamente nas entranhas dessa raça, que a brilhante religião do Olimpo grego não foi bastante para desarraigá-la; para tanto foi preciso o cristianismo.

Logo veremos que poderosa ação exerceu essa última religião sobre as instituições domésticas e sociais dos antigos. Ela foi concebida e estabelecida na época distante em que essa raça buscava as suas instituições, e determinou o caminho pelo qual os povos caminharam desde então.

CAPÍTULO IV

A religião doméstica

Não devemos conceber essa antiga religião como as que foram fundadas mais tarde, na humanidade mais avançada. Já há numerosos séculos o gênero humano não mais admite uma doutrina religiosa senão sob duas condições: uma é que ela lhe anuncie um deus único; a outra, que se dirija a todos os homens e seja acessível a todos, sem rejeitar sistematicamente nenhuma classe e nenhuma raça. Mas a religião dos primeiros tempos não preenchia nenhuma dessas duas condições. Não só ela não oferecia à adoração dos homens um deus único, mas seus deuses tampouco aceitavam a adoração de todos os homens. Não se apresentavam como os deuses do gênero humano. Não se assemelhavam sequer nem a Brahma, que era pelo menos o deus de toda uma grande casta, nem a Zeus Pan-helênico, que era o deus de toda uma nação. Nessa religião primitiva, cada deus só podia ser adorado por uma família. A religião era puramente doméstica.

Cumpre esclarecer esse ponto importante, pois sem isso não compreenderíamos a relação muito estreita que existe entre essas velhas crenças e a constituição da família grega e romana.

O culto dos mortos não se assemelhava de modo algum ao que os cristãos têm pelos santos. Uma das primeiras regras daquele culto era que cada família só podia cultuar os mortos que lhe pertencessem pelo sangue. Os funerais só podiam ser realizados pelo parente mais próximo. Quanto à refeição fúnebre que se renovava em seguida em épocas determinadas, só a família tinha o direito de estar presente, e todo estranho à família era severamente excluído dela.[1] Cria-se que o morto só aceitasse a oferenda da mão dos seus; só queria o culto de seus descendentes. A presença de um homem que não fosse da família perturbava o repouso dos Manes. Desse modo, a lei proibia ao estranho aproximar-se do túmulo.[2] Tocar com os pés, mesmo sem querer, uma sepultura era um ato ímpio, pelo qual era preciso acalmar o morto e se purificar. A palavra pela qual os antigos designavam o culto dos mortos é significativo; os gregos diziam πατριάζειν, os latinos diziam *parentare*. Isso porque cada qual só dirigia a prece e a oferenda aos pais. O culto dos mortos era unicamente o culto dos antepassados.[3] Luciano, embora zombando das opiniões do vulgo, no-las explica claramente quando diz: "O morto que não deixou filhos não recebe oferendas e está exposto à fome perpétua."[4]

Na Índia como na Grécia, a oferenda só podia ser feita a um morto por aqueles que descendiam dele. A lei dos hindus,

---

[1] Cícero, *De legib.*, II, 26. Varrão, *L. L.*, VI, 13: *Ferunt epulas ad sepulcrum quibus jus ibi parentare.* Gaio, II, 5, 6: *Si modo mortui funits ad nos pertineat.* Plutarco, *Sólon*.

[2] *Pillacus omnino accedere quemquam vetat in funus aliorum.* Cícero, *De legib.*, II, 26. Plutarco, *Sólon*, 21. Demóstenes, *in Timocr.* Iseu, I.

[3] Pelo menos na origem, pois em seguida as cidades tiveram seus heróis tópicos e nacionais, como veremos mais adiante.

[4] Luciano, *De luctu.*

assim como a lei ateniense, proibia a admissão de um estranho à família, ainda que amigo, na refeição fúnebre. Era tão necessário que esses banquetes fossem oferecidos pelos descendentes do morto, e não por outros, que se supunha que os Manes, em sua morada, com frequência pronunciassem este voto: "Possam nascer de nossa linhagem filhos que nos ofereçam por toda a sequência do tempo o arroz fervido no leite, o mel e a manteiga clara".[5]

Seguia-se daí que na Grécia e em Roma, como na Índia, o filho tinha o dever de fazer as libações e os sacrifícios aos manes do pai e de todos os avós. Faltar a esse dever era a mais grave impiedade que se podia cometer, pois a interrupção desse culto prejudicava os mortos e aniquilava sua felicidade. Essa negligência não era nada menos do que um autêntico parricídio, multiplicado pelo número de antepassados que havia na família.

Se, ao contrário, os sacrifícios eram sempre realizados segundo os ritos, se os alimentos eram levados aos túmulos nos dias marcados, o antepassado tornava-se um deus protetor. Hostil a todos os que não descendessem dele, afastando-os de seu túmulo, mandando-lhes doenças se se aproximassem, para os seus ele era bom e propício.

Havia uma troca perpétua de bons serviços entre os vivos e os mortos de cada família. O antepassado recebia de seus descendentes a série dos banquetes fúnebres, ou seja, os únicos prazeres que podia ter na segunda vida. O descendente recebia do antepassado a ajuda e a força de que precisava nesta vida. O vivo não podia dispensar o morto; nem o morto, o vivo. Com isso, se estabelecia um laço poderoso entre todas as gerações de uma mesma família, dela fazendo um corpo eternamente inseparável.

---

[5] *Leis de Manu*, III, 138; III, 274.

Cada família tinha o seu túmulo, onde os seus mortos vinham repousar um após o outro, sempre juntos. Esse túmulo ficava normalmente próximo da casa, não longe da porta, "para", diz um antigo, "que os filhos, ao entrarem em casa ou saírem, encontrassem a cada vez os seus pais, e a cada vez lhe dirigissem uma invocação".[6] Dessa forma, o antepassado permanecia no meio dos seus; invisível, mas sempre presente, continuava a fazer parte da família e a ser o seu pai. Ele, o imortal, ele, o feliz, ele, o divino, interessava-se pelo que de mortal havia deixado na terra; conhecia as necessidades deles, amparava sua fraqueza. E aquele que ainda vivia, que trabalhava, que, segundo a expressão antiga, ainda não pagara a existência, este tinha junto de si os seus guias e os seus amparos; eram os seus pais. Em meio às dificuldades, invocava a antiga sabedoria deles; na tristeza, pedia-lhes consolo; no perigo, um apoio; depois de uma falta, o perdão.

Por certo temos muita dificuldade hoje para compreender que o homem pudesse adorar o pai ou o antepassado. Fazer do homem um deus parece-nos o inverso da religião. É-nos quase tão difícil compreender as velhas crenças desses homens quanto seria para eles imaginar as nossas. Mas tenhamos em mente que os antigos não tinham a ideia da criação; assim, o mistério da geração era para eles o que o mistério da criação pode ser para nós. O gerador parecia-lhes um ser divino, e eles adoravam seu antepassado. Esse sentimento deve ter sido muito natural e muito forte, pois aparece, como princípio de uma religião, na origem de quase todas as sociedades humanas; encontramo-lo entre os chineses, entre os antigos getas e os citas, entre as tribos da África e do Novo Mundo.[7]

---

[6] Eurípides, *Helena*, 1163-1168.
[7] Entre os etruscos e os romanos era costume que cada família religiosa conservasse as imagens dos antepassados arrumadas ao redor do átrio. Eram essas imagens meros retratos de família ou ídolos?

O fogo sagrado, que era tão estreitamente associado ao culto dos mortos, tinha também como característica essencial pertencer propriamente a cada família. Representava os antepassados;[8] era a providência da família, e nada tinha em comum com o fogo da família vizinha, que era outra providência. Cada lareira protegia os seus e rejeitava o estranho.

Toda essa religião se encerrava no recinto de cada casa. Seu culto não era público. Todas as cerimônias, ao contrário, eram mantidas em grande segredo. Celebradas só no meio da família, eram escondidas dos estranhos.[9] A lareira não era jamais colocada nem fora da casa nem mesmo perto da porta externa, onde estaria visível demais. Os gregos colocavam-na sempre num recinto cercado[10] que o protegia do contato e até do olhar dos profanos. Os romanos escondiam-no no meio da casa. Todos esses deuses, fogo, Lares, Manes, eram chamados deuses escondidos ou os deuses do interior.[11] Para todos os atos dessa religião, o segredo era necessário;[12] se uma cerimônia fosse observada por um estranho, só um tal olhar bastava para profaná-la, maculá-la, torná-la funesta.

Essa religião doméstica não tinha nem regras uniformes nem ritual comum. Cada família gozava da mais completa independência. Nenhum poder externo tinha o direito de regular o seu culto ou a sua crença. Não havia outro sacerdote senão o pai; como sacerdote, não conhecia nenhuma hierarquia. O pontífice de Roma ou o arconte de Atenas podia certificar-se de que o pai de família ministrava todos os seus ritos religiosos, mas não tinha o direito de lhe exigir qualquer modificação. *Suo*

---

[8] Ἑστία πατρῷα, *focus patrius*. Assim também, nos Vedas, Agni ainda é invocado por vezes como deus doméstico.
[9] Iseu, VIII, 17, 18.
[10] Esse recinto era chamado ἕρκος.
[11] Θεοὶ μύχιοι, *dii Penates*.
[12] Cícero, *De arusp. Resp.*, 17.

quisque ritu sacrificia faciat:* esta era a regra absoluta.¹³ Cada família tinha as cerimônias que lhe eram próprias, suas festas particulares, suas fórmulas de oração e seus hinos.¹⁴ O pai, único intérprete e único pontífice da sua religião, era o único a ter o poder de ensiná-la, e só podia ensiná-la ao filho. Os ritos, os termos da prece, os cantos, que faziam parte essencial dessa religião doméstica, eram um patrimônio, uma propriedade sagrada, que a família não compartilhava com ninguém e que era até proibido revelar aos estranhos. O mesmo ocorria na Índia: "Sou forte contra os meus inimigos", diz o brâmane, "pelos cantos que recebi de minha família e que meu pai me transmitiu."¹⁵

Assim, a religião não residia nos templos, mas na casa; cada qual tinha os seus deuses; cada deus só protegia uma família e só era deus numa casa. Não se pode razoavelmente supor que uma religião dessa natureza tivesse sido revelada aos homens pela imaginação potente de um deles ou que lhe tivesse sido ensinada por uma casta sacerdotal. Ela nasceu espontaneamente no espírito humano; cada família fez os seus próprios deuses.

Essa religião só podia propagar-se pela geração. O pai, ao dar a vida ao filho, dava-lhe ao mesmo tempo a crença, o culto, o direito de conservar o fogo sagrado, de oferecer o banquete fúnebre, de pronunciar as fórmulas de oração. A geração estabelecia um laço misterioso entre a criança que nascia para a vida e todos os deuses da família. Esses deuses eram sua própria família, θεοὶ ἐγγενεῖς; era o seu sangue, θεοὶ σύναιμοι.¹⁶ O

---

* Cada qual faça os sacrifícios de acordo com o seu rito. (N. T.)
¹³ Varrão, *De ling. lat.*, VII, 88.
¹⁴ Hesíodo, *Opera*, 753. Macróbio, *Sat.*, I, 10. Cíc., *De legib.*, II, 11.
¹⁵ *Rig-Veda*, trad. Langlois, t. I, p. 113. As leis de Manu mencionam com frequência os ritos particulares de cada família: VIII, 3; IX, 7.
¹⁶ Sófocles, *Antígona*, 199; *Ibid.*, 659. Cf. Πατρῷοί θεοί em Aristófanes, *Vespas*, 388; Ésquilo, *Pers.*, 404; Sófocles, *Electra*, 411; Θεοὶ γενέθλιοι, Platão, *Leis*, V, p. 729; *Di Generis*, Ovídio, *Fast.*, II.

filho, portanto, ganhava ao nascer o direito de adorá-los e de lhes oferecer os sacrifícios; como também, mais tarde, quando a morte o tivesse divinizado, devia por sua vez ser tido como um desses deuses da família.

É, porém, preciso observar a particularidade de que a religião doméstica só se propagava pelo lado masculino. Isso se devia, sem dúvida nenhuma, à ideia que os homens tinham da geração.[17] A crença das épocas primitivas, tal como a encontramos nos Vedas e cujos vestígios vemos em todo o direito grego e romano, era que o poder reprodutor residia exclusivamente no pai. Só o pai possuía o princípio misterioso do ser e transmitia a centelha da vida. Essa velha opinião fez que fosse de regra que o culto doméstico sempre passasse de pai para filho, que a mulher só participasse dele por intermédio do pai ou do marido e, enfim, que depois da morte a mulher não tivesse a mesma parte que o homem no culto e nas cerimônias do banquete fúnebre. Disso resultaram ainda outras consequências gravíssimas no direito privado e na constituição da família; vê-lo-emos mais adiante.

---

[17] Os Vedas chamam o fogo sagrado de causa da posteridade masculina. Vide o *Mitakchara*, trad. Orianne, p. 139.

LIVRO II
a família

CAPÍTULO I

A religião foi o princípio constitutivo da família antiga

Se nos transportarmos em pensamento para o meio dessas antigas gerações de homens, encontraremos em cada casa um altar e ao redor desse altar a família reunida. Ela se reúne a cada manhã para dirigir à lareira as suas primeiras preces, a cada noite para invocá-la uma última vez. Durante o dia, também se reúne junto à lareira para a refeição que compartilha piedosamente depois da prece e da libação. Em todos os atos religiosos, ela canta em comum hinos que seus pais lhe legaram.

Fora da casa, bem perto, no campo vizinho, há um túmulo. É a segunda residência da família. Ali repousam em comum várias gerações de antepassados; a morte não os separou. Continuam reunidos nessa segunda existência, e continuam a formar uma família indissolúvel.[1] Entre a parte viva e a parte

---

[1] O uso de túmulos de família é incontestável entre os antigos; só desapareceu quando as crenças relativas ao culto dos mortos se obscureceram. As palavras ταφος πατροως, ταφος των προγονων reaparecem sem cessar entre os gregos, como entre os latinos *tumulus patrius* ou *avitus, sepulcrum gentis*. *Vide* Demóstenes, *in Eubul.*, 28; *in Macart.*, 79. Licurgo, *in Leocr.*, 25. Cícero, *De offic.*, I, 17. *De legib.*, II, 22: *mortuum extra gentem inferri fas negant*. Ovídio, *Trist.*, IV, 3, 45. Veleio, II, 119. Suetônio, *Nero*, 50; *Tibério*, 1. *Digesto*, XI, 5; XVIII, 1, 6. Há uma velha anedota que prova como se considerava necessário que cada um fosse enterrado no túmulo de sua família. Contam que os lacedemônios, prestes a combater contra os messenianos, prenderam no braço direito fitas

morta da família, não há senão essa distância de alguns passos que separa a casa do túmulo. Certos dias, que são determinados para cada qual por sua religião doméstica, os vivos reúnem-se junto aos antepassados. Trazem-lhes a refeição fúnebre, vertem-lhes leite e vinho, depositam os doces e as frutas ou queimam para eles as carnes duma vítima. Em troca dessas oferendas, pedem proteção; chamam-nos deuses, e rogam-lhes que tornem fértil o campo, próspera a casa, virtuoso o coração.

O princípio da família antiga não é unicamente a geração. Prova disso é que a irmã não é na família o que é o irmão; é que o filho emancipado ou a filha casada cessam completamente de fazer parte dela; são, enfim, diversas disposições importantes das leis gregas e romanas que teremos oportunidade de examinar mais à frente.

O princípio da família tampouco é a afeição natural. Pois o direito grego e o direito romano não levam de modo algum em conta esse sentimento. Ele pode existir no fundo dos corações, no direito ele não é nada. O pai pode amar a filha, mas não legar-lhe os bens. As leis de sucessão, ou seja, dentre as leis as que dão mais fiel testemunho das ideias que os homens se faziam da família, estão em flagrante contradição, quer com a ordem do nascimento, quer com a afeição natural.[2]

Tendo os historiadores do direito romano observado com toda justiça que nem o nascimento nem a afeição eram o fundamento da família romana, acreditaram que esse fundamento devesse encontrar-se no poder paternal ou marital.

---

especiais, que continham seu nome e o de seu pai, para que em caso de morte o corpo pudesse ser reconhecido no campo de batalha e transportado ao túmulo paterno. Justino, III, 5. *Vide* Ésquilo, *Sete*, 889 (914), ταφων πατρωον λαχαι. Os oradores gregos atestam com frequência esse uso; quando Iseu, Lísias e Demóstenes querem provar que tal homem pertence a tal família e tem direito à herança, raramente deixam de dizer que o pai desse homem está enterrado no túmulo dessa família.

[2] É claro que estamos falando aqui do direito mais antigo. Veremos a seguir que essas velhas leis foram modificadas.

Fazem desse poder uma espécie de instituição primordial. Mas não explicam como ele se formou, a menos que seja pela superioridade de força do marido sobre a mulher, do pai sobre os filhos. Ora, é erro grave colocar assim a força na origem do direito. Veremos, aliás, mais adiante que a autoridade paterna ou marital, longe de ter sido uma causa primeira, foi ela própria um efeito; ela derivou da religião e foi estabelecida por ela. Não é, portanto, o princípio que constituiu a família.

O que une os membros da família antiga é algo mais potente do que o nascimento, o sentimento, a força física: é a religião do lar e dos antepassados. Ela faz que a família forme uma unidade nesta vida e na outra. A família antiga é uma associação religiosa, mais ainda do que uma associação natural. Por isso veremos mais adiante que a mulher só será tida realmente como membro no caso em que a cerimônia sagrada do casamento a tiver iniciado no culto; que o filho não mais será tido como membro, se tiver renunciado ao culto ou se tiver sido emancipado; que o adotado será, ao contrário, um verdadeiro filho, porque, se não tem o laço do sangue, terá algo ainda melhor, a comunidade do culto; que o legatário que se recusar a adotar o culto dessa família não terá a sucessão; que, enfim, o parentesco e o direito à herança serão regulados, não segundo o nascimento, mas segundo os direitos de participação no culto, tais como a religião os estabeleceu. Sem dúvida, não foi a religião que criou a família, mas certamente foi ela que lhe deu normas, e vem daí que a família antiga teve uma constituição muito diferente da que teria tido se os sentimentos naturais tivessem sido os únicos a fundamentá-la.

A língua grega antiga tinha uma palavra muito significativa para designar a família; dizia-se επιστιον, palavra que significa literalmente *o que está junto a um lar*. A família era um grupo de pessoas a que a religião permitia invocar o mesmo lar e oferecer o banquete fúnebre aos mesmos antepassados.

CAPÍTULO II

O casamento

A primeira instituição que a religião doméstica estabeleceu foi provavelmente o casamento.

Cumpre notar que essa religião do lar e dos antepassados, que se transmitia de varão para varão, não pertencia, porém, exclusivamente ao homem; a mulher tinha sua parte no culto. Filha, estava presente aos atos religiosos do pai; casada, aos do marido.

Basta isso para pressentirmos o caráter essencial da união conjugal entre os antigos. Duas famílias vivem ao lado uma da outra; mas têm deuses diferentes. Numa delas, a menina toma parte, desde criança, na religião do pai; ela invoca a sua lareira; oferece-lhe todos os dias libações, cerca-a de flores e de guirlandas nos dias de festa, pede-lhe proteção, agradece-lhe os favores. Essa lareira paterna é o seu deus. Se um jovem da família vizinha a pedir em casamento, trata-se para ela de algo muito diferente de passar de uma casa para outra. Trata-se de abandonar o lar paterno para passar a invocar o lar do marido. Trata-se de mudar de religião, de praticar outros ritos e de pronunciar outras preces. Trata-se de deixar o deus da sua infância para se colocar sob o jugo de um deus que ela não conhece. Que não espere permanecer fiel a um ao honrar o outro; pois nessa religião é um princípio imutável que uma mesma pessoa não pode invocar dois lares nem duas séries de antepassados. "A partir do casamento", diz um antigo, "a mulher nada mais tem em comum com a religião doméstica dos pais; ela sacrifica à lareira do marido".[1]

---

[1] Estêvão de Bizâncio, verbete πάτρα.

O casamento é, portanto, um ato grave para a moça, mas não menos grave para o esposo. Pois essa religião quer que se tenha nascido junto à lareira para ter o direito de nele sacrificar. E, no entanto, ele vai introduzir junto ao seu lar uma estranha; fará com ela as cerimônias misteriosas de seu culto; revelar-lhe--á os ritos e as fórmulas que são o patrimônio da sua família. Nada há de mais precioso do que essa herança; esses deuses, esses ritos, esses hinos, que ele recebeu dos pais, são o que o protege na vida, que lhe promete riqueza, felicidade, virtude. Contudo, em vez de guardar para si essa potência tutelar, como o selvagem guarda seu ídolo ou seu amuleto, ele vai admitir que uma mulher a compartilhe consigo.

Dessa maneira, quando penetramos nos pensamentos desses homens antigos, vemos como era importante para eles a união conjugal e o quanto a intervenção da religião era necessária para isso. Não era preciso que, por alguma cerimônia sagrada, a jovem fosse iniciada no culto que passaria a seguir? Para tornar-se sacerdotisa dessa lareira, à qual o nascimento não a ligava, não precisava de uma espécie de ordenação ou adoção?

O casamento era a cerimônia santa que devia produzir esses grandes efeitos. Os escritores latinos ou gregos costumam designar o casamento por palavras que indicam um ato religioso.[2] Pólux, que vivia no tempo dos Antoninos, mas era muito erudito em matéria de velhos costumes e da velha língua, diz que nos tempos antigos, em vez de designar o casamento por seu nome particular (γάμος), designavam-no simplesmente pela palavra τέλος, que significa cerimônia sagrada;[3] como se o matrimônio tivesse sido, naqueles tempos antigos, a cerimônia sagrada por excelência.

---

[2] Θύειν γάμον, *sacrum nuptiale*.
[3] Pólux, III, 3, 38.

Ora, a religião que fazia o casamento não era a de Júpiter, de Juno ou dos outros deuses do Olimpo. A cerimônia não acontecia num templo; realizava-se na casa, e quem presidia era o deus doméstico. Na verdade, quando a religião dos deuses do céu se tornou preponderante, não foi possível evitar a sua invocação também nas preces do casamento; contraiu-se até o hábito de ir previamente aos templos e oferecer àqueles deuses sacrifícios, que eram chamados prelúdios do casamento.[4] Mas a parte principal e essencial da cerimônia continuava a ter de se realizar diante do fogo doméstico.

Entre os gregos, a cerimônia de casamento era composta, por assim dizer, por três atos. O primeiro passava-se diante da lareira do pai, ἐγγύησις; o terceiro, no lar do marido, τέλος; o segundo era a passagem de um para o outro, πομπή.[5]

1º Na casa paterna, na presença do pretendente, o pai, normalmente rodeado da família, oferece um sacrifício. Terminado o sacrifício, declara, pronunciando uma fórmula sacramental, que dá a filha ao rapaz. Essa declaração é completamente indispensável para o casamento, visto que a jovem não poderia ir em seguida adorar o lar do esposo se seu pai não a tivesse antes desligado da lareira paterna. Para que entre em sua nova religião, deve estar livre de todo laço e de todo vínculo com a primeira religião.

2º A moça é transportada para a casa do marido. Às vezes é o próprio marido que a leva. Em certas cidades, o encargo de levar a jovem pertence a um daqueles homens que entre os gregos assumiam um caráter sacerdotal e eram chamados

---

[4] Προτέλεια, προγάμια. Pólux, III, 38.
[5] Homero, *Il.*, XVIII, 391. Hesíodo, *Scutum*, v. 275. Heródoto, VI, 129, 130. Plutarco, *Teseu*, 10; *Licurgo, passim*; *Sólon*, 20; *Aristides*, 20; *Quest. gr.*, 27. Demóstenes, *in Stephanum*, II. Iseu, III, 39. Eurípides, *Helena*, 722-725; *Fen.*, 345. Harpocrácion, v. Pólux, III, c. 3. — Mesmo costume entre os macedônios. Quinto Cúrcio, VIII, 16.

arautos. A moça costumava ser posta sobre um carro; seu rosto estava coberto por um véu e trazia sobre a cabeça uma coroa. A coroa, como teremos muitas vezes ocasião de ver, estava em uso em todas as cerimônias do culto. Seu vestido era branco. O branco era a cor das roupas em todos os atos religiosos. É precedida por pessoas que carregam uma tocha; é a tocha nupcial. Em todo o percurso se canta ao redor dela um hino religioso, que tem como refrão ὦ ὑμήν, ὦ ὑμέναιε. Este hino era chamado *himeneu*, e a importância desse canto sagrado era tão grande que dava seu nome à cerimônia inteira.

A jovem não entra por si mesma em sua nova morada. É preciso que o marido a capture, simule um rapto, que ela lance alguns gritos e as mulheres que a acompanham finjam defendê-la. Por que esse rito? Será um símbolo do pudor da moça? É pouco provável; o momento do pudor ainda não chegou, pois o que vai realizar-se nessa casa é uma cerimônia religiosa. Será que não se quer, antes, sublinhar fortemente que a mulher que vai sacrificar a essa lareira não tem por si mesma nenhum direito a isso, que ela não se aproxima dela por sua vontade e que é preciso que o senhor do lugar e do deus ali a introduza por um ato de seu poder? Seja como for, depois de uma luta simulada, o marido a ergue em seus braços e a faz atravessar a porta, mas tomando cuidado para que os pés dela não toquem a soleira da porta.

Isso não é senão a preparação e o prelúdio da cerimônia. O ato sagrado vai começar na casa.

3º Aproximam-se da lareira, a esposa é levada à presença da divindade doméstica. Ela é banhada de água lustral; ela toca o fogo sagrado. São recitadas preces. Em seguida, os dois esposos dividem um doce ou um pão.

Essa espécie de refeição leve que começa e acaba com uma libação e uma prece, essa divisão do alimento em frente da lareira põe os dois esposos em comunhão religiosa recíproca e em comunhão com os deuses domésticos.

O casamento romano parecia-se muito com o casamento grego, e compreendia, como ele, três atos, *traditio, deductio in domum, confarreatio*.⁶

1º A jovem deixa o lar paterno. Como não está vinculada a essa lareira por seu próprio direito, mas só por intermédio do pai de família, só a autoridade do pai tem o poder de liberá-la. A *tradição* é, portanto, uma formalidade indispensável.

2º A moça é levada à casa do esposo. Como na Grécia, ela está coberta com um véu, carrega uma coroa, e uma tocha nupcial precede o cortejo. Cantam ao redor dela um antigo hino religioso. As palavras desse hino mudaram, sem dúvida, com o tempo, acomodando-se às variações das crenças ou da língua; mas o refrão sacramental continuou subsistindo sem poder ser alterado: era a palavra *Talassie*, palavra que os romanos do tempo de Horácio não compreendiam melhor do que os gregos compreendiam a palavra ὑμέναιε, e que era, provavelmente, o resto sagrado de uma fórmula antiga.

O cortejo para diante da casa do marido. Ali, apresentam à moça o fogo e a água. O fogo é o emblema da divindade doméstica; a água é a água lustral, que serve para todos os atos religiosos da família. Para que a jovem entre na casa, é preciso, como na Grécia, simular o rapto. O esposo deve erguê-la nos braços e carregá-la por cima do umbral, sem que os pés dela o toquem.

3º A esposa é então levada para diante da lareira, ali onde estão os Penates, onde estão agrupados todos os deuses domésticos e as imagens dos antepassados, ao redor do fogo sagrado.

---

⁶ Varrão, *L. L.*, V, 61. Dionísio de Halicarnasso, II, 25, 26. Ovídio, *Fast.*, II, 558. Plutarco, *Quest. rom.*, 1 e 29; *Rômulo*, 15. Plínio, *H. N.*, XVIII, 3. Tácito, *Anais*, IV, 16; XI, 27. Juvenal, *Sát.*, X., 329-336. Gaio, *Inst.*, 1, 112. Ulpiano, IX. *Digesto*, XXIII, 2, 1. Festo, v. *Rapi*. Macróbio, *Sat.*, I, 15. Sérvio, *ad. Aen.*, IV, 168. — Os mesmos costumes entre os etruscos, Varrão, *De re rust.*, II, 4. — Os mesmos costumes entre os antigos hindus, *Leis de Manu*, III, 27-30, 172; V, 152; VIII, 227; IX, 194. *Mitakchara*, trad. de Orianne, p. 166, 167, 236.

Os dois esposos, como na Grécia, fazem um sacrifício, vertem a libação, pronunciam algumas preces e comem juntos um doce de flor de farinha (*panis farreus*).

Esse doce ingerido em meio à recitação das preces, na presença e sob os olhos das divindades domésticas, é o que faz a união santa do esposo e da esposa.[7] A partir daí, eles estão associados no mesmo culto. A mulher tem os mesmos deuses, os mesmos ritos, as mesmas preces, as mesmas festas que o marido. Daí esta velha definição do casamento que os jurisconsultos nos conservaram: *Nuptiae sunt divini juris et humani communicatio.** E esta outra: *Uxor socia humanae rei atque divinae.***[8] É que a mulher passou a compartilhar a religião do marido, essa mulher que, segundo a expressão de Platão, os próprios deuses introduziram na casa.

A mulher assim casada ainda tem o culto dos mortos; mas não é mais a seus próprios antepassados que ela leva o banquete fúnebre; não tem mais esse direito. O casamento desligou-a completamente da família do pai, e rompeu todas as relações religiosas que mantinha com ela. É aos antepassados do marido que ela leva a oferenda; ela é da família deles; eles se tornaram seus antepassados. O casamento foi para ela um segundo nascimento. Doravante ela é a filha do seu marido, *filiae loco*, dizem os jurisconsultos. Não se pode pertencer nem a duas famílias, nem a duas religiões domésticas; a mulher está inteiramente na família e na religião do marido. Veremos as consequências dessa regra no direito de sucessão.

---

[7] Falaremos mais adiante das outras formas de casamento que foram comuns entre os romanos e em que a religião não intervinha. Baste-nos dizer aqui que o casamento sagrado nos parece ser o mais antigo, pois corresponde às mais antigas crenças e só desapareceu à medida que elas iam enfraquecendo-se.

* O casamento é a comunhão das leis divinas e humanas. (N. do T.)

** A esposa é sócia nas coisas divinas e humanas. (N. do T.)

[8] *Digesto*, liv. XXIII, título 2. Código, IX, 32, 4. Dionísio de Halicarnasso, II, 25: Κοινωὸς χρημάτων καὶ ἱερῶν. Estêvão de Bizâncio, πάτρα.

A instituição do casamento sagrado deve ser tão velha na raça indo-europeia quanto a religião doméstica, uma vez que uma não existe sem a outra. Essa religião ensinou ao homem que a união conjugal é algo diferente de uma relação de sexos e de uma afeição passageira, e uniu dois esposos pelo laço forte do mesmo culto e das mesmas crenças. A cerimônia das bodas era, aliás, tão solene e produzia efeitos tão graves, que não é de admirar que esses homens não acreditassem que ela fosse permitida e possível senão para uma única mulher em cada casa. Tal religião não podia admitir a poligamia.

Compreende-se que tal união fosse indissolúvel e o divórcio, quase impossível. O direito romano permitia dissolver o casamento por *coemptio* ou por *usus*. Mas a dissolução do casamento religioso era dificílima. Para tanto, era necessária uma nova cerimônia sagrada, pois só a religião podia separar o que a religião unira. O efeito da *confarreatio* só podia ser destruído pela *diffarreatio*. Os dois esposos que queriam separar-se apareciam pela última vez diante da lareira comum; um sacerdote e algumas testemunhas estavam presentes. Apresentava-se aos esposos, como no dia do casamento, um doce de flor de farinha.[9] Mas, sem dúvida, em vez de dividi-lo, eles o rejeitavam. Em seguida, em vez de preces, pronunciavam fórmulas de um caráter estranho, severo, odiento, apavorante,[10] uma espécie de maldição pela qual a mulher renunciava ao culto e aos deuses do marido. A partir daí, estava rompido o laço religioso. Cessando a comunidade de culto, toda outra comunidade cessava de direito, e o casamento estava dissolvido.

---

[9] Festo, v. *Diffarreatio*. Pólux, III, c. 3: Ἀποπομπή. Lê-se numa inscrição: *Sacerdos confarreationum et diffarreationum*. Orelli, nº 2648.

[10] Φρικώδη, ἀλλόκοτα, σκυθρώπα. Plutarco, *Quest. rom.*, 50.

CAPÍTULO III

Da continuidade da família; celibato proibido; divórcio em caso de esterilidade. Desigualdade entre o filho e a filha

As crenças relativas aos mortos e ao culto que lhes era devido constituíram a família antiga e lhe deram a maioria de suas regras.

Vimos mais acima que o homem, após a morte, era considerado um ser feliz e divino, mas com a condição de que os vivos lhe oferecessem sempre a refeição fúnebre. Se essas oferendas viessem a cessar, era a desgraça para o morto, que caía na condição de demônio infeliz e malfazejo. Isso porque quando as antigas gerações começaram a imaginar a vida futura, não pensaram em recompensas e em castigos; acreditaram que a felicidade do morto não dependesse do comportamento que tivesse tido durante a vida, mas da conduta dos seus descendentes a seu respeito. Por isso, cada pai esperava de sua posteridade a série de banquetes fúnebres que deviam assegurar aos seus Manes o repouso e a felicidade.

Essa opinião foi o princípio fundamental do direito doméstico entre os antigos. Decorreu daí, em primeiro lugar, essa regra de que toda família devia perpetuar-se para sempre. Os mortos precisavam que sua descendência não se extinguisse. No túmulo onde viviam, eles não tinham outro motivo de preocupação, a não ser esse. Seu único pensamento, como seu único interesse, era que houvesse sempre um homem de sua linhagem para trazer as oferendas ao túmulo. Assim, o hindu cria que esses mortos repetiam sem cessar estas palavras: "Oxalá nasçam sempre em nossa linhagem filhos que nos tragam o arroz, o leite e o mel". O hindu dizia também: "A extinção da família causa a ruína da religião dessa família; os antepassados, privados da oferenda dos doces, caem na morada dos desgraçados".[1]

Durante muito tempo, os homens da Itália e da Grécia também pensaram assim. Se não nos deixaram em seus escritos uma expressão de suas crenças tão nítida quanto a que encontramos nos velhos livros do Oriente, pelo menos suas leis ainda estão aí para atestar suas antigas opiniões. Em Atenas a lei encarregava o primeiro magistrado da cidade de zelar para que nenhuma família viesse a extinguir-se.[2] A lei romana também estava atenta a não deixar desaparecer nenhum culto doméstico.[3] Lemos num discurso de um orador ateniense: "Não há nenhum homem que, sabendo que deve morrer, se preocupe tão pouco consigo mesmo, que queira deixar a família sem descendentes; pois então não haveria ninguém para lhe render o culto devido aos mortos".[4] Cada qual tinha, por conseguinte, muito interesse em deixar após si um filho, convicto de que disso dependia a sua imortalidade feliz. Era até um dever com os antepassados, cuja felicidade só devia durar enquanto durasse a família. Assim, as leis de Manu chamam o filho mais velho "aquele que é gerado para o cumprimento do dever".

Tocamos aqui uma das características mais notáveis da família antiga. A religião que a formou exige imperiosamente que ela não pereça. Uma família que se extingue é um culto que morre. Cumpre imaginar essas famílias na época em que as crenças ainda não se haviam alterado. Cada uma delas possui uma religião e alguns deuses, precioso depósito pelo qual ela deve zelar. A maior desgraça que sua piedade tem a temer é que a sua linhagem se extinga, visto que então a sua religião

---

[1] *Bhagavad-Gita*, I, 40.
[2] Iseu, VII, 30-32.
[3] Cícero, *De legib.*, II, 19.
[4] Iseu, VII, 30.

desapareceria da terra, sua lareira se extinguiria, toda a série de seus mortos cairia no esquecimento e na eterna miséria. O grande interesse da vida humana é continuar a descendência para continuar o culto.

Em virtude dessas opiniões, o celibato devia ser ao mesmo tempo uma grave impiedade e uma desgraça; uma impiedade, porque o celibatário punha em perigo a felicidade dos Manes da família; uma desgraça, porque ele próprio não devia receber nenhum culto após a morte e não devia conhecer "o que agrada aos Manes". Era ao mesmo tempo para ele e para os seus antepassados uma espécie de danação.

Podemos muito bem pensar que, na falta de leis, essas crenças religiosas devam ter durante muito tempo bastado para impedir o celibato. Mas parece além disso que, tão logo surgiram as leis, elas decretaram que o celibato era algo ruim e punível. Dionísio de Halicarnasso, que consultara os velhos anais de Roma, diz ter visto uma lei antiga que obrigava os jovens a se casarem.[5] O tratado das leis de Cícero, tratado que reproduz quase sempre, sob forma filosófica, as antigas leis de Roma, contém uma que proíbe o celibato.[6] Em Esparta, a legislação de Licurgo privava de todos os direitos de cidadania o homem que não se casasse.[7] Sabemos por muitas anedotas que, quando o celibato deixou de ser proibido pelas leis, continuou a sê-lo pelos costumes. Parece, enfim, por um trecho de Pólux, que em muitas cidades gregas a lei punia o celibato como a um delito.[8] Isso era conforme às crenças; o homem não se pertencia, mas sim à família. Era um membro de uma série, e era preciso que a série não terminasse nele. Não nascera por acaso; haviam-no introduzido na vida para que continuasse

---

[5] Dionísio de Halicarnasso, IX, 22.
[6] Cícero, *De legib.*, III, 2.
[7] Plutarco, *Licurgo*; *Apot. dos lacedemônios*.
[8] Pólux, III, 48.

um culto; não devia deixar a vida sem ter certeza de que esse culto prosseguiria depois dele.

Mas não bastava gerar um filho. O filho que devia perpetuar a religião doméstica devia ser o fruto de um casamento religioso. O bastardo, o filho natural, aquele a que os gregos chamavam νόθος e os latinos chamavam *spurius*, não podia desempenhar o papel que a religião atribuía ao filho. Com efeito, o laço de sangue não constituía por si só a família, era preciso também o laço do culto. Ora, o filho nascido de uma mulher que não fora associada ao culto do marido pela cerimônia de casamento não podia ele próprio participar do culto.[9] Não tinha o direito de oferecer o banquete fúnebre, e a família não se perpetuava por ele. Veremos mais adiante que, pela mesma razão, ele não tinha direito à herança.

O casamento era, portanto, obrigatório. Não tinha como objetivo o prazer, seu objetivo principal não era a união de dois seres que se gostam e querem associar-se na felicidade e nas tristezas da vida. O efeito do casamento, aos olhos da religião e das leis, era, ao unir dois seres no mesmo culto doméstico, fazer que deles nascesse um terceiro capaz de dar continuidade a esse culto. Vemo-lo bem pela fórmula sacramental que era pronunciada no ato do casamento: *Ducere uxorem liberum quaerendorum causa*, diziam os romanos; παίδων ἐπ ἀρότῳ γνησίων, diziam os gregos.[10]

Não havendo o casamento senão para perpetuar a família, parecia justo que ele pudesse ser rompido se a mulher fosse estéril. O divórcio, nesse caso, sempre foi um direito entre os antigos; é até possível que fosse uma obrigação. Na Índia, a religião prescrevia que "a mulher estéril fosse substituída ao fim de oito anos".[11] Que o dever fosse o mesmo na Grécia e

---

[9] Iseu, VII. Demóstenes, *in Macart*.
[10] Menandro, Posídon 185, ed. Didot. Alcifron, I, 16. Ésquilo, *Agam.*,1166, ed. Hermann.
[11] *Leis de Manu*, IX, 81.

em Roma, nenhum texto formal o prova. Heródoto, porém, cita dois reis de Esparta que foram obrigados a repudiar suas mulheres por serem estéreis.[12] No que se refere a Roma, é bem conhecida a história de Carvílio Ruga, cujo divórcio é o primeiro a ser mencionado nos anais romanos. "Carvílio Ruga", diz Aulo Gélio, "homem de grande família, separou-se da mulher pelo divórcio, porque não podia ter filhos com ela. E ele a amava ternamente e era só elogios sobre o comportamento dela. Mas sacrificou pela religião do juramento o seu amor, porque jurara (na fórmula do casamento) que a tomava como esposa para ter filhos".[13]

A religião dizia que a família não devia extinguir-se; todo afeto e todo direito natural deviam ceder diante dessa regra absoluta. Se um casamento fosse estéril por causa do marido, nem por isso a família deixava de ter de continuar. Então um irmão ou um parente do marido devia substituí-lo, e a mulher era obrigada a se entregar a esse homem. A criança que nascia daí era considerada filha do marido, e continuava o seu culto. Eram essas as regras entre os antigos hindus; tornamos a encontrá-las nas leis de Atenas e de Esparta.[14] Tal era o império dessa religião! Tal a precedência que o dever religioso tinha sobre todos os demais!

Com mais forte razão, as legislações antigas prescreviam o casamento da viúva, quando ela não tivera filhos, com o parente mais próximo do marido. O filho que nascia era considerado filho do falecido.[15]

O nascimento da filha não cumpria o objetivo do casamento. Com efeito, a filha não podia continuar o culto, pelo fato de que, no dia em que se casasse, renunciaria à família e

---

[12] Heródoto, V, 39; VI, 61.
[13] Aulo Gélio, IV, 3. Valério Máximo, II, 1, 4. Dionísio, II, 25.
[14] Xenofonte, *Const. dos laced.* Plutarco, Sólon, 20. *Leis de Manu*, IX, 121.
[15] *Leis de Manu*, IX, 69, 146. O mesmo entre os hebreus, *Deuteronômio*, 25.

ao culto do pai, e pertenceria à família e à religião do marido. A família não tinha continuidade, assim como o culto, senão pelos varões: fato capital, cujas consequências veremos mais adiante.

O esperado, o necessário era, portanto, o filho; era ele que a família, os antepassados, o lar exigiam. "Por ele", dizem as velhas leis dos hindus, "um pai paga a sua dívida com os Manes dos antepassados e garante a sua própria imortalidade". Esse filho não era menos precioso para os gregos, pois devia mais tarde fazer os sacrifícios, oferecer o banquete fúnebre e conservar por seu culto a religião doméstica. Assim, no velho Ésquilo, o filho é chamado o salvador do lar paterno.[16]

A entrada desse filho na família era assinalada por um ato religioso. Era preciso, em primeiro lugar, que ele fosse aceito pelo pai. Este, enquanto senhor e guardião vitalício do lar, enquanto representante dos antepassados, devia decretar se o recém-chegado era ou não da família. O nascimento formava apenas o vínculo físico; a declaração do pai constituía o vínculo moral e religioso. Essa formalidade era igualmente obrigatória em Roma, na Grécia e na Índia.

Era preciso, além disso, para o filho, como vimos para a mulher, uma espécie de iniciação. Ela ocorria pouco depois do nascimento, no nono dia em Roma, no décimo na Grécia, na Índia no décimo ou no duodécimo.[17] Naquele dia, o pai reunia a família, chamava testemunhas e fazia um sacrifício à sua lareira. A criança era apresentada ao deus doméstico; uma mulher carregava-a nos braços e, correndo, fazia que desse várias voltas ao redor do fogo sagrado.[18] Essa cerimônia tinha o duplo objetivo de, primeiro, purificar a criança, ou seja,

---

[16] Ésquilo, *Coéf.*, 264 (262).
[17] Aristófanes, *Os pássaros*, 922. Demóstenes, *in Boeot.*, p. 1016. Macróbio, *Sat.*, I, 17. *Leis de Manu*, II, 30.
[18] Platão, *Teeteto*. Lísias, em Harpocrácion, verbete Ἀμφιδρόμια.

tirar-lhe a imundície que os antigos supunham que ela tivesse contraído pelo simples fato da gestação, e, segundo, de iniciá-la no culto doméstico. A partir desse momento, a criança era admitida nessa espécie de sociedade santa e de pequena igreja que chamavam de família. Tinha a sua religião, praticava os seus ritos, estava apta a dizer as suas preces; honrava os antepassados e, mais tarde, deveria ser ela própria um antepassado honrado.

CAPÍTULO IV

Da adoção e da emancipação

O dever de perpetuar o culto doméstico foi o princípio do direito de adoção entre os antigos. A mesma religião que obrigava o homem a casar, que decretava o divórcio em caso de esterilidade, que, em caso de impotência ou de morte prematura, substituía o marido por um parente, oferecia também à família um último recurso para escapar à tão temida desgraça da extinção; esse recurso era o direito de adotar. "Aquele a quem a natureza não deu filhos pode adotar um, para que as cerimônias fúnebres não cessem." Assim fala o velho legislador dos hindus.[1] Temos um curioso discurso de um orador ateniense num processo em que se contestava a um filho adotivo a legitimidade da sua adoção. O defensor mostra-nos, primeiro, por que motivo se adotava um filho: "Meneclides", diz ele, "não queria morrer sem filhos; fazia questão de deixar após si alguém para sepultá-lo e em seguida lhe fazer as cerimônias do culto fúnebre". Mostra a seguir o que acontecerá se o tribunal anular a adoção, o que acontecerá, não a ele, mas àquele que o adotou; Meneclides morreu, mas é ainda o interesse de

---

[1] *Leis de Manu*, IX, 10.

Meneclides que está em jogo. "Se anulardes a minha adoção, fareis que Meneclides tenha morrido sem deixar filhos, e, por conseguinte, que ninguém venha a fazer os sacrifícios em sua honra, que ninguém lhe ofereça os banquetes fúnebres e, enfim, que ele fique sem culto.[2]

Adotar um filho era, portanto, zelar pela perpetuação da religião doméstica, pela salvação do lar, pela continuação das oferendas fúnebres, pelo repouso dos Manes dos antepassados. Como a única razão de ser da adoção era a necessidade de prevenir a extinção de um culto, seguia-se daí que ela só era permitida àquele que não tivesse filhos. A lei dos hindus é formal a esse respeito.[3] A de Atenas não o é menos; todo o discurso de Demóstenes contra Leocares é prova disso.[4] Nenhum texto preciso prova que o mesmo acontecesse no antigo direito romano, e sabemos que no tempo de Gaio um mesmo homem podia ter filhos pela natureza e filhos por adoção. Parece, porém, que esse ponto não era admitido de direito nos tempos de Cícero, pois num de seus discursos o orador assim se exprime: "Qual é o direito que rege a adoção? Não deve o adotante ter uma idade não mais propícia à geração de filhos e, antes de adotar, ter procurado gerá-los? Adotar é pedir à religião e à lei o que não se conseguiu obter da natureza".[5] Cícero ataca a adoção de Clodius baseando-se no fato de que o homem que o adotou já tem um filho, e exclama ser tal adoção contrária ao direito religioso.

Quando se adotava um filho, era preciso antes de tudo iniciá-lo ao seu culto, "introduzi-lo em sua religião doméstica, aproximá-lo dos Penates".[6] Assim, a adoção era feita por meio de uma cerimônia sagrada que parece ter sido muito

---

[2] Iseu, II, 10-46.

[3] *Leis de Manu*, IX, 168, 174. *Dattaca-Sandrica*, trad. Orianne, p. 260.

[4] Vide também Iseu, II, 11-14.

[5] Cícero, *Pro domo*, 13, 14. Aulo Gélio, V, 19.

[6] Ἐπὶ τὰ ἱερὰ ἄγειν, Iseu, VII. *Venire in sacra*, Cícero, *Pro domo*, 13; *in Penates adsciscere*, Tácito, *Hist.*, I, 15.

semelhante à que marcava o nascimento do filho. Com isso, o recém-chegado era admitido no lar e associado à religião. Deuses, objetos sagrados, ritos, preces, tudo se tornava para ele comum com o pai adotivo. Dele diziam *in sacra transiit*, passou ao culto da sua nova família.[7]

Com isso ele renunciava ao culto da antiga.[8] Vimos, com efeito, que segundo essas velhas crenças o mesmo homem não podia sacrificar a duas lareiras nem honrar duas séries de antepassados. Admitido numa nova casa, a casa paterna tornava-se estranha a ele. Não tinha mais nada em comum com o lar que o vira nascer e não podia mais oferecer o banquete fúnebre a seus próprios antepassados. Era rompido o laço do nascimento; levava a melhor o novo vínculo do culto. O homem tornava-se tão completamente estranho à antiga família que, se viesse a morrer, seu pai natural não tinha o direito de se encarregar dos funerais e de conduzir o enterro. O filho adotado não podia mais voltar para a antiga família; na melhor das hipóteses, a lei lho permitia se, tendo um filho, ele o deixasse em seu lugar na família adotante. Considerava-se que, como a perpetuidade desta última estaria assim assegurada, ele podia deixá-la. Mas então rompia todos os laços com o seu próprio filho.[9]

À adoção correspondia como correlativo a emancipação. Para que um filho pudesse entrar numa nova família, era preciso necessariamente que ele tivesse podido sair da antiga, ou seja, que ele tivesse sido liberado de sua religião.[10] O principal efeito da emancipação era a renúncia ao culto da família onde se nascera. Os romanos designavam esse ato com o muito significativo nome de *sacrorum detestatio*.[11]

---

[7] Valério Máximo, VII, 7.
[8] *Amissis sacris paternis*, Cícero, *ibid*.
[9] Iseu, VI, 44; X, 11. Demóstenes, *Contra Leocares*, Antífon, Posídon, 15. Comparar com as *Leis de Manu*, IX, 142.
[10] *Consuetudo apud antiques fuit ut qui in familiam transir et prius se abdicaret ab ea in qua natus fuerat*. Sérvio, *ad Aen.*, II, 156.
[11] Aulo Gélio, XV, 27.

CAPÍTULO V

Do parentesco do que os romanos chamavam de agnação

Diz Platão que o parentesco é a comunidade dos mesmos deuses domésticos.[1] Quando Demóstenes quer provar que dois homens são parentes, mostra que ambos praticam o mesmo culto e oferecem o banquete fúnebre no mesmo túmulo. Era, com efeito, a religião doméstica que constituía o parentesco. Dois homens podiam dizer-se parentes quando tivessem os mesmos deuses, o mesmo lar, a mesma refeição fúnebre.

Ora, observamos acima que o direito de fazer os sacrifícios ao fogo sagrado só se transmitia de varão para varão e que o culto dos mortos também só se endereçava aos ascendentes em linha masculina. Decorria dessa regra religiosa que não se podia ser parente por parte feminina. Na opinião dessas gerações antigas, a mulher não transmitia nem o ser nem o culto. O filho recebia tudo do pai. Não se podia, aliás, pertencer a duas famílias, invocar dois lares; o filho não tinha outra religião nem outra família senão a do pai.[2] Como teria ele uma família materna? Sua própria mãe, no dia em que foram celebrados os ritos sagrados do casamento, renunciara de maneira absoluta à sua própria família; desde então, ela oferecera a refeição fúnebre aos antepassados do marido, como se se tivesse tornado filha deles, e não mais a oferecera a seus próprios antepassados, porque não se considerava que ela descendesse deles. Não conservara nem o vínculo religioso nem o vínculo de direito com a família em que nascera. Com mais forte razão, seu filho nada tinha em comum com essa família.

---

[1] Platão, *Leis*, V, p. 729.
[2] *Patris, non matris familiam sequitur. Digesto*, liv. 50, tít. 16, § 196.

O princípio do parentesco não era o nascimento; era o culto. Isso se vê com clareza na Índia. Lá, o chefe de família, duas vezes por mês, oferece o banquete fúnebre; apresenta um doce aos Manes do pai, outro ao avô paterno, um terceiro ao bisavô paterno, jamais àqueles de que descende por linha feminina, nem à sua mãe nem ao pai de sua mãe. Em seguida, recuando mais no passado, mas sempre na mesma linha, faz uma oferenda ao quarto, ao quinto, ao sexto ascendente. Só que para estes a oferenda é mais leve; consiste numa simples libação de água e em alguns grãos de arroz. Assim é a refeição fúnebre; e é segundo a realização desses ritos que se conta o parentesco. Quando dois homens que fazem separadamente suas refeições fúnebres podem, recuando cada um deles na série de seis antepassados, encontrar um que seja comum aos dois, esses dois homens são parentes. Dizem-se *samanodacas* se o antepassado comum é daqueles a que só é oferecida a libação de água, *sapindas* se é daqueles a que é ofertado o doce.[3] Se contarmos segundo os nossos costumes, o parentesco dos *sapindas* iria até o sétimo grau, e o dos *samanodacas*, até o décimo quarto. Em ambos os casos, o parentesco é reconhecido pelo fato de se fazer a oferenda a um mesmo antepassado; e vemos que nesse sistema o parentesco por linha feminina não pode ser admitido.

O mesmo acontecia no Ocidente. Muito se discutiu sobre o que os jurisconsultos romanos entendiam por agnação. Mas o problema torna-se de fácil solução assim que aproximamos a agnação da religião doméstica. Assim como a religião só se transmitia de varão para varão, assim também todos os jurisconsultos antigos atestam que dois homens só podiam ser agnatos entre si se, recuando de varão em varão, tivessem antepassados comuns.[4] A regra para a agnação era, pois,

---

[3] *Leis de Manu*, V, 60; *Mitakchara*, trad. Orianne, p. 213.
[4] Gaio, I, 156; III, 10. Ulpiano, 26. *Institutas* de Justiniano, III, 2; III, 5.

a mesma que para o culto. Havia entre esses dois fatos uma relação manifesta. A agnação não era senão o parentesco tal como a religião o havia estabelecido originalmente.

Para tornar mais clara essa verdade, tracemos o quadro de uma família romana.

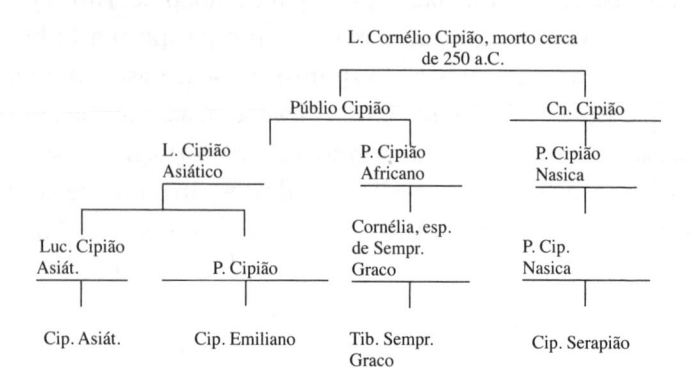

```
                    L. Cornélio Cipião, morto cerca
                           de 250 a.C.
        ┌──────────────────────┴──────────────────┐
                  Públio Cipião                Cn. Cipião
           ┌───────────┴───────────┐              │
        L. Cipião              P. Cipião       P. Cipião
        Asiático               Africano          Nasica
      ┌─────┴─────┐                │              │
  Luc. Cipião              Cornélia, esp.     P. Cip.
  Asiát.      P. Cipião    de Sempr.          Nasica
    │            │         Graco                 │
    │            │            │                  │
 Cip. Asiát. Cip. Emiliano Tib. Sempr.       Cip. Serapião
                          Graco
```

Neste quadro, a quinta geração, que vivia por volta do ano 140 a.C., é representada por quatro personagens. Eram todos eles parentes entre si? Segundo as nossas ideias modernas, sim; nem todos o eram na opinião dos romanos. Examinemos, com efeito, se tinham o mesmo culto doméstico, ou seja, se faziam as oferendas aos mesmos antepassados. Suponhamos o terceiro Cipião Asiático, que permanece como o único de seu ramo, a oferecer no dia marcado o banquete fúnebre; recuando de varão em varão, ele encontra como seu terceiro antepassado Públio Cipião. Da mesma forma, Cipião Emiliano, ao fazer o seu sacrifício, encontrará na série de seus ascendentes esse mesmo Públio Cipião. Logo, Cipião Asiático e Cipião Emiliano são parentes entre si; entre os hindus, seriam chamados *sapindas*.

Por outro lado, Cipião Serapião tem como quarto antepassado L. Cornélio Cipião, que é também o quarto antepassado de Cipião Emiliano. São, pois, parentes um do outro; entre os hindus, seriam chamados *samanodacas*. Na língua jurídica e religiosa de Roma, esses três Cipiões são agnatos; os dois primeiros o são entre si no sexto grau, o terceiro o é com eles no oitavo.

O mesmo não acontece com Tibério Graco. Esse homem que, segundo os nossos costumes modernos, seria o parente mais próximo de Cipião Emiliano, não era sequer parente dele no grau mais distante. Pouco importa, com efeito, para Tibério ser filho de Cornélia, filha dos Cipiões; nem ele nem a própria Cornélia pertencem a essa família pela religião. Ele não tem outros antepassados senão os Semprônios; é a eles que oferece o banquete fúnebre; recuando na série de seus ascendentes, jamais encontrará um Cipião. Cipião Emiliano e Tibério Graco não são, portanto, agnatos. Esse vínculo de sangue não basta para estabelecer tal parentesco, é preciso o vínculo do culto.

Compreende-se, com isso, por que, para a lei romana, dois irmãos consanguíneos eram agnatos e dois irmão uterinos não o eram. Não se diga tampouco que a descendência pelo lado masculino fosse o princípio imutável sobre o qual se fundava o parentesco. Não era no nascimento, era só no culto que se reconheciam os agnatos. O filho que a emancipação separara do culto não era mais agnato de seu pai. O estranho que tinha sido adotado, ou seja, admitido no culto, tornava-se o agnato do adotante e até de toda a sua família. O que prova que era a religião que determinava o parentesco.

Sem dúvida, houve um momento, para a Índia e para a Grécia, assim como para Roma, em que o parentesco pelo culto deixou de ser o único a ser admitido. À medida que essa velha religião se enfraquecia, a voz do sangue falava mais alto, e o parentesco pelo nascimento foi reconhecido de direito. Os romanos chamaram *cognatio* a esse tipo de parentesco absolutamente independente das regras da religião doméstica. Quando lemos os jurisconsultos desde Cícero até Justiniano, vemos os dois sistemas de parentesco rivalizarem entre si e disputarem o domínio do direito. Mas no tempo das Doze Tábuas, só o parentesco de agnação era conhecido, e só ele conferia direitos à herança. Veremos mais adiante que o mesmo ocorreu entre os gregos.

CAPÍTULO VI

O direito de propriedade

Eis uma instituição dos antigos que, para dela fazermos uma ideia, não devemos nos basear no que vemos ao nosso redor. Os antigos fundaram o direito de propriedade sobre princípios que não são mais os das gerações presentes; isso fez que as leis pelas quais o garantiram sejam sensivelmente diferentes das nossas.

Sabemos que há raças que jamais chegaram a estabelecer a propriedade privada; outras só o conseguiram depois de muito tempo e muitas dificuldades. Com efeito, não é um problema fácil, na origem das sociedades, saber se o indivíduo pode apropriar-se do solo e estabelecer um tal vínculo entre o seu ser e uma parte de terra, que lhe permita dizer: "Esta terra é minha, esta terra é como uma parte de mim". Os tártaros entendem o direito de propriedade quando se trata de rebanhos, e não o compreendem quando se trata da terra. Entre os antigos germanos, a terra não pertencia a ninguém; a cada ano a tribo atribuía a cada um dos seus membros um lote para cultivar, e trocava-se de lote no ano seguinte. O germano era proprietário da colheita; não o era da terra. O mesmo se pode dizer também de uma parte da raça semítica e de alguns povos eslavos.

As populações da Grécia e da Itália, ao contrário, desde a mais alta antiguidade sempre conheceram e praticaram a propriedade privada. Não conhecemos uma época em que a terra tivesse sido comum;[1] e tampouco vemos algo que se assemelhe a essa divisão anual dos campos que se praticava entre os germanos. Há até um fato muito notável. Ao passo que as raças que não concedem ao indivíduo a propriedade da terra lhe concedem pelo menos a dos frutos do seu trabalho, isto é, de sua colheita, entre os gregos acontecia o contrário. Em muitas cidades, os cidadãos eram obrigados a pôr em comum suas colheitas, ou pelo menos a maior parte delas, e deviam consumi-las em comum; o indivíduo não era, consequentemente, senhor do trigo que colhera; mas ao mesmo tempo, por uma contradição muito singular, tinha a propriedade absoluta da terra. A terra era mais dele do que a colheita. Parece que entre os gregos a concepção do direito de propriedade seguiu um caminho completamente oposto ao que seria natural. Ela não se aplicou primeiro à colheita e em seguida ao solo. A ordem seguida foi a inversa.

Há três coisas que, já nas épocas mais antigas, encontramos fundadas e solidamente estabelecidas nessas sociedades gregas e italianas: a religião doméstica, a família e o direito de propriedade; três coisas que tiveram entre si, na origem, uma relação manifesta e que parecem ter sido inseparáveis.

A ideia de propriedade privada estava na própria religião. Cada família tinha a sua lareira e os seus antepassados. Esses deuses só podiam ser adorados por ela, só protegiam a ela; eles eram sua propriedade.

Ora, entre esses deuses e a terra, os homens dos tempos antigos viam uma relação misteriosa. Tomemos primeiramente

---

[1] Alguns historiadores aventaram a opinião de que em Roma a propriedade tivesse inicialmente sido pública e só se tornara privada sob Numa. Esse erro vem de uma falsa interpretação de três textos de Plutarco (*Numa*, 16), de Cícero (*República*, II, 14) e de Dionísio (II, 74). Esses três autores dizem, com efeito, que Numa distribuiu terras aos cidadãos; mas indicam muito claramente que só fez essa partilha com as terras conquistadas pelo seu antecessor, *agri quos bello Romulus ceperat*. Quanto ao próprio solo romano, *ager Romanus*, era propriedade privada desde a origem da cidade.

a lareira. Esse altar é o símbolo da vida sedentária; só o seu nome já o indica.[2] Ele deve ser posto sobre o solo; uma vez posto, não é possível mudá-lo de lugar. O deus da família quer ter uma morada fixa; materialmente, é difícil transportar a pedra sobre a qual ele resplandece; religiosamente, isso é mais difícil ainda e só é permitido ao homem se a dura necessidade o forçar, se um inimigo o perseguir ou se a terra não puder alimentá-lo. Quando se coloca a lareira, é com o pensamento e a esperança de que ele permaneça sempre naquele mesmo lugar. O deus instala-se ali, não por um dia, nem mesmo pelo tempo de uma vida humana, mas por todo o tempo que essa família durar e enquanto houver alguém para conservar a sua chama pelo sacrifício. Assim, a lareira toma posse do solo; essa parte de terra, ele a torna sua; ela é a sua propriedade.

E a família, que por dever e por religião permanece sempre reunida ao redor do seu altar, fixa-se ao solo como o altar. A ideia de domicílio ocorre naturalmente. A família é vinculada à lareira, e a lareira ao solo; estabelece-se uma relação estreita, pois, entre o solo e a família. Ali deve ser a sua morada permanente, que ela não pensará em deixar, a menos que uma necessidade imprevista a obrigue a tanto. Como a lareira, ela ocupará sempre aquele lugar. Aquele lugar lhe pertence; ele é a sua propriedade, não de um homem apenas, mas de uma família, cujos diversos membros devem vir, um após o outro, nascer e morrer ali.

Acompanhemos as ideias dos antigos. Duas lareiras representam divindades distintas, que não se unem e não se confundem jamais; tanto isso é verdade, que o próprio casamento entre duas famílias não estabelece uma aliança entre seus deuses. A lareira deve ser isolada, ou seja, separada claramente de tudo o que não seja ela; o estranho à família

---

[2]Ἑστία, ἵστημι, *stare*. Vide Plutarco, *De primo frigido*, 21; Macróbio, I, 23; Ovídio, *Fast.*, VI, 299.

não deve aproximar-se dela no momento em que se realizam as cerimônias do culto, não deve nem mesmo poder enxergá-la. É por isso que esses deuses são chamados deuses ocultos, μύχιοι, ou os deuses interiores, *Penates*. Para que essa regra religiosa seja bem cumprida, é preciso que ao redor da lareira, a certa distância, haja uma barreira. Pouco importa que ela seja formada por uma sebe, por uma cerca de madeira ou por uma parede de pedra. Seja ela qual for, assinala o limite que separa o domínio de uma lareira do domínio de outra. Essa barreira é considerada sagrada.³ É impiedade ultrapassá-la. O deus vela por ela e a mantém sob a sua guarda; assim, é dado a esse deus o epíteto de ἑρκεῖος.⁴ Esse espaço traçado pela religião e protegido por ela é o emblema mais certo, a marca mais irrecusável do direito de propriedade.

Voltemos aos tempos primitivos da raça ariana. O espaço fechado e sagrado, a que os gregos chamam ἕρκος e os latinos, *herctum*, é aquele, bastante extenso, em que a família tem a sua casa, seus rebanhos, o pequeno campo que cultiva. No seu centro se ergue a lareira protetora. Consideremos os tempos que se seguem: a população chegou até a Grécia e a Itália, e edificou cidades. As residências aproximaram-se; não são, porém, contíguas. A barreira sagrada ainda existe, mas em menores proporções; reduz-se o mais das vezes a um murinho, a um fosso, a um sulco ou a um simples espaço livre de alguns pés de largura. Em todos os casos, duas residências não devem

---

³ Ἕρκος ἱερόν. Sófocles, *Traquínias*, 606.

⁴ Na época em que esse antigo culto foi quase aniquilado pela religião mais jovem de Zeus e em que se associou Zeus à divindade do lar, o deus novo tomou para si o epíteto de ἑρκεῖος. Não é menos verdade que a princípio o verdadeiro protetor do recinto era o deus doméstico. Dionísio de Halicarnasso atesta-o (I, 67) quando diz que os θεοὶ ἑρκεῖοι são os mesmos que os Penates. Isso fica claro, aliás, quando se confronta um trecho de Pausânias, (IV, 17) com outro de Eurípides *(Troi.*, 17) e um de Virgílio (*En.*, II, 514); esses três trechos se relacionam com o mesmo fato e mostram que o Ζεὺς ἑρκεῖος não é senão a lareira doméstica.

tocar-se; a contiguidade é considerada impossível. O mesmo muro não pode ser comum a duas casas, porque, então, a barreira sagrada dos deuses domésticos teria desaparecido. Em Roma, a lei determina que seja de dois pés e meio a largura do espaço livre que deve sempre separar duas casas, e esse espaço é consagrado ao "deus do recinto".[5]

Essas velhas regras religiosas fizeram que a vida em comunidade jamais pudesse estabelecer-se entre os antigos. Ali jamais se conheceu o falanstério. O próprio Pitágoras não conseguiu estabelecer instituições a que resistia a religião íntima dos homens. Tampouco encontramos, em nenhuma época da vida dos antigos, nada que se assemelhasse a essa promiscuidade da aldeia, que era geral na França do século XII. Cada família, tendo os seus deuses e o seu culto, tinha também de ter o seu lugar particular sobre o solo, o seu domicílio isolado, a sua propriedade.

Os gregos diziam que a lareira ensinara o homem a construir casas.[6] De fato, o homem a que era atribuído pela religião um lugar que ele acreditava não ter de deixar jamais, deve ter logo pensado em erguer nesse lugar uma construção sólida. A tenda convém ao árabe, a carruagem ao tártaro, mas uma família que tem uma lareira doméstica deve possuir uma morada duradoura. À cabana de terra ou de madeira logo sucedeu a casa de pedra. Ela não foi construída apenas para a duração de uma vida humana, mas para a família, cujas gerações deviam suceder-se na mesma residência.

A casa situava-se sempre dentro do recinto sagrado. Entre os gregos, dividia-se em dois o quadrado que formava esse recinto; a primeira parte era o pátio; a casa ocupava a segunda parte. A lareira, colocada perto do meio do recinto total, achava-se, assim, no fundo do pátio e perto da entrada da

---

[5] Festo, v. *Ambitus*. Varrão, *L. L.*, V, 22. Sérvio, *ad Aen.*, II, 469.
[6] Diodoro, V, 68.

casa. Em Roma, a disposição era diferente, mas o princípio era o mesmo. A lareira continuava situada no meio do recinto, mas as construções se elevavam ao seu redor dos quatro lados, encerrando-a no meio de um pequeno pátio.

Pode-se ver claramente o pensamento que inspirou esse sistema de construção: ergueram-se as paredes ao redor da lareira para isolá-la e defendê-la, e podemos dizer, como diziam os gregos, que a religião ensinou a construir casas.

Nessa casa, a família é senhora e proprietária; é a divindade doméstica que lhe garante o seu direito. A casa é consagrada pela presença perpétua dos deuses; é o templo que os protege. "Que há de mais sagrado", diz Cícero, "do que a morada de cada homem? Lá está o altar; lá brilha o fogo sagrado; lá estão as coisas santas e a religião".[7] Penetrar nessa casa com más intenções era sacrilégio. O domicílio era inviolável. Segundo uma tradição romana, o deus doméstico repelia o ladrão e afastava o inimigo.[8]

Passemos a outro objeto de culto, o túmulo, e veremos que a ele se aplicam as mesmas ideias. O túmulo tinha grande importância na religião dos antigos. Pois por um lado um culto era devido aos antepassados, e por outro lado a principal cerimônia desse culto, isto é, o banquete fúnebre, devia ser realizada no próprio local onde repousavam os antepassados.[9] Tinha a família, portanto, um túmulo comum em que seus membros deviam vir adormecer um após o outro. Para esse túmulo, a regra era a mesma que para a lareira. Não era permitido unir duas famílias numa mesma sepultura, assim como não o era unir duas lareiras domésticas numa só casa. Era igualmente ímpio enterrar um morto fora do túmulo da sua família ou

---

[7] Cícero, *Pro domo*, 41.
[8] Ovídio, *Fast.*, V, 141.
[9] Era essa, pelo menos, a regra antiga, pois se acreditava que o banquete fúnebre servisse de alimento aos mortos. *Vide* Eurípides, *Troianas*, 381.

colocar nesse túmulo o cadáver de um estranho.[10] A religião doméstica, quer na vida, quer na morte, separava cada família de todas as outras, e afastava severamente toda aparência de comunidade. Assim como as casas não deviam ser contíguas, os túmulos não deviam tocar-se; cada um deles tinha, como a casa, uma espécie de barreira de isolamento.

Como o caráter de propriedade privada está manifesto em tudo isso! Os mortos são deuses que pertencem a uma família e que só ela tem o direito de invocar. Esses mortos tomaram posse do solo; vivem sob essa pequena colina, e ninguém, se não for da família, pode pensar em se misturar a eles. Ninguém, aliás, tem o direito de desapossá-los do solo que ocupam; entre os antigos, um túmulo não pode jamais ser destruído nem deslocado,[11] o que é proibido pelas mais severas leis. Eis, por conseguinte, uma parte do solo que, em nome da religião, se torna um objeto de propriedade perpétua para cada família. A família apropriou-se dessa terra, nela colocando os seus mortos; com isso, implantou-se ali para sempre. O membro vivo dessa família pode dizer legitimamente: Esta terra é minha. Tanto isso é verdade que é ela inseparável dele e ele não tem o direito de cedê-la. A terra onde repousam os mortos é inalienável e imprescritível. A lei romana exige que, se uma família vender o campo em que está o túmulo, permaneça proprietária pelo menos desse túmulo e conserve eternamente o direito de atravessar o campo para ir realizar as cerimônias do seu culto.[12]

---

[10] Cícero, *De legib.*, II, 22; II, 26. Gaio, *Instit.*, II, 6. *Digesto*, livro XLVII, tít. 12. Cumpre notar que o escravo e o cliente, como veremos mais adiante, faziam parte da família e eram enterrados no túmulo comum. A regra que determinava que cada homem fosse enterrado no túmulo da família admitia uma exceção no caso em que a própria cidade realizava os funerais públicos.

[11] Licurgo, *Contra Leócrates*, 25. Em Roma, para que uma sepultura mudasse de lugar, era necessária a autorização dos pontífices. Plínio, *Cartas*, X, 73.

[12] Cícero, *De legib.*, II, 24. *Digesto*, liv. XVIII, tít. 1, 6.

O antigo costume era enterrar os mortos, não em cemitérios à margem de uma estrada, mas no campo de cada família. Esse hábito dos tempos antigos é atestado por uma lei de Sólon e por vários trechos de Plutarco. Vemos num discurso de Demóstenes que, ainda em seu tempo, cada família enterrava os seus mortos em seu campo, e que, quando se comprava um terreno na Ática, nele se encontrava a sepultura dos antigos proprietários.[13] No caso da Itália, esse mesmo costume nos é atestado por uma lei das Doze Tábuas, pelos textos de dois jurisconsultos e por esta frase de Sículo Flaco: "Havia antigamente duas maneiras de situar o túmulo, com uns colocando-o no limite do campo, outros mais para o meio".[14]

Segundo esse costume, compreendemos que a ideia de propriedade tenha facilmente passado do pequeno outeiro onde repousavam os mortos para o campo que rodeava o outeiro. Pode-se ler no livro do velho Catão uma fórmula pela qual o lavrador italiano rogava aos Manes que zelassem por seu campo, que o protegessem dos ladrões e o fizessem dar boas colheitas. Desse modo, essas almas dos mortos ampliavam a sua ação tutelar e com ela o direito de propriedade até os limites do terreno. Por elas, a família era senhora única daquele campo. A sepultura estabelecera a união indissolúvel da família com a terra, ou seja, a propriedade.

Na maioria das sociedades primitivas, foi pela religião que o direito de propriedade se estabeleceu. Na Bíblia, diz o Senhor a Abraão: "Eu sou o Eterno que te tirou de Ur dos caldeus, para te dar esse país", e a Moisés: "Eu te farei entrar no país que jurei dar a Abraão, e to darei em herança". Assim Deus, proprietário primitivo por direito de criação, delega ao

---

[13] *Lei de Sólon*, citada por Gaio no *Digesto*, liv. X, tít. 1, 13. Demóstenes, *Contra Cálicles*. Plutarco, *Aristides*, 1.

[14] Sículo Flaco, edição Goez, p. 4, 5. *Vide Fragm. terminalia*, ed. Goez, p. 147. Pompônio, *Ao Digesto*, liv. XLVII, tít. 12, 5. Paulo, *Ao Digesto*, VIII, 1, 14.

homem a sua propriedade sobre uma parte do solo.¹⁵ Houve algo de análogo entre as antigas populações greco-italianas. É verdade que não foi a religião de Júpiter que fundou esse direito, talvez porque ela ainda não existisse. Os deuses que conferiram a cada família o seu direito sobre a terra foram os deuses domésticos, o Lar e os Manes. A primeira religião que teve o império de suas almas foi também a que constituiu a propriedade entre eles.

É muito evidente que a propriedade privada era uma instituição que a religião doméstica não podia dispensar. Essa religião mandava isolar o domicílio e também a sepultura; a vida em comum era, portanto, impossível. A mesma religião exigia que a lareira fosse fixada ao solo, que a tumba não fosse nem destruída nem deslocada. Suprima-se a propriedade, e o lar será errante, as famílias se mesclarão, os mortos ficarão abandonados e sem culto. Pelo lar inabalável e pela sepultura permanente, a família tomou posse do solo; a terra foi, por assim dizer, imbuída e penetrada pela religião do fogo sagrado e dos antepassados. Assim, o homem dos tempos antigos foi dispensado de resolver problemas difíceis demais. Sem discussão, sem trabalho, sem a sombra de uma hesitação, chegou de um só golpe e apenas pela força de suas crenças à concepção do direito de propriedade, desse direito no qual tem origem toda civilização, pois por ele o homem melhora a terra e se torna ele próprio melhor.

Não foram as leis que garantiram inicialmente o direito de propriedade, foi a religião. Cada terreno estava sob os olhos das divindades domésticas que zelavam por ele.¹⁶ Cada campo

---

[15] A mesma tradição entre os etruscos: "*Quum Jupiter terram Etruriae sibi vindicavit, constituit jussitque metiri campos signarique agros*". *Auctores rei agrariae*, no fragmento que tem por título: *Idem Vegoiae Arrunti*, ed. Goez.

[16] *Lares agri custodes*, Tíbulo, I, 1, 23. *Religio Larum posita in fundi villaeque conspectu*. Cícero, *De legib.*, II, 11.

devia ser cercado, como vimos no caso da casa, de uma barreira que o separasse nitidamente das terras das outras famílias. Essa barreira não era um muro de pedra; era uma faixa de terra de alguns pés de largura, que devia permanecer inculta e que o arado jamais devia tocar. Esse espaço era sagrado: a lei romana declarava-o imprescritível;[17] pertencia à religião. Em determinados dias do mês e do ano, o pai de família dava a volta em seu campo, seguindo essa linha; levava à frente vítimas, cantava hinos e oferecia sacrifícios.[18] Com essa cerimônia, cria ter despertado a benevolência de seus deuses para com o campo e a casa; sobretudo, havia marcado o seu direito de propriedade ao fazer passear ao redor do campo o seu culto doméstico. O caminho que as vítimas e as preces haviam seguido era o limite inviolável da terra.

Sobre essa linha, de distância em distância, o homem colocava algumas pedras grandes ou troncos de árvore, que eram chamados *termos*. Podemos avaliar o que eram esses marcos e que ideias estavam ligadas a eles pela maneira como a piedade dos homens os colocava na terra. "Eis", diz Sículo Flaco, "o que praticavam os nossos antepassados: começavam cavando uma pequena vala e erguendo o Termo sobre a borda, coroavam-no de guirlandas de ervas e de flores. Em seguida, ofereciam um sacrifício; uma vez imolada a vítima, faziam que o sangue dela corresse para a vala; jogavam ali brasas acesas (acesas provavelmente no fogo sagrado do lar), grãos, doces, frutas, um pouco de vinho e de mel. Quando tudo isso tivesse sido consumido na vala, nas cinzas ainda quentes enfiavam a pedra ou o pedaço de pau".[19] Vê-se claramente que essa cerimônia tinha por objetivo fazer do Termo uma espécie de representante sagrado

---

[17] Cícero, *De legib.*, I, 21.
[18] Catão, *De re rust.*, 141. *Script. rei agrar.*, ed. Goez, p. 808. Dionísio de Halicarnasso, II, 74. Ovídio, *Fast.*, II, 639. Estrabão, V, 3.
[19] Sículo Flaco, ed. Goez, p. 5.

do culto doméstico. Para que prolongasse essa característica, a cada ano se renovava sobre ele o ato sagrado, derramando-se libações e recitando-se preces. Colocado em terra o Termo, era, portanto, por assim dizer, a religião doméstica implantada no solo, para assinalar que esse solo era para sempre propriedade da família. Mais tarde, com o auxílio da poesia, o Termo foi considerado um deus distinto.

O uso dos Termos ou marcos sagrados dos campos parece ter sido universal na raça indo-europeia. Existia entre os hindus desde alta antiguidade, e as cerimônias sagradas do estabelecimento de limites tinham entre eles uma grande analogia com as que Sículo Flaco descreveu na Itália.[20] Antes de Roma, encontramos o Termo entre os sabinos;[21] encontramo-lo também entre os etruscos. Os helenos também tinham marcos sagrados a que chamavam ὅροι, θεοὶ ὅριοι.[22]

Uma vez colocado o Termo segundo os ritos, não havia nenhum poder no mundo capaz de deslocá-lo. Devia permanecer no mesmo lugar por toda a eternidade. Esse princípio religioso era exprimido em Roma por uma lenda: tendo Júpiter querido obter um lugar sobre o monte Capitolino para estabelecer um templo, não conseguira desapossar o deus Termo. Essa velha tradição mostra quão sagrada era a propriedade; pois o Termo imóvel não significa senão a propriedade inviolável.

O Termo protegia, com efeito, o limite do campo e zelava por ele. O vizinho não ousava aproximar-se demais; "pois então", como diz Ovídio, "o deus, que se sentia ferido pela relha ou pela enxada, gritava: Para, este é o meu campo, eis ali o teu".[23] Para invadir o campo de uma família, era preciso

---

[20] *Leis de Manu*, VIII, 245. Vrihaspati, citado por Sicé, *Législat. hindoue*, p. 159.
[21] Varrão, *L. L.*, V, 74.
[22] Pólux, IX, 9. Hesíquio, ὅρος. Platão, *Leis*, VIII, p. 842.
[23] Ovídio, *Fast.*, II, 677.

derrubar ou deslocar um marco: ora, esse marco era um deus. O sacrilégio era horrível e o castigo, severo; dizia a velha lei romana: "Que o homem e os bois que tiverem tocado o Termo sejam consagrados";[24] isso significava que o homem e os bois seriam imolados em expiação. A lei etrusca, falando em nome da religião, assim se exprimia: "Aquele que tiver tocado ou deslocado o limite, será condenado pelos deuses; sua casa desaparecerá, sua raça extinguir-se-á; sua terra não produzirá mais frutos; o granizo, a ferrugem, os fogos da canícula destruirão suas colheitas; os membros do culpado cobrir-se-ão de úlceras e cairão depois de definharem".[25]

Não dispomos do texto da lei ateniense sobre o mesmo assunto; só chegaram até nós três palavras que significam: "Não ultrapasse o marco". Mas Platão parece completar o pensamento do legislador quando diz: "A nossa primeira lei deve ser esta: ninguém toque no marco que separa seu campo do do vizinho, pois ele deve permanecer imóvel... Não tentem mexer a pedrinha que separa a amizade da inimizade e que por juramento se comprometeram a deixar em seu lugar".[26]

De todas essas crenças, de todos esses costumes, de todas essas leis, decorre claramente que foi a religião doméstica que ensinou ao homem apropriar-se da terra e que lhe garantiu o direito sobre ela.

Não é difícil compreender que o direito de propriedade, tendo sido assim concebido e estabelecido, fosse muito mais completo e mais absoluto em seus efeitos do que pode sê-lo em nossas sociedades modernas, onde se funda em outros princípios. A propriedade era de tal maneira inerente à religião doméstica, que uma família não podia renunciar a nenhuma das duas. A casa e o campo estavam como que incorporados

---

[24] Festo, verbete *Terminus*.
[25] *Script. rei agrar.*, ed. Goez, p. 258.
[26] Platão, *Leis*, VIII, p. 842.

a ela, e ela não podia nem os perder nem se desembaraçar deles. Platão, em seu *Tratado das leis*, não pretendia aventar uma novidade quando proibia ao proprietário vender seu campo: apenas lembrava uma velha lei. Tudo leva a crer que nos tempos antigos a propriedade era inalienável. É sabido que em Esparta era formalmente proibido vender o seu lote de terra.[27] A mesma interdição estava inscrita nas leis de Lócris e de Leucádi.[28] Fídon de Corinto, legislador do nono século a.C., prescrevia que o número de famílias e de propriedades permanecesse imutável.[29] Ora, essa prescrição só podia ser observada se fosse impossível vender as terras e até mesmo as dividir. A lei de Sólon, posterior de sete ou oito gerações à de Fídon de Corinto, não proibia mais ao homem vender a sua propriedade, mas dava ao vendedor uma pena severa, a perda de todos os direitos de cidadania.[30] Enfim, Aristóteles ensina-nos de maneira geral que em muitas cidades as antigas legislações proibiam a venda de terras.[31]

Tais leis não nos devem surpreender. Se se fundar a propriedade sobre o direito do trabalho, o homem poderá desfazer-se dela. Se ela for fundada sobre a religião, ele não mais o poderá: um laço mais forte que a vontade do homem une a terra a ele. Esse campo onde está o túmulo, aliás, onde vivem os antepassados divinos, onde a família deve para sempre realizar um culto, não é propriedade apenas de um homem, mas de uma família. Não foi o indivíduo atualmente vivo que estabeleceu o seu direito sobre essa terra; foi o deus doméstico. O indivíduo só tem o depósito dela; ela pertence aos que morreram e aos que vão nascer. Forma um só corpo com essa família e não pode mais separar-se dela. Desligar uma da outra é alterar um

---

[27] Plutarco, *Licurgo, Ágis*. Aristóteles, *Política*, II, 6, 10 (II, 7).
[28] Aristóteles, *Política*, II, 4, 4 (II, 5).
[29] *Id., ibid.*, II, 3, 7.
[30] Ésquines, *Contra Timarco*. Diógenes Laércio, I, 55.
[31] Aristóteles, *Política*, VII, 2.

culto e ofender uma religião. Entre os hindus, a propriedade, fundada também sobre o culto, era igualmente inalienável.[32]

Só conhecemos o direito romano a partir da lei das Doze Tábuas; é evidente que nessa época a venda da propriedade era permitida. Mas há razões para se pensar que nos primeiros tempos de Roma, e na Itália antes da existência de Roma, a terra fosse inalienável como na Grécia. Embora não tenha chegado até nós nenhum testemunho dessa velha lei, podemos pelo menos distinguir os abrandamentos que foram sendo feitos aos poucos. A lei das Doze Tábuas, ao deixar ao túmulo o caráter de inalienabilidade, dele liberou o campo. Permitiu-se, em seguida, dividir a propriedade, se houvesse muitos irmãos, mas com a condição de que fosse realizada uma nova cerimônia religiosa e a nova partilha fosse feita por um sacerdote:[33] só a religião podia dividir o que a religião tinha antes proclamado indivisível. Permitiram, enfim, vender o terreno; mas para isso ainda eram necessárias formalidades de caráter religioso. Essa venda só podia acontecer na presença de um sacerdote que era chamado *libripens* e com a formalidade santa a que chamavam *mancipação*. Algo análogo é visto na Grécia: a venda de uma casa ou de um terreno era sempre acompanhada de um sacrifício aos deuses.[34] Toda transferência de propriedade tinha de ser autorizada pela religião.

Se o homem não podia ou só dificilmente podia desfazer-se de sua terra, com mais forte razão não deviam dela desapossá-lo contra a vontade. A expropriação por utilidade pública era desconhecida entre os antigos. O confisco só era praticado como consequência da pena de exílio,[35] ou seja, quando o homem, tendo perdido o título de cidadão, já não podia exercer nenhum

---

[32] *Mitakchara,* trad. francesa de Orianne, p. 50. Essa regra desapareceu aos poucos quando o bramanismo se tornou dominante.
[33] Esse sacerdote era chamado *agrimensor. Vide Scriptores rei agrariae.*
[34] Estobeu, 42.
[35] Essa regra desapareceu na época democrática das cidades.

direito sobre o solo da cidade. A expropriação por dívidas também não se encontra jamais no direito antigo das cidades.[36] A lei das Doze Tábuas com certeza não poupa o devedor; não permite, porém, que a sua propriedade seja confiscada em favor do credor. O corpo do homem responde pela dívida, não a sua terra, pois a terra é inseparável da família. É mais fácil condenar o homem à servidão do que lhe tirar o direito de propriedade; o devedor é entregue ao credor; sua terra segue-o, por assim dizer, em sua escravidão. O senhor que utilizar em proveito próprio as forças físicas do homem goza também dos frutos da terra; mas não se torna proprietário dela. Tão soberano e inviolável é o direito de propriedade.[37]

---

[36] Uma lei dos eleanos proibia a hipoteca da terra: Aristóteles, *Política*, VII, 2. A hipoteca era desconhecida do antigo direito de Roma. O que se diz da hipoteca no direito ateniense antes de Sólon baseia-se numa frase mal compreendida de Plutarco.

[37] No artigo da lei das Doze Tábuas que se refere ao devedor insolvente, lemos: *Si volet suo vivito*; o devedor, portanto, tornado quase escravo, conserva ainda algo de próprio; a sua propriedade, se a tem, não lhe é tirada. Os arranjos conhecidos no direito romano com os nomes de *mancipação com fidúcia* e de *pignus* eram, antes da ação serviana, meios indiretos de garantir ao credor o pagamento da dívida; provam indiretamente que a expropriação por dívida não existia. Mais tarde, quando se suprimiu a servidão corporal, tiveram de descobrir um meio para poder agir sobre os bens do devedor. Isso não era fácil; mas a distinção que se fazia entre a *propriedade* e a *posse* ofereceu um meio. O credor obteve do pretor o direito de pôr à venda, não a propriedade, *dominium*, mas os bens do devedor, *bona*. Só então, por uma expropriação disfarçada, o devedor perde o usufruto de sua propriedade.

CAPÍTULO VII

O direito de sucessão

1º) Natureza e princípio do direito de sucessão entre os antigos

Tendo-se estabelecido o direito de propriedade para a celebração de um culto hereditário, não era possível que esse direito se extinguisse após a breve existência de um indivíduo. Morre o homem, permanece o culto; a lareira não deve apagar-se nem o túmulo ser abandonado. Tendo continuidade a religião doméstica, o direito de propriedade deve continuar com ela.

Duas coisas estão estreitamente ligadas nas crenças como nas leis dos antigos, o culto da família e a propriedade dessa mesma família. Desse modo, era regra sem exceção no direito grego e no direito romano que não se pudesse adquirir a propriedade sem o culto, nem o culto sem a propriedade. "A religião ordena", diz Cícero, "que os bens e o culto de cada família sejam inseparáveis e que o cuidado dos sacrifícios seja sempre daquele a quem cabe a herança".[1] Em Atenas, eis em que termos um pleiteante reivindica uma sucessão: "Pensem bem, juízes, e digam quem, meu adversário ou eu, deve herdar os bens de Filoctêmon e fazer os sacrifícios junto ao túmulo".[2] Pode-se dizer com maior clareza que o cuidado do culto é inseparável da sucessão? O mesmo ocorre na Índia: "A pessoa que herda, seja ela quem for, está encarregada de fazer as oferendas junto ao túmulo".[3]

---

[1] Cícero, *De legib.*, II, 19, 20. Festo, verbete *Everriator*.
[2] Iseu, VI, 51. Platão chama ao herdeiro διάδοχος θεῶν, *Leis*, V, 740.
[3] *Leis de Manu*, IX, 186.

Decorrem desse princípio todas as regras do direito de sucessão entre os antigos. A primeira delas é que, sendo a religião doméstica, como vimos, hereditária de varão em varão, a propriedade também o é. Como o filho é o continuador natural e obrigatório do culto, herda também os bens. Com isso, a norma de herança é descoberta; não é o resultado de mera convenção entre os homens; deriva de suas crenças, de sua religião, do que há de mais poderoso em suas almas. O que faz que o filho herde não é a vontade pessoal do pai. O pai não precisa fazer um testamento; o filho herda de pleno direito, *ipso jure heres exsistit*, diz o jurisconsulto. É até mesmo herdeiro necessário, *heres necessarius*.[4] Não lhe cabe nem aceitar nem recusar a herança. A continuação da propriedade, como a do culto, é para ele tanto uma obrigação quanto um direito. Queira ou não, cabe a ele a sucessão, seja ela qual for, mesmo com seus encargos e dívidas. O benefício de inventário e o benefício de abstenção não são admitidos no direito grego e só muito tarde foram introduzidos no direito romano.

A língua jurídica de Roma chama ao filho *heres suus*, como se se dissesse *heres sui ipsius*.* Com efeito, ele só herda de si mesmo. Entre o pai e ele não há nem doação, nem legado nem mudança de propriedade. Há simplesmente continuação, *morte parentis continuatur dominium*.** Já durante a vida do pai o filho era coproprietário do campo e da casa, *vivo quoque patre dominus existimatur*.***[5]

---

[4] *Digesto*, liv. XXXVIII, tít. 16, 14.
* Herdeiro de si mesmo. (N. T.)
** Na morte do pai continua a propriedade. (N. T.)
*** É considerado proprietário também quando o pai está vivo. (N. T.)
[5] *Institutas*, III, 1, 3; III, 9, 7; III, 19, 2.

Para ter uma ideia verídica da herança entre os antigos, não se deve imaginar uma riqueza que passa de mão em mão. A riqueza é imóvel, como o lar e o túmulo a que está ligada. O homem é que passa. O homem é que, à medida que a família atravessa suas gerações, chega na hora marcada para continuar o culto e cuidar das terras.

2º) O filho herda, não a filha

É aqui que as leis antigas, à primeira vista, parecem esquisitas e injustas. Sentimos certa surpresa ao ver no direito romano que a filha não herda do pai, se for casada, e no direito grego que ela não herda em nenhum caso. O que diz respeito aos colaterais parece, à primeira vista, ainda mais distante da natureza e da justiça. Isso porque todas essas leis decorrem, segundo uma lógica rigorosíssima, das crenças e da religião que observamos mais acima.

A regra para o culto é que ele é transmitido de varão em varão; a regra para a herança é que ela acompanha o culto. A filha não está apta a continuar a religião paterna, pois se casa e ao se casar renuncia ao culto do pai para adotar o do marido. Não tem, pois, nenhum direito à herança; se acontecesse de o pai deixar seus bens à filha, a propriedade seria separada do culto, o que não é admissível. A filha não poderia sequer cumprir o primeiro dever do herdeiro, que é o de dar continuidade à série dos banquetes fúnebres, uma vez que é aos antepassados do marido que ela oferece os sacrifícios. A religião proíbe-lhe, portanto, herdar de seu pai.

Esse é o antigo princípio; ele se impõe igualmente aos legisladores dos hindus, da Grécia e de Roma. Os três povos têm as mesmas leis, não porque um tenha tomado emprestado do outro, mas porque tiraram suas leis das mesmas crenças.

"Depois da morte do pai", diz o Código de Manu, dividam os irmãos entre si o patrimônio"; e acrescenta o legislador que recomenda aos irmãos conceder um dote às irmãs, o que mostra que estas não têm por si mesmas nenhum direito à sucessão paterna.

O mesmo acontece em Atenas. Demóstenes, em seus discursos, tem muitas vezes a oportunidade de mostrar que as filhas não herdam.[6] Ele próprio é um exemplo da aplicação da regra; pois tinha uma irmã e sabemos por seus próprios escritos que ele foi o único herdeiro do patrimônio; seu pai reservara apenas a sétima parte de seus bens para dotar a filha.

No que se refere a Roma, as disposições do direito primitivo que excluíam da sucessão as filhas não nos são conhecidas por textos formais e precisos; mas deixaram rastros profundos no direito das épocas posteriores. As Institutas de Justiniano ainda excluem a filha do número dos herdeiros naturais, se ela não mais estiver sob o poder do pai; ora, isso acontece assim que ela se casa segundo os ritos religiosos.[7] Já desse texto decorre que, embora a filha, antes de se casar, pudesse dividir a herança com o irmão, certamente não o podia desde que o casamento a havia vinculado a outra religião e a outra família. E se esse era ainda o caso no tempo de Justiniano, podemos supor que no direito primitivo o princípio era aplicado com todo o rigor e que a filha ainda não casada, mas que devia um dia casar-se, não podia herdar do patrimônio. As Institutas mencionam ainda o velho princípio, caído então em desuso, mas não esquecido, que ordenava que a herança passasse sempre para os varões.[8] É sem dúvida em memória dessa regra que a mulher, no direito civil, não pode nunca ser instituída herdeira. Quanto mais recuamos no tempo da época de Justiniano para as épocas antigas, mais nos aproximamos da regra que proíbe

---

[6] Demóstenes, *in Boeotum in Mantith.*, 10.
[7] *Institutas*, II, 9, 2.
[8] *Institutas*, III, 4, 46; III, 2, 3.

que as mulheres herdem. No tempo de Cícero, se um pai deixasse um filho e uma filha, só podia legar à filha um terço dos bens; se só tivesse uma filha única, ela ainda assim só poderia receber a metade. Também cumpre notar que para que essa filha tivesse um terço ou metade do patrimônio, era preciso que o pai tivesse feito um testamento em seu favor; a filha nada tem de pleno direito.[9] Enfim, um século e meio antes de Cícero, Catão, querendo fazer reviverem os antigos costumes, propõe a lei Vocônia, que proíbe: 1º) instituir herdeira uma mulher, ainda que filha única, casada ou não casada; 2º) legar a mulheres mais do que um quarto do patrimônio.[10] A lei Vocônia apenas renova leis mais antigas, pois não podemos supor que ela tivesse sido aceita pelos contemporâneos dos Cipiões se não se baseasse em velhos mas ainda respeitados princípios. Ela restabelece o que o tempo alterara. Acrescentemos que ela nada estipula acerca da herança *ab intestat*, provavelmente porque, sob esse aspecto, o antigo direito ainda estivesse em vigor e nada houvesse a reparar sobre esse ponto. Em Roma como na Grécia, o direito primitivo excluía a filha da herança, e esta era apenas a consequência natural e inevitável dos princípios que a religião estabelecera.

É verdade que os homens logo descobriram um subterfúgio para conciliar a prescrição religiosa, que proibia que a filha herdasse, com o sentimento natural, que queria que ela pudesse usufruir da riqueza do pai. A lei decidiu que a filha desposaria o herdeiro.

A legislação ateniense levava esse princípio às últimas consequências. Se o defunto deixasse um filho e uma filha, o filho herdava sozinho e devia dotar a irmã; se a irmã tivesse

---

[9] Cícero, *De rep.*, III, 7.
[10] Cícero, *in Verr.*, I, 42. Tito Lívio, XLI, 4. Santo Agostinho, *Cidade de Deus*, III, 21.

mãe diferente da dele, ele devia desposá-la ou dotá-la, à escolha.[11] Se o defunto só deixasse uma filha, tinha por herdeiro o parente mais próximo; mas este parente, que era muito próximo também em relação à filha, devia, porém, tomá-la como esposa. E há mais: se essa filha já estivesse casada, devia deixar o marido para desposar o herdeiro do pai. O herdeiro podia ele próprio já ser casado; tinha de divorciar-se para casar com a parenta.[12] Vemos aí como o direito antigo, para conformar-se com a religião, deixou de lado a natureza.

A necessidade de satisfazer a religião, combinada com o desejo de preservar os interesses da filha única, fez que se descobrisse outro subterfúgio. Sobre esse ponto, o direito hindu e o direito ateniense concordavam maravilhosamente. Lemos nas leis de Manu: "Aquele que não tiver filho varão pode encarregar a filha de lhe dar um filho que se torne seu e celebre em sua honra a cerimônia fúnebre". Para isso, o pai deve prevenir o marido a que dá sua filha, pronunciando esta fórmula: "Eu te dou, adornada de jóias, esta filha que não tem irmão; o filho que dela nascer será meu filho e celebrará as minhas obséquias".[13] O costume era o mesmo em Atenas; o pai podia fazer continuar a sua descendência pela filha, dando-a a um marido com essa condição especial. O filho que nascia de tal casamento era considerado filho do pai da mulher; seguia o seu culto, assistia aos seus atos religiosos e mais tarde cuidava do seu túmulo.[14] No direito hindu essa criança herdava do avô

---

[11] Demóstenes, *in Eubul.*, 21. Plutarco, *Temist.*, 32. Iseu, X, 4. Cornélio Nepos, *Cimon*. Cumpre notar que a lei não permitia desposar um irmão uterino nem um irmão emancipado. Só se podia desposar o irmão consanguíneo, porque só este era herdeiro do pai.

[12] Iseu, III, 64; X, 5. Demóstenes, *in Eubul.*, 41. A filha única era chamada πίκληρος, palavra que erradamente se traduziu por herdeira; significa *que está ao lado da herança*, que *passa com a herança*, que se *toma com ela*. De fato, a filha jamais era herdeira.

[13] *Leis de Manu*, IX, 127, 136. Vasishta, XVII, 16.

[14] Iseu, VII.

como se fosse seu filho; exatamente o mesmo acontecia em Atenas. Quando um pai tivesse casado a filha única da maneira como acabamos de descrever, seu herdeiro não era nem a filha nem o genro, mas o *filho da filha*.[15] Assim que este alcançasse a maioridade, tomava posse do patrimônio do avô materno, ainda que seu pai e sua mãe estivessem vivos.[16]

Essas singulares tolerâncias da religião e da lei confirmam a regra que indicamos acima. A filha não estava apta a herdar. Mas, por um abrandamento muito natural do rigor desse princípio, a filha única era considerada um intermediário pelo qual a família podia prolongar-se. Não herdava; mas o culto e a herança se transmitiam por intermédio dela.

3º) Da sucessão colateral

Um homem morria sem filhos; para saber qual era o herdeiro dos seus bens, bastava descobrir quem devia ser o continuador do seu culto. Ora, a religião doméstica transmitia-se pelo sangue, de varão em varão. A descendência em linha masculina era a única a estabelecer entre dois homens a relação religiosa que permitia que um continuasse o culto do outro. O que se chamava parentesco não era outra coisa, como vimos mais acima, senão a expressão dessa relação. Duas pessoas eram parentas porque tinham um mesmo culto, uma mesma lareira originária, os mesmos antepassados. Mas não se era parente por ter saído do mesmo ventre materno; a religião não admitia parentesco pelas mulheres. Os filhos de duas irmãs ou de uma irmã e um irmão não tinham entre si nenhum vínculo e não pertenciam nem à mesma religião doméstica nem à mesma família.

---

[15] Não era chamado neto; era-lhe dado o nome particular de θυγατριδοῦς.
[16] Iseu, VIII, 31; X, 12. Demóstenes, *in Steph.*, II, 20.

Esses princípios regulavam a ordem da sucessão. Se, tendo perdido o filho e a filha, um homem só deixasse netos, o filho do seu filho herdava, mas não o filho da filha. Na falta de descendentes, ele tinha como herdeiro o irmão, não a irmã; o filho do irmão, não o filho da irmã. Na falta de irmãos e sobrinhos, era preciso recuar na série dos ascendentes do defunto, sempre na linha masculina, até que se encontrasse um ramo que se houvesse separado da família por um varão; em seguida se tornava a descer nesse ramo de varão em varão, até se encontrar um homem vivo; este era o herdeiro.

Essas regras estiveram igualmente em vigor entre os hindus, entre os gregos e entre os romanos. Na Índia, a "herança pertence ao *sapinda* mais próximo; na falta de *sapinda*, ao *samanodaca*".[17] Ora, vimos que o parentesco exprimido por essas duas palavras era o parentesco religioso ou parentesco pelos varões e correspondia à agnação romana.

Eis agora a lei de Atenas: "Se um homem tiver morrido sem deixar filhos, o herdeiro é o irmão do defunto, contanto que seja irmão consanguíneo; na falta deste, o filho do irmão; pois a sucessão sempre passa para os varões e para os descendentes dos varões".[18] Citava-se também essa velha lei no tempo de Demóstenes, ainda que ela já tivesse sido modificada e se tivesse começado a admitir naquela época o parentesco pelas mulheres.

As Doze Tábuas também decretavam que, se um homem morresse sem *herdeiro próprio*, a sucessão pertencia ao agnato mais próximo. Ora, vimos que não se era jamais agnato pelas mulheres. O antigo direito romano especificava ainda que o sobrinho herdava do *patruus*, isto é, do irmão do pai, e não herdava do *avunculus*, irmão da mãe.[19] Se observarmos o

---

[17] *Leis de Manu*, IX, 186, 187.
[18] Demóstenes, *in Macart.*; *in Leoch.* Iseu, VII, 20.
[19] *Institutas*, III, 2, 4.

quadro que traçamos da família dos Cipiões, veremos que, como Cipião Emiliano morreu sem deixar filhos, a sua herança não devia passar nem a Cornélia, sua tia, nem a C. Graco, que, segundo as nossas ideias modernas, seria seu primo-irmão, mas a Cipião Asiático, que era realmente o seu parente mais próximo.

No tempo de Justiniano, o legislador já não compreendia essas velhas leis; elas lhe pareciam iníquas, e ele acusava de rigor excessivo o direito das Doze Tábuas "que dava sempre preferência à posteridade masculina e excluía da herança os que só estavam ligados ao defunto pelas mulheres".[20] Direito iníquo, se quiserem, pois não levava em conta a natureza; mas direito particularmente lógico, pois, partindo do princípio de que a herança estava ligada ao culto, descartava da herança aqueles que a religião não autorizava a continuar o culto.

4º) Efeitos da emancipação e da adoção

Vimos mais acima que a emancipação e a adoção produziam no homem uma mudança de culto. A primeira o desligava do culto paterno, a segunda o iniciava na religião de outra família. Também aqui o direito antigo se conformava com as regras religiosas. O filho que fora excluído do culto paterno pela emancipação perdia também a herança. Ao contrário, o estranho que tivesse sido associado ao culto da família pela adoção tornava-se um filho, perpetuava o culto e herdava os bens. Num e noutro caso, o antigo direito levava mais em conta o laço religioso do que o laço de nascimento.

Como era contrário à religião que um mesmo homem tivesse dois cultos domésticos, tampouco podia herdar de duas famílias. Assim, o filho adotivo, que herdava da família

---

[20] *Ibid.*, III, 3.

adotante, não herdava da família natural. O direito ateniense era muito explícito sobre esse tema. As arengas dos oradores áticos mostram-nos muitas vezes homens que foram adotados numa família e querem herdar daquela em que nasceram. Mas a lei se opõe a isso. O homem adotado só pode herdar de sua própria família voltando a ela; ele só pode voltar renunciando à família de adoção; e só pode sair desta última sob duas condições: uma é que abandone o patrimônio dessa família; a outra é que o culto doméstico, para cuja continuidade fora adotado, não cesse com o seu abandono; e para isso ele deve deixar nessa família um filho que o substitua. Esse filho cuida do culto e da posse dos bens; o pai pode, então, voltar à sua família de nascimento e dela herdar. Mas esse pai e esse filho não podem herdar um do outro; não são da mesma família, não são parentes.[21]

Vemos claramente qual era o pensamento do velho legislador quando estabeleceu essas regras tão minuciosas. Não julgava possível que duas heranças fossem reunidas numa mesma pessoa, porque dois cultos domésticos não podiam ser servidos pela mesma mão.

5º) Originalmente, não se conhecia o testamento

O direito de deixar testamento, ou seja, de dispor de seus bens depois da morte, para fazê-los passar a outros que não o herdeiro natural, estava em oposição às crenças religiosas que serviam de fundamento ao direito de propriedade e ao direito de sucessão. Sendo a propriedade inerente ao culto e sendo o culto hereditário, podia-se pensar em testamento? A propriedade, aliás, não pertencia ao indivíduo, mas à família, uma vez que o homem não a havia adquirido pelo direito do

---

[21] Iseu, X. Demóstenes, *passim*. Gaio, III, 2. *Institutas*, III, 1, 2. É escusado assinalar que essas regras foram modificadas no direito pretoriano.

trabalho, mas pelo culto doméstico. Vinculada à família, ela se transmitia do morto ao vivo não segundo a vontade e a escolha do morto, mas em virtude de regras superiores estabelecidas pela religião.

O antigo direito hindu não conhecia o testamento. O direito ateniense, até Sólon, proibia-o de maneira absoluta, e o próprio Sólon só o permitiu para aqueles que não deixassem filhos.[22] O testamento foi durante muito tempo proibido ou ignorado em Esparta, e só foi autorizado depois da guerra do Peloponeso.[23] Conservou-se a lembrança de um tempo em que o mesmo ocorria em Corinto e Tebas.[24] É certo que a faculdade de legar arbitrariamente os seus bens não foi inicialmente reconhecida como um direito natural; o princípio constante das épocas antigas foi o de que toda propriedade devesse permanecer na família a que a religião a vinculara.

Platão, em seu *Tratado das leis*, que em grande parte não é senão um comentário sobre as leis atenienses, explica com muita clareza o pensamento dos antigos legisladores. Supõe que um homem, no leito de morte, reivindique a faculdade de fazer um testamento e exclame: "Ó deuses, não é cruel demais que eu não possa dispor de meus bens à vontade e em favor de quem quiser, deixando mais a este, menos àquele, segundo o apego que me demonstraram?" Mas o legislador responde a esse homem: "Tu que não podes prometer-te mais de um dia, tu que apenas passas neste mundo, caberá mesmo a ti decidir sobre tais casos? Não és o senhor nem dos teus bens nem de ti mesmo; tu e teus bens, tudo pertence à tua família, ou seja, a teus antepassados e à tua posteridade".[25]

---

[22] Plutarco, *Sólon*, 21.
[23] *Id.*, *Ágis*, 5.
[24] Aristóteles, *Política*, II, 3, 4.
[25] Platão, *Leis*, XI.

O antigo direito de Roma é para nós muito obscuro; já o era para Cícero. O que dele conhecemos não vai além das Doze Tábuas, que certamente não são o direito primitivo de Roma e de que, aliás, só nos restam alguns fragmentos. Esse código autoriza o testamento; ainda assim o fragmento relativo a esse objeto é curto demais e muito evidentemente incompleto para que possamos gabar-nos de conhecer as verdadeiras disposições do legislador nessa matéria; ao conceder a faculdade de testar, não sabemos a que reservas e a que condições a submetia.[26]

Antes das Doze Tábuas não dispomos de nenhum texto de lei que proíba ou permita o testamento. Mas a língua conservava a lembrança de um tempo em que ele não era conhecido; pois chamava ao filho *herdeiro seu e necessário*. Essa fórmula que Gaio e Justiniano ainda usam, mas já não estava de acordo com a legislação de seu tempo, vinha sem dúvida nenhuma de uma época distante, em que o filho não podia ser deserdado nem recusar a herança. O pai não dispunha livremente de sua riqueza, portanto. Na falta de filhos e se o defunto não tinha colaterais, o testamento não era absolutamente desconhecido, mas era muito difícil. Grandes formalidades eram necessárias. Em primeiro lugar, o segredo não era concedido ao testador ainda vivo; o homem que deserdava a família e violava a lei que a religião estabelecera devia fazê-lo publicamente, à luz do dia, e assumir para si, ainda em vida, tudo o que havia de odioso num tal ato. Isso não é tudo; era preciso também que a vontade do testador recebesse a aprovação da autoridade soberana, ou seja, do povo reunido por cúrias sob a presidência do pontífice.[27] Não se creia que aquilo fosse apenas uma vã

---

[26] *Uti legassit, ita jus esto.* Se não tivéssemos da lei de Sólon senão as palavras διάθεσθαι ὅπως ἄν ἐθέλῃ, também suporíamos que o testamento fosse permitido em todos os casos possíveis; mas a lei acrescentou ἄν νὴ παῖδες ὦσι.

[27] Ulpiano, XX, 2. Gaio, I, 102, 119. Aulo Gélio, XV, 27. O testamento *calatis comitiis* foi sem dúvida nenhuma o de prática mais antiga; já não era conhecido no tempo de Cícero (*De orat.*, I, 53).

formalidade, sobretudo nos primeiros séculos. Esses comícios por cúrias eram a reunião mais solene da cidade romana; e seria pueril dizer que se convocava um povo, sob a presidência do chefe religioso, para assistir como simples testemunha à leitura de um testamento. Podemos crer que o povo votava, e isso era até, se refletirmos a respeito, totalmente necessário; havia, efetivamente, uma lei geral que regulava a ordem da sucessão de maneira rigorosa; para que essa ordem fosse modificada num caso particular, era necessária outra lei. Essa lei excepcional era o testamento. A faculdade de testar não era, pois, plenamente reconhecida ao homem, e não podia sê-lo enquanto essa sociedade permanecesse sob o império da velha religião. Nas crenças dessas épocas antigas, o homem vivo era apenas o representante por alguns anos de um ser constante e imortal, que era a família. Só tinha a guarda do culto e da propriedade; seu direito sobre eles cessava com a vida.

6º) O direito de primogenitura

Cumpre irmos além dos tempos cuja memória a história conservou, rumo àqueles séculos distantes, durante os quais as instituições domésticas se estabeleceram e as instituições sociais foram preparadas. Dessa época não resta nem pode restar nenhum monumento escrito. Mas as leis que então regiam os homens deixaram alguns rastos no direito das épocas seguintes.

Nesses tempos distantes, distinguimos uma instituição que deve ter reinado durante muito tempo, teve uma influência considerável sobre a constituição futura das sociedades e sem a qual essa constituição não poderia ser explicada. Trata-se do direito de primogenitura.

A velha religião estabelecia uma diferença entre o filho mais velho e o mais novo: "O primogênito", diziam os antigos árias, "foi gerado para a celebração do dever com os antepassados, os outros nasceram do amor". Em virtude dessa superioridade original, o primogênito tinha o privilégio, após a morte do pai, de presidir a todas as cerimônias do culto doméstico; ele era quem oferecia os banquetes fúnebres e pronunciava as fórmulas de oração; "pois o direito de pronunciar as preces pertence ao filho que primeiro veio ao mundo". O primogênito era, por conseguinte, o herdeiro dos hinos, o continuador do culto, o chefe religioso da família. Dessa crença decorria uma regra de direito: só o primogênito herdava os bens. Era o que dizia um velho texto que o último redator das leis de Manu ainda inseria em seu código: "O primogênito toma posse do patrimônio inteiro, e os outros irmãos vivem sob a sua autoridade, como se vivessem sob a do pai. O primogênito paga a dívida com os antepassados e deve, portanto, ter tudo".[28]

O direito grego saiu das mesmas crenças religiosas que o direito hindu; não é, pois, de admirar encontrar nele também, a princípio, o direito de primogenitura. Esparta conservou-o por mais tempo do que as outras cidades gregas, porque foi durante mais tempo fiel às velhas instituições; ali, o patrimônio era indivisível, e o filho mais jovem não tinha nenhuma parte dele.[29] O mesmo acontecia em muitas legislações antigas estudadas por Aristóteles; ensina-nos ele, com efeito, que a de Tebas ordenava de maneira absoluta que o número de lotes de terra permanecesse imutável, o que decerto excluía a divisão entre irmãos. Uma antiga lei de Corinto determinava também que o número de famílias fosse invariável, o que só podia acontecer no caso em que o direito de primogenitura impedisse as famílias de se desmembrarem a cada geração.[30]

---

[28] *Leis de Manu*, IX, 105-107, 126. Essa antiga regra foi sendo modificada à medida que a velha religião se enfraquecia. Já no Código de Manu encontramos artigos que autorizam a partilha da sucessão.
[29] *Fragments des historiens grecs*, col. Didot, t. II, p. 211.
[30] Aristóteles, *Política*, II, 9; II, 3.

Entre os atenienses, não devemos esperar encontrar essa velha instituição ainda em vigor no tempo de Demóstenes; entretanto ainda subsistia nessa época o que chamavam de privilégio do primogênito.[31] Consistia em conservar, fora da partilha, a casa paterna; vantagem materialmente considerável, e mais considerável ainda do ponto de vista religioso, pois a casa paterna continha a antiga lareira da família. Ao passo que o filho mais jovem, no tempo de Demóstenes, ia acender uma nova lareira, o mais velho, único verdadeiro herdeiro, permanecia de posse da lareira paterna e do túmulo dos antepassados; só ele conservava o nome da família.[32] Eram os vestígios de um tempo em que só ele recebia o patrimônio.

Podemos observar que a iniquidade do direito de primogenitura, além de não impressionar os espíritos sobre os quais a religião era onipotente, era corrigida por vários costumes dos antigos. Ora o filho mais jovem era adotado por uma família e dela recebia sua herança; ora desposava uma filha única; por vezes, enfim, recebia o lote de terra de uma família extinta. Na falta de todos esses recursos, os filhos mais jovens eram enviados às colônias.

No que se refere a Roma, ali não encontramos nenhuma lei que se relacione com o direito de primogenitura. Mas não se deve concluir daí que ele tenha sido desconhecido na Itália antiga. Pode ter desaparecido e até sua lembrança ter-se apagado. O que permite crer que para além dos tempos que conhecemos ele estivera em vigor é que a existência da *gens* romana e sabina não se explicaria sem ele. Como uma família teria podido chegar a conter vários milhares de pessoas livres, como a família Cláudia, ou várias centenas de combatentes, todos eles patrícios, como a família Fábia, se o direito de primogenitura não tivesse mantido a sua unidade durante uma

---

[31] Πρεσβεία, Demóstenes, *Pro Phorm.*, 34.
[32] Demóstenes, *in Boeot. de nomine.*

longa sequência de gerações e não a tivesse fortalecido século após século, impedindo-a de se desmembrar? Esse velho direito de primogenitura é provado pelas consequências e, por assim dizer, pelas obras.[33]

CAPÍTULO VIII

A autoridade na família

1º) Princípio e natureza do poder paternal entre os antigos

A família não recebeu da cidade as suas leis. Se fosse a cidade que tivesse estabelecido o direito privado, é provável que ela o tivesse feito completamente diferente do que vimos. Teria regulado segundo outros princípios o direito de propriedade e o direito de sucessão, visto que não era de seu interesse que a terra fosse inalienável e o patrimônio, indivisível. A lei que permite ao pai vender e até matar o filho, lei que encontramos tanto na Grécia quanto em Roma, não foi imaginada pela cidade. A cidade teria antes dito ao pai: "A vida da tua mulher e do teu filho não te pertencem, assim como a liberdade deles; eu os protegerei, até contra ti; não és tu quem os julgará, quem os matará se tiverem errado; serei o único juiz deles". Se a cidade não fala assim é aparentemente porque não pode. O direito privado existia antes dela. Quando ela começou a escrever as suas leis, já encontrou esse direito estabelecido, vivo, arraigado nos

---

[33] A velha língua latina, aliás, conservou um vestígio disso que, por menor que seja, merece ser indicado. Chamavam *sors* um lote de terra, terras de uma família; *sors patrimonium significat*, diz Festo; a palavra *consortes* referia-se, pois, aos que só tinham entre si um lote de terras e viviam no mesmo terreno; ora, a velha língua designava com essa palavra irmãos e até parentes de grau bem distante: testemunho de um tempo em que o patrimônio e a família eram indivisíveis. (Festo, verbete *Sors*. Cícero, *in Verrem*, II, 3, 23. Tito Lívio, XLI, 27. Veleio, I, 10. Lucrécio, III, 772; VI, 1280.)

costumes, contando com a adesão universal. Ela o aceitou, não podendo agir de outra maneira, e só ousou modificá-lo depois de muito tempo. O antigo direito não é obra de um legislador; ao contrário, ele se impôs ao legislador. Foi na família que ele nasceu. Ele saiu espontaneamente e já completamente formado dos antigos princípios que a constituíam. Decorreu das crenças religiosas que eram universalmente admitidas na época primitiva desses povos e que exerciam domínio sobre as inteligências e as vontades.

Compõe-se a família de um pai, uma mãe, filhos e escravos. Esse grupo, por menor que seja, deve ter a sua disciplina. A quem, então, pertencerá a autoridade primeira? Ao pai? Não. Há em cada casa algo que está acima do próprio pai; é a religião doméstica, é esse deus a que os gregos chamam a lareira-senhora, Ἑστία δέσποινα, a que os latinos chamam *Lar familiaris*. Essa divindade interior, ou, o que é o mesmo, a crença que está na alma humana, eis a autoridade menos discutível. Ela é que vai determinar a hierarquia na família.

O pai é o que está mais próximo da lareira; acende-a e a conserva; é o seu pontífice. Em todos os atos religiosos, preenche a mais alta função; ele degola a vítima; a sua boca pronuncia a fórmula de prece que deve atrair sobre ele e sobre os seus a proteção dos deuses. A família e o culto perpetuam-se por ele; representa por si só toda a série dos antepassados e dele deve sair toda a série dos descendentes. Nele se baseia o culto doméstico; pode quase dizer como o hindu: Eu é quem sou o deus. Quando vier a morte, será um ser divino que os descendentes invocarão.

A religião não situa a mulher numa condição tão elevada. A mulher, na verdade, toma parte nos atos religiosos, mas não é a senhora do lar. Não tem a sua religião desde o nascimento; apenas foi iniciada nela pelo casamento; aprendeu com o marido a prece que pronuncia. Não representa os antepassados, uma vez que não descende deles. Não se tornará ela própria um antepassado; na sepultura, não receberá um culto especial. Na morte como na vida, só conta como um membro do marido.

O direito grego, o direito romano, o direito hindu, que derivam dessas crenças religiosas, concordam em considerar a mulher sempre como menor. Jamais pode ter uma lareira própria; jamais é chefe de culto. Em Roma, recebe o título de *mater familias*, mas o perde se o marido morrer.[1] Não tendo jamais uma lareira que lhe pertença, nada tem do que confere a autoridade na casa. Jamais comanda; nem sequer é alguma vez livre e senhora de si mesma. Está sempre junto à lareira de outro, repetindo a prece de outro; em todos os atos da vida religiosa, precisa de um chefe, e em todos os atos da vida civil, de um tutor.

Diz a lei de Manu: "Durante a infância, a mulher depende do pai; na juventude, do marido; morto o marido, dos filhos; se não tiver filhos, dos parentes próximos do marido; pois uma mulher não deve jamais se governar por si mesma".[2] As leis gregas e romanas dizem o mesmo. Filha, submete-se ao pai; morto o pai, aos irmãos; casada, está sob a tutela do marido; morto o marido, não volta à sua própria família, pois renunciou a ela para sempre com o casamento sagrado;[3] a viúva permanece submetida à tutela dos agnatos do marido, isto é, de seus próprios filhos, se existirem, ou, na falta de filhos, dos parentes mais próximos.[4] O marido tem tal autoridade sobre ela, que pode, antes de morrer, designar-lhe um tutor e até escolher para ela um segundo marido.[5]

---

[1] Festo, verbete *Mater familiae*.
[2] *Leis de Manu*, V, 147, 148.
[3] Só voltava a ela em caso de divórcio. Demóstenes, *in Eubulid.*, 41.
[4] Demóstenes, *in Steph.*, II; *in Aphob*. Plutarco, Temístocles, 32. Dionísio de Halicarnasso, II, 25. Gaio, I, 149, 155. Aulo Gélio, III, 2. Macróbio, I, 3.
[5] Demóstenes, *in Aphobum; pro Phormione*.

Para mostrar o poder do marido sobre a mulher, os romanos dispunham de uma expressão antiquíssima, que seus jurisconsultos conservaram; é a palavra *manus*. Não é fácil descobrir o seu sentido primitivo. Os comentadores fazem dela a expressão da força material, como se a mulher estivesse sob a mão brutal do marido. Tudo leva a crer que estejam enganados. O poder do marido sobre a mulher não tinha de modo algum origem na força maior do primeiro. Derivava, como todo o direito privado, das crenças religiosas que colocavam o homem acima da mulher. Prova disso é que a mulher que não se casara segundo os ritos sagrados e, por conseguinte, não fora associada ao culto, não estava submetida ao poder marital.[6] O casamento é que fazia a subordinação e ao mesmo tempo a dignidade da mulher. Tanto é verdade que não foi o direito do mais forte que constituiu a família.

Vejamos agora a criança. Aqui, a natureza fala bem alto por si mesma; quer que a criança tenha um protetor, um guia, um mestre. A religião está de acordo com a natureza; diz que o pai será o chefe do culto e o filho deverá apenas ajudá-lo em suas funções santas. Mas a natureza só exige essa subordinação durante alguns anos; a religião exige mais. A natureza dá ao filho uma maioridade, a religião não a concede. Segundo os antigos princípios, a lareira é indivisível e a propriedade também o é, como ela; os irmãos não se separam à morte do pai; com mais forte razão não podem separar-se dele enquanto ainda vive. No rigor do direito primitivo, os filhos permanecem ligados ao lar do pai e, por conseguinte, submetidos à sua autoridade; enquanto ele vive, são menores.

---

[6] Cícero, *Topic.*, 14. Tácito, *Anais*, IV, 16. Aulo Gélio, XVIII, 6. Veremos mais adiante que em certa época e por razões a que havemos de voltar, se imaginaram modos novos de casamento e que se fez que produzissem os mesmos efeitos jurídicos produzidos pelo casamento sagrado.

Entende-se que essa regra só tenha podido durar enquanto a velha religião doméstica estava em pleno vigor. Essa sujeição sem fim do filho ao pai desapareceu cedo em Atenas. Subsistiu por mais tempo em Esparta, onde o patrimônio sempre foi indivisível. Em Roma, a velha regra foi escrupulosamente conservada: o filho não pôde jamais manter uma lareira particular enquanto o pai estivesse vivo; mesmo casado, mesmo tendo filhos, ele foi sempre em potência.[7]

Acontecia, aliás, com o poder paternal o mesmo que com o poder marital; tinha como princípio e condição o culto doméstico. O filho nascido do concubinato não estava sujeito à autoridade do pai. Entre o pai e ele não existia comunidade religiosa; nada havia, portanto, que conferisse a um a autoridade e exigisse do outro a obediência. A paternidade sozinha não dava ao pai nenhum direito.

Graças à religião doméstica, a família era um pequeno corpo organizado, uma pequena sociedade com um chefe e um governo. Nada em nossa sociedade moderna pode dar-nos uma ideia desse poder paternal. Nessa antiguidade, o pai não é só o homem forte que protege e também tem o poder de se fazer obedecer; ele é o sacerdote, o herdeiro do fogo sagrado, o continuador dos avós, o tronco dos descendentes, o depositário dos ritos misteriosos do culto e das fórmulas secretas da prece. Toda a religião reside nele.

O próprio nome como é chamado, *pater*, traz em si curiosos ensinamentos. A palavra é a mesma em grego, em latim e em sânscrito; donde já podemos concluir que ela data de um tempo em que os helenos, os italianos e os hindus ainda viviam juntos

---

[7] Quando Gaio diz do poder paternal: *Jus proprium est civium romanorum* ["É direito exclusivo dos cidadãos romanos." N. T.], cumpre entender que no tempo de Gaio o *direito romano* só reconhece esse poder no *cidadão romano*, o que não quer dizer que não tivesse existido anteriormente em outra parte e que não tivesse sido reconhecido pelo direito de outras cidades. Isso será esclarecido pelo que diremos da situação legal dos súditos sob o domínio de Roma.

na Ásia central. Qual era o seu sentido e que ideia apresentava ela à mente dos homens? Podemos sabê-lo, pois ele conservou a sua significação primeira nas fórmulas da língua religiosa e da língua jurídica. Quando os antigos, ao invocarem Júpiter, o chamavam *pater hominum Deorumque*, não queriam dizer que Júpiter fosse o pai dos deuses e dos homens; pois nunca o consideraram tal e, ao contrário, acreditaram que o gênero humano já existia antes dele. O mesmo título de *pater* era dado a Netuno, a Apolo, a Baco, a Vulcano, a Plutão, que os homens decerto não consideravam seus pais; assim, o título de *mater* aplicava-se a Minerva, a Diana, a Vesta, que eram consideradas três deusas virgens. Na língua jurídica, igualmente, o título de *pater* ou *pater famílias* podia ser dado a um homem que não tivesse filhos, que não fosse casado, que nem sequer tivesse idade para contrair matrimônio. A ideia de paternidade, portanto, não estava vinculada a essa palavra. A velha língua dispunha de outra que designava propriamente o pai e que, tão antiga quanto *pater*, se encontra, como ela, nas línguas dos gregos, dos romanos e dos hindus *(gánitar, γεννητήρ, genitor)*. A palavra *pater* tinha outro sentido. Na língua religiosa era aplicada aos deuses; na língua do direito, a todo homem que tivesse um culto e terras. Os poetas mostram-nos que era empregada com referência a todos os que se pretendia honrar. O escravo e o cliente davam-no a seu senhor. Era sinônimo das palavras *rex* ἄναξ, βασιλεύς. Continha em si não a ideia de paternidade, mas de potência, autoridade, dignidade majestosa.

Que tal palavra tenha sido aplicada ao pai de família até poder tornar-se aos poucos seu nome mais comum, eis com certeza um fato muito significativo e que parecerá grave a todos os que queiram conhecer as instituições antigas. A história da palavra basta para nos dar uma ideia do poder que o pai exerceu durante muito tempo na família e do sentimento de veneração que estava ligado a ele como a um pontífice e um soberano.

2º) Enumeração dos direitos que compunham o poder paternal

As leis gregas e romanas reconheceram ao pai essa potência ilimitada em que a religião o tinha inicialmente investido. Os direitos muito numerosos e diversos que elas lhe conferiram podem ser classificados em três categorias, conforme se considere o pai de família como chefe religioso, como senhor da propriedade ou como juiz.

I. O pai é o chefe supremo da religião doméstica; regula todas as cerimônias do culto como quer, ou antes, como viu seu pai fazer. Ninguém na família contesta a sua supremacia sacerdotal. A própria cidade e seus pontífices nada podem mudar em seu culto. Como sacerdote do lar, não reconhece nenhum superior.

Como chefe religioso, é o responsável pela perpetuidade do culto e, por conseguinte, da família. Tudo o que se refere a essa perpetuidade, que é a sua primeira preocupação e seu primeiro dever, depende só dele. Daí deriva toda uma série de direitos:

Direito de reconhecer a criança no nascimento ou de rejeitá-la. Esse direito é atribuído ao pai pelas leis gregas,[8] bem como pelas leis romanas. Por mais bárbaro que seja, não está em contradição com os princípios em que se baseia a família. A filiação, mesmo inconteste, não basta para entrar no círculo sagrado da família; é preciso o consentimento do chefe e a iniciação ao culto. Enquanto a criança não estiver associada à religião doméstica, nada é para o pai.

Direito de repudiar a mulher, quer em caso de esterilidade, porque a família não deve extinguir-se, quer em caso de adultério, porque a família e a descendência devem ser puras de toda alteração.

---

[8] Heródoto, I, 59. Plutarco, *Alcibíades*, 29; *Agesilau*, 3.

Direito de casar a filha, ou seja, de ceder a outro o poder que tem sobre ela. Direito de casar o filho; o casamento do filho interessa à perpetuidade da família.

Direito de emancipar, isto é, excluir da família e do culto um filho. Direito de adotar, ou seja, de introduzir um estranho junto ao lar doméstico.

Direito de designar, ao morrer, um tutor para a mulher e para os filhos.

Cumpre notar que todos esses direitos eram atribuídos só ao pai, com exclusão de todos os outros membros da família. A mulher não tinha o direito de se divorciar, pelo menos nas épocas antigas. Mesmo quando era viúva, não podia nem emancipar nem adotar. Não era jamais tutora, até dos filhos. Em caso de divórcio, os filhos permaneciam com o pai; até as filhas. Jamais tinha os filhos em seu poder. Para o casamento da filha, o seu consentimento não era solicitado.[9]

II. Vimos mais acima que a propriedade não fora compreendida, originalmente, como um direito individual, mas como um direito de família. A riqueza pertencia aos antepassados e aos descendentes, como o diz formalmente Platão e implicitamente todos os antigos legisladores. Essa propriedade, por sua própria natureza, não se dividia. Em cada família só podia haver um único proprietário, que era a própria família, e um único usufrutuário, que era o pai. Esse princípio explica várias disposições do antigo direito.

Como a propriedade não podia ser dividida e se baseava inteiramente na pessoa do pai, nem a mulher nem o filho tinham parte dela. O regime dotal e até a comunidade de bens eram então desconhecidos. O dote da mulher pertencia sem reserva ao marido, que exercia sobre os bens dotais não só os direitos

---

[9] Demóstenes, *in Eubul.*, 40 e 43. Gaio, I, 155. Ulpiano, VIII, 8. *Institutas*, I, 9. *Digesto*, liv. I, tít. i, 11.

de um administrador, mas de proprietário. Tudo o que a mulher podia adquirir durante o casamento caía nas mãos do marido. Ela não recuperava o dote nem sequer quando enviuvava.[10]

O filho estava nas mesmas condições que a mulher: não possuía nada. Nenhuma doação feita por ele era válida, pela razão de que ele nada tinha de próprio. Não podia adquirir nada; os frutos do seu trabalho, os benefícios de seu comércio iam para o pai. Se fosse feito um testamento em seu favor por um desconhecido, seu pai, e não ele, é quem recebia o legado. Com isso se explica o texto do direito romano que proíbe todo contrato de venda entre o pai e o filho. Se o pai tivesse vendido ao filho, teria vendido a si mesmo, pois o filho só adquiria para o pai.[11]

Vemos no direito romano e encontramos também nas leis de Atenas que o pai podia vender o filho.[12] Isso porque o pai podia dispor de toda a propriedade que estava na família, e o próprio filho podia ser considerado uma propriedade, pois seus braços e seu trabalho eram uma fonte de renda. O pai podia, pois, à sua escolha conservar consigo esse instrumento de trabalho ou cedê-lo a outra pessoa. Cedê-lo era o que chamavam vender o filho. Os textos de que dispomos do direito romano não nos informam com clareza sobre a natureza desse contrato de venda e sobre as reservas que nele podiam estar contidas. Parece certo que o filho assim vendido não se tornava escravo do comprador. Não era a sua liberdade que se vendia, só o seu trabalho. Mesmo nesse estado, o filho continuava submetido ao poder paterno, o que prova que não se considerava que tivesse saído da família. Podemos crer que essa venda tivesse como

---

[10] Gaio, II, 98. Todas essas regras do direito primitivo foram modificadas pelo direito pretoriano.

[11] Cícero, *De legib.*, II, 20. Gaio, II, 87. *Digesto*, liv. XVIII, tít. 1, 2.

[12] Plutarco, *Sólon*, 13. Dionísio de Halicarnasso, II, 26. Gaio, I, 117; I,132; IV, 79. Ulpiano, X, 1. Tito Lívio, XLI, 8. Festo, verbete *Deminutus*.

único efeito alienar durante algum tempo a posse do filho por uma espécie de contrato de aluguel. Mais tarde passou a só ser usada como um meio disfarçado de chegar à emancipação do filho.

III. Ensina-nos Plutarco que em Roma as mulheres não podiam comparecer diante dos tribunais, nem sequer como testemunhas.[13] Lemos no jurisconsulto Gaio: "É preciso saber que nada se pode ceder na justiça às pessoas que são em potência, vale dizer, à mulher, ao filho, ao escravo. Pois do fato de essas pessoas não poderem nada ter de próprio se concluiu com razão que tampouco podiam reivindicar algo na justiça. Se o vosso filho, sujeito à vossa potência, tiver cometido um delito, a ação na justiça é feita contra vós. O delito cometido por um filho contra o pai não provoca nenhuma ação na justiça".[14] De tudo isso resulta claramente que a mulher e o filho não podiam ser nem requerentes, nem defensores, nem acusadores, nem acusados nem testemunhas. Em toda a família, só o pai podia comparecer diante do tribunal da cidade; a justiça pública só existia para ele. Assim, era ele o responsável pelos delitos cometidos pelos seus.

Se a justiça, para o filho e para a mulher, não estava na cidade, é porque estava na casa. Seu juiz era o chefe de família, exercendo a sua função como num tribunal, em virtude da autoridade marital ou paterna, em nome da família e sob os olhos das divindades domésticas.[15]

Conta Tito Lívio que, querendo extirpar de Roma as Bacanais, o Senado decretou a pena de morte contra os que delas tivessem participado. O decreto foi facilmente executado no que se

---

[13] Plutarco, *Publícola*, 8.
[14] Gaio, II, 96; IV, 77, 78.
[15] Chegou um tempo em que essa jurisdição foi modificada pelos costumes; o pai consultava a família inteira e a erigia num tribunal presidido por ele. Tácito, XIII, 32. *Digesto*, liv. XXIII, tít. 4, 5. Platão, *Leis*, IX.

referia aos cidadãos. Mas no que se referia às mulheres, que não eram as menos culpadas, apresentava-se uma dificuldade grave: as mulheres não podiam ser julgadas pelo Estado; só a família tinha o direito de julgá-las. O Senado respeitou esse velho princípio e deixou aos maridos e aos pais o encargo de pronunciar contra as mulheres a sentença de morte.

Esse direito de justiça que o chefe de família exerce em casa era completo e inapelável. Ele podia condenar à morte, como o magistrado na cidade; nenhuma autoridade tinha o direito de modificar as suas decisões. "O marido", diz Catão, o Velho, "é juiz da esposa; o seu poder não tem limite; pode o que quiser. Se ela tiver cometido algum erro, ele a pune; se ela tiver bebido vinho, condena-a; se tiver tido comércio com outro homem, mata-a".

O direito era o mesmo no que se referia às crianças. Valério Máximo cita certo Atílio que matou a filha culpada de impudicícia, e é conhecido o caso daquele pai que matou o filho, cúmplice de Catilina.

São numerosos na história romana os fatos dessa natureza. Seria ter uma falsa ideia deles acreditar que o pai tivesse o direito absoluto de matar a mulher e os filhos. Ele era o juiz deles. Se os condenasse à morte, era apenas em virtude do seu direito de justiça. Como só o pai de família estava sujeito ao julgamento da cidade, a mulher e o filho não podiam ter outro juiz senão ele. Dentro da família, ele era o único magistrado.

Cumpre ademais observar que a autoridade paternal não era uma potência arbitrária, como seria a que derivasse do direito do mais forte. Tinha o seu princípio nas crenças que estavam no fundo das almas, e os seus limites nessas mesmas crenças. Por exemplo, o pai tinha o direito de excluir da família o filho; mas sabia muito bem que, se o fizesse, a família corria o risco de extinguir-se e os Manes de seus antepassados, de cair no olvido eterno. Tinha o direito de adotar o estranho; mas a religião lho proibia se tivesse um filho. Era o proprietário único dos bens; mas não tinha, pelo menos originalmente, o direito de aliená-los. Podia repudiar a mulher; mas para fazê-lo tinha de ousar romper o vínculo religioso que o casamento estabelecera. Assim, a religião impunha ao pai tantas obrigações quantos direitos lhe conferia.

Assim foi durante muito tempo a família antiga. As crenças que havia nas mentes bastaram, sem que houvesse necessidade do direito da força ou da autoridade de um poder social, para constituí-la regularmente, para lhe dar uma disciplina, um governo, uma justiça e para determinar em todos os pormenores o direito privado.

CAPÍTULO IX

A antiga moral da família

A história não estuda apenas os fatos materiais e as instituições; o seu verdadeiro objeto de estudo é a alma humana; ela deve aspirar a conhecer aquilo em que essa alma creu, pensou e o que sentiu nas diferentes idades da vida do gênero humano.

Mostramos, no início deste livro, antigas crenças que o homem teve sobre o seu destino depois da morte. Dissemos, em seguida, como essas crenças tinham gerado as instituições domésticas e o direito privado. Falta procurar qual foi a ação dessas crenças sobre a moral nas sociedades primitivas. Sem pretender que essa velha religião tenha criado os sentimentos morais no coração do homem, podemos crer pelo menos que ela se associou a eles para fortificá-los, para lhes dar uma autoridade maior, para garantir seu império e seu direito de direção sobre a conduta do homem, por vezes também para os falsear.

A religião desses primeiros tempos era exclusivamente doméstica; a moral também o era. A religião não dizia ao homem, mostrando-lhe outro homem: Eis o teu irmão. Dizia-lhe: Eis um estranho; ele não pode participar dos atos religiosos do teu lar, não pode aproximar-se da tumba da tua família, os deuses dele são diferentes dos teus e ele não pode unir-se a ti numa prece comum; os teus deuses rejeitam a adoração dele e o veem como inimigo; ele também é teu inimigo.

Nessa religião do fogo sagrado, o homem jamais ora à divindade em favor dos outros homens; só a invoca para si e para os seus. Um provérbio grego chegou até nós como uma lembrança e um vestígio desse antigo isolamento do homem na prece. No tempo de Plutarco, ainda se dizia ao egoísta: Tu sacrificas à lareira.[1] O que significava: Afastas-te dos teus concidadãos, não tens amigos, teus semelhantes nada são para ti, só vives para ti mesmo e para os teus. Esse provérbio era o indício de um tempo em que, estando toda a religião ao redor da lareira, o horizonte da moral e da afeição tampouco ia além do círculo estreito da família.

É natural que a ideia moral tenha tido o seu começo e os seus progressos como a ideia religiosa. O deus das primeiras gerações, nessa raça, era bem pequeno; pouco a pouco os homens o tornaram maior; dessa maneira, a moral, inicialmente muito estreita e muito incompleta, aos poucos foi ampliando-se até que, de progresso em progresso, chegasse a proclamar o dever de amor por todos os homens. O seu ponto de partida foi a família, e foi sob a ação das crenças da religião doméstica que os deveres primeiro apareceram aos olhos do homem.

Imaginemos, na época de seu pleno vigor, essa religião da lareira e do túmulo. O homem vê a divindade bem perto de si. Ela está presente, como a própria consciência, às suas menores ações. Esse ser frágil acha-se sob os olhos de uma

---

[1] Ἑστια θμεις. Pseudo-Plutarco, ed. Dubner, V, 167.

testemunha que não o deixa. Jamais se sente só. Ao lado dele, em sua casa, em seu campo, ele tem protetores para ampará-lo nos trabalhos da vida e juízes para punir os seus atos culpados. "Os Lares", dizem os romanos, "são divindades terríveis, que se encarregam de castigar os humanos e de zelar por tudo o que se passa dentro das casas. Os Penates", dizem ainda, "são os deuses que nos fazem viver; nutrem o nosso corpo e servem de norma para a nossa alma".[2]

Gostavam de dar à lareira o epíteto de casta e acreditava-se que ela ordenasse aos homens a castidade. Nenhum ato material ou moralmente impuro devia ser cometido à vista dela.

As primeiras ideias de culpa, de castigo e de expiação parecem ter tido aí a sua origem. O homem que se sente culpado não pode mais aproximar-se de sua própria lareira; seu deus o repele. Para todo aquele que derramou sangue, não há mais sacrifício permitido, não há mais libação, não há mais prece, não há mais banquete sagrado. O deus é tão severo que não admite nenhuma desculpa; não distingue entre um homicídio involuntário e um crime premeditado. A mão manchada de sangue já não pode tocar os objetos sagrados.[3] Para que o homem possa retomar o culto e a posse do seu deus, tem pelo menos de se purificar por uma cerimônia expiatória.[4] Essa religião conhece a misericórdia; tem ritos para lavar as impurezas da alma; por mais estreita e grosseira que seja, sabe consolar o homem de suas próprias culpas.

Se ignora absolutamente os deveres de caridade, ela pelo menos indica ao homem com admirável nitidez os seus deveres de família. Torna obrigatório o casamento; o celibato é um crime aos olhos de uma religião que faz da continuidade da família o primeiro e mais santo dos deveres. Mas a união que

---

[2] Plutarco, *Quest. rom.*, 51. Macróbio, *Sat.*, III, 4.
[3] Heródoto, I, 35. Virgílio, *En.*, II, 719. Plutarco, *Teseu*, 12.
[4] Apolônio de Rodes, IV, 704-707. Ésquilo, *Coéforas*, 96.

ela prescreve só pode realizar-se na presença das divindades domésticas; é a união religiosa, sagrada, indissolúvel entre o esposo e a esposa. Não creia o homem que lhe seja permitido deixar de lado os ritos e fazer do casamento um mero contrato consensual, como foi no fim das sociedades grega e romana. Essa antiga religião proíbe-lho, e, se ele ousar fazê-lo, ela o punirá. Pois o filho que vem a nascer de tal união é considerado bastardo, isto é, um ser que não tem lugar no lar; não tem direito de celebrar nenhum ato sagrado; não pode orar.[5]

Essa mesma religião zela com atenção pela pureza da família. Para ela, o mais grave erro que possa ser cometido é o adultério. Isso porque a primeira regra do culto é que a lareira seja transmitida de pai para filho; ora, o adultério altera a ordem do nascimento. Outra regra é que o túmulo só encerre os membros da família; ora, o filho do adultério é um estranho que está sepultado no túmulo. Todos os princípios da religião são violados; o culto é conspurcado, o lar torna-se impuro, cada oferenda ao túmulo se torna uma impiedade. Há mais: pelo adultério a série dos descendentes é quebrada; a família, embora os homens vivos não o saibam, está extinta, e não há mais felicidade divina para os antepassados. Desse modo, dizia o hindu: "O filho do adultério aniquila nesta vida e na outra as oferendas dirigidas aos Manes".[6]

Eis por que as leis da Grécia e de Roma dão ao pai o direito de rejeitar a criança que acaba de nascer. Eis também por que elas são tão rigorosas, tão inexoráveis com o adultério. Em Atenas, é permitido ao marido matar o culpado. Em Roma, o marido julga a mulher, condena-a à morte. Tão severa era essa

---

[5] Iseu, VII. Demóstenes, *in Macart*.
[6] *Leis de Manu*, III, 175.

religião, que o homem não tinha sequer o direito de perdoar completamente e era pelo menos forçado a repudiar a mulher.[7]

Eis, portanto, descobertas e sancionadas as primeiras leis da moral doméstica. Eis, para além do sentimento natural, uma religião imperiosa, que diz ao homem e à mulher que eles estão unidos para sempre e dessa união decorrem deveres rigorosos, cujo esquecimento provocaria as consequências mais graves, nesta vida e na outra. Veio daí o caráter sério e sagrado da união conjugal entre os antigos, e a pureza que a família por muito tempo conservou.

Essa moral doméstica prescreve ainda outros deveres. Diz à esposa que deve obedecer; ao marido, que deve comandar. Ensina-lhes a ambos que se respeitem um ao outro. A mulher tem direitos, pois tem o seu lugar no lar; é ela também que tem a responsabilidade de zelar para que a lareira não se extinga.[8] Tem, consequentemente, também o seu sacerdócio. Ali onde ela não está, o culto doméstico é incompleto e insuficiente. É para um grego uma grande desgraça ter "uma lareira sem esposa".[9] Entre os romanos, a presença da mulher é tão necessária ao sacrifício, que o sacerdote perde o sacerdócio ao enviuvar.[10]

Podemos crer que era a essa partilha do sacerdócio doméstico que a mãe de família devia a veneração que jamais deixou de rodeá-la nas sociedades grega e romana. Vem daí que a mulher tenha na família o mesmo título que o marido: os latinos dizem *pater familias* e *mater familias*; os gregos,

---

[7] Demóstenes, *in Neoer.*, 89. É verdade que, embora essa moral primitiva condenasse o adultério, ela não reprovava o incesto; a religião o autorizava. As proibições relativas ao casamento estavam às avessas das nossas: era louvável desposar a irmã (Demóstenes, *in Neoer.*, 22; Cornélio Nepos, *proemium; id., Vida de Címon*; Minúcio Félix, *in Octavio*), mas era proibido, em princípio, desposar uma mulher de outra cidade.
[8] Catão, 143. Dionísio de Halic., II, 22. *Leis de Manu*, III, 62; V, 151.
[9] Xenofonte, *Const. dos laced.*
[10] Plutarco, *Quest. rom.*, 50.

οἰκοδεσπότης e οἰκοδέσποινα; os hindus, *grihapati, grihapatni*. Vem daí também esta fórmula que a mulher pronunciava no casamento romano: *Ubi tu Caius, ego Caia*,* fórmula que nos diz que, se na casa não há autoridade igual, há pelo menos igual dignidade.

Quanto ao filho, vimo-lo sujeito à autoridade de um pai que pode vendê-lo e condená-lo à morte. Mas esse filho também desempenha o seu papel no culto; preenche uma função nas cerimônias religiosas; a sua presença, certos dias, é tão necessária, que o romano que não tem filhos é forçado a adotar um ficticiamente aqueles dias, para os ritos poderem ser celebrados.[11] E vede que laço poderoso a religião estabelece entre o pai e o filho! Crê-se numa segunda vida no túmulo, vida feliz e calma se os banquetes fúnebres forem oferecidos regularmente. Assim, o pai tem a convicção de que o seu destino depois desta vida dependerá dos cuidados que o filho dará ao seu túmulo, e o filho, por seu lado, tem a convicção de que, morto o seu pai, este se tornará um deus que ele terá de invocar.

É fácil adivinhar todo o respeito e o afeto que essas crenças introduziam na família. Davam os antigos às virtudes domésticas o nome de piedade: a obediência do filho ao pai, o amor que tinha pela mãe eram piedade, *pietas erga parentes;** o apego do pai pelo filho, a ternura da mãe também eram piedade, *pietas erga liberos*.** Tudo era divino na família. Sentimento do dever, afeição natural, ideia religiosa, tudo isso se confundia, era uma mesma coisa e se exprimia pela mesma palavra.

Talvez pareça muito estranho colocar o amor pela casa entre as virtudes; para os antigos, é o que ele era. Esse sentimento era profundo e poderoso em suas almas. Vede Anquises, que,

---

* Onde fores Caio, serei Caia. (N. T.)
[11] Dionísio de Halicarnasso, II, 20, 22.
* Amor pelos pais. (N. T.)
** Amor pelos filhos. (N. T.)

à vista de Troia em chamas, não quer, porém, abandonar a sua velha morada. Vede Ulisses, a quem oferecem todos os tesouros e até a imortalidade, mas só quer rever a chama da sua lareira. Avancemos até Cícero; não é mais um poeta, é um estadista que fala: "Aqui está a minha religião, aqui está a minha raça, aqui os rastros dos meus pais; não sei que encanto encontro aqui, que penetra o meu coração e os meus sentidos".[12] Temos de nos colocar em pensamento em meio às mais antigas gerações para comspreendermos como esses sentimentos, já enfraquecidos no tempo de Cícero, haviam sido vivos e fortes. Para nós, a casa é apenas um domicílio, um abrigo; abandonamo-la e a esquecemos sem muita dificuldade, ou, se nos apegamos a ela, não é senão pela força dos hábitos e das lembranças. Pois para nós a religião não está lá; o nosso deus é o Deus do universo e o encontramos por toda parte. Tudo era diferente entre os antigos; no interior da casa é que eles encontravam a sua divindade principal, a sua providência, aquela que os protegia individualmente, que escutava suas preces e atendia suas súplicas. Fora de sua morada, o homem já não sentia deus; o deus do vizinho era um deus hostil. O homem amava então a sua casa como hoje ama a sua igreja.[13]

Dessa forma, essas crenças dos primeiros tempos não foram estranhas ao desenvolvimento moral dessa parte da humanidade. Esses deuses recomendavam a pureza e proibiam o derramamento de sangue; a noção de justiça, se não nasceu dessa crença, foi pelo menos fortalecida por ela. Esses deuses pertenciam em comum a todos os membros de uma mesma família; a família viu-se, assim, unida por um vínculo poderoso, e todos os seus membros aprenderam a se amar e a se respeitar uns aos outros. Esses deuses viviam no interior de cada casa;

---

[12] Cícero, *De legib.*, II, 1. *Pro domo*, 41.
[13] Daí a santidade do domicílio, que os antigos sempre consideraram inviolável. Demóstenes, *in Androt.*, 52; *in Evergum*, 60. *Digesto, de in jus voc.*, II, 4.

o homem amava a sua casa, a sua morada fixa e duradoura, que recebera dos avós e legava aos filhos como um santuário.

A antiga moral, ordenada por essas crenças, ignorava a caridade; mas pelo menos ensinava as virtudes domésticas. O isolamento da família foi, para essa raça, o começo da moral. Ali apareceram os deveres, claros, precisos, imperiosos, mas encerrados num círculo limitado. E temos de nos lembrar, na sequência deste livro, desse caráter estreito da moral primitiva; pois a sociedade civil, baseada mais tarde nos mesmos princípios, assumiu o mesmo caráter, e assim se explicam diversos aspectos singulares da antiga política.[14]

CAPÍTULO X

A *gens* em Roma e na Grécia

Encontramos entre os jurisconsultos romanos e os escritores gregos os rastros de uma instituição que parece ter tido grande vigor nos primeiros tempos das sociedades grega e italiana, mas, tendo-se aos poucos enfraquecido, só deixou vestígios mal perceptíveis na última parte da sua história. Estamos falando daquilo a que os latinos chamavam *gens* e os gregos, γένος.

Muito se discutiu sobre a natureza e a constituição da *gens*. Talvez não seja inútil dizer primeiramente qual é a dificuldade do problema.

A *gens*, como veremos mais adiante, formava um corpo cuja constituição era totalmente aristocrática; graças à sua

---

[14] Será preciso advertir que tentamos, neste capítulo, apreender a mais antiga moral dos povos que mais tarde se tornariam os gregos e os romanos? Será preciso acrescentar que essa moral se modificou, depois, com o tempo, sobretudo entre os gregos? Já na *Odisseia* encontraremos sentimentos novos e outros costumes; a continuação deste livro vai mostrá-lo.

organização, os patrícios de Roma e os eupátridas de Atenas perpetuaram durante muito tempo os seus privilégios. Assim, quando o partido popular levou a melhor, não deixou de combater com todas as forças essa velha instituição. Se tivesse podido aniquilá-la completamente, é provável que não tivesse chegado até nós a menor lembrança dela. Mas era ela particularmente vivaz e arraigada nos costumes; não conseguiram fazê-la desaparecer completamente. Contentaram-se, pois, em modificá-la: tiraram-lhe o que constituía o seu caráter essencial e só deixaram subsistir as suas formas exteriores, que em nada incomodavam o novo regime. Dessa maneira, em Roma, os plebeus imaginaram formar *gentes,* à imitação dos patrícios; em Atenas, tentaram subverter os γένη, fundi-los uns com os outros e substituí-los pelos *demes,* que foram estabelecidos à semelhança deles. Voltaremos a tratar desse ponto quando falarmos das revoluções. Baste-nos observar aqui que essa alteração profunda que a democracia introduziu no regime da *gens* é capaz de desnortear os que quiserem conhecer a sua constituição primitiva. Com efeito, quase todas as informações que chegaram até nós sobre ela datam da época em que já fora assim transformada. Só nos mostram dela o que as revoluções haviam deixado subsistir.

Façamos de conta que, em vinte séculos, todo o conhecimento da Idade Média se tivesse perdido, que não tivesse sobrado mais nenhum documento acerca do que precede a revolução de 1789 e que, porém, um historiador que estudasse aquele tempo quisesse ter uma ideia das instituições anteriores. Os únicos documentos que teria à disposição lhe mostrariam a nobreza do século XIX, ou seja, algo completamente diferente da feudalidade. Ele, porém, consideraria que acontecera uma grande revolução e concluiria daí, com razão, que essa instituição, como todas as outras, devia ter-se transformado; essa nobreza que os seus textos lhe mostrariam não seria para ele mais do que uma sombra ou a imagem desbotada e alterada de outra nobreza incomparavelmente mais possante. Em seguida, se examinasse com atenção as frágeis ruínas do antigo monumento, algumas expressões que permaneceram na língua, alguns termos que escaparam à lei, vagas lembranças ou estéreis saudades, ele talvez adivinhasse algo do regime feudal e teria das instituições da Idade Média uma ideia que não estaria muito distante da verdade. A dificuldade seria grande, com certeza; não é menor para aquele que, hoje, quer conhecer a *gens* antiga, pois não temos outras informações sobre ela senão as que datam de um tempo em que ela já não era mais que a sombra de si mesma.

Começaremos analisando tudo o que os escritores antigos nos dizem da *gens*, ou seja, o que dela subsistia na época em que já estava muito alterada. Em seguida, com a ajuda desses restos, tentaremos entrever o verdadeiro regime da *gens* antiga.

1º) O que os escritores antigos nos ensinam sobre a *gens*

Se abrirmos a história romana no tempo das guerras púnicas, encontraremos três personagens chamados Cláudio Pulcro, Cláudio Nero e Cláudio Cento. Os três pertencem à mesma *gens*, a *gens* Cláudia.

Demóstenes, num de seus discursos, produz sete testemunhas que juram pertencer ao mesmo γένος, o dos Brítidas. O notável neste exemplo é que as sete pessoas citadas como membros do mesmo γένος estavam inscritas em seis demos diferentes; isso mostra que o γένος não correspondia exatamente ao *demo* e não era, como ele, uma simples divisão administrativa.[1]

Eis, portanto, a constatação de um primeiro fato; havia *gentes* em Roma e em Atenas. Poderíamos citar exemplos relativos a muitas outras cidades da Grécia e da Itália e concluir

---

[1] Demóstenes, *in Neoer.*, 71. *Vide* Plutarco, *Temístocles*, 1. Ésquines, *De falsa legat.*, 147. Boeckh, *Corp. inscr.*, 385. Ross, *Demi Attici*, 24. A *gens* entre os gregos é muitas vezes chamada πάτρα: Píndaro, *passim*.

daí que, ao que parece, essa instituição foi universal entre esses povos antigos.

Cada *gens* tinha um culto especial. Na Grécia se reconheciam os membros de uma mesma *gens* "por celebrarem sacrifícios em comum desde uma época muito distante".[2] Plutarco menciona o lugar dos sacrifícios da *gens* dos Licômedas, e Ésquines fala do altar da *gens* dos Butadas.[3]

Também em Roma, cada *gens* tinha atos religiosos a celebrar; o dia, o lugar e os ritos eram estabelecidos por sua religião particular.[4] O Capitólio é bloqueado pelos gauleses; um Fábio dele sai e atravessa as linhas inimigas, vestindo o traje religioso e trazendo nas mãos os objetos sagrados; vai oferecer o sacrifício no altar da sua *gens,* que se situa sobre o Quirinal. Na segunda guerra púnica, outro Fábio, aquele a quem chamam o escudo de Roma, enfrenta Aníbal; decerto a república precisa muito que ele não abandone o seu exército; ele a entrega, porém, ao imprudente Minúcio: chegou o dia aniversário do sacrifício da sua *gens* e ele precisa correr até Roma para celebrar o ato sagrado.[5]

Esse culto devia ser perpetuado de geração em geração; e era um dever deixar filhos para dar continuidade a ele. Um inimigo pessoal de Cícero, Cláudio, deixou a sua *gens* para entrar numa família plebéia; diz-lhe Cícero: "Por que expões a religião da *gens* Cláudia a extinguir-se por tua culpa?".

Os deuses da *gens*, *Dii gentiles*, só protegiam a ela e só queriam ser invocados por ela. Nenhum estranho podia ser admitido nas cerimônias religiosas. Acreditava-se que, se um desconhecido recebesse uma parte da vítima ou até se apenas assistisse ao sacrifício, os deuses da *gens* ofender-se-iam e todos os membros seriam culpados de grave impiedade.

---

[2] Hesíquio. Pólux, III, 52; Harpocrácion.
[3] Plutarco, *Temístocles,* I. Ésquines, *De falsa legat.*, 147.
[4] Cícero, *De arusp. resp.*, 15. Dionísio de Halicarnasso, XI, 14. Festo, *Propudi.*
[5] Tito Lívio, V, 46; XXII, 18. Valério Máximo, I, 1, 11. Políbio, III, 94. Plínio, XXXIV, 13. Macróbio, III, 5.

Assim como cada *gens* tinha o seu culto e as suas festas religiosas, tinha também seu túmulo comum. Lemos num discurso de Demóstenes: "Este homem, tendo perdido os filhos, sepultou-os no túmulo dos pais, nessa tumba que é comum a todos os da sua *gens*". A continuação do discurso mostra que nenhum estranho podia ser sepultado nesse túmulo. Em outro discurso, o mesmo orador fala do túmulo em que a *gens* dos Busélidas sepultava os seus membros e onde a cada ano celebrava um sacrifício fúnebre; "esse lugar de sepultura é um campo bastante vasto, com uma cerca ao seu redor, segundo o costume antigo".[6]

O mesmo ocorria entre os romanos. Veleio fala do túmulo da *gens* Quintília, e Suetônio nos ensina que a *gens* Cláudia tinha o seu na encosta do monte Capitolino.

O antigo direito de Roma considera os membros de uma *gens* aptos a herdar uns dos outros. As Doze Tábuas determinam que, na falta de filhos e de agnatos, o *gentilis* é o herdeiro natural. Nessa legislação, o *gentilis* é, pois, mais próximo do que o cognato, vale dizer, mais próximo que o parente pelas mulheres.

Não há ligação mais estreita do que entre os membros de uma *gens*. Unidos na celebração das mesmas cerimônias sagradas, ajudam-se mutuamente em todas as necessidades da vida. A *gens* inteira responde pela dívida de um de seus membros; ela resgata o prisioneiro, paga a multa do condenado. Se um dos seus se torna magistrado, ela se cotiza para pagar as despesas provocadas pela magistratura.[7]

O acusado faz-se acompanhar ao tribunal por todos os membros da sua *gens*; isso demonstra a solidariedade que a lei estabelece entre o homem e o corpo de que faz parte. É

---

[6] Demóstenes, *in Macart.*, 79; *in Eubul.*, 28.
[7] Tito Lívio, V, 32. Dionísio de Halicarnasso, XIII, 5. Apiano, *Annib.*, 28.

ato contrário à religião apresentar queixa contra um homem da sua *gens* ou até testemunhar contra ele. Um Cláudio, personagem considerável, era inimigo pessoal de Ápio Cláudio, o decênviro; quando este foi citado em justiça e ameaçado de morte, Cláudio apresentou-se para defendê-lo e implorou ao povo em seu favor, não, porém, sem observar que, se fazia aquilo, "não era por afeição, mas por dever".

Se um membro da *gens* não tinha o direito de acusar outro perante a justiça da cidade, é porque havia uma justiça dentro da própria *gens*. De fato, cada uma tinha o seu chefe, que era ao mesmo tempo juiz, sacerdote e comandante militar.[8] É sabido que, quando a família sabina dos Cláudios veio estabelecer-se em Roma, as três mil pessoas que a compunham obedeciam a um único chefe. Mais tarde, quando os Fábios se encarregam sozinhos da guerra contra os veianos, vemos que essa *gens* tem um chefe que fala em nome dela diante do Senado e que a conduz contra o inimigo.[9]

Também na Grécia, cada *gens* tinha o seu chefe; as inscrições são testemunhas disso e nos mostram que esse chefe tinha muito geralmente o título de arconte.[10] Enfim, em Roma como na Grécia, a *gens* tinha as suas assembleias; ela proclamava decretos a que os seus membros deviam obedecer e que a própria cidade respeitava.[11]

Tal é o conjunto de costumes e de leis que ainda vemos em vigor nas épocas em que a *gens* já estava enfraquecida e quase desnaturada. São esses os restos dessa antiga instituição.

---

[8] Dionísio de Halicarnasso, II, 7.
[9] Dionísio de Halicarnasso, IX, 5.
[10] Boeckh, *Corp. inscr.*, 397, 399. Ross, *Demi Attici*, 24.
[11] Tito Lívio, VI, 20. Suetônio, *Tibério*, 1. Ross, *Demi Attici*, 24.

2º) Exame de algumas opiniões que foram aventadas para explicar a *gens* romana

Sobre este tema, há muito tempo exposto às disputas dos eruditos, foram propostos muitos sistemas. Dizem uns: A *gens* não é senão uma semelhança de nome.[12] Outros: A palavra *gens* designa uma espécie de parentesco artificial. Segundo outros, a *gens* é apenas a expressão de uma relação entre uma família que exerce a patronagem e outras famílias que são clientes. Mas nenhuma dessas três explicações dá conta de toda a série de fatos, de leis, de costumes que acabamos de enumerar.

Outra opinião, mais séria, é a que conclui assim: a *gens* é uma associação política de várias famílias originalmente estranhas umas às outras; na falta de laço de sangue, a cidade estabeleceu entre elas uma união fictícia e uma espécie de parentesco religioso.

Uma primeira objeção apresenta-se, porém. Se a *gens* não é senão uma associação artificial, como explicar que os seus membros tenham o direito de herdar uns dos outros? Por que o *gentilis* é preferido ao cognato? Vimos mais acima as regras da hereditariedade, e expusemos que relação estreita e necessária a religião estabelecera entre o direito de herdar e o parentesco masculino. Podemos supor que a lei antiga se tivesse distanciado desse princípio a ponto de conceder a sucessão aos *gentiles*, se estes tivessem sido estranhos uns aos outros?

A característica da *gens* de maior relevo e mais bem constatada é que ela tem em si mesma um culto, como a família tem o seu. Ora, se buscarmos qual é o deus que cada uma delas adora, observaremos que é quase sempre um antepassado divinizado e que o altar onde ela faz o sacrifício é um túmulo.

---

[12] Dois trechos de Cícero, *Tuscul.*, 1, 16, e *Tópicos*, 6, confundiram sobremaneira a questão. Cícero parece ter ignorado, como quase todos os seus contemporâneos, o que era a *gens* antiga.

Em Atenas, os Eumólpidas veneram Eumolpo, autor de sua raça; os Fitálidas adoram o herói Fítalo; os Butadas, Butes; os Busélidas, Buselo; os Laquíadas, Láquio; os Aminândridas, Cécropo.[13]

Em Roma, os Cláudios descendem de um Clauso; os Cecílios honram como chefe de sua raça o herói Céculo; os Calpúrnios, um Calpo; os Júlios, um Julo; os Clélios, um Clelo.[14]

É verdade que nos é permitido crer que muitas dessas genealogias tenham sido imaginadas retrospectivamente; mas cumpre admitir que essa fraude não teria tido motivo, se não fosse um uso constante entre as verdadeiras *gentes* reconhecer um antepassado comum e prestar-lhe um culto. A mentira sempre procura imitar a verdade.

A fraude, aliás, não era tão fácil de se cometer quanto nos parece. Esse culto não era uma vã formalidade ostentatória. Uma das regras mais rigorosas da religião era que só se deviam honrar como antepassados aqueles de que realmente se descendesse; oferecer esse culto a um estranho era uma impiedade grave. Se, portanto, a *gens* adorava em comum um antepassado, é porque cria sinceramente descender dele. Simular um túmulo, determinar aniversários e um culto anual teria sido levar a mentira ao que se considerava mais sagrado e brincar com a religião. Tal ficção foi possível no tempo de César, quando a velha religião das famílias não comovia mais ninguém. Mas se voltarmos ao tempo em que essas crenças eram fortes, não podemos imaginar que várias famílias, associando-se numa mesma trapaça, tenham dito umas às outras: Vamos fingir ter um mesmo antepassado; erguer-lhe-emos um túmulo, oferecer-lhe-emos banquetes fúnebres e os nossos descendentes daí em diante o adorarão para sempre. Tal pensamento não

---

[13] Demóstenes, *in Macart.*, 79. Pausânias, I, 37. *Inscrição dos Aminândridas*, citada por Ross, p. 24.

[14] Festo, verbetes Caeculus, Calpurnii, Cloelia.

devia ocorrer à mente de ninguém ou era descartado como um pensamento culpado.

Nos problemas difíceis que a história muitas vezes oferece, é bom pedir aos termos da língua todos os ensinamentos que eles nos podem dar. Uma instituição é por vezes explicada pela palavra que a designa. Ora, a palavra *gens* é exatamente a mesma que a palavra *genus*, a tal ponto que podiam ser tomadas uma pela outra e dizer-se indiferentemente *gens Fabia* e *genus Fabium*; ambas correspondem ao verbo *gignere* e ao substantivo *genitor*, precisamente como γένος corresponde a γεννᾷν e γονεύς. Todas essas palavras trazem em si a ideia de filiação. Os gregos também designavam os membros de um γένος pela palavra ὁμογάλακτες, que significa *alimentados com o mesmo leite*. Comparem-se a todas essas palavras as que costumamos traduzir por família, o latim *familia*, o grego οἶκος. Nem um nem outro contém em si o sentido de geração ou de parentesco. O verdadeiro significado de *familia* é propriedade; designa o campo, a casa, o dinheiro, os escravos e é por isso que as Doze Tábuas dizem, ao falarem do herdeiro, *familiam nancitor*, que assume a sucessão. Quanto a οἶκος, é claro que não apresenta à mente nenhuma outra ideia além da de propriedade ou de domicílio. São essas, porém, as palavras que costumamos traduzir por família. Ora, é admissível que termos cujo sentido intrínseco é o de domicílio ou de propriedade tenham podido ser utilizados com frequência para designarem uma família, e que outras palavras cujo sentido interno é filiação, nascimento, paternidade não tenham jamais designado senão uma associação artificial? Certamente isso não seria conforme à lógica tão reta e tão nítida das línguas antigas. É indubitável que os gregos e os romanos vinculassem às palavras *gens* e γένος a ideia de uma origem comum. Essa ideia talvez se tenha obliterado quando a *gens* se alterou, mas a palavra permaneceu para testemunhá-la.

O sistema que apresenta a *gens* como uma associação artificial tem, portanto, contra si, 1º) a velha legislação que dá aos *gentiles* o direito de herança; 2º) as crenças religiosas que não permitem comunidade de culto onde não haja comunidade de nascimento; 3º) os termos da língua, que atestam na *gens* uma origem comum. Esse sistema ainda tem o defeito de levar a crer que as sociedades humanas puderam começar por uma convenção e por um artifício, o que a ciência histórica não pode admitir como verdadeiro.

3º) A *gens* é a família ainda com a sua organização primitiva e a sua unidade

Tudo nos apresenta a *gens* como unida por um laço de nascença. Consultemos mais uma vez a língua: os nomes das *gentes,* tanto na Grécia quanto em Roma, têm todos a forma usual nas duas línguas para os nomes patronímicos. Cláudio significa filho de Clauso, e Butadas, filho de Butes.

Aqueles que creem ver na *gens* uma associação artificial partem de um dado falso. Supõem que uma *gens* sempre contasse com várias famílias com nomes diversos, e gostam de citar o exemplo da *gens* Cornélia, que continha Cipiões, Lêntulos, Cossos, Sulas. Mas este está longe de ter sido sempre o caso. A *gens* Márcia parece ter sempre tido uma só linhagem; só uma se encontra também na *gens* Lucrécia e na *gens* Quintília durante muito tempo. Seria certamente muito difícil dizer quais são as famílias que formaram a *gens* Fábia; pois todos os Fábios conhecidos na história pertencem manifestamente ao mesmo ramo; inicialmente todos têm o mesmo sobrenome de Vibulano; mais tarde, todos o trocam pelo de Ambusto, que em seguida substituem pelo de Máximo ou de Dorso.

Sabemos que era costume em Roma que todo patrício tivesse três nomes. Era possível chamar-se, por exemplo, Públio Cornélio Cipião. Não é inútil pesquisar qual dessas três palavras era considerada o nome verdadeiro. Públio era apenas um *nome posto à frente, praenomen*; Cipião era um *nome acrescentado, agnomen*. O verdadeiro nome era Cornélio; ora, esse nome era ao mesmo tempo o da *gens* inteira. Se tivéssemos apenas esta informação sobre a *gens* antiga, seria o bastante para afirmarmos que houve Cornélios antes de haver Cipiões, e não, como se diz com frequência, que a família dos Cipiões se associou a outras para formar a *gens* Cornélia.

Vemos, com efeito, pela história que a *gens* Cornélia foi por muito tempo indivisa e todos os seus membros tinham também o sobrenome de Maluginense e de Cosso. Só no tempo do ditador Camilo é que um dos seus ramos adota o sobrenome de Cipião; um pouco mais tarde, outro ramo adota o sobrenome de Rufo, que substitui em seguida pelo de Sula. Os Lêntulos só aparecem na época das guerras dos samnitas; os Cetegos, só na Segunda Guerra Púnica. O mesmo acontece com a *gens* Cláudia. Os Cláudios permanecem durante muito tempo unidos numa única família e têm todos o sobrenome de Sabino ou de Regilense, sinal de sua origem. Seguimo-los durante sete gerações sem distinguir ramos nessa família, aliás numerosíssima. Só na oitava geração, isto é, nos tempos da Primeira Guerra Púnica, vemos os três ramos separarem-se e adotar três sobrenomes que se lhes tornam hereditários: são os Cláudios Pulcros que subsistem por dois séculos, os Cláudios Centos, que não tardam muito a se extinguir, e os Cláudios Neros, que se perpetuam até a época do Império.

De tudo isso se conclui que a *gens* não era uma associação de famílias, mas a própria família. Podia indiferentemente compreender só uma linhagem ou produzir numerosos ramos; era sempre apenas uma família.

É fácil, aliás, compreender a formação da *gens* antiga e a sua natureza, se nos remetermos às velhas crenças e às velhas instituições que observamos acima. Reconheceremos até que a *gens* se derivou muito naturalmente da religião doméstica e do direito privado dos tempos antigos. Que prescreve, com efeito, essa religião primitiva? Que o antepassado, ou seja, o primeiro homem que foi sepultado no túmulo, seja honrado perpetuamente como um deus, e que os seus descendentes reunidos a cada ano junto ao lugar sagrado onde ele repousa lhe ofereçam o banquete fúnebre. Essa lareira sempre acesa, esse túmulo sempre honrado com um culto, eis o centro ao redor do qual todas as gerações vêm viver e pelo qual todos os ramos da família, por mais numerosos que sejam, permanecem agrupados num só feixe. Que diz ainda o direito privado desses velhos tempos? Ao observarmos o que era a autoridade na família antiga, vimos que os filhos não se separavam do pai; ao estudarmos as regras da transmissão do patrimônio, constatamos que, graças ao direito de primogenitura, os irmãos mais jovens não se separavam do irmão mais velho. Lareira, túmulo, patrimônio, tudo isso era a princípio indivisível. Por conseguinte, a família também o era. O tempo não a desmembrava. Essa família indivisível, que se desenvolvia através dos tempos, perpetuando de século em século o seu culto e o seu nome, era verdadeiramente a *gens* antiga. A *gens* era a família, mas a família que conservava a unidade prescrita pela sua religião, e que havia atingido todo o desenvolvimento que o antigo direito privado lhe permitia alcançar.[15]

---

[15] Não precisamos voltar ao que já dissemos mais acima (liv. II, cap. v) sobre a *agnação*. Pudemos ver que a *agnação* e a *gentilidade* decorriam dos mesmos princípios e eram um parentesco da mesma natureza. A passagem da lei das Doze Tábuas que atribui a herança aos *gentiles* na falta de *agnati* confundiu os jurisconsultos e fez que se pensasse que talvez houvesse uma diferença essencial entre esses dois tipos de parentesco. Mas não se vê essa diferença essencial em nenhum texto. Era-se *agnatus* como se era *gentilis*, pela descendência masculina e pelo vínculo religioso. Só havia entre eles uma diferença de grau, que se acentuou sobretudo a partir da época em que os ramos de uma mesma *gens* se dividiram. O *agnatus* foi membro do ramo, o *gentilis*, da *gens*. Estabeleceu-se, então, a mesma distinção entre os termos *gentilis* e *agnatus* que entre as palavras *gens* e *familia*. *Familiam dicimus omnium agnatorum* [*chamamos família a todos os agnatos*], diz Ulpiano no *Digesto*, liv. L, tít. 16, § 195. Quando alguém era agnato de um homem, era com mais forte razão seu *gentilis*; mas era possível ser *gentilis* sem ser agnato. A lei das Doze Tábuas dava a herança, na falta de agnatos, aos que eram apenas *gentilis* em relação ao defunto, ou seja, que eram de sua *gens* sem serem de seu ramo ou de sua *familia*.

Admitida essa verdade, torna-se claro tudo o que os escritores antigos nos dizem da *gens*. A estreita solidariedade que acabamos de observar entre os seus membros nada mais tem de surpreendente; são parentes pelo nascimento. O culto que praticam em comum não é uma ficção; vem dos antepassados. Como são uma mesma família, têm uma sepultura comum. Pela mesma razão, a lei das Doze Tábuas declara-os aptos a herdar uns dos outros. Também pela mesma razão, têm um mesmo nome. Como todos eles tinham, a princípio, um mesmo patrimônio indiviso, foi um costume e até uma necessidade que a *gens* inteira respondesse pela dívida de um dos seus membros e pagasse o resgate do prisioneiro ou a multa do condenado. Todas essas regras se haviam estabelecido por si mesmas quando a *gens* ainda tinha a sua unidade; quando se desmembrou, não puderam desaparecer por completo. Da unidade antiga e santa dessa família restaram marcas persistentes no sacrifício anual que reunia os seus membros esparsos, no nome que lhes permanecia comum, na legislação que lhes reconhecia direitos de herança, nos costumes que os incentivava a se ajudarem uns aos outros.[16]

---

[16] O uso dos nomes patronímicos data dessa alta antiguidade e está visivelmente ligado a essa velha religião. A unidade de nascimento e de culto assinalou-se pela unidade de nome. Cada *gens* transmitiu de geração em geração o nome do antepassado e o perpetuou com o mesmo esmero com que perpetuava o seu culto. O que os romanos chamavam propriamente *nomen* era esse nome do antepassado que todos os descendentes e todos os membros da *gens* deviam ter. Chegou um momento em que cada ramo, tornando-se sob certos aspectos independente, assinalou a sua individualidade adotando um sobrenome (*cognomen*). Como, aliás, cada pessoa teve de ser distinguida por uma denominação particular, cada qual teve o seu *agnomen*, como Caio ou Quinto. Mas o verdadeiro nome era o da *gens*; era aquele que se tinha oficialmente; era aquele que era sagrado; era aquele que, datando do primeiro antepassado conhecido, devia durar tanto quanto a família e os seus deuses. — O mesmo ocorria na Grécia; romanos e helenos ainda se parecem quanto a esse ponto. Cada grego, pelo menos se pertencesse a uma família antiga e regularmente constituída, tinha três nomes, como o patrício de Roma. Um desses nomes era-lhe particular; outro era o de seu pai, e como esses dois nomes costumavam alternar-se, o conjunto dos dois equivalia ao *cognomen* hereditário que designava

4º) A família (*gens*) foi inicialmente a única forma de sociedade

O que vimos da família, a sua religião doméstica, os deuses que ela criara, as leis que se impusera, o direito de primogenitura sobre o qual se fundamentara, a unidade, o desenvolvimento de século em século até formar a *gens*, a justiça, o sacerdócio, o governo interior, tudo isso leva inexoravelmente o nosso pensamento para uma época primitiva, em que a família era independente de todo poder superior e a cidade nem sequer existia.

Consideremos essa religião doméstica, esses deuses que só pertenciam a uma família e só exerciam a sua providência no espaço fechado de uma casa, esse culto secreto, essa religião que não queria propagar-se, essa antiga moral que prescrevia

---

em Roma um ramo da *gens*. O terceiro nome, por fim, era o de toda a *gens*. Exemplos: Μιλτιάδης Κιμωνος Λακιάδης, e na geração seguinte Κιμων Μιλτιάδου Λακιάδης. Os Laquíadas formavam um γένος como os Cornélios, uma *gens*. O mesmo se pode dizer dos Butadas, dos Fitálidas, dos Brítidas, dos Aminândridas, etc. Podemos observar que Píndaro jamais faz o elogio dos seus heróis sem lembrar o nome de seu γένος. Esse nome, entre os gregos, costumava terminar em ιδης ou αδης e tinha, assim, uma forma de adjetivo, assim como o nome da *gens*, entre os romanos, terminava invariavelmente em *ius*. Nem por isso deixava de ser o verdadeiro nome; na linguagem cotidiana se podia designar o homem por seu sobrenome individual; mas na linguagem oficial da política ou da religião, era preciso dar ao homem a sua denominação completa e sobretudo não esquecer o nome do γένος. (É verdade que mais tarde a democracia substituiu pelo nome do demo o do γένος.) — Vale observar que a história dos nomes trilhou um caminho muito diferente entre os antigos e nas sociedades cristãs. Na Idade Média, até o século XII, o verdadeiro nome era o nome de batismo ou nome individual, e os nomes patronímicos só vieram bastante tarde, como nomes de terras ou como sobrenomes. Ocorreu exatamente o contrário entre os antigos. Ora, essa diferença está ligada, se prestarmos atenção, à diferença entre as duas religiões. Para a velha religião doméstica, a família era o verdadeiro corpo, o verdadeiro ser vivo, de que o indivíduo não era senão um membro inseparável; por isso o nome patronímico foi o primeiro em data e o primeiro em importância. A nova religião, ao contrário, reconhecia ao indivíduo uma vida própria, uma liberdade completa, uma independência toda pessoal, e não repugnava de modo algum o isolar da família; por isso o nome de batismo foi o primeiro e, durante muito tempo, o único nome.

o isolamento das famílias: é manifesto que crenças dessa natureza só puderam nascer na mente dos homens numa época em que as grandes sociedades ainda não se haviam formado. Se o sentimento religioso se contentou com uma concepção tão estreita do divino, é porque a associação humana era então proporcionalmente estreita. O tempo em que o homem só cria nos deuses domésticos é também o tempo em que só existiam famílias. É bem verdade que essas crenças puderam em seguida subsistir, e até por muito tempo, quando as cidades e as nações estavam formadas. O homem não se liberta facilmente das opiniões que uma vez o dominaram. Essas crenças puderam, portanto, durar, embora estivessem então em contradição com o estado social. Que há, com efeito, de mais contraditório do que viver em sociedade civil e ter em cada família deuses particulares? Mas é claro que essa contradição nem sempre existira e que, na época em que essas crenças se haviam estabelecido nas mentes e se haviam tornado poderosas o bastante para formarem uma religião, elas respondiam exatamente ao estado social dos homens. Ora, o único estado social que possa estar de acordo com elas é aquele em que a família vive independente e isolada.

É nesse estado que toda a raça ariana parece ter vivido durante muito tempo.

Os hinos dos Vedas são testemunhas disso no que se refere ao ramo que deu origem aos hindus; as velhas crenças e o velho direito privado atestam-no no que se refere àqueles que mais tarde se tornariam os gregos e os romanos.

Se compararmos as instituições políticas dos árias do Oriente com as dos árias do Ocidente, não encontraremos quase nenhuma analogia. Se compararmos, ao contrário, as instituições domésticas desses diversos povos, notaremos que a família era constituída segundo os mesmos princípios na Grécia e na Índia; esses princípios eram, aliás, como constatamos mais acima, de natureza tão singular, que não cabe supor que essa semelhança fosse efeito do acaso; enfim, não só essas instituições oferecem uma evidente analogia, mas também as palavras que as designam são muitas vezes as mesmas nas diferentes línguas que essa raça falou desde o Ganges até o Tibre. Podemos tirar daí uma dupla conclusão: uma é que o nascimento das instituições domésticas nessa raça é anterior à época em que os seus diferentes ramos se separaram; a outra é que, ao contrário, o nascimento das instituições políticas é posterior a essa separação. As primeiras foram estabelecidas já no tempo em que a raça ainda vivia em seu antigo berço da Ásia central; as segundas se formaram aos poucos, nas diversas regiões em que as suas migrações a conduziram.

Podemos, portanto, entrever um longo período durante o qual os homens não conheceram outra forma de sociedade senão a família. Foi então que se produziu a religião doméstica, que não teria podido nascer numa sociedade constituída de outra maneira e que até teve de ser durante muito tempo um obstáculo ao desenvolvimento social. Também então se estabeleceu o antigo direito privado, que mais tarde se viu em desacordo com os interesses de uma sociedade um pouco extensa, mas que estava em perfeita harmonia com o estado de sociedade em que nasceu.

Coloquemo-nos, pois, em pensamento, no meio dessas antigas gerações cuja lembrança não pôde perecer completamente e que legaram as suas crenças e as suas leis a gerações seguintes. Cada família tem a sua religião, os seus deuses, o seu sacerdócio. O isolamento religioso é a lei; seu culto é secreto. Na própria morte ou na existência que a ela se segue, as famílias não se misturam: cada uma continua a viver à parte em seu túmulo, de onde o estranho está excluído. Cada família tem também a sua propriedade, ou seja, a sua parte de terra que lhe está vinculada inseparavelmente pela religião; os seus deuses Termos guardam o recinto, e os seus Manes zelam por ele. O isolamento da propriedade é tão obrigatório que dois terrenos não podem ter um limite comum e devem deixar entre si uma faixa de terra que seja neutra e permaneça inviolável. Por fim, cada família tem seu chefe, como uma nação, um rei. Tem as suas leis, que sem dúvida não estão escritas, mas que a crença religiosa grava no coração de cada homem. Tem a sua justiça interna, acima da qual não há nenhuma a que se possa apelar. Tudo aquilo de que o homem tem rigorosamente necessidade para a vida material ou para a vida moral, a família tem em si. Não precisa de nada de fora; ela é um estado organizado, uma sociedade que se basta a si mesma.

Mas essa família dos tempos antigos não se reduz às proporções da família moderna. Nas grandes sociedades, a família desmembra-se e diminui; mas na ausência de toda outra sociedade, ela se amplia, ela se desenvolve, ela se ramifica sem se dividir. Vários ramos mais jovens permanecem agrupados ao redor de um ramo primogênito, junto à lareira única e à tumba comum.

Outro elemento também entrou na composição dessa família antiga. A necessidade recíproca que o pobre tem do rico e o rico tem do pobre criou os servidores. Mas nessa espécie de regime patriarcal, servos ou escravos, é tudo o mesmo. Compreende-se, com efeito, que o princípio de um serviço livre, voluntário, que pode cessar segundo o capricho do servidor, dificilmente pode combinar com um estado social em que a família vive isolada. A religião doméstica, aliás, não permite admitir um estranho na família. É preciso, portanto, que de algum modo o servidor se torne membro e parte integrante dessa família. É a isso que se chega por uma espécie de iniciação do recém-chegado no culto doméstico.

Um curioso costume que subsistiu durante muito tempo nas casas atenienses mostra-nos como o escravo entrava para a família. Faziam-no aproximar-se da lareira, colocavam-no na presença da divindade doméstica; derramavam-lhe sobre a cabeça água lustral e ele compartilhava com a família alguns doces e algumas frutas.[17] Essa cerimônia tinha certa analogia com a do casamento e da adoção. Significava, sem dúvida, que o recém-chegado, estranho na véspera, será doravante um membro da família e terá a sua religião. Dessa forma, o escravo assistia às preces e compartilhava as festas.[18] O lar protegia-o; a religião dos deuses Lares pertencia a ele tanto quanto ao seu senhor.[19] É por isso que o escravo devia ser sepultado no lugar da sepultura da família.

Mas justamente porque o servidor adquiria o culto e o direito de rezar, ele perdia a liberdade. A religião era uma corrente que o atava. Estava preso à família por toda a vida e até pelo tempo que se seguia à morte.

O seu amo podia fazê-lo sair da baixa servidão e tratá-lo como homem livre. Mas o servo nem por isso deixava a família. Como estava ligado a ela pelo culto, não podia sem impiedade separar-se dela. Com o nome de *liberto* ou com o de *cliente*, continuava a reconhecer a autoridade do chefe ou patrão e não deixava de ter obrigações para com ele. Só se casava com a autorização do senhor, e as crianças que dele nasciam continuavam a obedecer.

Formava-se assim, dentro da grande família, certo número de pequenas famílias clientes e subordinadas. Os romanos atribuíam o estabelecimento da clientela a Rômulo, como se uma instituição dessa natureza pudesse ser obra de um só homem. A clientela é mais velha do que Rômulo. Existiu, aliás, em toda parte, tanto na Grécia quanto em toda a Itália. Não foram as cidades que a estabeleceram e ordenaram; ao contrário, como

---

[17] Demóstenes, *in Stephanum*, I, 74. Aristófanes, *Pluto*, 768. Esses dois escritores indicam claramente uma cerimônia, mas não a descrevem. O escoliasta de Aristófanes acrescenta alguns pormenores.
[18] *Ferias in famulis habento*. Cícero, *De legib.*, II, 8; II, 12.
[19] *Quum dominus tum famulis religio Larum*. Cícero, *De legib.*, II, 11. Comp. Ésquilo, *Agamêmnon*, 1035-1038. O escravo podia até celebrar o ato religioso em nome do seu senhor. Catão, *De re rust.*, 83.

veremos mais adiante, elas aos poucos as diminuíram e destruíram. A clientela é uma instituição do direito doméstico, e existiu nas famílias antes de haver cidades.

Não se deve julgar a clientela dos tempos antigos pelos clientes que vemos no tempo de Horácio. É claro que o cliente foi durante muito tempo um servidor ligado ao patrão. Mas havia na época algo que constituía a sua dignidade: é que ele participava do culto e se associara à religião da família. Tinha a mesma lareira, as mesmas festas, os mesmos *sacra* que o patrão. Em Roma, em sinal dessa comunidade religiosa, adotava o nome da família. Era considerado um membro adotivo dela. Daí um laço estreito e uma reciprocidade de deveres entre o patrão e o cliente. Escutai a velha lei romana: "Se o patrão tiver agido mal com seu cliente, seja ele maldito, *sacer esto*, morra". O patrão deve proteger o cliente por todos os meios e todas as forças de que dispõe, por sua prece como sacerdote, por sua lança como guerreiro, por sua lei como juiz. Mais tarde, quando a justiça da cidade convocar o cliente, o patrão deverá defendê-lo; deverá até revelar-lhe as fórmulas misteriosas da lei que o farão ganhar a causa. Pode-se testemunhar na justiça contra um cognato, não contra um cliente; e se continuará a considerar os deveres para com os clientes muito superiores aos deveres para com os cognatos.[20] Por quê? Porque um cognato, ligado só pelas mulheres, não é um parente e não participa da religião da família. O cliente, ao contrário, tem a comunidade do culto; tem, por mais inferior que seja, o verdadeiro parentesco, que consiste, segundo a expressão de Platão, em adorar os mesmos deuses domésticos.

A clientela é um laço sagrado que a religião formou e nada pode romper. Uma vez cliente de uma família, não é mais possível separar-se dela. A clientela é até hereditária.

---

[20] Catão, em Aulo Gélio, V, 3; XXI, 1.

Vemos por tudo isso que a família dos tempos mais antigos, com o seu ramo primogênito e os seus ramos mais jovens, seus servidores e seus clientes, podia formar um grupo de homens muito numeroso. Uma família, graças à religião que lhe mantinha a unidade, graças ao seu direito privado, que a tornava indivisível, graças às leis da clientela, que retinham os seus servidores, chegava com o tempo a formar uma sociedade muito ampla, que tinha o seu chefe hereditário. É de um número indefinido de sociedades dessa natureza que a raça ariana parece ter sido composta durante uma longa série de séculos. Esses milhares de pequenos grupos viviam isolados, com poucas relações entre si, sem nenhuma necessidade uns dos outros, não sendo unidos por nenhum laço, nem religioso nem político, tendo cada um o seu domínio, cada um o seu governo interno, cada um os seus deuses.

LIVRO III
a cidade

CÁPITULO I

A fratria e a cúria; a tribo

Não apresentamos até aqui e ainda não podemos apresentar nenhuma data. Na história dessas sociedades antigas, as épocas são mais facilmente marcadas pela sucessão das ideias e das instituições do que pela dos anos.

O estudo das antigas regras do direito privado fez-nos entrever, para além dos tempos chamados históricos, um período de séculos durante os quais a família foi a única forma de sociedade. Essa família podia, então, conter em seu amplo quadro muitos milhares de seres humanos. Mas nesses limites a associação humana era ainda estreita demais: estreita demais para as necessidades materiais, pois era difícil que essa família se bastasse na presença de todas as vicissitudes da vida; estreita demais também para as necessidades morais da nossa natureza, pois vimos o quanto nesse pequeno grupo a inteligência do divino era insuficiente e a moral, incompleta.

A pequenez dessa sociedade primitiva correspondia à pequenez da ideia que se fazia da divindade. Cada família tinha os seus deuses, e o homem só concebia e adorava divindades domésticas. Ele, porém, não devia contentar-se por muito tempo com esses deuses tão abaixo do que a sua inteligência pode alcançar. Se ainda lhe seriam necessários muitos séculos para chegar a se representar Deus como um ser único, incomparável, infinito, pelo menos devia aproximar-se aos poucos desse ideal, ampliando de época em época a sua concepção e recuando aos poucos o horizonte cuja linha separa para ele o Ser divino das coisas da terra.

A ideia religiosa e a sociedade humana iriam crescer juntas. A religião doméstica proibia que duas famílias se misturassem e se fundissem. Mas era possível que diversas famílias, sem nada sacrificarem de sua religião particular, se unissem pelo menos para a celebração de outro culto que lhes fosse comum. Foi o que aconteceu. Certo número de famílias formou um grupo, a que a língua grega chamava fratria, e a língua latina, cúria.[1] Existia entre as famílias de um mesmo grupo um vínculo de nascimento? É impossível afirmá-lo. O certo é que essa associação nova não se deu sem certa ampliação da ideia religiosa. No momento mesmo em que elas se uniam, essas famílias conceberam uma divindade superior às suas divindades domésticas, que lhes era comum a todas e zelava pelo grupo inteiro. Ergueram-lhe um altar, acenderam um fogo sagrado e instituíram um culto.

Não havia cúria, fratria, que não tivesse o seu altar e o seu deus protetor. O ato religioso tinha ali a mesma natureza que na família. Consistia essencialmente numa refeição feita em comum; a comida havia sido preparada sobre o próprio altar e era, portanto, sagrada; comiam-na recitando preces; a divindade estava presente e recebia a sua parte de alimento e de bebida.

Essas refeições religiosas da cúria subsistiram durante muito tempo em Roma; Cícero as menciona, Ovídio as descreve.[2] No tempo de Augusto, tinham ainda conservado todas

---

[1] Homero, *Ilíada*, II, 362. Demóstenes, *in Macart.* Iseu, III, 37; VI, 10; IX, 33. Fratrias em Tebas, Píndaro, *Istm.*, VII, 18 e Escoliasta. Fratria e cúria eram dois termos traduzidos um pelo outro: Dionísio de Halicarnasso, II, 85; Díon Cássio, Posídon 14.

[2] Cícero, *De orat.*, 1, 7. Ovídio, *Fast.*, VI, 305. Dionísio, II, 65.

as suas formas antigas. "Vi nessas moradas sagradas", diz um historiador dessa época, "a refeição feita diante do deus; as mesas eram de madeira, segundo o costume dos antepassados, e a louça era de terra. Os alimentos eram pães, doces de flor de farinha e algumas frutas. Vi fazerem libações; elas não caíam de taças de ouro ou de prata, mas de vasos de argila; e admirei os homens de hoje que permanecem tão fiéis aos ritos e aos costumes de seus pais".[3] Em Atenas essas refeições ocorriam durante a festa das Apatúrias.[4]

Costumes há que duraram até os últimos tempos da história grega e que lançam alguma luz sobre a natureza da fratria antiga. Vimos, assim, que no tempo de Demóstenes, para fazer parte de uma fratria, era preciso ter nascido de um casamento legítimo numa das famílias que a compunham, pois a religião da fratria, como a da família, só se transmitia pelo sangue. O jovem ateniense era apresentado à fratria pelo pai, que jurava ser ele seu filho. A admissão ocorria sob forma religiosa. A fratria imolava uma vítima e, ao fazer a carne assar sobre o altar, todos os membros estavam presentes. Se se recusassem a admitir o recém-chegado, como tinham o direito de fazer se duvidassem da legitimidade do seu nascimento, deviam retirar a carne de cima do altar. Se não o fizessem, se depois de assada a carne da vítima eles a compartilhassem com o recém--chegado, o rapaz era admitido e se tornava irrevogavelmente membro da associação.[5] O que explica essas práticas é que os antigos acreditavam que todo alimento preparado sobre um

---

[3] Dionísio, II, 23. Digam o que disserem, haviam-se introduzido algumas mudanças. Os banquetes da cúria já nada mais eram do que uma vã formalidade, útil aos sacerdotes. Os membros da cúria de bom grado furtavam-se a eles, e se introduziu o costume de substituir a refeição em comum pela distribuição de víveres e de dinheiro: Plauto, *Aululária*, V, 69 e 137.
[4] Aristófanes, *Acarnianos*, 146. Ateneu, IV, p. 171. Suidas, Απατουρια.
[5] Demóstenes, *in Eubul.*; *in Macart.* Iseu, VIII, 18.

altar e dividido entre várias pessoas estabelecia entre elas um laço indissolúvel e uma união santa, que só cessava com a vida.

Cada fratria ou cúria tinha um chefe, curião ou fratriarca, cuja principal função era presidir os sacrifícios.[6] Talvez as suas atribuições tivessem sido, originalmente, mais amplas. A fratria tinha as suas assembleias, o seu tribunal e podia promulgar decretos. Nela, como na família, havia um deus, um culto, um sacerdócio, uma justiça, um governo. Era uma pequena sociedade moldada exatamente sobre a família.

A associação continuou a crescer naturalmente, e da mesma maneira. Várias cúrias ou fratrias agruparam-se e formaram uma tribo.

Esse novo círculo teve também a sua religião; em cada tribo havia um altar e uma divindade protetora.

O deus da tribo tinha normalmente a mesma natureza que o da fratria ou da família. Era um homem divinizado, um *Herói*. Dele a tribo recebia o nome; assim, os gregos o chamavam *Herói epônimo*. Tinha o seu dia de festa anual. A parte principal da cerimônia religiosa era uma refeição de que participava a tribo inteira.[7]

A tribo, como a fratria, tinha assembleias e promulgava decretos, aos quais todos os seus membros deviam submeter-se. Tinha um tribunal e um direito de justiça sobre os membros. Tinha um chefe, *tribunus*, φυλοβασιλευς.[8] No que nos resta

---

[6] Dionísio, II, 64. Varrão, V, 83. Demóstenes, *in Eubul.*, 23.

[7] Demóstenes, *in Theocrinem*. Ésquines, III, 27. Iseu, VII, 36. Pausânias, I, 38. Escoliasta, *in Demosth.*, 702. — Há na história dos antigos uma distinção a ser feita entre as tribos religiosas e as tribos locais. Só falamos aqui das primeiras; as segundas são muito posteriores a elas. A existência das tribos é um fato universal na Grécia. *Ilíada*, II, 362, 668; *Odisseia*, XIX, 177. Heródoto, IV, 161.

[8] Ésquines, III, 30, 31. Aristóteles, Posídon citado por Photius, verbete Ναυκραρία, Pólux, VIII, III. Boeckh, *Corp. inscr.*, 82, 85, 108. A organização política e religiosa das três tribos primitivas de Roma deixou poucos vestígios. Essas tribos eram grupos consideráveis demais para que a cidade não procurasse enfraquecê-las e retirar-lhes a independência. Os plebeus, aliás, tentaram fazê-las desaparecer.

das instituições da tribo, vemos que ela fora constituída, a princípio, para ser uma sociedade independente, e como se não houvesse nenhum poder social acima dela.

CAPÍTULO II

Novas crenças religiosas

1º) Os deuses da natureza física

Antes de passar da formação das tribos para o nascimento das cidades, cumpre mencionar um elemento importante da vida intelectual dessas antigas populações.

Quando pesquisamos as mais antigas crenças desses povos, deparamo-nos com uma religião que tinha por objeto os antepassados e por principal símbolo, o lar; ela é que constituiu a família e estabeleceu as primeiras leis. Mas essa raça teve também, em todos os seus ramos, uma outra religião, aquela cujas principais figuras foram Zeus, Hera, Atena, Juno, aquela do Olimpo helênico e do Capitólio romano.

Dessas duas religiões, a primeira tirava seus deuses da alma humana; a segunda, da natureza física. Se o sentimento da força viva e da consciência que ele traz em si inspirara ao homem a primeira ideia do Divino, a visão dessa imensidão que o rodeia e o esmaga traçou para o seu sentimento religioso um outro curso.

O homem dos primeiros tempos estava continuamente em presença da natureza; os hábitos da vida civilizada ainda não colocavam um véu entre ela e ele. Seu olhar encantava-se com essas belezas ou se deslumbrava com essas grandezas. Apreciava a luz, apavorava-se à noite, e quando via retornar "a santa claridade dos céus", sentia-se grato. A sua vida estava nas mãos da natureza; esperava a nuvem benfazeja de que dependia a colheita; temia a tempestade que podia destruir o trabalho e a esperança de todo um ano. Sentia a todo momento a sua fraqueza e a incomparável força do que o rodeava. Experimentava perpetuamente um misto de veneração, de amor e de terror por essa poderosa natureza.

Esse sentimento não o levou de imediato à concepção de um Deus único que rege o universo, uma vez que ainda não tinha a ideia do universo. Não sabia que a Terra, o Sol, os astros são partes de um mesmo corpo; não lhe ocorria o pensamento de que pudessem ser governados por um mesmo Ser. Pelos primeiros olhares que lançou sobre o mundo exterior, o homem imaginou-o como uma espécie de república confusa, onde forças rivais se combatiam. Como julgava as coisas exteriores segundo ele mesmo e sentia em si uma pessoa livre, viu também em cada parte da criação, no solo, na árvore, na nuvem, na água do rio, no Sol outras tantas pessoas semelhantes à sua; atribuiu-lhes o pensamento, a vontade, a escolha dos atos; como as sentia poderosas e estava sujeito ao império delas, confessou a sua dependência; rezou a elas e as adorou; transformou-as em deuses.

Assim, nessa raça, a ideia religiosa se apresentou sob duas formas muito diferentes. Por um lado, o homem vinculou o atributo divino ao princípio invisível, à inteligência, ao que entrevia da alma, ao que sentia de sagrado dentro de si mesmo. Por outro lado, aplicou a sua ideia do divino aos objetos exteriores que contemplava, que amava ou temia, aos agentes físicos que eram os senhores da sua felicidade e da sua vida.

Esses dois tipos de crenças deram lugar a duas religiões que vemos durar tanto quanto as sociedades grega e romana. Não guerrearam entre si; até mesmo viveram em bom entendimento e compartilharam o império sobre o homem; mas jamais se confundiram. Sempre tiveram dogmas completamente distintos, não raro contraditórios, cerimônias e práticas absolutamente diferentes. O culto dos deuses do Olimpo e o dos Heróis e dos Manes jamais tiveram nada em comum entre si. Não seríamos capazes de dizer qual dessas duas religiões foi a primeira em data; o certo é que uma delas, a dos mortos, tendo sido estabilizada numa época muito remota, permaneceu sempre imutável nas suas práticas, enquanto os seus dogmas aos poucos iam apagando-se; a outra, a da natureza física, foi mais progressiva e se desenvolveu livremente através das épocas, modificando pouco a pouco as suas lendas e as suas doutrinas, e aumentando sem cessar a sua autoridade sobre o homem.

2º) Relação dessa religião com o desenvolvimento da sociedade humana

Podemos crer que os primeiros rudimentos dessa religião da natureza fossem muito antigos; talvez tanto quanto o culto dos antepassados; mas, como correspondia a concepções mais gerais e mais altas, precisou de muito mais tempo para estabilizar-se numa doutrina precisa.[1] É certo que ela não se produziu no mundo em um dia e não saiu já perfeita do cérebro de um homem. Não vemos na origem dessa religião nem um profeta nem um grupo de sacerdotes. Nasceu ela nas diferentes inteligências por um efeito de sua força natural. Cada qual a concebeu a seu modo. Entre todos esses deuses, nascidos de espíritos diversos, houve semelhanças, porque as ideias se formavam no homem segundo um modo quase uniforme; mas houve também uma variedade muito grande, porque cada mente era a autora dos seus deuses. Esse fato fez

---

[1] Será necessário lembrar todas as tradições gregas e italianas que faziam da religião de Júpiter uma religião jovem e relativamente recente? A Grécia e a Itália tinham conservado a lembrança de um tempo em que as sociedades humanas já existiam e em que essa religião ainda não se formara. Ovídio, *Fast.*, II, 289; Virgílio, *Geórgicas*, I, 126. Ésquilo, *Eumênides*, Pausânias, VIII, s. Parece que entre os hindus os *Pitris* foram anteriores aos *Devas*.

que essa religião fosse durante muito tempo confusa e fossem inúmeros os seus deuses.

No entanto, os elementos que podiam ser divinizados não eram muito numerosos. O Sol que fertiliza, a terra que nutre, a nuvem alternadamente benfazeja ou funesta, tais eram as principais potências de que se podiam fazer nascer deuses. Mas de cada um desses elementos nasceram milhares de deuses. Isso porque o mesmo agente físico, observado sob aspectos diversos, recebeu dos homens diferentes nomes. O Sol, por exemplo, foi chamado aqui Héracles (o glorioso), lá Febo (o brilhante), acolá Apolo (aquele que expulsa a noite ou o mal); um o chamou Ser elevado (Hiperion); outro, o benfazejo (Alexicacos); e, com o tempo, os grupos de homens que haviam dado esses nomes diversos ao astro brilhante não reconheceram que tinham o mesmo deus.

Na verdade, cada homem só adorava um número muito restrito de divindades; mas os deuses de um não eram os do outro. Os nomes podiam, na verdade, ser parecidos; muitos homens puderam dar separadamente a seu deus o nome de Apolo ou de Hércules; essas palavras pertenciam à língua usual e não eram senão adjetivos que designavam o Ser divino por um ou outro dos seus atributos mais significativos. Mas sob esse mesmo nome, os diferentes grupos de homens não podiam acreditar que houvesse apenas um deus. Havia milhares de Júpiteres diferentes; havia multidões de Minervas, de Dianas, de Junos que se assemelhavam muito pouco. Como cada uma dessas concepções se formara pelo trabalho livre de cada mente e era, por assim dizer, sua propriedade, ocorreu que esses deuses foram durante muito tempo independentes uns dos outros, e cada um deles teve a sua lenda particular e o seu culto.[2]

---

[2] O mesmo nome oculta muitas vezes divindades muito diferentes: Posídon Hippios, Posídon Phytalmios, Posídon Erecteu, Posídon Egeu, Posídon Heliconiano eram deuses diversos que não tinham nem os mesmos atributos nem os mesmos adoradores.

Como o primeiro aparecimento dessas crenças é de uma época em que os homens ainda viviam no estado de família, esses deuses novos tiveram inicialmente, como os demônios, os Heróis e os Lares, o caráter de divindades domésticas. Cada família formara os seus deuses, e cada uma os guardava para si, como protetores cujas boas graças não quisesse compartilhar com os estranhos. Esse é um pensamento que aparece com frequência nos hinos dos Vedas; e não há dúvida de que ele não estivesse também na mente dos árias do Ocidente, pois deixou rastros visíveis na religião deles. À medida que uma família tinha, ao personificar um agente físico, criado um deus, ela o associava à sua lareira, tinha-o entre os Penates e acrescentava algumas palavras para ele à sua fórmula de oração. É por isso que frequentemente encontramos entre os antigos expressões como estas: os deuses que se assentam junto à minha lareira, o Júpiter do meu lar, o Apolo dos meus pais.[3] "Conjuro-te", disse Tecmessa a Ájax, "em nome do Júpiter que se assenta junto à tua lareira". Diz Medeia, a maga, em Eurípides: "Juro por Hécate, a minha deusa suprema, que venero e que habita o santuário da minha lareira". Quando Virgílio descreve o que há de mais velho na religião de Roma, mostra Hércules associado à lareira de Evandro e adorado por ele como divindade doméstica.

Vêm daí aqueles milhares de cultos locais, entre os quais jamais se pôde estabelecer a unidade. Daí aquelas lutas de deuses de que o politeísmo está repleto e que representam lutas de famílias, de cantões ou de cidades. Daí, enfim, aquela multidão inumerável de deuses e de deusas, de que certamente só conhecemos a menor parte: pois muitos pereceram, sem deixar sequer a lembrança do seu nome, porque as famílias

---

[3] Ἑστιοῦχοι, ἐφέστιοι, πατρῷοι. Ὁ ἐμὸς Ζεύς, Eurípides, *Hécuba*, 345; *Medeia*, 395. Sófocles, *Ájax*, 492. Virgílio, VIII, 643. Heródoto, I, 44.

que os adoravam se extinguiram ou as cidades que lhes haviam dedicado um culto foram destruídas.

Foi preciso muito tempo para que esses deuses saíssem do seio das famílias que os haviam concebido e os encaravam como seu próprio patrimônio. Sabemos até que muitos deles jamais se livraram desse tipo de vínculo doméstico. A Deméter de Elêusis continuou sendo a divindade particular da família dos Eumólpidas; a Atena da acrópole de Atenas pertencia à família dos Butadas. Os Potitii de Roma tinham um Hércules e os Nautii, uma Minerva.[4] Tudo indica que o culto de Vênus durante muito tempo se restringiu à família dos Júlios e que essa deusa não teve culto público em Roma.

Com o tempo, quando a divindade de uma família adquiria grande prestígio na imaginação dos homens e parecia tão poderosa quanto a família fosse próspera, toda uma cidade queria adotá-la e prestar-lhe um culto público para obter os seus favores. Foi o que aconteceu com a Deméter dos Eumólpidas, a Atenas dos Butadas, o Hércules dos Potitii. Mas quando uma família consentiu assim compartilhar o seu deus, reservou para si mesma pelo menos o sacerdócio. Pode-se notar que a dignidade de sacerdote, para cada deus, foi durante muito tempo hereditária e não podia sair de certa família.[5] É o vestígio de um tempo em que o próprio deus era propriedade dessa família, só protegia a ela e só queria ser servido por ela.

É, por consequência, verdadeiro dizer que essa segunda religião esteve inicialmente em uníssono com o estado social dos homens. Teve como berço cada família e permaneceu durante muito tempo encerrada nesse estreito horizonte.

---

[4] Tito Lívio, IX, 29. Dionísio, VI, 69.

[5] Heródoto, V, 64, 65; IX, 27. Píndaro, *Istm.*, VII, 18. Xenofonte, *Hel.*, VI, 8. Platão, *Leis*, p. 759; *Banquete*, p. 40. Cícero, *De divin.*, I, 41. Tácito, *Anais*, II, 54. Plutarco, *Teseu*, 23. Estrabão, IX, 421; XIV, 634. Calímaco, *Hino a Apolo*, 84. Pausânias, I, 37; VI, 17; X, 1. Apolodoro, III, 13. Harpocrácion, verbete *Eunidai*. Boeckh, *Corp. inscript.*, 1340.

Ela, porém, se prestava melhor do que o culto dos mortos aos progressos futuros da associação humana. Com efeito, os antepassados, os Heróis, os Manes eram deuses que, por sua própria essência, só podiam ser adorados por um número muito pequeno de homens e que estabeleciam perpetuamente intransponíveis linhas de demarcação entre as famílias. A religião dos deuses da natureza era um quadro mais amplo. Nenhuma lei rigorosa se opunha à propagação de nenhum desses cultos; não fazia parte da natureza íntima desses deuses serem adorados só por uma família e repelirem o estranho. Os homens deviam, enfim, chegar aos poucos a perceber que o Júpiter de uma família era, no fundo, o mesmo ser ou a mesma concepção que o Júpiter de outra; o que jamais poderiam crer de dois Lares, de dois antepassados ou de duas lareiras.

Acrescentemos que essa religião nova tinha também outra moral. Não se limitava a ensinar ao homem os deveres de família. Júpiter era o deus da hospitalidade; vinham dele os estrangeiros, os suplicantes, "os veneráveis indigentes", aqueles que era preciso tratar "como irmãos". Todos esses deuses assumiam muitas vezes a forma humana e se mostravam aos mortais: às vezes para assistir às suas lutas e tomar parte em seus combates; muitas vezes também para lhes prescrever a concórdia e lhes ensinar a se ajudarem uns aos outros.

À medida que essa segunda religião foi desenvolvendo-se, a sociedade cresceu. Ora, é manifesto que essa religião, fraca de início, ganhou mais tarde uma extensão muito grande. A princípio, ela como que se abrigara sob a proteção de sua irmã mais velha, junto à lareira doméstica. Lá obtivera o deus novo um lugarzinho, uma *cella* estreita, em frente e ao lado do altar venerado, para que um pouco do respeito que os homens tinham pela lareira fosse para o deus. Aos poucos o deus, ganhando maior autoridade sobre a alma, renunciou a essa espécie de tutela; abandonou o lar doméstico; teve uma morada para si e sacrifícios que lhe foram próprios. Essa morada, ναος, de ναιω, habitar, foi, aliás, construída à imagem do antigo santuário; foi, como antes, uma *cella* em frente a uma lareira; a *cella*, porém, ampliou-se, ficou mais bela, tornou-se um templo. A lareira permaneceu à entrada da casa do deus, mas parecia bem pequena ao lado dela. Ela, que fora a princípio o principal, passou a ser só o acessório. Deixou de ser o deus e desceu à condição de altar do deus, de instrumento para o sacrifício. Foi encarregada de queimar a carne da vítima e de levar a oferenda com a prece do homem à divindade majestosa cuja estátua residia no templo.

Quando vemos elevarem-se esses templos e abrirem as suas portas diante da multidão de adoradores, podemos ter certeza de que a associação humana cresceu.

CAPÍTULO III

Forma-se a cidade

A tribo, como a família e a fratria, era constituída para ser um corpo independente, visto que tinha um culto especial de que estava excluído o estrangeiro. Uma vez formada, nenhuma família nova podia ser admitida. Duas tribos tampouco podiam fundir-se numa só; sua religião opunha-se a isso. Mas assim como diversas fratrias se haviam reunido numa tribo, várias tribos puderam associar-se entre si, com a condição de que fosse respeitado o culto de cada uma delas. No dia em que se fez essa aliança, a cidade passou a existir.

Pouco importa procurar a causa que determinou que várias tribos vizinhas se unissem. A união foi ora voluntária, ora foi imposta pela força superior de uma tribo, ora pela vontade potente de um homem. O que é certo é que o laço da nova associação foi ainda um culto. As tribos que se agruparam para formar a cidade jamais deixaram de acender um fogo sagrado e de ter uma religião comum.

Desse modo, a sociedade humana, nessa raça, não cresceu à maneira de um círculo que se ampliasse pouco a pouco, alargando-se paulatinamente. São, ao contrário, pequenos grupos que, constituídos muito tempo antes, se agregaram uns aos outros. Várias famílias formaram a fratria; várias fratrias, a tribo; várias tribos, a cidade. Família, fratria, tribo, cidade são, de resto, sociedades exatamente semelhantes entre si, nascidas uma da outra por uma série de federações.

Cumpre até observar que, à proporção que esses diferentes grupos assim se associavam entre si, nenhum deles perdia nem a individualidade nem a independência. Embora muitas famílias se tivessem unido numa fratria, cada uma dela permanecia constituída como na época de seu isolamento; nada mudara nela, nem o culto, nem o sacerdócio, nem o direito de propriedade nem a justiça interna. Em seguida se associaram as cúrias; mas cada qual conservava o seu culto, as suas reuniões, as suas festas, o seu chefe. Da tribo se passou à cidade; mas nem por isso as tribos se dissolveram, e cada uma delas continuou formando um corpo, mais ou menos como se a cidade não existisse. Em matéria de religião, subsistiu uma multidão de pequenos cultos acima dos quais se estabeleceu um culto comum; na política, um sem-número de pequenos governos continuou funcionando e, acima desses governos, se elevou um governo comum.

A cidade era uma confederação. Por isso foi obrigada, pelo menos durante vários séculos, a respeitar a independência religiosa e civil das tribos, das cúrias e das famílias, e não teve, a princípio, o direito de intervir nos negócios particulares de cada um desses pequenos grupos. Ela nada tinha a ver com o interior de uma família; não era juíza do que ali se passasse; deixava ao pai o direito e o dever de julgar a mulher, o filho, o cliente. Por essa razão, o direito privado, que se definira na época do isolamento das famílias, conseguiu subsistir nas cidades e só bem mais tarde se modificou.

Esse modo de gestação das cidades antigas é atestado por costumes que duraram muito tempo. Se considerarmos o exército da cidade, nos primeiros tempos, encontramo-lo distribuído em tribos, em cúrias, em famílias,[1] "de tal sorte", diz um antigo, "que o guerreiro tenha como vizinho no combate aquele com que, em tempos de paz, faz a libação e o sacrifício no mesmo altar". Se examinarmos o povo reunido, nos primeiros séculos de Roma, ele vota por cúrias e por *gentes*.[2] Se observarmos o culto, veremos em Roma seis Vestais, duas para cada tribo; em Atenas, o arconte faz o sacrifício em nome da cidade inteira, mas é auxiliado na cerimônia religiosa por tantos ministros quantas são as tribos.

Assim, a cidade não é uma reunião de indivíduos: é uma confederação de vários grupos que já estavam constituídos antes dela e que ela deixa subsistirem.

Vemos nos oradores áticos que cada ateniense faz parte ao mesmo tempo de quatro sociedades distintas: é membro de uma família, de uma fratria, de uma tribo e de uma cidade. Não entra ao mesmo tempo e no mesmo dia nas quatro, como o francês que, desde o nascimento, pertence ao mesmo tempo a uma família, a uma comuna, a um departamento e a uma pátria. A fratria e a tribo não são divisões administrativas. O homem entra em épocas diversas nessas quatro sociedades, e sobe, por assim dizer, de uma a outra. A criança é primeiro admitida na família, pela cerimônia religiosa que ocorre dez dias depois do nascimento. Alguns anos depois, entra na fratria, por uma nova cerimônia que descrevemos mais acima. Por fim, com a idade de dezesseis ou dezoito anos, o jovem apresenta-se para ser admitido na cidade. Nesse dia, na presença de um altar e

---

[1] Homero, *Ilíada*, II, 362. Varrão, *De ling. lat.*, V, 89. Iseu, II, 42.
[2] Aulo Gélio, XV, 27.

diante das carnes fumegantes de uma vítima, pronuncia um juramento pelo qual se compromete, entre outras coisas, a sempre respeitar a religião da cidade. A partir desse dia, é iniciado no culto público e se torna cidadão.[3] Observemos esse jovem ateniense que se eleva de degrau em degrau, de culto em culto, e teremos a imagem das etapas por que passou a associação humana. O caminho que esse jovem é obrigado a seguir é o que a sociedade seguiu inicialmente.

Um exemplo tornará mais clara essa verdade. Chegaram até nós sobre as antiguidades de Atenas tradições e lembranças bastantes para que possamos ver com alguma nitidez como se formou a cidade ateniense. Na origem, diz Plutarco, a Ática estava dividida em famílias.[4] Algumas dessas famílias da época primitiva, como os Eumólpidas, os Cecrópidas, os Gefirianos, os Fitálidas, os Laquíadas, perpetuaram-se até as épocas seguintes. A cidade ateniense não existia; mas cada família, rodeada de seus ramos mais jovens e de seus clientes, ocupava um cantão e vivia ali numa independência absoluta. Cada uma tinha a sua religião própria: os Eumólpidas, residentes em Elêusis, adoravam Deméter; os Cecrópidas, que habitavam o penedo que mais tarde seria Atenas, tinham como divindades protetoras Posídon e Atena. Ali ao lado, sobre a pequena colina onde foi o Areópago, o deus protetor era Ares; em Maratona, era um Hércules; em Prásias, um Apolo; outro Apolo em Flios, os Dióscuros em Céfalos e assim por diante com todos os cantões.[5]

Cada família, como tinha o seu deus e o seu altar, tinha também o seu chefe. Quando Pausânias visitou a Ática, encontrou nos pequenos burgos antigas tradições que se perpetuaram

---

[3] Demóstenes, *in Eubul.* Iseu, VII, IX. Licurgo, I, 76. Escoliasta, *in Demosth.*, p. 438. Pólux, VIII, 105. Estobeu, *De republ.*
[4] Κατὰ γένη, Plutarco, *Teseu*, 24; *ibid.*, 13.
[5] Pausânias, I, 15; I, 31; I, 37; II, 18.

com o culto; ora, essas tradições ensinaram-lhe que cada burgo tivera o seu rei antes do tempo em que Cécropo reinara em Atenas. Não seria a lembrança de uma época distante, em que essas grandes famílias patriarcais, semelhantes aos clãs célticos, tinham cada uma o seu chefe hereditário, ao mesmo tempo sacerdote e juiz? Uma centena de pequenas sociedades vivia, pois, isolada na região, não conhecendo entre si nem o laço religioso nem o político, cada uma com o seu território, guerreando muitas vezes entre si, estando, enfim, tão separadas umas das outras, que o casamento entre elas nem sempre era permitido.[6]

As necessidades ou os sentimentos aproximaram-nas, porém. Aos poucos elas se uniram em grupinhos de quatro, cinco, seis. Assim encontramos nas tradições que os quatro burgos da planície de Maratona se associaram para juntos adorarem Apolo Délfico; os homens do Pireu, de Falera e de dois cantões vizinhos uniram-se, por seu lado, e construíram juntos um templo a Hércules.[7] Com o tempo, essa centena de pequenos Estados reduziu-se a doze confederações. Essa mudança, pela qual a população da Ática passou do estado de família patriarcal a uma sociedade um pouco mais extensa, era atribuída pelas tradições ao empenho de Cécropo; cumpre apenas entender por isso que ela só terminou na época em que se datava o reinado desse personagem, ou seja, por volta do século XVI antes de nossa era. Vemos, aliás, que esse Cécropo só reinava sobre uma das doze associações, aquela que mais tarde se tornou Atenas; as onze outras eram completamente independentes; cada uma tinha o seu deus protetor, o seu altar, o seu fogo sagrado, o seu chefe.[8]

---

[6] Plutarco, *Teseu*, 18.
[7] Id., ibid., 14. Pólux, VI, 105. Estêvão de Bizâncio, verbete Ἐχελιδαι.
[8] Filócoro, citado por Estrabão, IX. Tucídides, II, 16. Pólux, VIII, 111.

Muitas gerações se passaram, durante as quais o grupo dos Cecrópidas adquiriu cada vez mais importância. Desse período, restou a lembrança de uma luta sangrenta por eles travada contra os Eumólpidas de Elêusis e cujo resultado foi que estes últimos se submeteram, com a única condição de conservar o sacerdócio hereditário de sua divindade.[9] Podemos crer que houve outras lutas e outras conquistas, cuja lembrança não chegou até nós. O penedo dos Cecrópidas, onde aos poucos se desenvolvera o culto de Atena e que acabara por adotar o nome da sua divindade principal, adquiriu a supremacia sobre os onze outros Estados. Surgiu, então, Teseu, herdeiro dos Cecrópidas. Todas as tradições concordam em dizer que ele reuniu os doze grupos numa cidade. Conseguiu, com efeito, fazer que toda a Ática adotasse o culto de Atena Polias, de sorte que daí em diante toda a região celebrou em comum o sacrifício das Panateneias. Antes dele, cada pequeno burgo tinha o seu fogo sagrado e o seu pritaneu; ele quis que o pritaneu de Atenas fosse o centro religioso de toda a Ática.[10] A partir daí, foi fundada a unidade ateniense; quanto à religião, cada cantão conservou o seu antigo culto, mas todos adotaram um culto comum; politicamente, cada qual conservou os chefes, os juízes, o direito de reunir-se, mas acima desses governos locais instalou-se o governo central da cidade.[11]

---

[9] Pausânias, I, 38.

[10] Tucídides, II, 15. Plutarco, *Teseu*, 24. Pausânias, I, 26; VIII, 2.

[11] Plutarco e Tucídides dizem que Teseu destruiu os pritaneus locais e aboliu as magistraturas dos pequenos burgos. Se tentou fazê-lo, é certo que não o conseguiu; pois muito tempo depois dele ainda encontramos os cultos locais, as assembleias, os *reis de tribos*. Boeckh, *Corp. inscr.*, 82, 85. Demóstenes, *in Theocrinem*. Pólux, VIII, III. — Deixamos de lado a lenda de Íon, à qual muitos historiadores modernos nos parecem ter dado importância demais, apresentando-a como o sintoma de uma invasão estrangeira na Ática. Tal invasão não é indicada por nenhuma tradição. Se a Ática tivesse sido conquistada por esses jônios do Peloponeso, não é provável que tivessem conservado tão religiosamente os seus nomes de Cecrópidas, de Erecteidas, e tivessem, ao contrário, considerado uma injúria o nome de jônios (Heródoto, I, 143). Aos que creem nessa invasão dos jônios e acrescentam que a nobreza dos eupátridas

Dessas lembranças e dessas tradições tão precisas que Atenas conservava religiosamente, parece-nos que se podem deduzir duas verdades igualmente manifestas; uma é que a cidade foi uma confederação de grupos constituídos antes dela; a outra é que a sociedade só se desenvolveu à medida que a religião se ampliava. Não poderíamos dizer se foi o progresso religioso que trouxe o progresso social; o que é certo é que ambos aconteceram ao mesmo tempo e com notável consonância.

É preciso ter em conta a excessiva dificuldade que as populações primitivas tinham para fundar sociedades regulares. Não é fácil estabelecer o laço social entre seres humanos tão diversos, tão livres, tão inconstantes. Para lhes dar regras comuns, para instituir o comando e fazer aceitar a obediência, para fazer que a paixão ceda à razão, e a razão individual, à razão pública, certamente é preciso algo mais possante do que a força material, mais respeitável do que o interesse, mais seguro do que uma teoria filosófica, mais imutável do que uma convenção, algo que esteja igualmente no fundo de todos os corações e que ali se estabeleça imperiosamente.

Esse algo é uma crença. Nada há de mais poderoso para a alma. Uma crença é obra do nosso espírito, mas não somos livres para modificá-la à vontade. É nossa criação, mas não o sabemos. É humana, e a cremos deus. É o efeito do nosso poder e é mais forte do que nós. Está em nós; não nos abandona;

---

vem daí, podemos responder ainda que a maior parte das grandes famílias de Atenas vem de uma época muito anterior àquela em que se situa a chegada dos jônios à Ática. Significa isso que os atenienses não sejam jônios, em sua maioria? Eles decerto pertencem a esse ramo da raça helênica; diz-nos Estrabão que nos tempos mais remotos a Ática se chamava *Ionia* e *Ias*. Mas enganam-se ao fazer do filho de Xuto, do Herói lendário de Eurípides, o tronco desses jônios; eles são infinitamente anteriores a Íon, e seu nome é talvez muito mais antigo do que o de helenos. Enganam-se em fazer descender desse Íon todos os eupátridas e de apresentar essa classe de homens como uma população conquistadora que tivesse oprimido pela força uma população vencida. Essa opinião não se esteia em nenhum testemunho antigo.

fala conosco a todo momento. Se nos pede que obedeçamos, obedecemos; se nos traça deveres, submetemo-nos a eles. O homem pode domar a natureza, mas está sujeito ao seu pensamento.

Ora, uma antiga crença exigia que o homem honrasse o antepassado; o culto do antepassado reuniu a família ao redor de um altar. Daí a primeira religião, as primeiras preces, a primeira ideia do dever e a primeira moral; daí também a propriedade estabelecida, a ordem da sucessão definida; daí, por fim, todo o direito privado e todas as regras da organização doméstica. Depois a crença cresceu, e com ela a associação. À proporção que os homens sentem que há para eles divindades comuns, unem-se em grupos mais amplos. As mesmas regras, descobertas e estabelecidas na família, aplicam-se sucessivamente à fratria, à tribo, à cidade.

Abarquemos com o olhar o caminho percorrido pelos homens. A princípio, a família vive isolada e o homem só conhece os deuses domésticos, θεοί πατρῷοι, *dii gentiles*. Acima da família se forma a fratria com o seu deus, θεὸς φράτριος, *Juno curialis*. Vem em seguida a tribo e o deus da tribo, θεὸς φύλιος. Chegamos enfim à cidade, e se concebe um deus cuja providência abrange essa cidade inteira, θεὸς πολιεύς, *Penates publici*. Hierarquia de crenças, hierarquia de associação. A ideia religiosa foi, entre os antigos, o sopro inspirador e organizador da sociedade.

As tradições dos hindus, dos gregos e dos etruscos contavam que os deuses haviam revelado aos homens as leis sociais. Sob essa forma lendária, há uma verdade. As leis sociais foram obra dos deuses; mas esses deuses tão poderosos e tão benfazejos não eram senão as crenças dos homens.

Foi esse o modo de gestação do Estado entre os antigos; este estudo se fazia necessário para que logo nos déssemos conta da natureza e das instituições da cidade. Mas cumpre fazer aqui uma reserva. Se as primeiras cidades se formaram pela confederação de pequenas sociedades constituídas anteriormente, isso não quer dizer que todas as cidades que conhecemos tenham sido formadas da mesma forma. Uma vez encontrada a organização municipal, não era mais necessário que para cada nova cidade se recomeçasse o mesmo caminho longo e árduo. Pode até ser que com frequência se seguisse a ordem inversa. Quando um chefe, saindo de uma cidade já constituída, ia fundar uma outra, costumava levar consigo apenas um punhado de concidadãos, e se associava com muitos outros homens que vinham de diferentes lugares e até podiam pertencer a raças diferentes. Mas esse chefe jamais deixava de constituir o novo Estado à imagem daquele que acabava de deixar. Por conseguinte, dividia o seu povo em tribos e fratrias. Cada uma dessas pequenas associações tinha um altar, sacrifícios, festas; cada uma chegava até a imaginar um Herói antigo, que honrava com um culto, e do qual com o tempo vinha a crer-se descendente.

Muitas vezes ainda acontecia de os homens de determinada região viverem sem leis e sem ordem, quer porque a organização social não tenha conseguido estabelecer-se, como na Arcádia, quer porque tenha sido corrompida e desfeita por revoluções muito bruscas, como em Cirene e em Túrio. Se um legislador tentasse estabelecer a ordem entre aqueles homens, jamais deixaria de começar dividindo-os em tribos e em fratrias, como se não houvesse outro tipo de sociedade além daquele. Em cada um desses quadros ele instituía um Herói epônimo, estabelecia sacrifícios, inaugurava tradições. Era sempre por aí que se começava, quando se queria fundar uma sociedade regular.[12] É o que faz o próprio Platão quando imagina uma cidade modelo.

---

[12] Heródoto, IV, 161. Cf. Platão, *Leis*, V, 738; VI, 771.

CAPÍTULO IV

A urbe

Civitas e *urbs* não eram sinônimos entre os antigos. *Civitas* era a associação religiosa e política das famílias e das tribos; *urbs* era o lugar de reunião, o domicílio e sobretudo o santuário dessa associação.*

Não devemos ter das urbes antigas a ideia que nos dão as que vemos elevar-se atualmente. Constroem-se algumas casas, é uma aldeia; aos poucos o número de casas vai aumentando, é uma urbe; e a gente se une, se for o caso, para cercá-la de um fosso e de uma muralha. Entre os antigos, a urbe não se formava ao longo de muito tempo, pelo aumento vagaroso do número de homens e de construções. Fundava-se a urbe de uma vez, inteira num só dia.

Mas era preciso que a cidade fosse primeiro constituída, e essa era a obra mais difícil e, normalmente, a mais longa. Uma vez que as famílias, as fratrias e as tribos houvessem combinado unir-se e ter um mesmo culto, logo se fundava a urbe para ser o santuário desse culto comum. Desse modo, a fundação de uma urbe era sempre um ato religioso.

Vamos tomar como primeiro exemplo a própria Roma, apesar da voga de incredulidade legada a essa velha história. Repetiu-se muitas vezes que Rômulo era um chefe de aventureiros, que constituíra um povo convocando vagabundos e ladrões e que todos aqueles homens reunidos sem critério haviam construído ao acaso algumas cabanas para ali guardar suas presas. Mas os escritores antigos apresentam-nos os fatos

---

* Para conservar a distinção feita pelo autor neste capítulo entre *cité/civitas* e *ville/urbs*, optamos por traduzir, só neste capítulo, a primeira por "cidade" e a segunda, por "urbe". (N. T.)

de um modo completamente diferente; e nos parece que, se quisermos conhecer a antiguidade, a primeira regra deve ser apoiarmo-nos nos testemunhos que nos vêm dela. Esses escritores falam na verdade de um asilo, ou seja, de um recinto sagrado em que Rômulo admitiu todos os que se apresentaram; nisso ele seguia o exemplo que muitos fundadores de urbes lhe haviam dado. Mas esse asilo não era a urbe; ele até só foi construído depois que a urbe já fora fundada e completamente construída. Era um apêndice acrescentado a Roma; não era Roma. Nem sequer fazia parte da urbe de Rômulo, uma vez que estava situado ao pé do monte Capitolino, ao passo que a urbe ocupava o cimo do Palatino. É importante distinguir bem o duplo elemento da população romana. No asilo estão os aventureiros sem domicílio; sobre o Palatino estão os homens vindos de Alba, isto é, os homens já organizados em sociedade, distribuídos em *gentes* e em cúrias, com cultos domésticos e leis. O asilo não passa de uma espécie de lugarejo ou de subúrbio onde as cabanas são construídas ao acaso e sem regras; sobre o Palatino se eleva uma urbe religiosa e santa.

Sobre o modo como essa urbe foi fundada, a antiguidade tem informações em grande volume; encontramo-las em Dionísio de Halicarnasso, que as colhia nos autores mais antigos do que ele; encontramo-las em Plutarco, nos *Fastos* de Ovídio, em Tácito, em Catão, o Velho, que consultara os velhos anais, e sobretudo em dois outros escritores que nos devem inspirar grande confiança, o erudito Varrão e o culto Vérrio Flaco, que Festo em parte nos conservou, ambos muito eruditos acerca das antiguidades romanas, amigos da verdade, nem um pouco crédulos, e bons conhecedores das regras da crítica histórica. Todos esses escritores nos transmitiram a lembrança da cerimônia religiosa que marcara a fundação de Roma, e não temos o direito de rejeitar tantos testemunhos.

Não é raro encontrar, entre os antigos, fatos que nos causam surpresa; será isso motivo para dizermos que se trata de fábulas, sobretudo se esses fatos que se afastam muito das ideias modernas concordam perfeitamente com as dos antigos? Vimos em sua vida privada uma religião que ordenava todos os seus atos; vimos, depois, que essa religião os constituíra em sociedade; que há de espantoso, depois disso, que a fundação de uma urbe tenha sido também um ato sagrado e que o próprio Rômulo tenha tido de celebrar ritos que eram observados em toda parte?

A primeira preocupação do fundador é escolher o lugar da nova urbe. Mas essa escolha, que é grave e da qual se crê depender o destino do povo, é sempre entregue à decisão dos deuses. Se Rômulo tivesse sido grego, teria consultado o oráculo de Delfos; samnita, teria seguido o animal sagrado, o lobo ou o pica-pau verde. Latino, vizinho próximo dos etruscos, iniciado na ciência augural,[1] pede aos deuses que lhe revelem sua vontade pelo voo dos pássaros. Os deuses designam-lhe o Palatino.

Chegado o dia da fundação, ele oferece primeiro um sacrifício. Os seus companheiros estão enfileirados ao seu redor; acendem um fogo de mato e cada um salta através da chama ligeira.[2] A explicação desse rito é que, para o ato que vai realizar-se, é preciso que o povo esteja puro; ora, os antigos criam purificar-se de toda mancha física ou moral saltando através da chama sagrada.

Depois que essa cerimônia preliminar havia preparado o povo para o grande ato da fundação, Rômulo cavou um pequeno fosso de forma circular. Nele jogou um torrão de terra que trouxe da urbe de Alba.[3] Em seguida, os seus companheiros, aproximando-se um de cada vez, jogaram como ele um pouco

---

[1] Cícero, *De divin.*, I, 17. Plutarco, *Camilo*, 32. Plínio, XIV, 2; XVIII, 12.
[2] Dionísio, I, 88.
[3] Plutarco, Rômulo, 11. Díon Cássio, Posídon 12. Ovídio, *Fast.*, IV, 821. Festo, verbete *Quadrata*.

de terra que trouxeram do lugar de onde vieram. Esse rito é notável, e nos revela nesses homens um pensamento que importa assinalar. Antes de virem para o Palatino, habitavam Alba ou alguma outra das cidades vizinhas. Era lá o seu lar: era lá que seus pais haviam vivido e estavam sepultados. Ora, a religião proibia abandonar a terra em que fora estabelecida a lareira e onde repousavam os antepassados divinos. Fora então preciso, para se livrar de toda impiedade, que cada um desses homens se valesse de uma ficção, e trouxesse consigo, sob o símbolo de um pouco de terra, o solo sagrado em que os seus antepassados estavam enterrados e ao qual seus Manes estavam vinculados. O homem só podia deslocar-se levando consigo o seu solo e os seus avoengos. Era preciso que esse rito fosse celebrado para que ele pudesse dizer, ao mostrar o novo lugar que adotara: Esta ainda é a terra dos meus pais, *terra patrum*, *patria*; aqui é a minha pátria, pois estão aqui os Manes da minha família.

O fosso onde cada qual havia assim jogado um pouco de terra chamava-se *mundus*; ora, essa palavra designava na antiga língua a região dos Manes.[4] Desse mesmo lugar, segundo a tradição, escapava a alma dos mortos três vezes por ano, desejosa de rever por um momento a luz. Não vemos também nessa tradição o verdadeiro pensamento desses homens antigos? Ao lançarem no fosso um pedaço de terra de sua antiga pátria, acreditavam ali encerrar também a alma de seus antepassados. Essas almas lá reunidas deviam receber um culto perpétuo e zelar pelos seus descendentes. Rômulo naquele mesmo lugar colocou um altar e acendeu um fogo. Foi a lareira da cidade.[5]

Ao redor desse fogo deve elevar-se a urbe, como a casa se eleva ao redor da lareira doméstica; Rômulo traça um sulco que

---

[4] Festo, verbete *Mundus*. Sérvio, *ad Aen.*, III, 134. Plutarco, *Rômulo*, 11.

[5] Ovídio, *ibid*. A lareira foi mais tarde deslocada. Quando as três urbes do Palatino, do Capitolino e do Quirinal se uniram numa só, o fogo comum ou templo de Vesta foi deslocado para um terreno neutro entre as três colinas.

demarca o espaço. Aqui, mais uma vez, os menores detalhes são definidos por um ritual. O fundador deve servir-se de uma relha de cobre; seu arado é arrastado por um touro branco e uma vaca branca. O próprio Rômulo, de cabeça coberta e com traje sacerdotal, segura o cabo do arado e o dirige, cantando preces. Os seus companheiros caminham atrás dele, observando um silêncio religioso. À medida que a relha levanta pedaços de terra, eles são cuidadosamente relançados para dentro do recinto, para que nenhuma parcela dessa terra sagrada fique do lado do estrangeiro.[6]

É inviolável esse recinto traçado pela religião. Nem estrangeiro nem cidadão têm o direito de nele entrar. Saltar por cima desse pequeno sulco é um ato de impiedade; a tradição romana dizia que o irmão do fundador cometera esse sacrilégio e o pagara com a vida.[7]

Mas para que se possa entrar na urbe e dela sair, o sulco é interrompido em alguns pontos;[8] para isso, Rômulo ergueu e carregou a relha; esses intervalos chamam-se *portae*; são as portas da urbe.

Sobre o sulco sagrado ou um pouco para trás, elevam-se em seguida as muralhas; também elas são sagradas.[9] Ninguém poderá tocar nelas, mesmo para repará-las, sem a permissão dos pontífices. Dos dois lados dessa muralha, um espaço de alguns passos é reservado para a religião; é chamado de *pomoerium*.[10] Não é permitido passar o arado ali nem erguer nenhuma construção.

Foi essa, segundo grande número de testemunhos antigos, a cerimônia da fundação de Roma. E se perguntarem como

---

[6] Plutarco, Rômulo, 11. Ovídio, *ibid*. Varrão, *De ling. lat.*, V, 143. Festo, verbete *Primigenius*; verbete *Urvat*. Virgílio, V, 755.
[7] Vide Plutarco, *Quest. rom.*, 27.
[8] Catão, em Sérvio, V, 755.
[9] Cícero, *De nat. deor.*, III, 40. *Digesto*, 8, 8. Gaio, II, 8.
[10] Varrão, V, 143. Tito Lívio, I, 44. Aulo Gélio, XIII, 14.

pôde a sua lembrança conservar-se até os escritores que no-la transmitiram, a resposta é que essa cerimônia era recordada a cada ano na memória do povo por uma festa anual que era chamada dia natal de Roma. Essa festa foi celebrada durante toda a Antiguidade, de ano em ano, e o povo romano ainda hoje a celebra na mesma data que antigamente, no dia 21 de abril; tão fiéis aos velhos costumes, através de suas incessantes transformações, permanecem os homens!

Não se pode razoavelmente supor que tais ritos tenham sido imaginados pela primeira vez por Rômulo. Ao contrário, é certo que muitas urbes antes de Roma tenham sido fundadas do mesmo modo. Diz Varrão que esses ritos eram comuns no Lácio e na Etrúria. Catão, o Velho, que, para escrever o seu livro das *Origens*, consultara os anais de todos os povos italianos, ensina-nos que ritos análogos eram praticados por todos os fundadores de urbes. Os etruscos possuíam livros litúrgicos em que estava registrado o ritual completo dessas cerimônias.[11]

Criam os gregos, como os italianos, que a localização da urbe devia ser escolhida e revelada pela divindade. Assim, quando queriam fundar uma, consultavam o oráculo de Delfos.[12] Heródoto aponta como um ato de impiedade ou de loucura que o espartano Dorieu tenha ousado construir uma urbe "sem consultar o oráculo e sem praticar nenhuma das cerimônias prescritas", e o pio historiador não se surpreende que uma urbe assim construída ao arrepio das regras só tenha durado três anos.[13] Tucídides, recordando o dia em que Esparta foi fundada, menciona os cantos piedosos e os sacrifícios daquele dia. O mesmo historiador nos diz que os atenienses tinham um ritual particular e jamais fundavam uma colônia

---

[11] Catão em Sérvio, V, 755. Varrão, *L. L.*, V, 143. Festo, verbete *Rituales*.
[12] Diodoro, XII, 12; Pausânias, VII, 2; Ateneu, VIII, 62.
[13] Heródoto, V, 42.

sem obedecerem a ele.[14] Podemos ver numa comédia de Aristófanes um quadro bastante exato da cerimônia que se praticava nesses casos. Quando o poeta representava a engraçada fundação da urbe dos Pássaros, decerto tinha em mente os costumes observados na fundação das urbes dos homens; dessa forma, punha em cena um sacerdote que acendia uma lareira invocando os deuses, um poeta que cantava hinos e um adivinho que recitava oráculos.

Pausânias percorreu a Grécia por volta da época de Adriano. Chegando a Messênia, fez que os sacerdotes lhe contassem a fundação da urbe de Messena, e nos transmitiu sua narrativa.[15] O fato não era muito antigo; ocorrera na época de Epaminondas. Três séculos antes, os messenianos haviam sido expulsos do seu país, e desde então tinham vivido dispersos entre os outros gregos, sem pátria, mas conservando com piedoso cuidado os seus costumes e a sua religião nacional. Os tebanos queriam trazê-los de volta ao Peloponeso, para colocar um inimigo nos flancos de Esparta; mas so mais difícil era decidir os messenianos. Epaminondas, que estava lidando com homens supersticiosos, acreditou dever pôr em circulação um oráculo que predizia a esse povo o retorno à sua antiga pátria. Aparições miraculosas atestaram que os deuses nacionais dos messenianos, que os haviam traído na época da conquista, tinham tornado a ser-lhes favoráveis. Aquele povo tímido se decidiu, então, a voltar ao Peloponeso, atrás de um exército tebano. Mas tratava-se de saber onde a urbe seria construída, pois não se podia nem pensar em reocupar as antigas urbes da região; elas haviam sido maculadas pela conquista. Para escolher o lugar onde se estabeleceriam, não dispunham do recurso normal de consultar o oráculo de Delfos, pois a Pítia era, na época, do partido de Esparta. Felizmente, os deuses dispunham de outros meios para revelar a sua vontade; um

---

[14] Tucídides, V, 16; III, 24.
[15] Pausânias, IV, 27.

sacerdote messeniano teve um sonho em que um dos deuses da sua nação lhe apareceu e lhe disse que ia estabelecer-se sobre o monte Itome e que ele convidasse o povo a segui-lo. Tendo sido assim indicada a localização da urbe nova, restava ainda saber os ritos necessários para a fundação; mas os messenianos os haviam esquecido; não podiam, ademais, adotar os dos tebanos nem de nenhum outro povo; e não sabiam como construir a urbe. Um sonho veio em boa hora a outro messeniano: os deuses ordenavam-lhe que fosse até o monte Itome e procurasse um teixo que se achava perto de um mirto, e cavasse a terra naquele lugar. Ele obedeceu; descobriu uma urna e, nessa urna, folhas de estanho, sobre as quais se achava gravado o ritual completo da cerimônia sagrada. Os sacerdotes de imediato fizeram uma cópia e o inscreveram em seus livros. Não deixaram de crer que a urna fora colocada ali por um antigo rei dos messenianos, antes da conquista do lugar.

Desde que estiveram de posse do ritual, teve início a fundação. Os sacerdotes primeiro ofereceram um sacrifício; invocaram os antigos deuses da Messênia, os Dióscuros, o Júpiter do Itome, os antigos Heróis, os antepassados conhecidos e venerados. Todos esses protetores do país aparentemente o haviam abandonado, segundo a crença dos antigos, no dia em que um inimigo dele se apoderara; conjuraram-nos a voltar. Pronunciaram fórmulas que deviam ter como efeito determiná-los a habitar a urbe nova, juntamente com os cidadãos. Era isso o que importava; estabelecer os deuses com eles era o que os homens mais desejavam, e podemos crer que a cerimônia religiosa não tinha outro objetivo. Assim como os companheiros de Rômulo cavaram um fosso e acreditaram nele depositar os Manes de seus antepassados, também os contemporâneos de Epaminondas apelavam aos Heróis, aos antepassados divinos e aos deuses do país. Criam, por fórmulas e ritos, prendê-los ao solo que eles mesmos iriam ocupar, e encerrá-los no recinto cujos limites iriam traçar. Por isso lhes diziam: "Vinde conosco, ó Seres divinos, e habitai em comum conosco esta urbe". Um primeiro dia se passou fazendo-se esses sacrifícios e essas preces. No dia seguinte, traçaram os limites do recinto, enquanto o povo cantava hinos religiosos.

Ficamos surpresos, de início, quando vemos nos autores antigos que não havia nenhuma urbe, por mais antiga que fosse, que não pretendesse saber o nome do fundador e a data da fundação. Isso porque uma urbe não podia perder a lembrança da cerimônia santa que assinalara o seu nascimento, pois cada ano celebrava o seu aniversário com um sacrifício. Atenas, tanto quanto Roma, festejava o seu dia natal.

Era comum acontecer que colonos ou conquistadores se estabelecessem numa cidade já construída. Não tinham de construir casas, pois nada se opunha a que ocupassem as dos vencidos. Mas tinham de realizar a cerimônia da fundação, ou seja, colocar sua própria lareira e estabelecer em sua nova morada os deuses nacionais. É por isso que lemos em Tucídides e em Heródoto que os dórios fundaram a Lacedemônia, e os jônios, Mileto, embora os dois povos tivessem encontrado essas cidades já construídas e bastante antigas.

Esses costumes dizem-nos claramente o que era uma urbe no pensamento dos antigos. Rodeada por uma cerca sagrada, e estendendo-se ao redor de um altar, era ela o domicílio religioso que recebia os deuses e os homens da cidade. Dizia de Roma Tito Lívio: "Não há nenhum lugar nesta urbe que não esteja impregnado de religião e que não esteja ocupado por alguma divindade... Os deuses a habitam". O que Tito Lívio dizia de Roma, todo homem podia dizer de sua própria urbe; pois, se havia sido fundada segundo os ritos, havia recebido em seu território os deuses protetores que se haviam como que implantado em seu solo e não mais deviam deixá-la. Toda urbe era um santuário; toda urbe podia ser chamada santa.[16]

---

[16] Ιλιος ιρη (Ilíada), ιεραι Αθηναι (Aristófanes, *Cavaleiros.*, 1319), Λακεδαιμόνι δίη (Teógnis, v. 837); ιεράν πόλιν, diz Teógnis, falando de Mégara.

Como os deuses estavam ligados para sempre à cidade, o povo também não devia mais deixar o lugar onde os seus deuses se estabeleram. Havia nesse sentido um compromisso mútuo, uma espécie de contrato entre os deuses e os homens. Os tribunos da plebe diziam um dia que Roma, devastada pelos gauleses, não era mais do que um monte de ruínas, e a cinco léguas de lá havia uma urbe já toda construída, grande e bela, bem situada e desabitada desde que os romanos a haviam conquistado; deviam, pois, deixar Roma ali, destruída, e mudar para Veios. Mas o pio Camilo respondeu-lhes: "A nossa urbe foi fundada religiosamente; os próprios deuses indicaram o seu lugar e ali se estabeleceram com os nossos pais. Por mais arruinada que esteja, ainda é a morada dos nossos deuses nacionais". Os romanos permaneceram em Roma.

Alguma coisa de sagrado e de divino estava naturalmente ligada a essas urbes que os deuses haviam erguido[17] e que continuavam a preencher com a sua presença. Sabemos que as tradições romanas prometiam a Roma a eternidade. Cada cidade tinha tradições semelhantes. Todas as urbes eram construídas para serem eternas.

CAPÍTULO V

O culto do fundador; A lenda de Eneias

O fundador era o homem que executava o ato religioso sem o qual a cidade não podia existir. Ele é quem colocava a lareira na qual devia arder eternamente o fogo sagrado; ele é quem, com as preces e os ritos, invocava os deuses e os estabelecia para sempre na cidade nova.

---

[17] *Neptunia Troja*, θεόδμητοι Αθηναι. *Vide* Teógnis, 755 (Welcker).

Compreendemos o respeito que devia estar ligado a esse homem sagrado. Enquanto vivia, os homens viam nele o autor do culto e o pai da cidade; morto, ele se tornava um antepassado comum para todas as gerações que se sucediam; ele era para a cidade o que o primeiro antepassado era para a família, um Lar familiar. A sua lembrança perpetuava-se como o fogo da lareira que ele acendera. Dedicavam-lhe um culto, criam-no deus e a cidade o adorava como a sua Providência. Sobre a sua tumba se renovavam a cada ano sacrifícios e festas.[1]

Todos sabem que Rômulo era adorado, tinha um templo e sacerdotes. Os senadores puderam degolá-lo, mas não privá-lo do culto a que tinha direito como fundador. Cada cidade adorava igualmente aquele que a fundara. Cécropo e Teseu, que eram considerados sucessivamente fundadores de Atenas, tinham ali seus templos. Abdera fazia sacrifícios ao seu fundador Timésio; Tera, a Teras; Tênedos, a Tenes; Delos, a Ânios; Cirene, a Bato; Mileto, a Neleu; Anfípolis, a Hágnon. No tempo de Pisístrato, um Milcíades foi fundar uma colônia no Quersoneso da Trácia; essa colônia instituiu-lhe um culto depois da sua morte, "segundo o costume comum". Híeron de Siracusa, tendo fundado a cidade de Etna, ali gozou em seguida "do culto dos fundadores".[2]

Não havia nada a que a cidade mais se apegasse do que à memória da sua fundação. Quando Pausânias visitou a Grécia, no segundo século da nossa era, cada cidade foi capaz de lhe dizer o nome do seu fundador, com a genealogia e os principais fatos da sua existência. Esse nome e esses fatos não podiam sair da memória, pois faziam parte da religião, e eram recordados a cada ano nas cerimônias sagradas.

---

[1] Píndaro, *Pít.*, V, 129; *Olímp.*, VII, 145. Cícero, *De nat. deor.*, III, 19. Catulo, VII, 6.

[2] Heródoto, I, 168; VI, 38. Píndaro, *Pít.*, IV. Tucídides, V, 11. Estrabão, XIV, 1. Plutarco, *Quest. gr.*, 20. Pausânias, I, 34; III, 1. Diodoro, XI, 78.

Conservou-se a lembrança de um grande número de poemas gregos que tinham como tema a fundação de uma cidade. Filócoro cantara a de Salamina; Íon, a de Quios; Críton, a de Siracusa; Zópiro, a de Mileto; Apolônio, Hermégenes, Helânico e Díocles haviam composto poemas ou histórias sobre o mesmo assunto. Talvez não houvesse nenhuma cidade que não possuísse o seu poema ou pelo menos o seu hino sobre o ato sagrado que lhe dera origem.

Dentre todos esse antigos poemas que tinham por objeto a fundação santa de uma cidade, um há que jamais pereceu, porque, se o seu tema o tornava caro a uma cidade, as suas belezas o tornaram precioso para todos os povos e todos os séculos. Sabemos que Eneias fundara Lavínio, de onde haviam saído os albanos e os romanos, e, por conseguinte, era considerado o primeiro fundador de Roma. Estabelecera-se sobre ele um conjunto de tradições e de recordações que já vemos registradas nos versos do velho Névio e nas histórias de Catão, o Velho. Apoderou-se Virgílio desse tema e escreveu o poema nacional da cidade romana.

O tema da *Eneida* é a chegada de Eneias, ou melhor, o transporte dos deuses de Troia para a Itália. O poeta canta aquele homem que atravessou os mares para ir fundar uma cidade e levar os seus deuses para o Lácio:

> *dum conderet urbem*
> *Inferretque Deos Latio.**

Não devemos julgar a *Eneida* com as nossas ideias modernas. Queixamo-nos muitas vezes de não encontrar em Eneias a audácia, o ímpeto, a paixão. Cansamo-nos desse epíteto de *pio* que retorna sem cessar. Espantamo-nos de ver esse guerreiro consultar os seus Penates com uma atenção tão escrupulosa,

---

* "Até fundar a cidade e trazer os deuses ao Lácio." (*Eneida* I, 5-6) (N. T.)

invocar sobre tudo alguma divindade, erguer os braços ao céu quando se trata de combater, deixar-se enviar pelos oráculos através de todos os mares e derramar lágrimas à vista de um perigo. Também o censuram pela frieza para com Dido, e somos tentados a dizer com a infeliz rainha:

> *Nullis ille movetur*
> *Fletibus, aut voces ullas tractabilis audit.**

É que não se trata aqui de um guerreiro ou de um herói de romance. O poeta quer mostrar-nos um sacerdote. Eneias é o chefe do culto, o homem sagrado, o divino fundador, cuja missão é salvar os Penates da cidade:

> *Sum pius Aeneas raptos qui ex hoste Penates*
> *Classe veho mecum.***

A sua qualidade dominante deve ser a piedade, e o epíteto que o poeta lhe aplica no mais vezes é também o que mais lhe convém. A sua virtude deve ser uma alta e fria impessoalidade, que faça dele, não um homem, mas um instrumento dos deuses. Por que procurar paixões nele? Ele não tem o direito de tê-las ou deve recalcá-las no fundo do coração,

> *Multa gemens multoque animum labefactus amore,*
> *Jussa tamen Divum insequitur.****

---

* "Por nenhuma súplica chorosa ele se deixa comover, nem dá ouvidos docilmente a nenhuma palavra." *Eneida*, IV, 438-9. (N. T.)
** "Sou o pio Eneias, que trago comigo os meus Penates na frota." *Eneida*, I, 382-3. (N. T.)
*** "Embora com muitos suspiros e a alma sacudida pelo amor, ele cumpre as ordens dos deuses." *Eneida*, IV, 395-6. (N. T.)

Já em Homero Eneias era um personagem sagrado, um grande sacerdote, que o povo "venerava como um deus" e que Júpiter preferia a Heitor. Em Virgílio ele é o guardião e o salvador dos deuses troianos. Durante a noite que consumou a ruína da cidade, Heitor lhe apareceu em sonho. "Troia", diz-lhe ele, "te confia os seus deuses; procura uma nova cidade para eles". E ao mesmo tempo lhe entregou as coisas santas, as estatuetas protetoras e o fogo da lareira que não deve extinguir-se. Esse sonho não é um ornamento colocado ali pela fantasia do poeta. É, pelo contrário, o fundamento sobre o qual repousa o poema inteiro; pois é por ele que Eneias se tornou o depositário dos deuses da cidade e que a sua missão santa lhe foi revelada.

Pereceu a urbe de Troia, mas não a cidade troiana; graças a Eneias, a lareira não se extinguiu, e os deuses ainda têm um culto. A cidade e os deuses fogem com Eneias; percorrem os mares e procuram uma região onde lhes seja dado deter-se:

Considere Teucros
Errantesque Deos agitataque numina Trojae.*

Eneias procura uma residência fixa, por menor que seja, para os seus deuses paternos:

Dis sedem exiguam patriis.**

Mas a escolha dessa morada, a que o destino da cidade estará ligado para sempre, não depende dos homens; pertence aos deuses. Eneias consulta os adivinhos e interroga os oráculos. Não traça ele mesmo a sua rota e a sua meta; deixa-se dirigir pela divindade:

---

* "Concede aos deuses errantes dos troianos e aos numes perseguidos de Troia." *Eneida*, VI, 67-8. (N. T.)
** "Exígua morada para os deuses da pátria." *Eneida*, VII, 229. (N. T.)

Italiam non sponte sequor.***

Ele queria deter-se na Trácia, em Creta, na Sicília, em Cartago com Dido; *fata obstant*. Entre ele e o seu desejo de repouso, entre ele e o seu amor vem sempre colocar-se a decisão dos deuses, a palavra revelada, *fata*.

Não nos enganemos: o verdadeiro herói do poema não é Eneias; são os deuses de Troia, esses mesmos deuses que devem um dia ser os de Roma. O tema da *Eneida* é a luta dos deuses romanos contra uma divindade hostil. Obstáculos de toda espécie julgam detê-los:

Tantae molis erat romanam condere gentem!*

Por pouco a tempestade não os engole ou o amor de uma mulher não os acorrenta. Eles, porém, triunfam de tudo e chegam à meta assinalada:

Fata viam inveniunt.**

Eis o que devia despertar vivamente o interesse dos romanos. Nesse poema eles se veem a si próprios, ao seu fundador, à sua cidade, às suas instituições, às suas crenças, ao seu império. Pois, sem esses deuses, a cidade romana não existiria.[3]

*** "É contra a vontade que busco a Itália." *Eneida*, IV, 361. (N. T.)
* "Tão difícil era fundar o povo romano." *Eneida*, I, 37. (N. T.)
** "O fado encontrará o seu caminho." *Eneida*, III, 395. (N. T.)
[3] Não vamos examinar aqui se a lenda de Eneias corresponde a um fato real; basta-nos ver nela uma crença. Ela nos mostra como os antigos se representavam um fundador de cidade, que ideia eles tinham do *penatiger*, e isto é o que importa para nós. Acrescentemos que várias cidades, na Trácia, em Creta, em Épiro, em Citera, em Zacinto, na Sicília, na Itália, criam ter sido fundadas por Eneias e lhe rendiam culto.

CAPÍTULO VI

Os deuses da cidade

Não devemos perder de vista que, entre os antigos, o que constituía o vínculo de toda sociedade era um culto. Assim como um altar doméstico mantinha reunidos ao seu redor os membros da família, também a cidade era a reunião dos que tinham os mesmos deuses protetores e executavam o ato religioso no mesmo altar.

Esse altar da cidade estava encerrado dentro dos limites de uma construção a que os gregos chamavam pritaneu e os romanos, templo de Vesta.[1]

Não havia nada mais sagrado numa cidade do que esse altar, sobre o qual o fogo sagrado era sempre alimentado. É bem verdade que essa grande veneração logo se enfraqueceu na Grécia, porque a imaginação grega se deixa levar para templos mais belos, lendas mais ricas e estátuas mais belas. Ela, porém, nunca se enfraqueceu em Roma. Os romanos não deixaram de estar convictos de que o destino da cidade estava ligado a esse fogo que representava os seus deuses. O respeito que se tinha pelas Vestais prova a importância do seu sacerdócio. Se um cônsul encontrasse uma delas no caminho, mandava abaixar os feixes diante dela. Em contrapartida, se uma delas deixasse o fogo apagar-se ou profanasse o culto faltando com o dever de castidade, a cidade que se cria, então, ameaçada de perder os deuses vingava-se da Vestal, enterrando-a viva.

---

[1] O pritaneu continha a lareira comum da cidade: Dionísio de Halicarnasso, II, 23. Pólux, I, 7. Escoliasta de Píndaro, *Nem.*, XI. Escoliasta de Tucídides, II, 15. Havia um pritaneu em cada cidade grega: Heródoto, III, 57; V, 67; VII, 197. Políbio, XXIX, 5. Apiano, *Guerra de Mitridates*, 23; *Guerra púnica*, 84. Diodoro, XX, 101. Cícero, *De signis*, 53. Dionísio, II, 65. Pausânias, I, 42; V, 25; VIII, 9. Ateneu, I, 58; X, 24. Boeckh, *Corp. inscr.*, 1193. — Em Roma, o templo de Vesta não era senão uma lareira: Cícero, *De legib.*, II, 8; II, 12. Ovídio, *Fast.*, VI, 297. Floro, I, 2. Tito Lívio, XXVIII, 31.

Certo dia, o templo de Vesta quase foi queimado num incêndio das casas vizinhas. Roma ficou em polvorosa, pois sentiu em perigo todo o seu futuro. Passado o perigo, o Senado recomendou ao cônsul que procurasse os autores do incêndio, e o cônsul logo acusou alguns habitantes de Cápua que se achavam então em Roma. Não que houvesse alguma prova contra eles, mas ele fez o seguinte raciocínio: "Um incêndio ameaçou o nosso fogo sagrado; esse incêndio que devia destruir a nossa grandeza e deter os nossos destinos só pode ter sido provocado pela mão de nossos mais cruéis inimigos. Ora, não temos inimigos piores do que os habitantes de Cápua, essa cidade que é hoje aliada de Aníbal e aspira a tomar o nosso lugar de capital da Itália. Foram, pois, aqueles homens que quiseram destruir o nosso templo de Vesta, nosso lar eterno, essa garantia e penhor de nossa grandeza futura".[2] Dessa maneira, um cônsul, sob o império de suas ideias religiosas, cria que os inimigos de Roma não haviam conseguido descobrir um modo melhor de vencer do que destruir o fogo sagrado. Vemos aí as crenças dos antigos; a lareira pública era o santuário da cidade; era o que a fizera nascer e o que a conservava.

Da mesma forma que o culto da lareira doméstica era secreto e só a família tinha o direito de participar dele, o culto da lareira pública também era oculto aos estrangeiros. Quem não fosse cidadão não podia assistir ao sacrifício. Bastava o olhar do estrangeiro para conspurcar o ato religioso.[3]

Cada cidade tinha deuses que só pertenciam a ela. Esses deuses tinham normalmente a mesma natureza que os da religião primitiva das famílias. Eram chamados Lares, Penates, Gênios, Demônios, Heróis;[4] sob todos esses nomes, eram almas humanas divinizadas pela morte, pois vimos que, na

---

[2] Tito Lívio, XXVI, 27.
[3] Virgílio, III, 408. Pausânias, V, 15. Apiano, *Guerras civis*, I, 54.
[4] Ovídio, *Fast.*, II, 616.

raça indo-europeia, o homem tivera inicialmente o culto da força invisível e imortal que sentia dentro de si. Esses Gênios ou esses Heróis eram na maioria das vezes os antepassados do povo[5]. Os corpos eram enterrados, quer na cidade mesmo, quer em seu território, e como, segundo as crenças que mostramos mais acima, a alma não abandonava o corpo, conclui-se que esses mortos divinos estavam presos ao solo em que as ossadas estavam enterradas. Do fundo dos túmulos, zelavam pela cidade; protegiam o país e eram por assim dizer os seus chefes e senhores. Essa expressão de chefes do país, aplicada aos mortos, encontra-se num oráculo endereçado a Sólon pela Pítia: "Honra com um culto os chefes do país, os mortos que habitam sob a terra".[6] Essas opiniões decorriam do enorme poder que as antigas gerações atribuíram à alma humana depois da morte. Todo homem que tivesse prestado um grande serviço à cidade, desde o que a fundara até aquele que lhe proporcionara uma vitória ou melhorara as suas leis, tornava-se um deus para essa cidade. Não era sequer necessário ter sido um grande homem ou um benfeitor; bastava ter impressionado vivamente a imaginação dos contemporâneos e ter-se tornado objeto de uma tradição popular para tornar-se Herói, ou seja, um morto poderoso, cuja proteção se devesse desejar e a cólera, temer. Os tebanos continuaram durante dez séculos a oferecer sacrifícios a Etéocles e a Polinices. Os habitantes de Acanto rendiam um culto a um persa que morrera entre eles durante a expedição de Xerxes. Hipólito era venerado como deus em Trezena. Pirro, filho de Aquiles, era um deus em Delfos, só porque havia morrido ali e ali estava enterrado. Crotona prestava culto a um Herói pelo simples motivo de que ele fora enquanto vivo o mais belo homem da cidade.[7]

---

[5] Plutarco, *Aristides*, 11.
[6] Plutarco, *Sólon*, 9.
[7] Pausânias, IX, 18. Heródoto, VII, 117. Diodoro, IV, 62. Pausânias, X, 23. Píndaro, *Nem.*, 65 s. Heródoto, V, 47.

Atenas adorava como um dos seus protetores Euristeu, que era, porém, de Argo; mas Eurípides nos explica o nascimento desse culto, quando faz aparecer sobre o palco Euristeu, prestes a morrer, e o faz dizer aos atenienses: "Sepultai-me na Ática; eu vos serei propício, e no seio da terra serei para o vosso país um hóspede protetor".[8] Toda a tragédia de *Édipo em Colona* se baseia nessas crenças: Atenas e Tebas disputam o corpo de um homem que vai morrer e tornar-se um deus.

Era para a cidade uma grande felicidade possuir mortos marcantes.[9] Mantineia falava com orgulho das ossadas de Arcas; Tebas, das de Gérion; Messena, das de Aristômenes.[10] Para obter essas relíquias preciosas, valiam-se às vezes da astúcia. Conta Heródoto a fraude pela qual os espartanos furtaram os ossos de Orestes.[11] É verdade que esses ossos, aos quais estava presa a alma dos Heróis, deram de imediato uma vitória aos espartanos. Assim que Atenas se tornou poderosa, a primeira coisa que fez com o seu poder foi apoderar-se da ossada de Teseu, enterrado na ilha de Siros, e lhe erguer um templo na cidade, para aumentar o número de deuses protetores.

Além desses Heróis e desses Gênios, os homens tinham deuses de outra espécie, como Júpiter, Juno e Minerva, para os quais o espetáculo da natureza dirigira os seus pensamentos. Mas vimos que essas criações da inteligência humana tiveram durante muito tempo o caráter de divindades domésticas ou locais. A princípio, não se concebeu que esses deuses zelassem pelo gênero humano inteiro; acreditava-se que cada um deles pertencia a uma família ou a uma cidade.

Desse modo, era costume que cada cidade, além dos seus heróis, tivesse também um Júpiter, uma Minerva ou alguma

---

[8] Eurípides, *Hércules*, 1032.
[9] Pausânias, I, 43. Políbio, VIII, 30. Plauto, *Trin.*, II, 2, 14.
[10] Pausânias, IV, 32; VIII, 9.
[11] Heródoto, I, 68.

outra divindade que havia associado aos seus primeiros Penates e à sua lareira. Havia, assim, na Grécia e na Itália uma multidão de divindades *protetoras das cidades*. Cada cidade tinha os seus deuses que a habitavam.[12]

Caíram no esquecimento os nomes de muitas dessas divindades; foi por acaso que chegou até nós a lembrança do deus Satrapes, que pertencia à cidade de Élis, da deusa Dindimena em Tebas, de Soteira em Égio, de Britomártis em Creta, de Hiblaea em Hibla. São-nos mais conhecidos os nomes de Zeus, Atena, Hera, Júpiter, Minerva, Netuno, e sabemos que eles eram aplicados com frequência a essas divindades protetoras das cidades. Mas do fato de duas cidades darem a seu deus o mesmo nome evitemos concluir que adorassem o mesmo deus. Havia uma Atena em Atenas e outra em Esparta; eram duas deusas. Grande número de cidades tinha um Júpiter como divindade protetora da cidade. Eram tantos Júpiters quantas as cidades. Na lenda da Guerra de Troia vemos Palas a combater pelos gregos, e há entre os troianos uma outra Palas que recebe um culto e protege os seus adoradores.[13] Dir-se-á que era a mesma divindade que figurava nos dois exércitos? Certamente, não, pois os antigos não atribuíam aos seus deuses o dom de ubiquidade. As cidades de Argo e de Samos tinham uma Hera protetora da cidade; não era a mesma deusa, pois era representada nas duas cidades com atributos muito diferentes. Havia em Roma uma Juno; a cinco léguas de lá, a cidade de Veios tinha outra; não era a mesma divindade, pois vemos o ditador Camilo, ao sitiar Veios, dirigir-se à Juno do inimigo para conjurá-la a abandonar a cidade etrusca e passar para o seu lado. Senhor da cidade, apossa-se da estátua, convencido de

---

[12] Heródoto, V, 82. Sófocles, *Filocteto*, 134. Tucídides, II, 71. Eurípides, *Electra*, 674. Pausânias, I, 24; IV, 8; VIII, 47. Aristófanes, *Os pássaros*, 828; *Cav.*, 577. Virgílio, IX., 246. Pólux, IX, 40. Apolodoro, III, 14.
[13] Homero, *Ilíada*, VI, 88.

que se apossa ao mesmo tempo de uma deusa, e a transporta devotamente a Roma. Roma teve a partir daí duas Junos protetoras. A mesma história, alguns anos depois, com um Júpiter que outro ditador trouxe de Preneste, quando Roma já tinha três ou quatro deles.[14]

A cidade que possuísse uma divindade não queria que ela protegesse os estrangeiros e não permitia que ela fosse adorada por eles. Na maior parte do tempo, só os cidadãos tinham acesso aos templos. Só os argivos tinham o direito de entrar no templo da Hera de Argo. Para penetrar no de Atena, em Atenas, era preciso ser ateniense.[15] Os romanos, que adoravam em sua cidade duas Junos, não podiam entrar no templo de uma terceira Juno que havia na cidadezinha de Lanúvio.[16]

Cumpre reconhecer que os antigos jamais conceberam Deus como um ser único que exercesse sua ação sobre o universo. Cada um dos inúmeros deuses tinha o seu pequeno domínio; um, uma família; outro, uma tribo; outro ainda, uma cidade: era esse o mundo que bastava para a providência de cada um deles. Quanto ao Deus do gênero humano, alguns filósofos conseguiram adivinhá-lo, os mistérios de Elêusis puderam fazer que os mais inteligentes de seus iniciados o entrevissem, mas o vulgo jamais creu nele. Durante muito tempo, o homem só compreendeu o ser divino como uma força que o protegia pessoalmente, e cada homem ou cada grupo de homens queria ter o seu deus. Ainda hoje, entre os descendentes desses gregos, vemos camponeses rudes rezar aos santos com fervor; mas temos dúvidas de que tenham a ideia de Deus; cada um deles quer ter entre esses santos um protetor particular, uma providência especial. Em Nápoles, cada bairro tem a sua madona; o *lazzarone* ajoelha-se diante

---

[14] Tito Lívio, V, 21, 22; VI, 29.
[15] Heródoto, VI, 81; V, 72.
[16] Só adquiriram esse direito pela conquista. Tito Lívio, VIII, 14.

da de sua rua e insulta a da rua ao lado; não é raro ver dois *facchini* discutirem e lutarem às facadas pelos méritos de suas duas madonas. Estas são hoje exceções, e não as encontramos senão em certos povos e em certas classes. Era a regra entre os antigos.

Cada cidade tinha o seu grupo de sacerdotes, que não dependia de nenhuma autoridade estrangeira. Entre os sacerdotes de duas cidades, não havia nenhum vínculo, nenhuma comunicação, nenhuma troca de ensinamentos nem de ritos. Se se passasse de uma cidade a outra, encontravam-se outros deuses, outros dogmas, outras cerimônias. Os antigos tinham livros litúrgicos; mas os de uma cidade não se assemelhavam aos de outra. Cada cidade tinha a sua coletânea de preces e de práticas, que conservava completamente secreta; ela acreditaria comprometer a sua religião e o seu destino se deixasse que os estrangeiros a vissem. Dessa maneira, a religião era totalmente local, civil, se tomarmos a palavra no sentido antigo, ou seja, específico de cada cidade.[17]

Em geral, o homem só conhecia os deuses da sua cidade, só a eles honrava e respeitava. Cada um podia dizer o que, numa tragédia de Ésquilo, um estrangeiro diz aos argivos: "Não temo os deuses de vosso país, e nada lhes devo".[18]

Cada cidade esperava de seus deuses a salvação. Eram invocados no perigo, agradecia-se a eles por uma vitória. Muitas vezes também se atribuía a eles a culpa por uma derrota; censuravam-nos por terem desempenhado mal a função de defensores da cidade, às vezes se chegava a derrubar os seus altares e jogar pedras contra os seus templos.[19]

Habitualmente esses deuses esforçavam-se bastante pela cidade onde eram cultuados, e isso era muito natural; eles eram

---

[17] Só existiam cultos comuns a muitas cidades no caso das confederações; falaremos sobre isso em outro lugar.
[18] Ésquilo, *Suplicantes*, 858.
[19] Suetônio, *Calígula*, 5; Sêneca, *De vita beata*, 36.

ávidos de oferendas e só recebiam vítimas de sua cidade. Se quisessem que os sacrifícios e as hecatombes continuassem, precisavam velar pela salvação da cidade.[20] Vide em Virgílio como Juno "se esforça e trabalha" para que a sua Cartago obtenha um dia o império do mundo. Cada um desses deuses, como a Juno de Virgílio, desejava ardentemente a grandeza da sua cidade. Esses deuses tinham os mesmos interesses que os seus concidadãos homens. Em tempo de guerra, marchavam para o combate em meio a eles. Vemos em Eurípides um personagem que diz, ao aproximar-se de uma batalha: "Os deuses que combatem conosco não têm menos valor do que os que estão do lado de nossos inimigos".[21] Jamais os habitantes de Egina entravam em combate sem levarem consigo as estátuas dos heróis nacionais, os Eácidas. Os espartanos levavam em todas as suas expedições os Tindáridas.[22] Na refrega, os deuses e os cidadãos defendiam-se reciprocamente, e, quando saíam vencedores, é porque todos haviam cumprido o seu dever.

Se uma cidade fosse vencida, acreditava-se que os seus deuses haviam sido vencidos com ela.[23] Se uma cidade fosse tomada, seus deuses também se tornavam cativos.

É verdade que sobre este último ponto as opiniões eram incertas e variavam. Muitos estavam persuadidos de que uma cidade jamais pudesse ser tomada enquanto os seus deuses nela residissem. Quando Eneias vê os gregos senhores de Troia exclama que os deuses da cidade foram embora, desertando os templos e os altares. Em Ésquilo, o coro das tebanas exprime a mesma crença quando, com a aproximação do inimigo, conjura os deuses a não abandonarem a cidade.[24]

---

[20] Vemos com frequência esse pensamento entre os antigos. Teógnis, 759.
[21] Eurípides, *Hércules*, 347.
[22] Heródoto, V, 65; V, 80.
[23] Virgílio, *Eneida*, I, 68.
[24] Ésquilo, *Sete chefes*, 202.

Em virtude dessa opinião, era preciso, para tomar uma cidade, fazer que os deuses saíssem dela. Os romanos valiam-se para isso de certa fórmula que constava de seus rituais e Macróbio nos conservou: "Tu, ó grandíssimo, que tens sob a tua proteção essa cidade, rogo-te, adoro-te, peço-te a graça de abandonar essa cidade e esse povo, de abandonar esses templos, esses lugares sagrados, e, tendo-te afastado deles, vires a Roma para junto de mim e dos meus. Sejam-te a nossa cidade, os nossos templos, os nossos lugares sagrados mais agradáveis e mais queridos; toma-nos sob tua proteção. Se o fizeres, eu edificarei um templo em tua honra".[25] Ora, os antigos estavam convictos de que havia fórmulas tão eficazes e poderosas, que, se fossem pronunciadas com exatidão e sem mudar uma só palavra, o deus não podia resistir ao pedido dos homens. O deus, assim invocado, passava para o lado do inimigo, e a cidade era tomada.

Encontramos na Grécia as mesmas opiniões e costumes análogos. Ainda no tempo de Tucídides, quando sitiavam uma cidade, não deixavam de dirigir uma invocação aos seus deuses para que permitissem que ela fosse tomada.[26] Muitas vezes, em lugar de usar uma fórmula para atrair o deus, os gregos preferiam subtrair habilmente a sua estátua. Todos conhecem a lenda de Ulisses a furtar a Palas dos troianos. Numa outra época, os habitantes de Egina, querendo declarar guerra a Epidauro, começaram furtando duas estátuas protetoras dessa cidade e transportando-as para a sua cidade.[27]

Conta Heródoto que os atenienses queriam declarar guerra aos eginenses; mas era uma aventura arriscada, pois Egina tinha um herói protetor de grande poder e de singular fidelidade: Éaco. Os atenienses, depois de terem refletido bastante,

---

[25] Macróbio, III, 9.
[26] Tucídides, II, 74.
[27] Heródoto, V, 83.

adiaram por trinta anos a execução de seu plano; ao mesmo tempo ergueram uma capela em seu país a esse mesmo Éaco, e lhe dedicaram um culto. Estavam convencidos de que se aquele culto prosseguisse sem interrupção durante trinta anos, o deus não mais pertenceria aos eginenses, mas aos atenienses. Julgavam, com efeito, que um deus não podia aceitar durante tanto tempo vítimas gordas sem tornar-se agradecido aos que lhas ofereciam. Éaco seria, pois, finalmente forçado a abandonar os interesses de Egina e a dar a vitória aos atenienses.[28]

Há em Plutarco esta outra história. Sólon queria que Atenas se tornasse senhora da ilhota de Salamina, que na época pertencia aos mégaros. Consultou o oráculo. O oráculo respondeu-lhe: "Se queres conquistar a ilha, tens antes de ganhar o favor dos heróis que a protegem e habitam". Sólon obedeceu; em nome de Atenas, ofereceu sacrifícios aos dois principais heróis salaminenses. Esses heróis não resistiram às dádivas que lhes ofereciam; passaram para o lado de Atenas, e a ilha, sem protetores, foi conquistada.[29]

Em tempo de guerra, se os sitiantes procuravam apoderar-se das divindades da cidade, os sitiados, por seu lado, seguravam-nos o máximo que podiam. Ora acorrentavam o deus para impedi-lo de desertar. Ora o escondiam de todos os olhares para que o inimigo não pudesse encontrá-lo. Ou então ainda opunham à fórmula pela qual o inimigo tentava apoderar-se do deus outra fórmula que tinha a virtude de retê-lo. Os romanos haviam imaginado um meio que lhes parecia mais seguro: mantinham em segredo o nome do principal e do mais poderoso de seus deuses protetores;[30] pensavam que, como os inimigos não podiam nunca chamá-lo pelo nome, ele jamais passaria para o lado deles e a cidade jamais seria tomada.

---

[28] Heródoto, V, 89.
[29] Plutarco, *Sólon*, 9.
[30] Macróbio, III.

Vemos com isso que ideia singular tinham os antigos dos deuses. Passaram muito tempo sem conceber a Divindade como potência suprema. Cada família teve a sua religião doméstica; cada cidade, a sua religião nacional. A cidade era como uma pequena igreja completa, com deuses, dogmas e culto. Essas crenças parecem-nos muito grosseiras; mas foram as do povo mais espiritual daqueles tempos, e exerceram sobre esse povo e sobre o povo romano uma ação tão forte, que a maior parte de suas leis, de suas instituições e de sua história veio daí.

CAPÍTULO VII

A religião da cidade

1º) Os banquetes públicos

Vimos acima que a principal cerimônia do culto doméstico era uma refeição a que chamavam sacrifício. Comer um alimento preparado sobre um altar: esta foi, ao que tudo indica, a primeira forma que o homem teria dado ao ato religioso. A necessidade de comungar com a divindade foi satisfeita com esse banquete a que a convidavam e de que lhe davam a sua parte.

A principal cerimônia do culto da cidade era também uma refeição dessa natureza; devia ser feita em comum, por todos os cidadãos, em honra das divindades protetoras. O costume desses banquetes públicos era universal na Grécia; acreditavam que a salvação da cidade dependia da sua realização.[1]

---

[1] Σωτήρια τῶν πόλεων σύνδειπνα. Ateneu, V, 2.

Dá-nos a *Odisseia* a descrição de um desses banquetes sagrados; nove longas mesas eram servidas para o povo de Pilo; a cada uma delas estão sentados quinhentos cidadãos, e cada grupo imolou nove touros em honra dos deuses. Esse banquete, a que chamam banquete dos deuses, começa e acaba com libações e preces.[2] O antigo costume das refeições em comum é marcado também pelas mais velhas tradições atenienses; contava-se que Orestes, assassino de sua mãe, chegara a Atenas no exato momento em que a cidade, reunida ao redor do rei, executava o ato sagrado.[3]

Os banquetes públicos de Esparta são muito conhecidos; mas faz-se deles uma ideia que não é conforme à verdade. Imaginam-se os espartanos a viver e comer sempre em comum, como se a vida privada não tivesse sido conhecida entre eles. Sabemos, ao contrário, por textos antigos que os espartanos faziam muitas vezes as suas refeições em casa, com a família.[4] As refeições públicas aconteciam duas vezes por mês, sem contar os dias de festa. Eram atos religiosos da mesma natureza que os praticados em Atenas, em Argo e em toda a Grécia.[5]

Além desses imensos banquetes, em que todos os cidadãos se reuniam e que praticamente só podiam acontecer nas festas solenes, a religião recomendava que houvesse a cada dia uma refeição sagrada. Para tanto, alguns homens escolhidos pela cidade deviam comer juntos, em seu nome, dentro dos limites do pritaneu, na presença do fogo sagrado e dos deuses protetores. Os gregos estavam certos de que se essa refeição fosse omitida

---

[2] Homero, *Odisseia*, III.
[3] Ateneu, X, 49.
[4] Ateneu, IV, 17; IV, 21. Heródoto, VI, 57. Plutarco, *Cleômenes*, 43.
[5] Esse costume é atestado, no caso de Atenas, por Xenofonte, *Const. de At.*, 2; o Escoliasta de Aristófanes, *Nuvens*, 393; no caso de Creta e da Tessália, por autores citados por Ateneu, IV, 22; no caso de Argo, por uma inscrição, Boeckh, 1122; no caso de outras cidades, por Píndaro, *Nem.*, XI; Teógnis, 269; Pausânias, V, 15; Ateneu, IV, 32; IV, 61; X, 24 e 25; X, 49; XI, 66.

um só dia o Estado estaria ameaçado de perder o favor dos deuses.

Em Atenas, a sorte designava os homens que deviam participar do banquete comum, e a lei punia severamente os que se recusavam a cumprir esse dever. Os cidadãos que se sentavam à mesa sagrada revestiam-se momentaneamente de um caráter sacerdotal; eram chamados *parasitas*; essa palavra, que mais tarde se tornou expressão de desprezo, começou sendo um título sagrado.[6] Na época de Demóstenes, os parasitas haviam desaparecido; mas os prítanes ainda eram obrigados a comer juntos no Pritaneu. Em todas as cidades, havia salas reservadas para as refeições em comum.[7]

Vendo como as coisas se passavam nesses banquetes, reconhecemos uma cerimônia religiosa. Cada conviva tinha uma coroa sobre a cabeça; era, com efeito, um costume antigo coroar-se de folhas e de flores a cada vez que se executava um ato solene da religião. "Quanto mais ornados de flores estivermos", diziam, "mais certos estamos de agradar aos deuses; mas se sacrificares sem uma coroa, eles se afastarão de ti".[8] "Uma coroa", dizia-se ainda, "é a mensageira de bom augúrio que a prece envia à sua frente para os deuses".[9] Os convivas, pela mesma razão, vestiam-se de roupas brancas; o branco era a cor sagrada entre os antigos, aquela que agradava aos deuses.[10]

A refeição começava sempre com uma prece e libações; cantavam hinos. A natureza dos pratos e o tipo de vinho que deviam servir eram definidos pelo ritual de cada cidade.

---

[6] Plutarco, *Sólon*, 24. Ateneu, VI, 26.
[7] Demóstenes, *Pro corona*, 53. Aristóteles, *Política*, VII, 1, 19. Pólux, VIII, 155.
[8] Fragmento de Safo, em Ateneu, XV, 16.
[9] Ateneu, XV, 19.
[10] Platão, *Leis*, XII, 956. Cícero, *De legib.*, II, 18. Virgílio, V, 70, 774; VII, 135; VIII, 274. Assim também entre os hindus, nos atos religiosos, era preciso usar uma coroa e estar vestido de branco.

Afastar-se no que quer que fosse do costume seguido pelos antepassados, apresentar um prato novo ou alterar o ritmo dos hinos sagrados era uma impiedade grave pela qual a cidade inteira teria sido responsável perante os deuses. A religião chegava a definir a natureza dos vasos que deviam ser usados, quer para o preparo dos alimentos, quer para o serviço de mesa. Numa cidade, o pão tinha de ser colocado em cestos de cobre; noutra, só se usavam vasos de terra. A própria forma dos pães era determinada definitivamente.[11] Essas regras da velha religião jamais cessaram de ser observadas, e os banquetes sagrados conservaram sempre a sua simplicidade primitiva. Crenças, costumes, estado social, tudo mudou; essas refeições permaneceram imutáveis, uma vez que os gregos sempre observaram muito escrupulosamente a religião nacional.

É justo acrescentar que os convivas, depois de terem satisfeito a religião comendo os alimentos prescritos, podiam imediatamente em seguida começar outra refeição mais suculenta e mais de acordo com seu gosto. Era o costume em Esparta.[12]

O costume das refeições sagradas estava em vigor tanto na Itália quanto na Grécia. Diz Aristóteles que ele existira antigamente entre os povos chamados enótrios, oscos e ausônios.[13] Virgílio registrou duas vezes a lembrança deles na *Eneida*; o velho Latino recebe os enviados de Eneias, não em casa, mas num templo "consagrado pela religião dos antepassados; ali acontecem os festins sagrados depois da imolação das vítimas; ali todos os chefes de família juntos se sentavam a longas mesas". Mais adiante, quando Eneias chega à casa de Evandro, encontra-o a celebrar um sacrifício; o rei está no meio de seu povo; todos estão coroados de flores; todos, sentados à mesma mesa, cantam um hino em louvor do deus da cidade.

---

[11] Ateneu, I, 58; IV, 32; XI, 66.
[12] Ateneu, IV, 19; IV, 20.
[13] Aristóteles, *Política*, IV, 9, 3.

Esse costume perpetuou-se em Roma. Sempre havia uma sala onde os representantes das cúrias comiam em comum. Certos dias, o Senado fazia uma refeição sagrada no Capitólio.[14] Nas festas solenes, preparavam mesas nas ruas e todo o povo tomava lugar. Na origem, os pontífices presidiam a esses banquetes; mais tarde esse encargo foi delegado a sacerdotes especiais, chamados *epulões*.

Esses velhos costumes dão-nos uma ideia do laço estreito que unia os membros da cidade. A associação humana era uma religião; seu símbolo era uma refeição feita em comum. Devemos imaginar uma dessas pequenas sociedades primitivas reunida inteira, pelo menos os chefes de família, a uma mesma mesa, cada qual vestido de branco e levando uma coroa na cabeça; fazem todos juntos a libação, recitam uma mesma prece, cantam os mesmos hinos, comem o mesmo alimento preparado sobre o mesmo altar; em meio a eles estão presentes os avós, e os deuses protetores compartilham a refeição. O que constitui o vínculo social não é nem o interesse, nem uma convenção, nem o hábito; é essa comunhão santa que se dá piedosamente na presença dos deuses da cidade.

2º) As festas e o calendário

Desde sempre e em todas as sociedades, o homem quis honrar os seus deuses com festas; estabeleceu que haveria dias durante os quais o sentimento religioso reinaria sozinho em sua alma, sem ser distraído pelos pensamentos e pelas labutas terrestres. Dentre os dias que tinha para viver, reservou uma parte aos deuses.

Cada cidade fora fundada com ritos que, segundo os antigos, tiveram como efeito estabelecer dentro das suas fronteiras os

---

[14] Dionísio, II, 23. Aulo Gélio, XII, 8. Tito Lívio, XL, 59.

deuses nacionais. Era preciso que a virtude desses ritos fosse rejuvenescida a cada ano por uma nova cerimônia religiosa; chamavam dia natal a essa festa; todos os cidadãos deviam celebrá-la.

Tudo o que fosse sagrado dava lugar a uma festa. Havia a festa do limite da cidade, *amburbalia*, a das fronteiras do território, *ambarvalia*. Nesses dias, os cidadãos faziam uma grande procissão, vestidos de roupas brancas e coroas de folhas; davam a volta na cidade ou no território, cantando orações; à frente caminhavam os sacerdotes, conduzindo vítimas que eram imoladas ao fim da cerimônia.[15]

Vinha em seguida a festa do fundador. Depois, cada um dos Heróis da cidade, cada uma dessas almas que os homens invocavam como protetoras, exigia um culto; Rômulo tinha o seu e também Sérvio Túlio e muitos outros, como a ama de Rômulo e a mãe de Evandro. Atenas tinha também as festas de Cécropo, de Erecteu e de Teseu; e celebrava cada um dos heróis do país, o tutor de Teseu, Euristeu, Androgeu e uma multidão de outros.

Havia também as festas dos campos, da lavoura, da semeadura, da floração, das vindimas. Tanto na Grécia como na Itália, cada ato da vida do agricultor era acompanhado de sacrifícios, e os trabalhos eram executados recitando-se hinos sagrados. Em Roma, os sacerdotes definiam a cada ano o dia em que deviam começar as vindimas e o dia em que se podia beber o vinho novo. Tudo era determinado pela religião. A religião é que ordenava a poda da vinha, pois dizia aos homens: Será impiedade oferecer aos deuses uma libação com vinho de vinha não podada.[16]

---

[15] Tibulo, II, 1. Festo, verbete *Amburbiales*.
[16] Varrão, VI, 16. Virgílio, *Geórg.*, I, 340-350. Plínio, XVIII. Festo, verbete *Vinalia*. Plutarco, *Quest. rom.*, 40; *Numa*, 14.

Toda cidade tinha uma festa para cada uma das divindades que adotara como protetoras, e não raro elas eram muitas. À medida que o culto de uma nova divindade se introduzia na cidade, era preciso encontrar um dia do ano para consagrar a ela. O que caracterizava essas festas religiosas era a proibição do trabalho, a obrigação de estar alegre, o canto e os jogos em público. A religião ateniense acrescentava: Evitai prejudicar uns aos outros nesses dias.[17]

O calendário não era senão a sucessão das festas religiosas. Por isso era estabelecido pelos sacerdotes. Em Roma, durante muito tempo ele permaneceu sem ser escrito; no primeiro dia do mês, o pontífice, depois de ter oferecido um sacrifício, convocava o povo e dizia quais festas haveria naquele mês. Essa convocação chamava-se *calatio*, de onde vem o nome de calendas dado àquele dia.

O calendário não era definido nem pelo curso da Lua nem pelo curso aparente do Sol; era definido apenas pelas leis da religião: leis misteriosas que só os sacerdotes conheciam. Ora a religião determinava que se abreviasse o ano, ora que se alongasse. Podemos ter uma ideia dos calendários primitivos, se pensarmos que entre os albanos o mês de maio tinha doze dias e março, trinta e seis.[18]

É claro que o calendário de uma cidade não devia parecer-se em nada com o de outra, pois a religião não era a mesma entre elas e as festas diferiam como os deuses. O ano não tinha a mesma duração de uma cidade para outra. Os meses não tinham o mesmo nome; Atenas nomeava-os de modo completamente diferente de Tebas, e Roma, de Lavínio. Isso porque o nome de cada mês costumava ser tirado da principal festa que ele continha; ora, as festas não eram as mesmas. As cidades não entravam em acordo para fazer o ano começar na

---

[17] Lei de Sólon, citada por Demóstenes, *in Timocrat*.
[18] Censorino, 22. Macróbio, I, 14; I, 15. Varrão, V, 28; VI, 27.

mesma época, nem para contar a série de seus anos a partir de uma mesma data. Na Grécia, a festa de Olímpia com o tempo se tornou uma data universal, mas isso não impediu que cada cidade tivesse o seu ano particular. Na Itália, cada cidade contava os anos a partir do dia da sua fundação.

3º) O censo

Entre as cerimônias mais importantes da religião da cidade, uma havia que era chamada purificação. Ocorria todos os anos em Atenas;[19] em Roma, só se realizava a cada quatro anos. Os ritos nela observados e o seu próprio nome indicam que essa cerimônia devia ter por virtude apagar os erros cometidos contra o culto pelos cidadãos. Efetivamente, essa religião tão complicada era uma fonte de terrores para os antigos; como a fé e a pureza das intenções não tinham muita importância e toda a religião consistia na prática minuciosa de inúmeras prescrições, sempre se devia temer ter cometido alguma negligência, alguma omissão ou algum erro, e nunca se tinha certeza de não estar às voltas com a cólera ou o rancor de algum deus. Era preciso, pois, para tranquilizar o coração do homem, um sacrifício expiatório. O magistrado encarregado de praticá-lo (em Roma, era o censor; antes do censor era o cônsul; antes do cônsul, o rei) começava certificando-se, com a ajuda de auspícios, de que os deuses aprovariam a cerimônia. Convocava, em seguida, o povo por intermédio de um arauto, que se servia para isso de uma fórmula sacramental. Todos os cidadãos, no dia marcado, se reuniam fora dos muros; ali, estando todos em silêncio, o magistrado dava três voltas ao redor da assembleia, levando à sua frente três vítimas, um carneiro, um porco, um

---

[19] Diógenes Laércio, *Vida de Sócrates*, 23. Harpocrácion, Φάρμακος. Purificava-se igualmente a cada ano o lar doméstico: Ésquilo, *Coéf.*, 966.

touro (*suovetaurile*); a reunião desses três animais constituía, entre os gregos e entre os romanos, um sacrifício expiatório. Sacerdotes e vitimários seguiam a procissão; quando a terceira volta era completada, o magistrado pronunciava uma fórmula de oração e imolava as vítimas.[20] A partir desse momento, toda mácula era lavada, toda negligência no culto, reparada, e a cidade estava em paz com os seus deuses.

Para um ato dessa natureza e de tal importância, eram necessárias duas coisas: uma, que nenhum estrangeiro se introduzisse em meio aos cidadãos, o que teria perturbado e funestado a cerimônia; a outra era que todos os cidadãos estivessem presentes, sem o que a cidade teria podido conservar alguma mácula. Era preciso, pois, que essa cerimônia religiosa fosse precedida de uma enumeração dos cidadãos. Em Roma e em Atenas, eram contados com um cuidado muito escrupuloso; é provável que o seu número fosse pronunciado pelo magistrado na fórmula de prece e em seguida fosse inscrito na ata da cerimônia que o censor redigia.

A perda do direito de cidade era a punição para o homem que não se inscrevesse. Essa severidade é explicável. O homem que não tivesse participado do ato religioso, que não tivesse sido purificado, para o qual a oração não tivesse sido dita nem a vítima tivesse sido imolada não podia mais ser membro da cidade. Perante os deuses, que haviam estado presentes à cerimônia, ele não era mais cidadão.[21]

Podemos estimar a importância dessa cerimônia pelo poder exorbitante do magistrado que a presidia. O censor, antes de

---

[20] Varrão, *L. L.*, VI, 86. Valério Máximo, V; l, 10. Tito Lívio, I, 44; III, 22; VI, 27. Propércio, IV, l, 20. Sérvio, *ad Eclog.*, X, 55; *ad Aen.*, VIII, 231. Tito Lívio atribui essa instituição ao rei Sérvio; é de crer que ela fosse mais velha do que Roma, e que existisse em todas as cidades tanto quanto em Roma. O que fez que fosse atribuída a Sérvio foi justamente que ele a modificou, como veremos mais adiante.

[21] Os cidadãos ausentes de Roma deviam retornar para a lustração; nenhum motivo podia dispensá-los. Veleio, II, 15.

começar o sacrifício, distribuía o povo em certa ordem, aqui os senadores, ali os cavaleiros, lá as tribos. Senhor absoluto aquele dia, ele definia o lugar de cada homem nas diferentes categorias. Em seguida, estando todos posicionados segundo as suas recomendações, ele executava o ato sagrado. Ora, isso fazia que a partir desse dia até a lustração seguinte, cada homem conservasse na cidade a condição que o censor lhe houvesse atribuído na cerimônia. Era senador se aquele dia fosse incluído entre os senadores; cavaleiro, se tivesse figurado entre os cavaleiros. Simples cidadão, fazia parte da tribo em meio à qual tivesse estado aquele dia; e até, se o magistrado se houvesse recusado a admiti-lo na cerimônia, não era mais cidadão. Assim, o lugar que cada um tivesse ocupado no ato religioso e em que os deuses o tivessem visto, era aquele que ele conservaria na cidade durante quatro anos. Veio daí o imenso poder dos censores.

A essa cerimônia só os cidadãos assistiam; mas suas mulheres, seus filhos, seus escravos, seus bens, móveis e imóveis, eram, por assim dizer, purificados na pessoa do chefe de família. É por isso que, antes do sacrifício, cada um devia dar ao censor a enumeração das pessoas e das coisas que dependiam dele.

A lustração acontecia no tempo de Augusto com a mesma exatidão e os mesmos ritos que nos tempos mais remotos. Os pontífices ainda a consideravam um ato religioso; os homens de Estado viam nela pelo menos uma excelente medida administrativa.

4º) A religião na assembleia, no Senado, no tribunal, no exército; o triunfo

Não havia nenhum ato da vida pública em que não se fizesse intervirem os deuses. Como estavam sob o império da ideia de que eles fossem alternadamente excelentes protetores ou cruéis inimigos, o homem nunca ousava agir sem ter certeza de que eles lhe fossem favoráveis.

O povo só se reunia em assembleia nos dias em que a religião lho permitia. Recordava-se que certo dia ocorrera um desastre na cidade; sem dúvida nenhuma, aquilo acontecera porque os deuses haviam estado ou ausentes ou irritados; também sem dúvida ainda deviam estar assim a cada ano na mesma época, por motivos desconhecidos. Aquele dia, portanto, era para sempre nefasto: não havia reuniões, não se julgava, a vida pública estava suspensa.

Em Roma, antes de se começar a sessão, os áugures tinham de garantir que os deuses eram propícios. A assembleia começava com uma prece pronunciada pelo áugure, que o cônsul repetia depois dele. O mesmo acontecia com os atenienses: a assembleia sempre começava com um ato religioso. Um sacrifício era oferecido pelos sacerdotes; em seguida era traçado um grande círculo, derramando-se água lustral no chão, e era nesse círculo sagrado que os cidadãos se reuniam.[22] Antes que algum orador tomasse a palavra, era pronunciada uma prece diante do povo silencioso. Consultavam-se também os auspícios, e se se manifestasse no céu algum sinal de natureza funesta, imediatamente a assembleia se dispersava.[23]

A tribuna era um lugar sagrado, e o orador só subia a ela com uma coroa sobre a cabeça.[24]

O lugar de reunião do Senado de Roma era sempre um templo. Se ocorresse uma sessão num lugar que não fosse sagrado, as decisões tomadas seriam consideradas nulas; pois os deuses não estariam presentes a ela. Antes de qualquer deliberação, o presidente oferecia um sacrifício e pronunciava

---

[22] Aristófanes, *Acarnianos*, 44. Ésquines, *in Timarch.*, 1, 21; *in Ctesiph.*, 176, e Escoliasta. Dinarco, *in Aristog.*, 14.

[23] Aristófanes, *Acarnianos*, 171.

[24] Aristófanes, *Tesmofórias*, 381, e Escoliasta: Στέφανον ἔθος ἦν τοῖς λέγουσι στεφανοῦσθαι πρῶτον.

uma prece. Havia na sala um altar em que cada senador, ao entrar, vertia uma libação, invocando os deuses.[25]

O senado de Atenas não era muito diferente. A sala também continha um altar, uma lareira. Celebravam um ato religioso no início de cada sessão. Cada senador, ao entrar, aproximava-se do altar e pronunciava uma prece. Enquanto durava a sessão, cada senador trazia uma coroa sobre a cabeça, como nas cerimônias religiosas.[26]

A justiça só funcionava na cidade, tanto em Roma como em Atenas, nos dias indicados como favoráveis pela religião. Em Atenas, a sessão do tribunal ocorria junto a um altar e começava com um sacrifício.[27] Na época de Homero, os juízes se reuniam "num círculo sagrado".

Diz Festo que nos rituais dos etruscos havia a indicação de como se devia fundar uma cidade, consagrar um templo, distribuir as cúrias e as tribos na assembleia, dispor um exército na batalha. Todas essas coisas estavam indicadas nos rituais, porque todas diziam respeito à religião.

Na guerra, a religião era pelo menos tão poderosa quanto na paz. Havia nas cidades italianas[28] colégios de sacerdotes, chamados feciais, que presidiam, como os arautos entre os gregos, a todas as cerimônias sacras a que davam lugar as relações internacionais. Um fecial, com a cabeça coberta, uma coroa sobre a cabeça, declarava a guerra ao pronunciar uma fórmula sacramental. Ao mesmo tempo, o cônsul em trajes sacerdotais fazia um sacrifício e abria solenemente o templo da divindade mais antiga e mais venerada da Itália. Antes de partir para uma expedição, estando reunido o exército, o general pronunciava

---

[25] Varrão citado por Aulo Gélio, XIV, 7. Cícero, *ad Famil.*, X, 12. Suetônio, *Aug.*, 35. Díon Cássio, LIV, p. 621. Sérvio, VII, 153.
[26] Andócides, *De myst.*, 44; *De red.*, 15. Antifonte, *Pro chor.*, 45. Licurgo, *in Leocr.*, 122. Demóstenes, *in Midiam*, 114. Diodoro, XIV, 4.
[27] Aristófanes, *Vespas*, 860-865. Homero, *Ilíada*, XVIII, 504.
[28] Dionísio, II, 73. Sérvio, X, 14.

preces e oferecia um sacrifício. Ocorria exatamente o mesmo em Atenas e Esparta.[29]

O exército em campanha tinha a imagem da cidade; a sua religião seguia-o. Os gregos levavam consigo as estátuas das suas divindades. Todo exército grego ou romano trazia consigo uma lareira na qual se mantinha acesa dia e noite a chama sagrada.[30] O exército romano era acompanhado de áugures e de pulários; cada exército grego tinha um adivinho.

Consideremos um exército romano no momento em que se prepara para entrar em combate. O cônsul manda trazer uma vítima e a golpeia com o machado; ela cai: as suas entranhas devem indicar a vontade dos deuses. Um arúspice examina-as e, se os sinais forem favoráveis, o cônsul dá o sinal de batalha. As medidas mais hábeis, as circunstâncias mais felizes de nada servem se os deuses não permitirem o combate. O fundo da arte militar entre os romanos era jamais ser obrigado a combater contra a vontade, quando os deuses fossem adversos. Por isso faziam de seu campo, a cada dia, uma espécie de cidadela.

Consideremos agora um exército grego e tomemos como exemplo a Batalha de Plateia. Os espartanos estão posicionados em linha, cada qual em seu lugar de combate; têm todos uma coroa na cabeça, e os flautistas tocam os hinos religiosos. O rei, um pouco atrás das fileiras, degola as vítimas. Mas as entranhas não dão os sinais favoráveis, e é preciso recomeçar o sacrifício. Duas, três, quatro vítimas são sucessivamente imoladas. Enquanto isso, a cavalaria persa se aproxima, lança flechas, mata um número bastante alto de espartanos. Os espartanos permanecem imóveis, o escudo colocado a seus pés, sem nem sequer se defenderem dos golpes do inimigo. Aguardam o sinal dos deuses. As vítimas por fim apresentam

---

[29] Dionísio, IX, 57. Virgílio, VII, 601. Xenofonte, *Helênicas*, VI, 5.

[30] Heródoto, VIII, 6. Plutarco, *Agesilau*, 6; *Publícola*, 17. Xenofonte, *Gov. dos Laced.*, 14. Dionísio, IX, 6. Estobeu, 42. Júlio Obsequente, 12, 116.

os sinais favoráveis; os espartanos erguem então os escudos, pegam a espada, combatem e são vencedores.

Depois de cada vitória era oferecido um sacrifício; essa é a origem do triunfo, tão conhecido entre os romanos e não menos praticado entre os gregos. Esse costume era a consequência da opinião que atribuía a vitória aos deuses da cidade. Antes da batalha, o exército dirigira a eles uma prece análoga à que lemos em Ésquilo: "A vós, deuses que habitais e possuís o nosso território, se as nossas armas forem felizes e se a nossa cidade for salva, eu vos prometo regar vossos altares com o sangue das ovelhas, imolar-vos touros e exibir nos vossos templos santos os troféus conquistados pela lança".[31] Em virtude dessa promessa, o vencedor devia um sacrifício. O exército voltava à cidade para executá-lo; dirigia-se ao templo, formando uma longa procissão e cantando um hino sacro, θρίαμβος.[32]

Em Roma, a cerimônia era mais ou menos a mesma. O exército ia em procissão ao principal templo da cidade; os sacerdotes iam à frente do cortejo, conduzindo as vítimas. Chegado ao templo, o general imolava as vítimas aos deuses. Enquanto marchavam, os soldados usavam todos uma coroa, como convinha numa cerimônia sagrada, e cantavam um hino, como na Grécia. Houve um tempo, na verdade, em que os soldados não tiveram mais escrúpulo de substituir o hino, que não mais compreendiam, por canções de caserna ou chacotas contra o general. Mas pelo menos conservaram o costume de repetir de quando em quando o refrão, *Io triumphe*.[33] Era esse refrão que dava nome à cerimônia.

Assim, em tempo de paz e em tempo de guerra, a religião intervinha em todos os atos. Estava presente em toda parte, envolvia o homem. A alma, o corpo, a vida privada, a vida pública, as refeições, as festas, as assembleias, os tribunais, os

---

[31] Ésquilo, *Sete chefes*, 252-260. Eurípides, *Fenícias*, 573.
[32] Diodoro, IV, 5. Fócio: Θρίαμβος ἐπίδειξις νίκης, πομπή.

combates, tudo estava sob o império dessa religião da cidade. Ela definia todas as ações do homem, dispunha de todos os instantes da sua vida, determinava todos os seus hábitos. Governava o ser humano com uma autoridade tão absoluta, que nada sobrava que ficasse fora dela.

Seria ter uma ideia muito falsa da natureza humana crer que essa religião dos antigos era uma impostura e, por assim dizer, uma comédia. Pretende Montesquieu que os romanos só estabeleceram um culto para subjugar o povo. Jamais religião nenhuma teve essa origem, e toda religião que chegou a ponto de só se sustentar nessa razão de utilidade pública não conseguiu durar muito. Diz ainda Montesquieu que os romanos sujeitavam a religião ao Estado; o contrário é que é verdade; é impossível ler algumas páginas de Tito Lívio sem ficar convencido disso. Nem os romanos nem os gregos conheceram estes tristes conflitos, tão comuns em outras sociedades, entre a Igreja e o Estado. Mas isso se deve unicamente ao fato de que tanto em Roma, como em Esparta e em Atenas, o Estado estava sob o jugo da religião; ou antes, o Estado e a religião estavam tão completamente entrelaçados que era impossível não só ter a ideia de um conflito entre eles, mas até os distinguir um do outro.

CAPÍTULO VIII

Os rituais e os anais

O caráter e a virtude da religião dos antigos não era elevar a inteligência humana à concepção do absoluto, abrir para o espírito ávido um caminho deslumbrante ao fim do qual pudesse entrever Deus. Essa religião era um conjunto desconexo de pequenas crenças, pequenas práticas, ritos minuciosos. Não se devia procurar o sentido deles; não havia nada sobre que se refletir, nada para se dar conta. A palavra religião não significava o que significa para nós; sob essa palavra entendemos um conjunto de dogmas, uma doutrina sobre Deus, um símbolo de fé sobre os mistérios que estão em nós e ao nosso redor; essa mesma palavra, entre os antigos, significava ritos, cerimônias, atos de culto exterior. A doutrina não era importante; o que importava eram as práticas; elas é que eram obrigatórias e *ligavam* o homem (*ligare, religio*). A religião era um vínculo material, uma corrente que mantinha o homem escravo. O homem fizera-a e era governado por ela. Tinha medo dela e não ousava nem raciocinar, nem discutir nem olhá-la de frente. Deuses, Heróis, mortos exigiam dele um culto material, e ele lhes pagava a sua dívida, para torná-los amigos e, mais ainda, para não torná-los inimigos.

O homem não contava muito com a amizade deles. Eram deuses invejosos, irritáveis, sem apego nem benevolência, que gostavam de entrar em guerra com o homem. Nem os deuses amavam o homem nem o homem amava os seus deuses. Cria na existência deles, mas preferiria que eles não existissem. Mesmo os seus deuses domésticos ou nacionais, ele os temia, tinha sempre medo de ser traído por eles. Incorrer no ódio desses seres invisíveis era a sua grande preocupação. Passava a vida tentando apaziguá-los, *paces deorum quaerere*, diz o poeta. Mas como contentá-los? Como, sobretudo, ter certeza de que os contentava e estavam do seu lado? Acreditou tê-la encontrado no uso de certas fórmulas. Determinada oração, composta de tais palavras, fora seguida do bom êxito que se pedira, isso sem dúvida porque fora ouvida pelo deus, agira sobre ele, fora poderosa, mais poderosa do que ele, pois ele não conseguira resistir a ela. Conservavam-se, então, os termos misteriosos e sagrados dessa prece. Depois do pai, o filho a repetia. Desde que souberam escrever, foram postas por escrito. Cada família, pelo menos cada família religiosa, tinha um livro que continha as fórmulas de que se haviam servido os antepassados e às quais os deuses haviam cedido.[1] Era uma arma de que o homem se valia contra a inconstância dos seus deuses. Mas era preciso não mudar nem uma palavra, nem uma sílaba nem sobretudo o ritmo no qual devia ser cantada. Pois então a prece perderia a força, e os deuses permaneceriam livres.

Mas a fórmula não era o bastante: ainda havia atos exteriores cujo pormenor era minucioso e imutável. Eram definidos os menores gestos do sacrificador e as menores partes dos seus paramentos. Ao se dirigir a um deus, era preciso ter a cabeça coberta; a um outro, a cabeça descoberta; para um terceiro, o pano da toga devia ser erguido até os ombros. Em certos atos, era preciso estar descalço. Havia preces que só tinham eficácia se o homem, depois de pronunciá-las, desse uma pirueta sobre si mesmo, da esquerda para a direita. A natureza da vítima, a cor dos pelos, a maneira de degolá-la, até a forma da faca, a espécie de madeira que se devia empregar para assar as carnes, tudo isso estava definido para cada deus pela religião de cada família ou de cada cidade. Em vão o coração mais fervoroso oferecia aos deuses as vítimas mais gordas; se um dos inúmeros ritos do sacrifício fosse negligenciado, o sacrifício era nulo. O menor erro transformava um ato sagrado num ato ímpio. A mais leve alteração perturbava e abalava a religião da pátria, e transformava os deuses protetores em inimigos cruéis. Por isso Atenas era severa com o sacerdote que mudasse alguma coisa nos ritos antigos;[2] por isso o Senado de Roma degradava os cônsules e os ditadores que tivessem cometido algum erro num sacrifício.

Todas essas fórmulas e essas práticas haviam sido legadas pelos antepassados, que haviam comprovado a eficácia delas. Não havia lugar para inovação. Devia-se repousar sobre o que

---

[1] Dionísio, I, 75. Varrão, VI. 90. Cícero, *Brutus,* 16. Aulo Gélio, XIII, 19.
[2] Demóstenes, *in Neoeram*, 116, 117.

os antepassados haviam feito, e a suprema piedade consistia em fazer como eles. Pouco importava que a crença mudasse: ela podia modificar-se livremente ao longo do tempo e assumir mil formas diferentes, ao capricho da reflexão dos sábios ou da imaginação popular. Era, porém, de suma importância que as fórmulas não caíssem no esquecimento e os ritos não se modificassem. Por isso, cada cidade tinha um livro onde tudo isso era guardado.

O uso dos livros sagrados era universal entre os gregos, entre os romanos e entre os etruscos.[3] Ora o ritual era escrito em tabuinhas de madeira, ora na tela; Atenas gravava os seus ritos em chapas de cobre, para que fossem imperecíveis. Roma tinha os livros dos pontífices, os livros dos áugures, o livro das cerimônias e a coletânea dos *Indigitamenta*. Não havia cidade que também não tivesse uma coleção de velhos hinos em honra dos seus deuses;[4] em vão mudava a língua com os costumes e as crenças; as palavras e o ritmo permaneciam imutáveis, e nas festas continuavam a cantar esses hinos sem compreendê-los.

Esses livros e esses cantos, escritos pelos sacerdotes, eram por eles conservados com todo cuidado. Nunca eram mostrados aos estrangeiros. Revelar um rito ou uma fórmula teria sido trair a religião da cidade e entregar os seus deuses ao inimigo. Por precaução, eram escondidos até dos cidadãos, e só os sacerdotes podiam tomar conhecimento deles.

Pensavam esses povos que tudo o que fosse antigo era respeitável e sagrado. Quando um romano queria dizer que gostava de algo, dizia: Para mim, isso é antigo. Os gregos tinham a mesma expressão. As cidades tinham forte apego por seu passado, porque era no passado que encontravam todos os motivos e todas as normas da religião. Precisavam lembrar-se,

---
[3] Pausânias, IV, 27. Plutarco, *Contra Colotes*, 17. Pólux, VIII, 128. Plínio, *H. N.*, XIII, 21. Valério Máximo, I, i, 3. Varrão, *L. L.*, VI, 16. Censorino, 17. Festo, verbete *Rituales*.

[4] Plutarco, *Teseu*, 16. Tácito, *Anais*, IV, 43. Eliano, *História Vária*, II, 39.

pois todo o culto se baseava em lembranças e em tradições. Assim, a história tinha para os antigos muito mais importância do que para nós. Ela existiu durante muito tempo antes dos Heródotos e dos Tucídides; escrita ou não escrita, simples tradição oral ou livro, ela foi contemporânea do nascimento das cidades. Não havia cidade, por menor e mais obscura que fosse, que não tratasse com toda a atenção de conservar a lembrança do que nela se passara. Não era vaidade, era religião. A cidade julgava não ter o direito de esquecer alguma coisa; pois tudo em sua história estava ligado ao culto.

A história começava, de fato, com o ato da fundação e dizia o nome sagrado do fundador. Prosseguia com a lenda dos deuses da cidade, dos heróis protetores. Ensinava a data, a origem, a razão de cada culto, e explicava os seus ritos obscuros. Nela eram consignados os prodígios que os deuses do país haviam operado e pelos quais haviam manifestado poder, bondade ou cólera. Nela se descreviam as cerimônias pelas quais os sacerdotes haviam habilmente evitado um mau presságio ou apaziguado o rancor dos deuses. Nela se registravam que epidemias haviam atingido a cidade e por que fórmulas santas haviam sido curadas, em que dia fora consagrado um templo e por que motivo um sacrifício fora estabelecido. Nela se inscreviam todos os eventos que podiam relacionar-se com a religião, as vitórias que provavam a assistência dos deuses e nas quais muitas vezes esses deuses foram vistos a combater, as derrotas que indicavam a sua ira e pelas quais fora preciso instituir um sacrifício expiatório. Tudo isso estava escrito para ensinamento e piedade dos descendentes. Toda essa história era a prova material da existência dos deuses nacionais; pois os acontecimentos que continha eram a forma visível sob a qual esses deuses se haviam revelado de época em época. E, além disso, entre esses fatos muitos havia que davam lugar a festas e sacrifícios anuais. A história da cidade dizia ao cidadão tudo em que ele devia crer e o que devia adorar.

Assim, essa história era escrita por sacerdotes. Roma tinha os anais dos pontífices; os sacerdotes sabinos, os sacerdotes samnitas, os sacerdotes etruscos tinham outros semelhantes.[5] Entre os gregos, chegou até nós a lembrança dos livros ou anais sagrados de Atenas, de Esparta, de Delfos, de Naxos e de Tarento.[6] Quando Pausânias percorreu a Grécia, na época de Adriano, os sacerdotes de cada cidade contaram-lhe as velhas histórias locais; não as inventavam; haviam-nas aprendido nos anais.

Esse tipo de história era totalmente local. Começava na fundação, porque o que fosse anterior a essa data não interessava à cidade; e é por isso que os antigos ignoraram tão completamente as suas origens. Também só narrava os eventos de que a cidade tivesse participado, e não tratava do resto da terra. Cada cidade tinha a sua história especial, como a sua religião e o seu calendário.

É de crer que esses anais das cidades fossem muito secos, muito estranhos quanto ao fundo e à forma. Não eram obras de arte, mas obras de religião. Mais tarde vieram os escritores, os narradores como Heródoto, os pensadores como Tucídides. A história saiu, então, das mãos dos sacerdotes e se transformou. Infelizmente, esses belos e brilhantes escritos nos deixam ainda lamentar os velhos anais das cidades e tudo o que eles nos poderiam ensinar sobre as crenças e a vida íntima dos antigos. Mas esses livros, que parece terem sido mantidos secretos, que não saíam dos santuários, de que não se faziam cópias e que só os sacerdotes liam, pereceram todos, e deles só nos restou uma ligeira lembrança.

---

[5] Dionísio, II, 49. Tito Lívio, X, 33. Cícero, *De divin.*, II, 41; I, 33; II, 23. Censorino, 12, 17. Suetônio, *Cláudio*, 42. Macróbio, I, 12; V, 19. Solino, II, 9. Sérvio, VII, 678; VIII, 398. Cartas de Marco Aurélio, IV, 4.
[6] Plutarco, *Contra Colotes*, 17; Sólon, 11; *Morales*, p. 869. Ateneu, XI, 49. Tácito, *Anais*, IV, 43.

É verdade que essa lembrança tem grande valor para nós. Sem ela, teríamos talvez o direito de rejeitar tudo o que a Grécia e Roma nos contam de suas antiguidades; todas essas narrativas, que nos parecem tão pouco verossímeis porque se afastam de nossos hábitos e de nossa maneira de pensar e de agir, poderiam ser tidas como o produto da imaginação dos homens. Mas essa lembrança que chegou até nós dos velhos anais mostra-nos o piedoso respeito que os antigos tinham por sua história. Cada cidade dispunha de arquivos onde os fatos eram religiosamente depositados à medida que se produziam. Nesses livros sagrados, cada página era contemporânea do evento que contava. Era materialmente impossível alterar esses documentos, pois estavam sob a guarda dos sacerdotes, e a religião tinha grande interesse em que eles permanecessem inalterados. Não era fácil nem mesmo para o pontífice, conforme escrevia as suas linhas, neles inserir deliberadamente fatos contrários à verdade. Pois se acreditava que todo evento viesse dos deuses, revelasse a vontade deles, propiciasse às gerações seguintes lembranças piedosas e até atos sagrados; todo acontecimento que se produzisse na cidade passava de imediato a fazer parte da religião do futuro. Com tais crenças, é compreensível que tenha havido muitos erros involuntários, resultado da credulidade, da predileção pelo maravilhoso, da fé nos deuses nacionais; mas é inconcebível a mentira voluntária; pois teria sido ímpia; teria violado a santidade dos anais e alterado a religião. Podemos, portanto, crer que nesses velhos livros, se nem tudo era veraz, pelo menos neles nada havia que o sacerdote não considerasse veraz. Ora, para o historiador que busca lançar um pouco de luz na obscuridade daqueles velhos tempos, é um poderoso motivo de confiança saber que, se está lidando com erros, não está lidando com a impostura. E até esses erros, tendo ainda a vantagem de serem contemporâneos das épocas distantes que estuda, podem revelar-lhe, senão o pormenor dos acontecimentos, pelo menos as crenças sinceras dos homens.

Esses anais, na verdade, eram mantidos secretos; nem Heródoto nem Tito Lívio os liam. Mas vários trechos de autores antigos provam que algo transpirava deles para o público e fragmentos deles chegavam ao conhecimento dos historiadores.

Havia, aliás, além dos anais, documentos escritos e autênticos, uma tradição oral que se perpetuava entre o povo de uma cidade: não uma tradição vaga e indiferente como as nossas, mas uma tradição cara às cidades, que não variava ao capricho da imaginação e que o povo não tinha a liberdade de modificar, uma vez que fazia parte do culto e era composta de narrativas e cantos que se repetiam de ano em ano nas festas da religião. Esses hinos sagrados e imutáveis fixavam as lembranças e revigoravam perpetuamente a tradição.

Sem dúvida, não podemos crer que essa tradição tivesse a exatidão dos anais. O desejo de louvar os deuses podia ser mais forte que o amor à verdade. Devia, porém, ser pelo menos o reflexo dos anais e achar-se normalmente de acordo com eles. Pois os sacerdotes que redigiam e liam os anais eram os mesmos que presidiam às festas em que as velhas narrativas eram cantadas.

Chegou, aliás, um tempo em que esses anais foram divulgados; Roma acabou publicando os seus; foram divulgados os das outras cidades italianas; os sacerdotes das cidades gregas não tiveram escrúpulos de contar o que os deles registravam. Esses autênticos monumentos foram estudados, consultados. Formou-se uma escola de eruditos, desde Varrão e Vérrio Flaco até Aulo Gélio e Macróbio. Fez-se a luz sobre toda a história antiga. Foram corrigidos alguns erros que se haviam introduzido na tradição e os historiadores da época anterior tinham repetido; soube-se, por exemplo, que Porsena tomara Roma e que fora pago ouro aos gauleses. Começou a idade da crítica histórica. Mas é digno de nota que essa crítica, que ia às fontes e estudava os anais, neles nada tivesse encontrado que lhe desse o direito de rejeitar o complexo histórico que os Heródotos e os Titos Lívios haviam construído.

CAPÍTULO IX

Governo da cidade. O rei

1º) Autoridade religiosa do rei

Não devemos imaginar uma cidade, em seu nascimento, deliberando sobre o governo que vai adotar, buscando e discutindo as suas leis, combinando as suas instituições. Não foi assim que as leis foram elaboradas e os governos foram estabelecidos. As instituições políticas da cidade nasceram com a própria cidade, no mesmo dia em que ela nasceu; cada membro da cidade as trazia dentro de si, pois elas estavam em germe nas crenças e na religião de cada homem.

A religião recomendava que o fogo sagrado tivesse sempre um sumo sacerdote. Não admitia que a autoridade sacerdotal fosse compartilhada. O fogo sagrado doméstico tinha um sumo sacerdote, que era o pai de família; o fogo sagrado da cúria tinha o seu curião ou fratriarca; cada tribo tinha também seu chefe religioso, a que os atenienses chamavam rei da tribo. A religião da cidade devia ter também o seu sacerdote supremo.

Esse sacerdote da lareira pública recebia o nome de rei. Às vezes lhe davam outros títulos; como era, antes de tudo, sacerdote do pritaneu, os gregos gostavam de chamá-lo prítane; às vezes o chamavam também arconte. Sob esses nomes diversos, rei, prítane, arconte, devemos ver um personagem que é sobretudo o chefe do culto; ele toma conta do fogo, faz o sacrifício e pronuncia a prece, preside as refeições religiosas.

É importante provar que os antigos reis da Itália e da Grécia eram sacerdotes. Lemos em Aristóteles: "O encargo dos sacrifícios públicos da cidade pertence, segundo o costume religioso, não a sacerdotes especiais, mas a esses homens que recebem da lareira a sua dignidade e que são chamados, aqui reis, lá prítanes, acolá arcontes".[1] Assim fala Aristóteles, o homem que conheceu melhor as constituições das cidades gregas. Esse trecho tão preciso prova, primeiro, que as três palavras rei, prítane e arconte foram durante muito tempo sinônimas; isso é tão verdadeiro, que um antigo historiador, Cáron de Lâmpsaco, ao escrever um livro sobre os reis da Lacedemônia, o intitulou: *Arcontes e prítanes dos lacedemônios.*[2] Prova também que o personagem que era chamado indiferentemente por um desses três nomes, talvez pelos três ao mesmo tempo, era o sacerdote da cidade, e que o culto da lareira pública era a fonte da sua dignidade e do seu poder.

Esse caráter sacerdotal da realeza primitiva é claramente indicado pelos escritores antigos. Em Ésquilo, as filhas de Dânao dirigem-se ao rei de Argo nestes termos: "És o prítane supremo e zelas pelo fogo sagrado deste país".[3] Em Eurípides, Orestes, assassino de sua mãe, diz a Menelau: "É justo que, filho de Agamêmnon, eu reine em Argo"; e Menelau lhe responde: "Estás, pois, em condições, tu, assassino, de tocar os vasos de água lustral para os sacrifícios? Estás em condições de degolar as vítimas?".[4] A principal função do rei era, por conseguinte, executar as cerimônias religiosas. Um antigo rei de Sícion foi deposto porque, tendo a sua mão sido conspurcada por um assassínio, já não podia oferecer os sacrifícios.[5] Não mais podendo ser sacerdote, não mais podia ser rei.

---

[1] Aristóteles, *Política*, VII, 5, 11 (VI, 8). Comp. Dionísio, II, 65.
[2] Suidas, *verbete* Χάρων.
[3] Ésquilo, *Suplicantes*, 361 (357).
[4] Eurípides, *Orestes*, 1605.
[5] Nicolau de Damasco, nos *Fragments des historiens grecs*, t. III, p. 394.

Homero e Virgílio mostram-nos os reis ocupados sem cessar com cerimônias sacras. Sabemos por Demóstenes que os antigos reis da Ática faziam eles próprios todos os sacrifícios que eram prescritos pela religião da cidade, e por Xenofonte que os reis de Esparta eram os chefes da religião lacedemônia.[6] Os lucumões etruscos eram ao mesmo tempo magistrados, chefes militares e pontífices.[7]

Não foi diferente com os reis de Roma. A tradição representa-os sempre como sacerdotes. O primeiro foi Rômulo, instruído na ciência augural, que fundou a cidade de acordo com ritos religiosos. O segundo foi Numa; ele preenchia, diz Tito Lívio, a maior parte das funções sacerdotais; mas previu que os seus sucessores, tendo com frequência de se ocupar das guerras, nem sempre poderiam cuidar dos sacrifícios, e instituiu os flâmines para substituírem os reis quando estes estivessem ausentes de Roma. Assim, o sacerdócio romano não era senão uma espécie de emanação da realeza primitiva.

Esses reis-sacerdotes eram entronizados com um cerimonial religioso. O novo rei, conduzido até o cume do monte Capitolino, sentava-se num assento de pedra, com o rosto voltado para o sul. À sua esquerda estava sentado um áugure, com a cabeça coberta de fitinhas sagradas e segurando o bastão augural. Traçava no céu certas linhas, pronunciava uma prece e, colocando a mão sobre a cabeça do rei, suplicava aos deuses que indicassem com um sinal visível que esse chefe lhes era agradável. Em seguida, tão logo um relâmpago ou o voo dos pássaros manifestasse o assentimento dos deuses, o novo rei tomava posse de seu cargo. Tito Lívio descreve essa cerimônia para a instalação de Numa; Dionísio garante que ela ocorria para todos os reis, e, depois dos reis, para os cônsules; acrescenta que ela ainda era praticada em seu tempo.[8] Tal costume

---

[6] Demóstenes, *in. Neoer.* Xenofonte, *Gov. Laced.*, 13.
[7] Virgílio, X, 175. Tito Lívio, V, 1. Censorino, 4.
[8] Tito Lívio, I, 18. Dionísio, II, 6; IV, 80.

tinha a sua razão de ser: como o rei seria o chefe supremo da religião e a salvação da cidade dependeria de suas preces e de seus sacrifícios, tinha-se o direito de certificar-se primeiro de que esse rei fosse aceito pelos deuses.

Os antigos não nos informam sobre a maneira como os reis de Esparta eram eleitos; mas podemos ter certeza de que faziam intervir na eleição a vontade dos deuses. Reconhecemos até por velhos costumes, que duraram até o fim da história de Esparta, que a cerimônia pela qual eles eram consultados era renovada a cada nove anos; tal era o medo de que o rei perdesse as boas graças da divindade. "A cada nove anos", diz Plutarco, "os éforos escolhiam uma noite muito clara, mas sem lua, e se sentavam em silêncio, com os olhos fitos no céu. Se vissem uma estrela atravessar o céu de ponta a ponta, isso lhes indicava que seus reis eram culpados de algum erro contra os deuses. Suspendiam-nos então da realeza até que um oráculo vindo de Delfos os restabelecesse de sua degradação".[9]

2º) Autoridade política do rei

Assim como na família a autoridade era inerente ao sacerdócio, e o pai, enquanto chefe do culto doméstico, era ao mesmo tempo juiz e senhor, assim também o sumo sacerdote da cidade era o chefe político. O altar, segundo a expressão de Aristóteles, conferiu-lhe dignidade e poder. Essa confusão do sacerdócio e do poder nada tem de surpreendente. Reencontramo-la na origem de quase todas as sociedades, tanto porque, na infância dos povos, só a religião pode obter a obediência deles, como porque a nossa natureza sente necessidade de só se submeter ao império de uma ideia moral.

---

[9] Plutarco, *Ágis*, 11.

Dissemos o quanto a religião da cidade se intrometia em todas as coisas. O homem sentia-se a todo momento dependente dos seus deuses e, por consequência, desse sacerdote que estava situado entre eles e ele. Esse sacerdote é quem zelava pelo fogo sagrado; seu culto de cada dia, como diz Píndaro, é que a cada dia salvava a cidade.[10] Era ele que conhecia as fórmulas de oração a que os deuses não resistiam; no momento do combate, era ele quem degolava a vítima e atraía para o exército a proteção dos deuses. Era muito natural que um homem armado de tal poder fosse aceito e reconhecido como chefe. Do fato de a religião misturar-se ao governo, à justiça, à guerra, resultou necessariamente que o sacerdote fosse ao mesmo tempo magistrado, juiz e chefe militar. "Os reis de Esparta", diz Aristóteles,[11] "têm três atribuições: executam os sacrifícios, comandam na guerra e distribuem a justiça". Dionísio de Halicarnasso exprime-se nos mesmos termos a respeito dos reis de Roma.

As regras constitutivas dessa monarquia foram muito simples, e não foi necessário procurá-las por muito tempo; elas decorreram das regras mesmas do culto. O fundador que estabelecera a lareira foi naturalmente o seu primeiro sacerdote. A hereditariedade era a regra constante, originalmente, para a transmissão desse culto; fosse a lareira de uma família ou de uma cidade, a religião prescrevia que o cuidado de conservá-la passasse sempre de pai para filho. O sacerdócio foi, portanto, hereditário, e com ele o poder.[12]

Um traço bem conhecido da história antiga da Grécia prova de maneira impressionante que a realeza pertenceu originalmente ao homem que estabelecera o fogo sagrado da

---

[10] Píndaro, *Nem.*, XI, 5.
[11] Aristóteles, *Política*, III, 9.
[12] Só falamos aqui dos primeiros tempos das cidades. Veremos mais adiante que mais tarde virá um tempo em que a hereditariedade terá deixado de ser a regra, e diremos por que a realeza, em Roma, não foi hereditária.

cidade. Sabemos que a população das colônias jônias não era composta de atenienses, mas uma mistura de pelasgos, eólios, abantes e cadmeus. As lareiras das cidades novas, porém, foram todas estabelecidas por membros da família religiosa de Codro. Isto fez que esses colonos, em vez de ter por chefes homens de sua raça, os pelasgos um pelasgo, os abantes um abante, os eólios um eólio, deram todos a realeza, em suas doze cidades, aos codridas.[13] Com certeza, esses personagens não tinham adquirido sua autoridade pela força, pois eram quase os únicos atenienses que havia nessa numerosa aglomeração. Mas como tinham estabelecido os fogos, era a eles que cabia conservá-los. A realeza foi-lhe, portanto, concedida sem contestação, e permaneceu hereditária em sua família. Bato fundara Cirene na África: os batíadas durante tempo detiveram ali a dignidade real. Prótis fundara Marselha: os protíadas, de pai para filho, exerceram ali o sacerdócio e gozaram grandes privilégios.

Não foi, portanto, a força que fez os chefes e os reis nessas antigas cidades. Não seria veraz dizer que o primeiro que nelas foi rei tenha sido um soldado bem-sucedido. A autoridade decorreu do culto do fogo sagrado. A religião fez o rei na cidade, como havia feito o chefe de família na casa. A crença, a indiscutível e imperiosa crença, dizia que o sacerdote hereditário da lareira era o depositário das coisas santas e o guardião dos deuses. Como hesitar em obedecer a tal homem? O rei era um ser sagrado; βασιλεῖς ἱεροί, diz Píndaro. Via-se nele, não exatamente um deus, mas pelo menos "o homem mais poderoso para conjurar a cólera dos deuses",[14] o homem sem o concurso do qual nenhuma prece era eficaz, nenhum sacrifício era aceito.

Essa realeza meio religiosa e meio política estabeleceu-se em todas as cidades, desde o nascimento delas, sem esforços

---

[13] Heródoto, I, 142-148. Pausânias, VI. Estrabão.
[14] Sófocles, *Édipo Rei*, 34.

da parte dos reis, sem resistência da parte dos súditos. Não vemos na origem dos povos antigos as flutuações e as lutas que assinalam o difícil parto das sociedades modernas. Sabemos quanto tempo foi preciso, depois da queda do império romano, para reencontrar as regras de uma sociedade regular. A Europa viu durante séculos vários princípios opostos disputarem o governo dos povos, e os povos às vezes rejeitarem toda organização social. Não se vê tal espetáculo nem na antiga Grécia nem na antiga Itália; sua história não começa com conflitos; as revoluções só apareceram no fim. Entre essas populações, a sociedade se formou lentamente, longamente, gradualmente, passando da família à tribo e da tribo à cidade, mas sem sobressaltos e sem lutas. A realeza estabeleceu-se muito naturalmente, primeiro na família, depois na cidade. Ela não foi imaginada pela ambição de alguns; nasceu de uma necessidade manifesta aos olhos de todos. Durante longos séculos, foi pacífica, honrada, obedecida. Os reis não precisavam da força material; não tinham nem exércitos nem finanças; porém, sustentada por crenças que tinham poder sobre a alma, sua autoridade era santa e inviolável.

Uma revolução, de que falaremos mais adiante, derrubou a realeza em todas as cidades. Ao cair, porém, ela não deixou nenhum ódio no coração dos homens. Jamais se apoderou dela esse desprezo misturado com rancor que normalmente está ligado às majestades abatidas. Embora tivesse caído, o respeito e o afeto dos homens permaneceram ligados à sua memória. Vimos até na Grécia algo que não é muito comum na história, que nas cidades em que a família real não se extinguiu, não só ela não foi expulsa, mas os mesmos homens que a haviam derrubado do poder continuaram a honrá-la. Em Éfeso, em Marselha, en Cirene, a família real, despojada do poder, permaneceu rodeada do respeito dos povos e até conservou o título e as insígnias da realeza.[15]

---

[15] Estrabão, IV, 171; XIV, 632; XIII, 608. Ateneu, XIII, 576.

Os povos estabeleceram o regime republicano; mas o nome de rei, longe de tornar-se uma injúria, continuou sendo um título venerado. Costuma-se dizer que essa palavra era odiosa e desprezada: curioso erro! Os romanos a aplicavam aos deuses em suas preces. Se os usurpadores jamais ousaram tomar esse título, não foi porque ele fosse odioso, mas antes porque era sagrado.[16] Na Grécia, a monarquia foi muitas vezes restabelecida nas cidades; mas os novos monarcas jamais acreditaram ter o direito de adotar o título de reis e se contentaram em ser chamados tiranos. A diferença entre esses dois nomes não era o maior ou menor número de qualidades morais que se achavam no soberano; não chamavam rei a um bom príncipe e tirano a um mau. A religião é que os distinguia um do outro. Os reis primitivos haviam desempenhado as funções de sacerdotes e haviam recebido do fogo sagrado a autoridade; os tiranos da época posterior eram apenas chefes políticos e deviam seu poder só à força ou à eleição.

CAPÍTULO X

O magistrado

A confusão da autoridade política e do sacerdócio no mesmo personagem não cessou com a realeza. A revolução que estabeleceu o regime republicano não separou funções cuja mistura parecia muito natural e era na época a lei fundamental da sociedade humana. O magistrado que substituiu o rei foi, como ele, um sacerdote e ao mesmo tempo um chefe político.

---

[16] *Sanctitas regum*, Suetônio, *Júlio César*, 6. Tito Lívio, III, 39. Cícero, *Republ.*, I, 33.

Às vezes esse magistrado anual tinha o título sagrado de rei.[1] Em outros lugares, o nome de prítane,[2] que lhe foi conservado, indicava a sua principal função. Em outras cidades, o título de arconte prevaleceu. Em Tebas, por exemplo, o primeiro magistrado foi chamado com esse nome; mas o que diz Plutarco dessa magistratura mostra que ela diferia pouco de um sacerdócio. Esse arconte, durante o tempo de seu cargo, devia usar uma coroa,[3] como convinha a um sacerdote; a religião proibia-lhe deixar crescer os cabelos e levar consigo algum objeto de ferro, prescrições que o fazem parecer-se um pouco com os flâmines romanos. A cidade de Plateia também tinha um arconte, e a religião dessa cidade ordenava que, durante toda a sua magistratura, ele se vestisse de branco,[4] ou seja, da cor sagrada.

Os arcontes atenienses, no dia em que eram empossados, subiam à acrópole com a cabeça coroada de mirto e ofereciam um sacrifício à divindade protetora da cidade.[5] Era também costume que no exercício de suas funções eles levassem uma coroa de folhas na cabeça.[6] Ora, é certo que a coroa, que com o tempo se tornou e continuou sendo o emblema do poder, não era na época senão um emblema religioso, um sinal exterior que acompanhava a prece e o sacrifício.[7] Entre esses novos arcontes, aquele que era chamado rei era sobretudo o chefe da religião; mas cada um dos seus colegas devia cumprir alguma função sacerdotal, oferecer algum sacrifício aos deuses.[8]

---

[1] Em Mégara, em Samotrácia. Tito Lívio, XLV, 5. Boeckh, *Corp. Inscr.*, 1052.
[2] Píndaro, *Nemeias*, XI.
[3] Plutarco, *Quest. rom.*, 40.
[4] *Id.*, *Aristides*, 21.
[5] Tucídides, VIII, 70. Apolodoro, fr. 21 (coleção Didot).
[6] Demóstenes, *in Midiam*, 38. Ésquines, *in Timarch.*, 19.
[7] Plutarco, *Nícias*, 3; *Fócion*, 37. Cícero, *in Verr.*, IV, 50.
[8] Pólux, VIII, cap. ix. Licurgo, col. Didot, t. II, p. 362.

Os gregos tinham uma expressão genérica para designar os magistrados; diziam: οἱ ἐν τέλει, o que significa literalmente os que devem executar o sacrifício,[9] velha expressão que mostra a ideia que primitivamente se tinha do magistrado. Diz Píndaro desses personagens que, pelas oferendas que fazem ao fogo sagrado, garantem a salvação da cidade.

Em Roma, o primeiro ato do cônsul era executar um sacrifício no fórum. Eram levadas algumas vítimas à praça pública; quando o pontífice as declarava dignas de serem oferecidas, o cônsul imolava-as com suas próprias mãos, enquanto um arauto pedia à multidão o silêncio religioso e um flautista tocava a melodia sagrada.[10] Poucos dias depois, o cônsul ia a Lavínio, de onde os Penates romanos tinham vindo, e oferecia mais um sacrifício.

Quando examinamos com certa atenção o caráter do magistrado entre os antigos, vemos quão pouco ele se assemelha aos chefes de Estado das sociedades modernas. Sacerdócio, justiça e comando confundem-se em sua pessoa. Ele representa a cidade, que é uma associação pelo menos tão religiosa quanto política. Tem em suas mãos os auspícios, os ritos, a prece, a proteção dos deuses. Um cônsul é mais do que um homem; é o intermediário entre o homem e a divindade. À sua sorte está ligada a sorte pública; ele é como o gênio tutelar da cidade. A morte de um cônsul é funesta à república.[11] Quando o cônsul Cláudio Nero abandona o seu exército para correr em socorro de seu colega, mostra-nos Tito Lívio como Roma fica alarmada com a sorte desse exército; isso porque, sem o chefe, o exército fica ao mesmo tempo sem a proteção celeste; com o cônsul partiram os auspícios, ou seja, a religião e os deuses.

---

[9] Tucídides, I, 10; II, 10; III, 36; IV, 65. Comparar: Heródoto, I, 135; III, 18; Ésquilo, *Pers.*, 204; *Agam.*, 1202; Eurípides, *Trach.*, 238.
[10] Cícero, *De lege agr.*, II, 34. Tito Lívio, XXI, 63. Macróbio, III, 3.
[11] Tito Lívio, XXVII, 40.

As outras magistraturas romanas, que foram, de certa forma, membros sucessivamente destacados do consulado, reuniam como ele atribuições sacerdotais e atribuições políticas. Víamos, certos dias, o censor, com a coroa na cabeça, oferecer um sacrifício em nome da cidade e golpear com suas próprias mãos a vítima. Os pretores, os edis curuis presidiam festas religiosas.[12] Não havia magistrado que não devesse executar algum ato sagrado, pois, segundo os antigos, toda autoridade devia ser sob algum aspecto religiosa. Os tribunos da plebe eram os únicos que não tinham nenhum sacrifício a executar; por isso não eram tidos como verdadeiros magistrados. Veremos mais adiante que sua autoridade tinha uma natureza totalmente excepcional.

O caráter sacerdotal ligado ao magistrado revela-se sobretudo na maneira como era eleito. Para os antigos, não parecia que os sufrágios dos homens fossem suficientes para definir o chefe da cidade. Enquanto durou a realeza primitiva, pareceu natural que esse chefe fosse designado pelo nascimento, em razão da lei religiosa que prescrevia que o filho sucedesse ao pai em todo sacerdócio; o nascimento parecia revelar bem a vontade dos deuses. Mais tarde, as revoluções suprimiram em toda parte essa realeza, os homens parecem ter buscado, para substituir o nascimento, um modo de eleição que os deuses não devessem condenar. Os atenienses, como muitos povos gregos, não encontraram nada melhor do que o sorteio. Mas é importante não ter uma ideia falsa desse método, que se tornou um motivo de acusação contra a democracia ateniense; e, para isso, é necessário penetrar no pensamento dos antigos. Para eles, a sorte não era o acaso; a sorte era a revelação da vontade divina. Assim como se recorria a ela nos templos para surpreender os segredos dos deuses, assim também a cidade

---

[12] Varrão, *L. L.*, VI, 54. Ateneu, XIV, 79.

recorria a ela para a escolha do magistrado. Estavam convencidos de que os deuses designassem o mais digno, fazendo que seu nome saísse da urna. Essa opinião era compartilhada até pelo próprio Platão, que dizia: "Dizemos que o homem designado pela sorte é caro à divindade e achamos justo que ele comande. Para todas as magistraturas que dizem respeito às coisas sacras, deixando à divindade a escolha de quem lhe seja agradável, recorremos à sorte". A cidade cria, assim, receber dos deuses os seus magistrados.[13]

No fundo, ocorria o mesmo em Roma. A designação do cônsul não devia pertencer aos homens. A vontade ou o capricho do povo não era o que podia criar legitimamente um magistrado. Eis, pois, como era escolhido o cônsul. Um magistrado no exercício de suas funções, vale dizer, um homem já de posse do caráter sagrado e dos auspícios, indicava dentre os dias fastos aquele em que o cônsul devia ser nomeado. Durante a noite que precedia esse dia, ele velava, ao ar livre, com os olhos fitos no céu, a observar os sinais que os deuses enviavam, enquanto pronunciava mentalmente o nome de

---

[13] Platão, Leis, III, 690; VI, 759. Compare-se com Demétrio de Falero, *Fragm.*, 4. É surpreendente que os historiadores modernos representem o sorteio como uma invenção da democracia ateniense. Ele estava, ao contrário, em pleno vigor quando a aristocracia dominava (Plutarco, *Péricles*, 9), e parece ser tão antigo quanto o próprio arcontado. Não era tampouco um processo democrático; sabemos, com efeito, que ainda no tempo de Lísias e de Demóstenes o nome de nem todos os cidadãos era inserido na urna (Lísias, *Or. de inval.*, c. 13; *in Andocidem*, c. 4); com mais forte razão, quando só os eupátridas ou os Quinhentos podiam ser arcontes. Os textos de Platão mostram claramente que ideia os antigos tinham do sorteio; a concepção que fez que fosse instituído para os magistrados-sacerdotes, como os arcontes, ou para senadores encarregados de funções sagradas, como os prítanes, foi um pensamento religioso e não um pensamento igualitário. É digno de nota que, quando a democracia levou a melhor, ela conservou o sorteio para a escolha dos arcontes, aos quais não deixava nenhum poder efetivo, e renunciou a ele para a escolha dos estrategos, que tiveram na época a verdadeira autoridade. Assim, havia sorteio para as magistraturas que datavam da era aristocrática, e eleição para as que datavam da era democrática.

alguns candidatos à magistratura.[14] Se os presságios fossem favoráveis, era porque os deuses aceitavam aqueles candidatos. No dia seguinte, o povo reunia-se no campo de Marte; o mesmo personagem que havia consultado os deuses presidia a assembleia. Dizia em voz alta o nome dos candidatos sobre os quais tomara os auspícios; se dentre aqueles que solicitavam o consulado houvesse um para o qual os auspícios não tivessem sido favoráveis, ele omitia o seu nome.[15] O povo só votava nos nomes que eram pronunciados pelo presidente.[16] Se o presidente só nomeasse dois candidatos, o povo votava necessariamente neles; se nomeasse três, o povo escolhia entre eles. A assembleia não tinha jamais o direito de dar seus sufrágios a outros homens senão os que o presidente designara, pois só para eles os auspícios haviam sido favoráveis e o assentimento dos deuses era certo.

Esse modo de eleição, que foi escrupulosamente seguido nos primeiros séculos da república, explica algumas características da história romana que a princípio nos surpreendem. Vemos, por exemplo, muitas vezes que o povo quer quase unanimemente levar dois homens ao consulado, e no entanto não o pode; isso porque o presidente não tomou os auspícios para esses dois homens, ou os auspícios não se mostraram favoráveis. Em contrapartida, vemos muitas vezes o povo nomear cônsules dois homem que detesta,[17] isso porque o presidente só pronunciou dois nomes. Tiveram de votar neles, pois o voto não se exprime por sim ou não; cada sufrágio deve indicar dois nomes próprios, sem que seja possível escrever outros além dos que tiverem sido designados. O povo a quem são apresentados candidatos que lhe sejam odiosos pode manifestar a sua cólera

---

[14] Valério Máximo, I, 1, 3. Plutarco, *Marcelo*, 5.
[15] Tito Lívio, XXXIX, 39. Veleio, II, 92. Valério Máximo, III, 8, 3.
[16] Dionísio, IV, 84; V, 19; V, 72; V, 77; VI, 49.
[17] Tito Lívio, II, 42; II, 43.

retirando-se sem votar; sempre restam no recinto cidadãos em número suficiente para votar.

Vemos com isso qual era o poder do presidente dos comícios, e não mais nos admiramos com a expressão consagrada, *creat consules*, que se aplicava, não ao povo, mas ao presidente dos comícios. Com efeito, mais do que do povo, era dele que se podia dizer: Ele cria os cônsules, pois era ele que descobria a vontade dos deuses. Se não criava os cônsules, era pelo menos por meio dele que os deuses os faziam. O poder do povo só ia até o ponto de ratificar a eleição, no máximo até escolher entre três ou quatro nomes, se os auspícios se tivessem mostrado igualmente favoráveis a três ou quatro candidatos.

Não há dúvida de que essa maneira de proceder foi muito vantajosa para a aristocracia romana, mas estaríamos enganados se víssemos em tudo aquilo apenas um ardil imaginado por ela. Tal ardil é inconcebível nos séculos em que se acreditava naquela religião. Politicamente, ele era inútil nos primeiros tempos, pois os patrícios tinham na época a maioria dos sufrágios. Teria até podido voltar-se contra ele, investindo um único homem de um poder exorbitante. A única explicação que se pode dar a esses costumes, ou melhor, a esses ritos de eleição, é que todos acreditavam muito sinceramente que a escolha do magistrado não pertencia ao povo, mas aos deuses. O homem que iria dispor da religião e da riqueza da cidade devia ser revelado pela voz divina.

A primeira regra para a eleição de um magistrado era a dada por Cícero: "Seja ele nomeado segundo os ritos". Se, muitos meses depois, se viesse a dizer ao Senado que algum rito havia sido negligenciado ou mal executado, o Senado ordenava aos cônsules que abdicassem, e eles obedeciam. São numerosíssimos os exemplos; e se, para dois ou três dentre eles, é permitido acreditar que o Senado ficou satisfeitíssimo em poder livrar-se de um cônsul ou incompetente ou mal pensante, no mais das vezes, ao contrário, não podemos atribuir-lhe outro motivo senão um escrúpulo religioso.

É verdade que depois que a sorte ou os auspícios houvessem designado o arconte ou o cônsul, havia uma espécie de prova pela qual se examinava o mérito do recém-eleito. Entretanto, isso mesmo vai mostrar-nos o que a cidade desejava ver em seu magistrado, e constataremos que ela não procurava o homem mais corajoso na guerra, o mais hábil ou o mais justo na paz, mas o que os deuses mais amassem. De fato, o senado ateniense perguntava ao recém-eleito se tinha algum defeito físico, se possuía um deus doméstico, se a sua família fora sempre fiel ao culto, se ele próprio havia sempre cumprido os deveres para com os mortos.[18] Por que essas perguntas? Porque um defeito físico, sinal da malevolência dos deuses, tornava o homem indigno de desempenhar qualquer sacerdócio, e, por conseguinte, de exercer qualquer magistratura; porque aquele que não tivesse um culto de família não devia participar do nacional e não estava apto a fazer os sacrifícios em nome da cidade; porque se a família não tivesse sido sempre fiel ao seu culto, isto é, se um dos antepassados tivesse cometido um desses atos que feriam a religião, a lareira ficava para sempre maculada e os descendentes, detestados pelos deuses; enfim, porque, se ele próprio tivesse negligenciado o túmulo dos seus mortos, estava exposto à terrível ira deles e era perseguido por inimigos invisíveis. A cidade teria sido bem temerária em confiar a sua sorte a tal homem. Eis as principais perguntas feitas ao que seria magistrado. Parece que não se preocupavam nem com o seu caráter nem com a sua inteligência. Queriam acima de tudo ter certeza de que ele estava apto a desempenhar as funções sacerdotais e que a religião da cidade não ficaria comprometida em suas mãos.

Esse tipo de exame era de praxe também em Roma. É verdade que não dispomos de nenhuma informação sobre as perguntas a que o cônsul devia responder. Mas basta-nos saber que esse exame era feito pelos pontífices.[19]

---

[18] Platão, *Leis*, VI. Xenofonte, *Mem.*, II. Pólux, VIII, 85, 86, 95.
[19] Dionísio, II, 78.

CAPÍTULO XI

A lei

Entre os gregos e entre os romanos, como entre os hindus, a lei foi primeiro uma parte da religião. Os antigos códigos das cidades eram um conjunto de ritos, de protocolos litúrgicos, de preces, ao mesmo tempo que disposições legislativas. Neles, as normas do direito de propriedade e do direito de sucessão estavam dispersas no meio das regras sobre sacrifícios, sepulturas e culto dos mortos.

O que nos restou das mais antigas leis de Roma, as chamadas leis régias, é muitas vezes relativo tanto ao culto quanto às relações da vida civil. Uma delas proibia à mulher culpada aproximar-se dos altares; outra impedia que se servissem certos pratos nos banquetes sagrados; uma terceira dizia qual cerimônia religiosa um general vencedor devia celebrar ao entrar na cidade. O código das Doze Tábuas, embora mais recente, continha ainda prescrições minuciosas sobre os ritos religiosos de sepultamento. A obra de Sólon era ao mesmo tempo um código, uma constituição e um ritual; a ordem dos sacrifícios e o preço das vítimas eram nele definidos, assim como os ritos de bodas e o culto dos mortos.

Traça Cícero, em seu tratado das Leis, o plano de uma legislação que não é completamente imaginária. Quanto ao fundo e à forma, o seu código imita os antigos legisladores. Ora, eis as primeiras leis que ele escreve: "Não se aproximem dos deuses senão com as mãos limpas; conservem-se os templos dos pais e a morada dos Lares domésticos; valham-se os pais nas refeições apenas dos pratos recomendados; renda-se aos deuses Manes o culto que lhes é devido". Decerto o filósofo romano pouco se preocupava com essa velha religião dos Lares e dos Manes; mas delineava um código à margem dos códigos antigos, e se julgava obrigado a nele inserir as regras do culto.

Em Roma, era uma verdade reconhecida que não se podia ser um bom pontífice sem conhecer o direito, e, reciprocamente, não se podia conhecer o direito sem conhecer a religião. Durante muito tempo os pontífices foram os únicos jurisconsultos. Como não havia quase nenhum ato na vida que não estivesse relacionado com a religião, quase tudo estava sujeito às decisões desses sacerdotes, e eles acabavam sendo os únicos juízes competentes num número infinito de processos. Todas as contestações relativas ao casamento, ao divórcio, aos direitos civis e religiosos das crianças eram levadas ao seu tribunal. Eram juízes tanto do incesto quanto do celibato. Como a adoção dizia respeito à religião, não podia ser feita sem o assentimento do pontífice. Fazer um testamento era romper a ordem que a religião estabelecera para a sucessão dos bens e a transmissão do culto; por isso o testamento devia, a princípio, ser autorizado pelo pontífice. Como os limites de toda propriedade eram demarcados pela religião, assim que se estabelecia um litígio entre dois vizinhos, eles deviam defender-se diante do pontífice ou diante dos sacerdotes que eram chamados irmãos arvais. É por isso que os mesmos homens eram pontífices e jurisconsultos; direito e religião eram uma só coisa.[1]

Em Atenas, o arconte e o rei tinham quase as mesmas atribuições judiciárias que o pontífice romano.[2]

É bastante claro o modo de geração das leis antigas. Não foi um homem que as inventou. Sólon, Licurgo, Minos, Numa talvez puseram por escrito as leis das suas cidades; eles não as fizeram. Se entendermos por legislador um homem que cria um código pela força do seu gênio e o impõe aos outros

---

[1] Veio daí esta velha definição que os jurisconsultos conservaram até Justiniano: *Jurisprudentia est rerum divinarum atque humanarum notitia*. ["A jurisprudência é o conhecimento das coisas divinas e humanas."] Cf. Cícero, *De legib.*, II, 9; II, 19; *De arusp. resp.*, 7. Dionísio, II, 73. Tácito, *Anais*, I, 10; *Hist.*, I, 15. Díon Cássio, XLVIII, 44. Plínio, *Hist. nat.*, XVIII, 2. Aulo Gélio, V, 19; XV, 27.

[2] Pólux, VIII, 90.

homens, esse legislador nunca existiu entre os antigos. A lei antiga tampouco teve origem no voto popular. A ideia de que o número de sufrágios pudesse fazer uma lei só apareceu muito tarde nas cidades, e só depois que duas revoluções as haviam transformado. Até então, as leis se apresentam como algo de antigo, de imutável, de venerável. Tão velhas quanto a cidade, o fundador as *pôs* ao mesmo tempo que *punha* o lar, *moresque viris et moenia ponit*. Instituiu-as ao mesmo tempo que instituía a religião. Mas tampouco podemos dizer que ele mesmo as tivesse imaginado. Quem é, então, o verdadeiro autor delas? Quando falamos mais acima da organização da família e das leis gregas ou romanas que regulamentavam a propriedade, a sucessão, o testamento e a adoção, observamos como essas leis correspondiam exatamente às crenças das antigas gerações. Se colocarmos essas leis na presença da equidade natural, vemo-las não raro em contradição com ela, e parece bastante evidente que não foi na noção do direito absoluto e no sentimento do justo que foram buscá-las. Mas se confrontarmos essas mesmas leis com o culto dos mortos e do fogo sagrado, se as compararmos com as diversas normas dessa religião primitiva, reconheceremos que elas estão em perfeito acordo com tudo aquilo.

O homem não teve de esquadrinhar a consciência e dizer: Isto é justo, aquilo não o é. Não foi assim que nasceu o direito antigo. Mas o homem cria que a lareira, em virtude da lei religiosa, passasse de pai para filho; isso fez que a casa fosse um bem hereditário. O homem que sepultara o seu pai em seu campo cria que o espírito do morto tomava posse para sempre desse campo e exigia de sua posteridade um culto perpétuo; isso fez que o campo, território do morto e lugar dos sacrifícios, se tornasse propriedade inalienável de uma família. Dizia a religião: O filho dá continuidade ao culto, não a filha; e a lei disse com a religião: O filho herda, a filha não herda; o sobrinho pelos varões herda, não o sobrinho pelas mulheres.

Assim se fez a lei; ela se apresentou por si mesma e sem que fosse preciso procurá-la. Era a consequência direta e necessária da crença; era a própria religião aplicando-se às relações entre os homens.

Diziam os antigos que suas leis tinham vindo dos deuses. Os cretenses atribuíam as suas, não a Minos, mas a Júpiter; os lacedemônios criam que seu legislador fosse, não Licurgo, mas Apolo. Diziam os romanos que Numa escrevera sob o ditado de uma das poderosas divindades da Itália antiga, a deusa Egéria. Os etruscos haviam recebido as suas leis do deus Tagete. Há certa verdade em todas essas tradições. O verdadeiro legislador entre os antigos não foi o homem, foi a crença religiosa que o homem tinha em si.

As leis continuaram sendo durante muito tempo uma coisa sagrada. Mesmo na época em que se admitia que a vontade de um homem ou os sufrágios de um povo podiam fazer uma lei, ainda era preciso que a religião fosse consultada e que pelo menos a consentisse. Em Roma não se acreditava que a unanimidade dos sufrágios fosse suficiente para que houvesse uma lei; ainda era preciso que a decisão do povo fosse aprovada pelos pontífices e que os áugures atestassem que os deuses eram favoráveis à lei proposta.[3] Certo dia em que os tribunos plebeus queriam que uma lei fosse aprovada por uma assembleia das tribos, disse-lhes um patrício: "Que direito tendes vós de fazer uma lei nova ou de tocar nas já existentes? Vós que não tendes os auspícios, vós que em vossas assembleias não praticais atos religiosos, que tendes em comum com a religião e todas as coisas sagradas, entre as quais cumpre incluir a lei?".[4]

Compreende-se a partir daí o respeito e o apego que os antigos tiveram durante muito tempo por suas leis. Não viam nelas uma obra humana. Elas tinham uma origem santa. Quando Platão dizia que obedecer às leis era obedecer aos

---

[3] Dionísio, IX, 41; IX, 49.
[4] Dionísio, X, 4. Tito Lívio, III, 31.

deuses não estava apenas fazendo uma frase. Ele apenas exprime o pensamento grego quando, no *Críton*, mostra Sócrates que dá a vida porque as leis lha pedem. Antes de Sócrates, tinham escrito sobre o rochedo das Termópilas: "Caminhante, vai dizer a Esparta que morremos aqui para obedecer às suas leis". A lei entre os antigos sempre foi santa; no tempo da realeza, era a rainha dos reis; no tempo das repúblicas, foi a rainha dos povos. Desobedecer-lhe era um sacrilégio.

Em princípio, a lei era imutável, pois era divina. Vale notar que as leis nunca eram ab-rogadas. Podiam, sim, fazer novas leis, mas as antigas persistiam sempre, ainda que houvesse contradição entre elas. O código de Drácon não foi abolido pelo de Sólon,[5] nem as Leis Régias pelas Doze Tábuas. Era inviolável a pedra em que a lei era gravada; no máximo, os menos escrupulosos acreditavam poder revirá-la. Esse princípio foi a causa principal da grande confusão que se observa no direito antigo. Leis opostas e de diferentes épocas se achavam reunidas; e todas deviam ser respeitadas. Vemos num discurso de Iseu dois homens que disputam uma herança; cada um deles alega uma lei em seu favor; as duas leis são absolutamente contrárias e igualmente sagradas. Assim é que o Código de Manu conserva a antiga lei que estabelece o direito de primogenitura, e escreve uma outra ao seu lado que recomenda a partilha igual entre os irmãos.

A lei antiga nunca tem considerandos. Por que os teria? Não é obrigada a dar suas razões; existe porque os deuses a fizeram. Ela não discute, impõe-se; é uma obra de autoridade; os homens obedecem a ela porque nela têm fé. Durante longas gerações, as leis não estavam escritas; elas se transmitiam de pai para filho, com a crença e a fórmula de oração. Eram uma tradição sagrada que se perpetuava ao redor do fogo sagrado da família ou da cidade.

---

[5] Andócides, I, 82, 83. Demóstenes, *in Everg.*, 71.

Quando começaram a ser redigidas, foram registradas nos livros sagrados, nos rituais, no meio das orações e das cerimônias. Cita Varrão uma lei antiga da cidade de Túsculo e acrescenta que a leu nos livros sagrados daquela cidade.[6] Dionísio de Halicarnasso, que havia consultado os documentos originais, diz que antes da época dos decênviros todas as leis escritas que havia em Roma se encontravam nos livros dos sacerdotes.[7] Mais tarde, a lei saiu dos rituais; foi escrita à parte; mas persistiu o costume de depositá-la num templo, e os sacerdotes conservaram a sua guarda.

Escritas ou não, essas leis eram sempre formuladas em decretos brevíssimos, que podemos comparar, pela forma, aos versículos do livro de Moisés ou aos *slocas** do livro de Manu. Tudo indica que as palavras da lei eram ritmadas.[8] Diz Aristóteles que antes do tempo em que as leis foram escritas, elas eram cantadas.[9] Conservaram-se lembranças disso na língua; os romanos chamavam as leis *carmina*, versos; os gregos diziam νόμοι, cantos.[10]

Esses velhos versos eram textos invariáveis. Mudar uma letra, deslocar uma palavra, alterar o ritmo teria sido destruir a própria lei, destruindo a forma sagrada sob a qual ela fora revelada aos homens. A lei era como a prece, que só era agradável à divindade com a condição de ser recitada com exatidão, e se tornava ímpia se uma única palavra fosse trocada. No direito primitivo, o exterior, a letra é tudo; não se deve procurar o sentido ou o espírito da lei. A lei não vale pelo princípio moral

---

[6] Varrão, *L. L.*, VI, 16.
[7] Dionísio, X, I.
* Dísticos de versos em sânscrito. (N. T.)
[8] Eliano, *H. V.*, II, 39.
[9] Aristóteles, *Probl.*, XIX, 28.
[10] Νέμω, compartilhar; νόμος, divisão, medida, ritmo, canto; vide Plutarco, *De musica*, p. 1133; Píndaro, *Pít.*, XII, 41; fr. 190 (ed. Heyne). Escoliasta de Aristófanes, *Cav.*, 9: Νόμοι καλοῦνται οἱ εἰς θεοὺς ὕμνοι.

que nela está, mas pelas palavras que a sua fórmula encerra. A sua força está nas palavras sagradas que a compõem.

Para os antigos e sobretudo em Roma, a ideia do direito era inseparável do emprego de certas palavras sacramentais. Se se tratasse, por exemplo, de assumir uma obrigação, um devia dizer: *Dari spondes?*,* e o outro devia responder: *Spondeo*.** Se essas palavras não fossem pronunciadas, não havia contrato. Em vão o credor vinha cobrar o pagamento da dívida, o devedor nada devia. Isso porque o que obrigava o homem nesse direito antigo não era a consciência nem o sentimento do justo, mas a fórmula sagrada. Essa fórmula pronunciada entre dois homens estabelecia entre eles um vínculo de direito. Onde não houvesse a fórmula, não havia o direito.

As estranhas formas do antigo procedimento romano não nos surpreenderão se tivermos em mente que o direito antigo era uma religião; a lei, um texto sagrado; a justiça, um conjunto de ritos. O querelante processa com a lei, *agit lege*. Pelo enunciado da lei ele se apodera do adversário. Mas é bom tomar cuidado; para ter a lei ao seu lado, é preciso conhecer os seus termos e pronunciá-los exatamente. Se ele trocar uma palavra por outra, a lei deixa de existir e não pode defendê-lo. Conta Gaio a história de um homem cujo vizinho havia podado suas vinhas; o fato era indubitável; ele pronunciou a lei. Mas a lei dizia árvores, ele disse vinhas; perdeu o processo.

O enunciado da lei não bastava. Ainda era preciso um acompanhamento de sinais exteriores, que eram como os ritos dessa cerimônia religiosa a que chamavam contrato ou processo judicial. Por isso, em toda venda, era preciso empregar o pedaço de cobre e a balança; para comprar um objeto, era preciso tocá-lo com a mão, *mancipatio*; se se disputava uma propriedade, havia um combate fictício, *manuum consertio*. Daí

---

* Prometes cumprir? [N. T.]
** Prometo. [N. T.]

as formas da alforria, da emancipação, da ação judicial e toda a pantomima do processo.

Como a lei fazia parte da religião, participava do caráter misterioso de toda essa religião das cidades. As fórmulas da lei eram mantidas em segredo, como as do culto. Ela permanecia oculta ao estrangeiro, e até ao plebeu. Não porque os patrícios tivessem calculado que conseguiriam grande poder pela posse exclusiva das leis, mas porque a lei, por origem e natureza, pareceu durante muito tempo um mistério ao qual só se podia ser iniciado depois de ter sido previamente iniciado no culto nacional e no culto doméstico.

A origem religiosa do direito antigo explica também uma das principais características desse direito. A religião era puramente civil, ou seja, especial para cada cidade; dela só podia decorrer um direito também *civil*. Mas importa distinguir o sentido que essa palavra tinha entre os antigos. Quando diziam que o direito era civil, *jus civile*, νόμοι πολιτικοι, não queriam dizer apenas que cada cidade tinha o seu próprio código, como atualmente cada Estado tem o seu. Queriam dizer que suas leis só tinham valor e ação entre os membros de uma mesma cidade. Não bastava habitar em uma cidade para estar sujeito às suas leis e ser protegido por elas; era preciso ser cidadão dessa cidade. A lei não existia para o escravo e tampouco para o estrangeiro. Veremos mais adiante que o estrangeiro, domiciliado numa cidade, não podia ser nem proprietário, nem deixar testamento, nem fazer qualquer tipo de contrato nem comparecer ante os tribunais ordinários dos cidadãos. Em Atenas, se ele fosse credor de um cidadão, não podia processá-lo judicialmente para o pagamento da dívida, pois a lei não reconhecia nenhum contrato válido para ele.

Essas disposições do antigo direito tinham uma lógica perfeita. O direito não tivera origem na ideia de justiça, mas na religião, e não podia ser concebido fora dela. Para que houvesse uma relação de direito entre dois homens, era preciso que já houvesse entre eles uma relação religiosa, ou seja, que tivessem o culto de uma mesma lareira e os mesmos sacrifícios. Quando não existia essa comunidade religiosa entre dois homens, parecia que nenhuma relação de direito pudesse existir. Ora, nem o escravo, nem o estrangeiro participavam da religião da cidade. Um estrangeiro e um cidadão podiam viver lado a lado durante longos anos, sem que se concebesse a possibilidade de estabelecer um vínculo de direito entre eles. O direito era apenas uma das faces da religião. Sem religião comum, nada de lei comum.

CAPÍTULO XII

O cidadão e o estrangeiro

Reconhecia-se o cidadão por participar do culto da cidade, e era dessa participação que lhe vinham todos os direitos civis e políticos. Ao renunciar-se ao culto, renunciava-se aos direitos. Falamos mais acima dos banquetes públicos, que eram a principal cerimônia do culto nacional. Ora, em Esparta, aquele que não comparecesse a eles, mesmo que não fosse por culpa sua, cessava imediatamente de fazer parte do grupo de cidadãos.[1] Em Atenas, aquele que não participasse da festa dos deuses nacionais perdia o direito de cidade.[2] Em Roma, era preciso estar presente à cerimônia santa da lustração para gozar dos direitos políticos.[3] O homem que não tivesse comparecido, ou seja, que não tivesse participado da prece comum e do sacrifício, não era mais cidadão até o lustro seguinte.

---

[1] Aristóteles, *Política*, II, 6, 21 (II, 7).
[2] Boeckh, *Corp. inscr.*, 3641 b.
[3] Veleio, II, 15. Admitia-se uma exceção para os soldados em campanha; mesmo assim, era preciso que o censor mandasse pegar os seus nomes, para que, inscritos no registro da cerimônia, fossem considerados presentes.

Se quisermos dar a definição exata do cidadão, devemos dizer que é o homem que tem a religião da cidade.[4] O estrangeiro, ao contrário, é aquele que não tem acesso ao culto, aquele que os deuses da cidade não protegem e que nem sequer tem o direito de invocá-los, uma vez que esses deuses nacionais só querem receber preces e oferendas do cidadão; rejeitam o estrangeiro; a entrada em seus templos é proibida para ele, e a sua presença durante o sacrifício é um sacrilégio. Um testemunho desse antigo sentimento de repulsa chegou até nós num dos principais ritos do culto; o pontífice, ao sacrificar ao ar livre, deve estar com a cabeça coberta, "porque não deve acontecer que diante dos fogos sagrados, no ato religioso que é oferecido aos deuses nacionais, o rosto de um estrangeiro se mostre aos olhos do pontífice; isso perturbaria os auspícios".[5] Um objeto sagrado, que caísse momentaneamente nas mãos de um estrangeiro, tornava-se de imediato profano; só podia recuperar o seu caráter religioso por uma cerimônia expiatória.[6] Se o inimigo se houvesse apoderado de uma cidade e os cidadãos viessem a recuperá-la, era preciso antes de tudo que os templos fossem purificados e todos os fogos sagrados fossem extintos e reacesos; o olhar dos estrangeiros haviam-nos profanado.[7]

Assim é que a religião estabelecia entre o cidadão e o estrangeiro uma distinção profunda e indelével. Essa mesma religião, enquanto teve poder sobre as almas, proibiu que se estendesse aos estrangeiros o direito de cidade. No tempo de Heródoto, Esparta ainda não o havia concedido a ninguém, exceto a um adivinho; mesmo assim, fora necessária para isso

---

[4] Demóstenes, *in Neoeram*, 113, 114. Ser cidadão dizia-se em grego συντελειν, ou seja, fazer o sacrifício junto, ou μετειναι ιερων και οσιον.

[5] Virgílio, *En*., III, 406. Festo, verbete *Exesto: Lictor in quibusdam sacris clamitabat, hostis exesto*. Sabe-se que *hostis* se dizia do estrangeiro (Macróbio, I, 17); *hostilis facies*, em Virgílio, significa o rosto de um estrangeiro.

[6] *Digesto*, liv. XI, tit. 6, 36.

[7] Plutarco, *Aristides*, 20. Tito Lívio, V, 50.

uma ordem formal do oráculo. Atenas às vezes o concedia; mas com quantas precauções! Primeiro, era preciso que o povo reunido votasse por sufrágio secreto a admissão do estrangeiro; isso ainda não era nada; era preciso que, nove dias depois, uma segunda assembleia votasse no mesmo sentido, e que houvesse pelo menos seis mil votos favoráveis: número que parecerá enorme, se tivermos em mente que era raríssimo que uma assembleia ateniense reunisse esse número de cidadãos. Em seguida, era preciso um voto do Senado que confirmasse a decisão dessa dupla assembleia. Enfim, qualquer um dos cidadãos podia opor uma espécie de veto e atacar o decreto como contrário às velhas leis. Sem dúvida não havia ato público que o legislador tivesse cercado de tantas dificuldades e precauções quanto o que conferia a um estrangeiro o título de cidadão, e havia muito menos formalidades a cumprir para declarar guerra ou para fazer uma nova lei. Por que se opunham tantos obstáculos ao estrangeiro que quisesse ser cidadão? Com certeza, não se temia que nas assembleias políticas o seu voto fizesse pender a balança. Diz-nos Demóstenes o verdadeiro motivo e o verdadeiro pensamento dos atenienses: "É porque se deve preservar a pureza dos sacrifícios". Excluir o estrangeiro é "velar pelas cerimônias santas". Admitir um estrangeiro entre os cidadãos é "permitir-lhe participar da religião e dos sacrifícios".[8] Ora, para um tal ato o povo não se sentia inteiramente livre, e era tomado de um escrúpulo religioso; pois sabia que os deuses nacionais propendiam a rejeitar o estrangeiro e que os sacrifícios talvez fossem alterados pela presença do recém-chegado. A concessão do direito de cidade a um estrangeiro era uma verdadeira violação dos princípios fundamentais do culto nacional, e essa é a razão pela qual a cidade, a princípio, era tão avara quanto a isso. Cumpre notar também que o homem tão dificilmente aceito como cidadão não podia ser

---

[8] Demóstenes, *in Neoeram*, 89, 91, 92, 113, 114.

nem arconte nem sacerdote. A cidade permitia-lhe assistir ao culto, mas presidir a ele já era demais.

Ninguém podia tornar-se cidadão de Atenas se já fosse cidadão de outra cidade,[9] pois havia uma impossibilidade religiosa em ser ao mesmo tempo membro de duas cidades, como vimos que havia em ser membro de duas famílias. Não se podia ser de duas religiões ao mesmo tempo.

A participação no culto trazia consigo a posse de direitos. Como o cidadão podia assistir ao sacrifício que precedia a assembleia, podia também votar. Como podia fazer os sacrifícios em nome da cidade, podia ser prítane e arconte. Tendo a religião da cidade, podia invocar a sua lei e praticar todos os ritos do processo.

O estrangeiro, pelo contrário, por não participar de modo algum da religião, não tinha nenhum direito. Se entrasse no espaço sagrado que o sacerdote delimitara para a assembleia, era punido com a morte. As leis da cidade não existiam para ele. Se houvesse cometido um delito, era tratado como escravo e punido sem formalidades processuais, não lhe devendo a cidade nenhuma justiça.[10] Quando se começou a sentir a necessidade de haver uma justiça para o estrangeiro, foi preciso estabelecer um tribunal excepcional. Em Roma, para julgar o estrangeiro, o próprio pretor teve de se fazer estrangeiro (*praetor peregrinus*). Em Atenas, o juiz dos estrangeiros era o polemarca, isto é, o magistrado encarregado dos assuntos bélicos e de todas as relações com o inimigo.[11]

Nem em Roma nem em Atenas o estrangeiro podia ser proprietário.[12] Não podia casar-se; pelo menos, seu casamento não era reconhecido, e seus filhos eram considerados bastardos.[13]

---

[9] Plutarco, *Sólon*, 24. Cícero, *Pro Coecina*, 34.
[10] Aristóteles, *Política*, III, 4, 3. Platão, *Leis*, VI.
[11] Demóstenes, *in Neoeram*, 49. Lísias, *in Pancleonem*.
[12] Gaio, fr. 234.
[13] Gaio, I, 67. Ulpiano, V, 4-9. Paulo, II, 9. Aristófanes, *Aves*, 1652.

Não podia fazer um contrato com um cidadão; a lei, pelo menos, não reconhecia nenhum valor nesses contratos. A princípio, ele não tinha o direito de comerciar.[14] A lei romana proibia-lhe herdar de um cidadão e até a um cidadão herdar dele.[15] Levava-se a tal extremo o rigor desse princípio, que, se um estrangeiro obtivesse o direito de cidade em Roma sem que o seu filho, nascido antes dessa época, tivesse o mesmo favor, o filho tornava-se um estrangeiro em relação ao pai e não podia herdar dele.[16] A distinção entre cidadão e estrangeiro era mais forte do que o laço natural entre pai e filho. À primeira vista, parecia que se haviam esforçado por estabelecer um sistema de vexação contra o estrangeiro. Não era nada disso. Atenas e Roma, ao contrário, acolhiam-no bem e o protegiam, por motivos comerciais ou políticos. Mas sua benevolência e até seu interesse não podiam abolir as antigas leis que a religião estabelecera. Essa religião não permitia que o estrangeiro se tornasse proprietário, porque não podia ter parte do solo religioso da cidade. Não permitia nem ao estrangeiro herdar do cidadão, nem ao cidadão herdar do estrangeiro, porque toda transmissão de bens implicava a transmissão de um culto, e era igualmente impossível ao cidadão praticar o culto do estrangeiro e ao estrangeiro, o do cidadão.

Podia-se acolher o estrangeiro, protegê-lo e até estimá-lo, se fosse rico ou honrado; não se podia dar-lhe participação na religião e no direito. O escravo, sob certos aspectos, era tratado melhor do que ele, pois o escravo, membro de uma família cujo culto compartilhava, estava ligado à cidade por intermédio de seu amo; os deuses protegiam-no. Por isso dizia a religião romana que o túmulo do escravo era sagrado, mas não o do estrangeiro.[17]

---

[14] Ulpiano, XIX,4. Demóstenes, *Pro Phorm.*; *in Eubul.*
[15] Cícero, *Pro Archia*, 5. Gaio, II, 110.
[16] Pausânias, VIII, 48.
[17] *Digesto*, liv. XI, tít. 7, 2; liv. XLVII, tít. 12, 4.

Para que o estrangeiro tivesse algum valor perante a lei, para que pudesse comerciar, fazer contratos, gozar em segurança de seus bens, para que a justiça da cidade pudesse defendê-lo com eficácia, tinha de se tornar cliente de um cidadão. Roma e Atenas queriam que todo estrangeiro adotasse um patrão.[18] Entrando para a clientela e colocando-se sob a proteção de um cidadão, o estrangeiro vinculava-se por esse intermédio à cidade. Participava, então, de alguns dos benefícios do direito civil e obtinha a proteção das leis.

CAPÍTULO XIII

O patriotismo — o exílio

A palavra pátria significava para os antigos a terra dos pais, *terra patria*. A pátria de cada homem era a parte de solo que a sua religião doméstica ou nacional havia santificado, a terra onde estavam depositadas as ossadas de seus antepassados e que a alma deles ocupava. A pequena pátria era o terreno da família, com a tumba e a lareira. A grande pátria era a cidade, com o pritaneu e os heróis, com o recinto sagrado e o território assinalado pela religião. "Terra sacra da pátria", diziam os gregos. Não era apenas uma frase. Esse solo era efetivamente sagrado para o homem, visto que era habitado por seus deuses. Estado, Cidade, Pátria, essas palavras não eram uma abstração, como para os modernos; representavam realmente todo um conjunto de divindades locais com um culto cotidiano e crenças com grande poder sobre a alma.

Explica-se com isso o patriotismo dos antigos, sentimento enérgico que era para eles a virtude suprema e no qual todas

---

[18] Harpocrácion, Προστάτης.

as outras virtudes vinham desembocar. Tudo o que o homem podia ter de mais caro se confundia com a pátria. Nela encontrava o seu bem, a sua segurança, o seu direito, a sua fé, o seu deus. Perdendo-a, perdia tudo. Era quase impossível que o interesse privado estivesse em desacordo com o interesse público. Diz Platão: A pátria dá-nos à luz, alimenta-nos, cria-nos. E Sófocles: A pátria é que nos sustentou.

Tal pátria não é só um domicílio para o homem. Se abandonar suas santas muralhas, se ultrapassar os sagrados limites do território, não mais encontrará para si nem religião nem vínculo social de nenhuma espécie. Em toda parte, a não ser em sua pátria, está fora da vida regular e do direito; em toda parte, a não ser na pátria, está sem deus e fora da vida moral. Só nela ele tem a sua dignidade de homem e os seus deveres. Só lá ele pode ser homem.

A pátria mantém o homem atado por um vínculo sagrado. É mister amá-la como se ama uma religião, obedecer-lhe como se obedece a Deus. "Cumpre dar-se por inteiro a ela, pôr tudo nela, dedicar-lhe tudo." É preciso amá-la gloriosa ou obscura, próspera ou infeliz. É preciso amá-la em seus favores e amá-la também em seus rigores. Sócrates, condenado por ela sem razão, nem por isso deve deixar de amá-la. É preciso amá-la como Abraão amava o seu Deus, até sacrificar-lhe o filho. É preciso, sobretudo, saber morrer por ela. O grego ou o romano dificilmente morre por devoção a um homem ou em defesa da honra; mas à pátria ele deve a vida, pois, se a pátria for atacada, a sua religião é que será atacada. Ele combate realmente pelos altares, pelas lareiras, *pro aris et focis*; pois, se o inimigo apoderar-se da cidade, os altares serão derrubados, apagados os fogos sagrados, profanados os túmulos, destruídos os deuses, aniquilado o culto. O amor da pátria é a piedade dos antigos.

A posse da pátria devia ser muito preciosa, visto que os antigos mal podiam imaginar um castigo mais cruel do que dela privar o homem. A punição mais comum pelos grandes crimes era o exílio.

O exílio era propriamente a interdição do culto. Exilar um homem era, segundo a fórmula igualmente popular entre os gregos e entre os romanos, proibir-lhe o fogo e a água.[1] Por esse fogo, devemos entender o fogo sagrado da lareira; por essa água, a água lustral que servia aos sacrifícios. O exílio mantinha, portanto, o homem fora da religião. "Fuja", dizia a sentença, e jamais se aproxime dos templos. Nenhum cidadão lhe fale nem o receba; ninguém nascido o admita nas preces nem nos sacrifícios; ninguém lhe apresente a água lustral.[2] Toda casa era maculada com a sua presença. O homem que o acolhesse tornava-se impuro ao seu contato. "Aquele que tiver comido ou bebido com ele ou o tiver tocado", dizia a lei, "deverá purificar-se". Sob essa excomunhão, o exilado não podia participar de nenhuma cerimônia religiosa; não tinha mais culto, não tinha mais banquetes sagrados, não tinha mais preces; era deserdado de sua parte de religião.

Deve-se ter em mente que, para os antigos, Deus não estava em toda parte. Embora tivessem uma vaga ideia de uma divindade do universo, não era ela que consideravam sua Providência e que invocavam. Os deuses de cada homem eram os que habitavam a sua casa, o seu cantão, a sua cidade. O exilado, ao deixar para trás a pátria, deixava também os seus deuses. Não encontrava mais em nenhum lugar uma religião que pudesse consolá-lo e protegê-lo; não sentia mais uma providência que velasse por ele; a felicidade de rezar era-lhe recusada. Distanciava-se de tudo o que podia satisfazer as necessidades da alma.

Ora, a religião era a origem de onde decorriam os direitos civis e políticos. O exilado perdia, portanto, tudo isso ao perder

---

[1] Heródoto, VII, 231. Cratino, em Ateneu, XI, 3. Cícero, *Pro domo*, 20. Tito Lívio, XXV, 4. Ulpiano, X, 3.
[2] Sófocles, *Édipo rei*, 239. Platão, *Leis*, IX, 881.

a religião da pátria. Excluído do culto da cidade, perdia ao mesmo tempo o culto doméstico e tinha de apagar a sua lareira.³

Não tinha mais direito de propriedade; sua terra e todos os seus bens, como se estivesse morto, passavam para os filhos, a menos que fossem confiscados em proveito dos deuses ou do Estado.⁴ Não tendo mais culto, não tinha mais família; cessava de ser marido e pai. Seus filhos não estavam mais sob o seu poder;⁵ sua mulher não era mais sua mulher⁶ e podia tomar de imediato outro esposo. Vede Régulo, prisioneiro do inimigo: a lei romana o compara a um exilado; se o Senado lhe pede sua opinião, ele se recusa a dá-la, pois o exilado não é mais senador; se a sua mulher e seus filhos correm para ele, ele repele seus abraços, pois para o exilado não há mais filhos, não há mais esposa:

Fertur pudicae conjugis osculum
Parvosque natos, ut capitis minor,
A se removisse.*⁷

"O exilado", diz Xenofonte, "perde a lareira, a liberdade, a pátria, a mulher, os filhos". Morto, não tem o direito de ser sepultado no túmulo da família, uma vez que é um estrangeiro.⁸

Não é de surpreender que as repúblicas antigas tenham quase sempre permitido ao culpado escapar à morte pela fuga. O exílio não parecia um suplício mais suave do que a morte. Os jurisconsultos romanos chamavam-no pena capital.

---

³ Ovídio, *Tristia*, I, 3, 43.
⁴ Píndaro, *Pít.*, IV, 517. Platão, *Leis*, IX, 877. Diodoro, XIII, 49. Dionísio, XI, 46. Tito Lívio, III, 58.
⁵ *Institutas* de Justiniano, I, 12. Gaio, I, 128.
⁶ Dionísio, VIII, 41.
* "Dito isso, ele repeliu os beijos da casta esposa e os filhinhos, como um homem sem direitos civis." (N. T.)
⁷ Horácio, *Odes*, III.
⁸ Tucídides, I, 138.

CAPÍTULO XIV

Do espírito municipal

O que vimos até aqui das antigas instituições e sobretudo das antigas crenças pôde dar-nos uma ideia da distinção profunda que sempre havia entre duas cidades. Por mais próximas que fossem, formavam sempre duas sociedades completamente separadas. Havia entre elas muito mais do que a distância que hoje separa duas cidades, bem mais do que a fronteira que divide dois Estados; os deuses não eram os mesmos, nem as cerimônias nem as preces. O culto de uma cidade estava proibido ao homem da cidade vizinha. Criam que os deuses de uma cidade rejeitassem as homenagens e as orações de todo aquele que não fosse seu concidadão.

É verdade que essas velhas crenças se modificaram e se abrandaram com o tempo; mas estiveram em pleno vigor na época em que as sociedades se haviam formado, e essas sociedades sempre conservaram a sua marca.

É fácil compreender duas coisas: primeiro, que essa religião própria de cada cidade tenha constituído a cidade de um modo muito forte e quase inabalável; é, com efeito, maravilhoso como essa organização social, apesar dos defeitos e de todos os riscos de ruína, durou tanto tempo; em seguida, que essa religião tenha tido como efeito, durante longos séculos, tornar impossível o estabelecimento de outra forma social, senão a cidade.

Cada cidade, por exigência da sua própria religião, devia ser absolutamente independente. Era preciso que cada uma tivesse o seu código particular, pois cada uma tinha a sua religião e era da religião que decorria a lei. Cada uma devia ter a sua própria justiça soberana, e não podia haver nenhuma justiça superior à da cidade. Cada uma tinha as suas festas religiosas e o seu calendário; os meses e o ano não podiam ser os mesmos em duas cidades, visto que a série dos atos religiosos era diferente. Cada uma tinha a sua moeda particular, que, originalmente, costumava trazer o seu emblema religioso. Cada uma tinha os seus pesos e as suas medidas. Não se admitia que pudesse haver algo em comum entre duas cidades. A linha de demarcação era tão profunda que mal se podia imaginar que fosse permitido o casamento entre habitantes de duas cidades. Tal união sempre pareceu estranha e foi durante muito tempo considerada ilegítima. A legislação de Roma e de Atenas visivelmente se recusam a admiti-la. Quase em toda parte, as crianças que nasciam de tal casamento eram consideradas bastardas e privadas dos direitos de cidadão. Para ser legítimo o casamento entre habitantes de duas cidades, era preciso que houvesse entre elas uma convenção especial (*jus connubii*, ἐπιγαμία).

Cada cidade tinha ao redor do seu território uma linha de marcos sagrados. Era o horizonte da sua religião nacional e dos seus deuses. Para além dessas balizas reinavam outros deuses e se praticava outro culto.

O caráter mais saliente da história da Grécia e da Itália, antes da conquista romana, era a fragmentação excessiva e o espírito de isolamento de cada cidade. A Grécia jamais conseguiu formar um Estado único; nem as cidades latinas, nem as cidades etruscas nem as tribos samnitas jamais puderam formar um corpo compacto. Atribui-se a incurável divisão dos gregos à natureza do país, e disseram que as montanhas que ali se cruzam estabelecem entre os homens linhas de demarcação naturais. Mas não havia montanhas entre Tebas e Plateia, entre Argo e Esparta, entre Síbaris e Crotona. Tampouco as havia entre as cidades do Lácio nem entre as doze cidades da Etrúria. A natureza física, sem dúvida nenhuma, exerce certa influência sobre a história dos povos; mas as crenças do homem têm uma influência muito mais poderosa. Entre duas cidades vizinhas, havia algo de mais intransponível do que uma montanha; era a série de marcos sagrados, era a diferença dos cultos e o ódio dos deuses nacionais ao estrangeiro.

Por esse motivo, os antigos jamais conseguiram estabelecer nem mesmo conceber alguma outra organização social senão a cidade. Nem os gregos, nem os italianos nem os mesmos romanos, durante muito tempo, conceberam que várias cidades pudessem unir-se e viver em igualdade sob um mesmo governo. Entre duas cidades podia haver aliança, associação momentânea com vista a uma vantagem a obter ou a um perigo a repelir; mas jamais havia união completa, uma vez que a religião fazia de cada cidade um corpo que não podia receber nenhum outro. O isolamento era a lei da cidade.

Com as crenças e os costumes religiosos que vimos, como diversas cidades poderiam fundir-se num mesmo Estado? Só se compreendia a associação humana e ela só parecia legítima fundamentando-se na religião. O símbolo dessa associação devia ser uma refeição sagrada feita em comum. Alguns milhares de cidadãos podiam, a rigor, reunir-se ao redor de um mesmo pritaneu, recitar a mesma prece e dividir os alimentos sagrados. Mas tentai, pois, fazer, com esses costumes, da Grécia inteira um só Estado! Como se farão os banquetes públicos e todas as cerimônias santas a que todo cidadão é obrigado a assistir? Onde ficará o pritaneu? Como se fará a lustração anual dos cidadãos? Que será dos limites invioláveis que marcaram originalmente o território da cidade e que o separaram para sempre do resto do solo? Que será de todos os cultos locais, das divindades protetoras da cidade, dos heróis que habitam cada cantão? Atenas tem em suas terras o herói Édipo, inimigo de Tebas; como reunir Atenas e Tebas num mesmo culto e num mesmo governo?

Quando essas superstições se enfraqueceram (e elas só se enfraqueceram muito tarde na mente do vulgo), já não era tempo para se estabelecer uma nova forma de Estado. A divisão estava consagrada pelo hábito, pelo interesse, pelo ódio inveterado, pela lembrança das velhas lutas. Já não se podia voltar atrás.

Cada cidade tinha muito apego à autonomia; chamava com esse nome um conjunto que compreendia o culto, o direito, o governo, toda a sua independência religiosa e política.

Era mais fácil para uma cidade subjugar uma outra do que se associar a ela. A vitória podia fazer escravos de todos os habitantes de uma cidade tomada; não podia fazer deles concidadãos do vencedor. Fundir duas cidades num só Estado, unir a população vencida à população vitoriosa e associá-las sob um mesmo governo é algo que não se vê nunca entre os antigos, com uma única exceção, de que falaremos mais adiante. Se Esparta conquista a Messênia, não é para fazer dos espartanos e dos messenianos um só povo; ela expulsa toda a raça dos vencidos e toma as suas terras. Atenas faz o mesmo com Salamina, Egina e Melo.

Fazer os vencidos entrarem na cidade dos vencedores era uma ideia que não podia ocorrer a ninguém. A cidade possuía deuses, hinos, festas, leis que eram o seu patrimônio precioso; evitava dividi-lo com os vencidos. Não tinha sequer o direito de fazer isso; podia Atenas admitir que um habitante de Egina entrasse no templo de Atena protetora da cidade? que ele elevasse um culto a Teseu? que participasse dos banquetes sagrados? que conservasse, como prítane, o fogo sagrado público? A religião proibia-o. Assim, a população vencida da ilha de Egina não podia formar um mesmo Estado com a população de Atenas. Não tendo os mesmos deuses, os eginenses e os atenienses não podiam ter as mesmas leis, nem os mesmos magistrados.

Mas não podia Atenas, pelo menos, deixando de pé a cidade vencida, enviar para dentro de seus muros magistrados que a governassem? Era absolutamente contrário aos princípios dos antigos que uma cidade fosse governada por um homem que não fosse seu cidadão. Com efeito, o magistrado devia ser um chefe religioso e a sua função principal era executar o sacrifício em nome da cidade. O estrangeiro, que não tinha o direito de fazer o sacrifício, não podia, por conseguinte, ser magistrado. Não desempenhando nenhuma função religiosa, não tinha perante os homens nenhuma autoridade regular. Esparta tentou pôr nas cidades os seus harmostes; mas esses homens não eram magistrados, não julgavam, não compareciam às assembleias. Não tendo nenhuma relação regular com o povo das cidades, não conseguiu manter-se por muito tempo.

Em decorrência disso, todo vencedor se via ante a alternativa de ou destruir a cidade vencida e ocupar o seu território, ou deixar-lhe toda a sua independência. Não havia meio-termo. Ou a cidade cessava de existir ou era um Estado soberano. Tendo o seu culto, devia ter o seu governo; perdia um ao perder o outro, e então já não existia.

Essa independência absoluta da cidade antiga só cessou quando as crenças em que se baseava desapareceram completamente. Depois que as ideias se transformaram e numerosas revoluções passaram sobre essas sociedades antigas, então se conseguiu chegar a conceber e a estabelecer um Estado maior, regido por outras regras. Mas para isso foi preciso que os homens descobrissem outros princípios e outro vínculo social que os dos velhos tempos.

CAPÍTULO XV

**Relações entre as cidades; a guerra;
a paz; a aliança dos deuses**

A religião que exercia um tão grande império sobre a vida interior da cidade intervinha com a mesma autoridade em todas as relações que as cidades tinham umas com as outras.

É o que podemos ver ao observar como os homens desses velhos tempos guerreavam, como concluíam a paz, como formavam alianças.

Duas cidades eram duas associações religiosas que não tinham os mesmos deuses. Quando estavam em guerra, não só os homens combatiam, os deuses também participavam da luta. Não se creia que isso seja apenas mera ficção poética. Havia entre os antigos uma crença muito arraigada e muito viva, pela qual cada exército levava consigo os seus deuses. Estavam convictos de que combatiam na mesma batalha; os soldados defendiam-nos e eles defendiam os soldados. Ao combaterem contra o inimigo, cada um cria combater também contra os deuses da outra cidade; esses deuses estrangeiros, era permitido detestá-los, injuriá-los, surrá-los; podiam ser feitos prisioneiros.

A guerra tinha, assim, um aspecto estranho. Devemos imaginar dois pequenos exércitos, um diante do outro; cada um deles tem em seu meio as suas estátuas, o seu altar, as suas insígnias, que são emblemas sagrados; cada um tem os seus oráculos que lhe prometeram bom êxito, seus áugures e seus adivinhos que lhe garantem a vitória. Antes da batalha, cada soldado dos dois exércitos pensa e diz como aquele grego em Eurípides: "Os deuses que combatem conosco são mais fortes que os que estão com os nossos inimigos". Cada exército pronuncia contra o exército inimigo uma imprecação do tipo daquela cuja fórmula nos foi conservada por Macróbio: "Ó deuses, disseminai o pavor, o terror, o mal entre os nossos inimigos. Sejam por vós privados da luz do Sol esses homens e quem quer que resida em seus campos e em sua cidade. Sejam-vos devotados essa cidade e os seus campos, e sua cabeça e suas pessoas". Dito isso, os dois lados se batiam com aquele furor selvagem proporcionado pela ideia de que tinham os deuses a seu favor e combatiam contra deuses estrangeiros. Nenhuma misericórdia com os inimigos; a guerra é implacável;

a religião preside à luta e instiga os combatentes. Não pode haver nenhuma regra superior que modere o desejo de matar; é permitido degolar os prisioneiros, matar os feridos.

Mesmo fora do campo de batalha, não se tem a ideia de um dever, seja ele qual for, para com o inimigo. Não há jamais um direito para o estrangeiro; com mais forte razão, não o há quando se trava guerra contra ele. A seu respeito, não há que fazer a distinção entre o justo e o injusto. Múcio Cévola e todos os romanos acreditavam ser belo assassinar um inimigo. O cônsul Márcio gabava-se publicamente de ter enganado o rei da Macedônia. Paulo Emílio vendeu como escravos cem mil epirotas que se haviam rendido voluntariamente a ele.

O lacedemônio Fébidas, em tempo de paz, apoderara-se da cidadela dos tebanos. Interrogaram Argesilau sobre a justiça de tal ação: "Examinai apenas se ela é útil", disse o rei; "pois quando a ação é útil à pátria, é belo executá-la". Eis o direito das gentes das cidades antigas. Outro rei de Esparta, Cleômenes, dizia que todo o mal que se podia fazer ao inimigo era sempre justo aos olhos dos deuses e dos homens.

O vencedor podia servir-se da vitória como bem quisesse. Nenhuma lei divina nem humana detinha a sua vingança ou a sua cupidez. O dia em que Atenas decretou que todos os habitantes de Mitilene, sem distinção de sexo nem de idade, seriam exterminados, não julgava estar indo além do seu direito; quando, no dia seguinte, voltou atrás em seu decreto e se contentou em executar mil cidadãos e confiscar todas as terras, considerou-se humana e indulgente. Depois da tomada de Plateia, os homens foram degolados; as mulheres, vendidas; e ninguém acusou os vencedores de terem violado o direito.

Não se guerreava apenas contra os soldados; guerreava-se contra a população inteira, homens, mulheres, crianças, escravos. Não se guerreava apenas contra os seres humanos; guerreava-se também contra os campos e as colheitas. Queimavam-se as casas, derrubavam-se árvores; a colheita do inimigo era quase sempre dedicada aos deuses infernais e, por conseguinte, queimada. Exterminava-se o gado; destruíam-se até as sementeiras que poderiam produzir no ano seguinte. A guerra podia fazer desaparecer de uma só vez o nome e a raça de um povo inteiro e transformar uma região fértil num deserto. Em virtude desse direito de guerra, Roma estabeleceu a solidão ao seu redor; do território em que os volscos tinham vinte e três cidades, fez os pântanos pontinos; desapareceram as cinquenta e três cidades do Lácio; em Sâmnio, durante muito tempo se pôde reconhecer os lugares em que os exércitos romanos haviam passado, menos pelos vestígios de seus acampamentos, do que pela solidão que reinava nas cercanias.

Quando o vencedor não exterminava os vencidos, tinha o direito de aniquilar sua cidade, ou seja, romper a sua associação religiosa e política. Então os cultos cessavam e os deuses eram esquecidos. Tendo sido abatida a religião da cidade, desaparecia ao mesmo tempo a religião de cada família. Extinguiam-se os fogos sagrados. Com o culto caíam as leis, o direito civil, a família, a propriedade, tudo o que se escorava na religião.[1] Escutemos o vencido a quem se fez a graça da vida; fazem-no pronunciar a seguinte fórmula: "Dou a minha pessoa, a minha cidade, a minha terra, a água que nela corre, meus deuses Termos, meus templos, meus objetos mobiliários, todas as coisas que pertencem aos deuses, eu os doo ao povo romano".[2] A partir desse momento, os deuses, os templos, as casas, as terras, as pessoas passavam a pertencer ao vencedor. Diremos mais adiante o resultado disso tudo sob o domínio de Roma.

Quando a guerra não terminava com o extermínio ou a sujeição de um dos dois partidos, um tratado de paz podia encerrá-la. Mas para isso não bastava uma convenção, a palavra dada; tinha de haver um ato religioso. Todo tratado era

---

[1] Cícero, *in Verr*., II, 3, 6. Sículo Flaco, *passim*. Tucídides, III, 50 e 68.
[2] Tito Lívio, I, 38. Plauto, *Anfitrião*, 100-105.

marcado pela imolação de uma vítima. Assinar um tratado é uma expressão completamente moderna; os latinos diziam ferir um cabrito, *icere haedus* ou *foedus*; o nome da vítima mais comumente empregada para isso permaneceu na língua usual para designar o ato inteiro.³ Os gregos exprimiam-se de maneira análoga, diziam fazer a libação, σπένδεσθαι. Eram sempre sacerdotes que, segundo o ritual,⁴ executavam a cerimônia do tratado. Eram chamados feciais na Itália, espendóforos ou porta-libação entre os gregos.

Só essa cerimônia religiosa dava às convenções internacionais um caráter sagrado e inviolável. Todos conhecem a história das forcas caudinas. Um exército inteiro, por intermédio dos cônsules, dos questores, dos tribunos e dos centuriões, fizera uma convenção com os samnitas. Mas nenhuma vítima fora imolada. Assim, o Senado se julgou no direito de dizer que a convenção não tinha nenhum valor. Ao anulá-la, não ocorreu a nenhum pontífice, a nenhum patrício, que se estava cometendo um ato de má-fé.

Era uma opinião constante entre os antigos que cada homem só tinha obrigações para com seus deuses particulares. Devemos lembrar-nos da frase de um grego cuja cidade adorava o herói Alabando; ele se dirigia a um homem de outra cidade, que adorava Hércules: "Alabando", dizia ele, "é um deus, e Hércules não o é".⁵ Com tais ideias, era necessário que num tratado de paz cada cidade tomasse seus próprios deuses como testemunhas de seus juramentos. "Fizemos um tratado e vertemos as libações", dizem os habitantes de Plateia aos espartanos, "nós tomamos como testemunhas, vós os deuses de vossos pais, nós os deuses que ocupam o nosso país".⁶ Procurava-se invocar,

---

³ Festo, *Foedum et Foedus*.
⁴ Na Grécia, usavam uma coroa. Xenofonte, *Hel.*, IV, 7, 3.
⁵ Cícero, *De nat. deor.*, III, 19.
⁶ Tucídides, II.

se possível, divindades que fossem comuns às duas cidades. Jurava-se por esses deuses que são visíveis a todos, o Sol que tudo ilumina, a terra nutriz. Mas os deuses de cada cidade e os seus heróis protetores comoviam muito mais os homens, e os contratantes tinham de tomá-los como testemunhas, se quisessem que fossem realmente obrigados pela religião.

Assim como durante a guerra os deuses se haviam misturado aos combatentes, assim também deviam ser incluídos no tratado. Estipulava-se, portanto, que haveria aliança entre os deuses como entre os homens das duas cidades. Para indicar essa aliança dos deuses, acontecia às vezes de os dois povos se autorizarem mutuamente a assistir às suas festas sagradas.[7] Às vezes, abriam reciprocamente os seus templos e faziam uma troca de ritos religiosos. Roma estipulou certo dia que o deus da cidade de Lanúvio passaria a proteger daí em diante os romanos, que teriam o direito de rezar para ele e de entrar em seu templo.[8] Muitas vezes cada uma das duas partes contratantes se comprometia a oferecer um culto às divindades da outra. Desse modo, os eleanos, tendo concluído um tratado com os etólios, ofereceram em seguida um sacrifício anual aos heróis de seus aliados.[9] Era frequente que depois de uma aliança se representassem por meio de estátuas ou de medalhas as divindades das duas cidades dando a mão umas às outras. Assim é que temos medalhas em que vemos unidos o Apolo de Mileto e o Gênio de Esmirna, a Palas dos sideanos e a Ártemis de Perga, o Apolo de Hierápolis e a Ártemis de Éfeso. Virgílio, ao falar de uma aliança entre a Trácia e os troianos, mostra os Penates dos dois povos unidos e associados.

Esses costumes esquisitos correspondiam perfeitamente à ideia que os antigos tinham dos deuses. Como cada cidade

---

[7] Tucídides, V, 23. Plutarco, *Teseu*, 25, 33.
[8] Tito Lívio, VIII, 14.
[9] Pausânias, V, 15.

tinha os seus, parecia natural que esses deuses aparecessem nos combates e nos tratados. A guerra ou a paz entre duas cidades era a guerra ou a paz entre duas religiões. O direito das gentes dos antigos fundou-se durante muito tempo nesse princípio. Quando os deuses eram inimigos, havia guerra sem misericórdia e sem regras; desde que fossem amigos, os homens estavam ligados entre si e tinham o sentimento do dever recíproco. Se se pudesse supor que as divindades protetoras de duas cidades tivessem algum motivo para serem aliadas, isso bastava para que as duas cidades o fossem. A primeira cidade com a qual Roma contraiu amizade foi Cere, na Etrúria, e Tito Lívio diz qual foi a razão: no desastre da invasão gaulesa, os deuses romanos haviam encontrado asilo em Cere; haviam habitado naquela cidade, tinham sido adorados ali; um vínculo sagrado de hospitalidade se formara, assim, entre os deuses romanos e a cidade etrusca;[10] a partir daí, a religião não permitia que as duas cidades fossem inimigas; elas eram aliadas para sempre.[11]

---

[10] Tito Lívio, V, 50. Aulo Gélio, XVI, 13.

[11] Não faz parte de nosso assunto falar das confederações ou anfictionias, numerosas na antiga Grécia e na Itália. Baste-nos observar aqui que elas eram associações tanto religiosas quanto políticas. Não encontramos anfictionias que não tivessem um culto comum e um santuário. A dos beócios oferecia um culto a Atena Itônia; a dos aqueus, a Deméter Panaqueia; o deus dos jônios da Ásia era Posídon Heliconiano, como o da pentápole dória era Apolo Triópico. A confederação das Cíclades oferecia um sacrifício comum na ilha de Delos, as cidades da Argólida, em Calânria. Tinha a mesma natureza a anfictionia das Termópilas. Todas as reuniões ocorriam em templos e tinham por objeto principal um sacrifício; cada uma das cidades confederadas enviava para dele tomar parte alguns cidadãos que assumiam temporariamente um caráter sacerdotal e eram chamados *teores*. Uma vítima era imolada em honra do deus da associação, e as carnes, assadas sobre o altar, eram divididas entre os representantes das cidades. A refeição comum, com os cantos, as preces e os jogos sagrados que a acompanhavam, formava o vínculo da confederação. Os mesmos costumes existiam na Itália. As cidades do Lácio tinham as férias latinas, em que compartilhavam as carnes de uma vítima. O mesmo ocorria com as cidades etruscas. De resto, em todas essas antigas anfictionias o laço político foi sempre mais fraco do que o laço religioso. As cidades confederadas conservavam uma completa independência. Podiam até guerrear entre si, contanto que observassem uma trégua durante a festa federal.

CAPÍTULO XVI

O romano; o ateniense

Essa mesma religião que fundara as sociedades e que as governou durante muito tempo moldou também a alma humana e deu ao homem o seu caráter. Por seus dogmas e por suas práticas, deu ao romano e ao grego certa maneira de pensar e de agir e certos hábitos de que por muito tempo não conseguiram livrar-se. Ela mostrava ao homem deuses em toda parte, deuses pequenos, deuses facilmente irritáveis e malfazejos. Esmagava o homem sob o medo de ter sempre deuses contra si e não lhe deixava nenhuma liberdade em seus atos.

É preciso ver que lugar a religião ocupa na vida de um romano. A sua casa é para ele o que para nós é um templo; nela encontra o seu culto e os seus deuses. Sua lareira é um deus; as paredes, as portas, a soleira da porta são deuses;[1] os marcos que rodeiam o seu campo também são deuses. O túmulo é um altar, e os seus antepassados são seres divinos.

Cada uma das suas ações de cada dia é um rito; toda a sua jornada pertence à religião. De manhã e de noite ele invoca o fogo sagrado, os Penates, os antepassados; ao sair de casa, ao voltar, ele lhe eleva uma prece. Cada refeição é um ato religioso que ele compartilha com as divindades domésticas. O nascimento, a iniciação, a tomada da toga, o casamento e os aniversários de todos esses eventos são os atos solenes do seu culto.

Sai de casa e quase não pode dar um passo sem encontrar um objeto sagrado; ou uma capela, ou um lugar atingido outrora por um raio, ou um túmulo; ora deve recolher-se e

---

[1] Santo Agostinho, *Cidade de Deus*, VI, T. Tertuliano, *Ad nat.*, II, 15.

pronunciar uma prece, ora deve desviar a vista e cobrir o rosto para não ver um objeto funesto.

A cada dia ele faz sacrifícios em casa, a cada mês na cúria, várias vezes por ano em sua *gens* ou em sua tribo. Além de todos esses deuses, deve também um culto aos da cidade. Em Roma, há mais deuses do que cidadãos.

Faz sacrifícios para agradecer aos deuses; faz outros, e em número maior, para apaziguar a ira deles. Um dia, aparece numa procissão, dançando num ritmo antigo ao som da flauta sagrada. Outro dia, conduz carros em que estão deitadas as estátuas das divindades. Outra vez é um *lectisternium*; é montada uma mesa na rua e coberta de pratos; sobre leitos estão deitadas as estátuas dos deuses, e cada romano passa inclinando-se, com uma coroa na cabeça e um ramo de louros na mão.[2]

Há uma festa para as semeaduras; uma para a colheita, outra para a poda da vinha. Antes que o trigo se torne espiga, ele já fez mais de dez sacrifícios e invocou uma dezena de divindades particulares para o bom sucesso da colheita. Tem sobretudo um grande número de festas para os mortos, porque tem medo deles.

Nunca sai de casa sem olhar se não aparece alguma ave de mau agouro. Existem palavras que ele não ousa pronunciar a vida inteira. Se desejar alguma coisa, inscreve o voto numa tabuinha que depõe aos pés da estátua de um deus.

A todo momento ele consulta os deuses e quer saber a vontade deles. Encontra todas as suas resoluções nas entranhas das vítimas, no voo dos pássaros, no aviso do relâmpago. O anúncio de uma chuva de sangue ou de um boi que falou perturba-o e o faz tremer; só ficará tranquilo quando uma cerimônia expiatória o tiver reconciliado com os deuses.

---

[2] Tito Lívio, XXXIV, 55; XL, 37.

Só sai de casa com o pé direito. Só corta os cabelos na Lua cheia. Carrega consigo amuletos. Cobre as paredes de casa com inscrições mágicas contra o incêndio. Conhece fórmulas para evitar a doença e outras para curá-la; mas é preciso repeti-las vinte e sete vezes e cuspir a cada vez de um certo jeito.[3]

Não delibera no Senado se as vítimas não tiverem dado sinais favoráveis. Deixa a assembleia do povo se tiver ouvido o grito de um camundongo. Abre mão dos planos mais bem articulados se perceber um mau presságio ou se uma palavra funesta tiver chegado aos seus ouvidos. É valente no combate, mas com a condição de que os auspícios lhe garantam a vitória.

Esse romano que aqui apresentamos não é o homem do povo, o homem pouco inteligente que a miséria e a ignorância conservam na superstição. Estamos falando do patrício, do homem nobre, poderoso e rico. Esse patrício é ora guerreiro, ora magistrado, ora cônsul, ora agricultor, ora comerciante; mas em toda parte e sempre é sacerdote, e o seu pensamento está voltado para os deuses. Patriotismo, amor da glória, amor do ouro, por mais fortes que sejam esses sentimentos em sua alma, o temor dos deuses domina tudo. Disse Horácio a frase mais verdadeira sobre o romano:

*Dis te minorem quod geris, imperas.**

Disseram que se tratava de uma religião política. Mas é possível supor que um senado de trezentos membros, um conjunto de três mil patrícios se tenham articulado com tal unanimidade para enganar o povo ignorante? E isso durante séculos, sem que, em meio a tantas rivalidades, lutas, ódios pessoais, uma única voz jamais se tenha elevado para dizer: Isso

---

[3] Catão, *De re rust.*, 160. Varrão, *De re rust.*, I, 2; I, 37. Plínio, *H. N.*, VIII, 82; XVII, 28; XXVII, 12; XXVIII, 2. Juvenal, X, 55. Aulo Gélio, IV, 5.

*Imperas porque continuas a ser o servo dos deuses." Horácio, *Odes*, 3, 6, 5. (N. T.)

é uma mentira. Se um patrício traísse os segredos da sua seita, se, dirigindo-se aos plebeus que suportavam com impaciência o jugo dessa religião, tivesse-os de uma só vez desembaraçado e libertado desses auspícios e desses sacerdócios, tal homem teria de imediato adquirido um tal crédito, que se teria tornado o senhor do Estado. É possível acreditar que, se os patrícios não acreditassem na religião que praticavam, tal tentação não teria sido forte o bastante para levar pelo menos um deles a revelar o segredo? Enganamo-nos gravemente sobre a natureza humana se imaginarmos que uma religião possa estabelecer-se por convenção e manter-se por impostura. Faça-se a conta de quantas vezes, em Tito Lívio, essa religião incomodou os próprios patrícios, quantas vezes ela perturbou o Senado e entravou a sua ação, e diga-se em seguida se essa religião fora inventada para comodidade dos homens de Estado. Só bem tarde, só no tempo dos Cipiões é que se começou a crer que a religião fosse útil ao governo; mas a religião já estava morta nas almas.

Tomemos um romano dos primeiros séculos; escolhamos um dos maiores guerreiros, Camilo, que foi cinco vezes ditador e vencedor em mais de dez batalhas. Para traçarmos um quadro veraz, devemos representá-lo tanto como sacerdote quanto como guerreiro. Pertence ele à *gens* Furia; seu sobrenome é uma palavra que designa uma função sacerdotal. Criança, fizeram-no vestir a toga pretexta que indica a casta, e carregar a bula que afasta o mau agouro. Cresceu assistindo todos os dias às cerimônias do culto; passou a juventude instruindo-se sobre os ritos da religião. É verdade que se deflagrou uma guerra e o sacerdote se fez soldado; foi visto, ferido na coxa num combate de cavalaria, arrancar o ferro da ferida e continuar a combater. Depois de muitas campanhas, foi elevado às magistraturas; como tribuno consular, fez os sacrifícios públicos, julgou, comandou o exército. Chegou o dia em que pensaram nele para a ditadura. Naquele dia, o magistrado em função, depois de se ter recolhido durante uma noite clara, consultou os deuses; seu pensamento estava voltado para Camilo, cujo nome ele pronunciava baixinho, e os seus olhos estavam fitos no céu onde procuravam os presságios. Os deuses enviaram apenas bons presságios; isso significa que Camilo lhes era agradável; foi nomeado ditador.

Ei-lo comandante de exército; sai da cidade, não sem ter consultado os auspícios e imolado numerosas vítimas. Tem sob as suas ordens muitos oficiais, um número quase tão grande de sacerdotes, um pontífice, áugures, arúspices, pulários, vitimários e um encarregado de transportar o fogo sagrado.

Encarregam-no de terminar a guerra contra Veios, que está cercada sem sucesso já há nove anos. Veios é uma cidade etrusca, ou seja, quase uma cidade santa; deve-se combater mais com piedade do que com coragem. Se há nove anos os romanos levam a pior, é porque os etruscos conhecem melhor os ritos agradáveis aos deuses e as fórmulas mágicas que conquistam seu favor. Roma, por seu lado, abriu seus livros sibilinos e neles procurou a vontade dos deuses. Ela se deu conta de que as suas férias latinas haviam sido maculadas por algum defeito formal e renovou o sacrifício. Os etruscos, porém, continuam levando a melhor; só resta um último recurso, raptar um sacerdote etrusco e saber por meio dele o segredo dos deuses. Um sacerdote de Veios é capturado e levado ao Senado: "Para que Roma vença", diz ele, "tem de abaixar o nível do lago Albano, evitando com cuidado que a água transborde para o mar". Roma obedece, cavam um sem-número de canais e regos, e a água do lago se perde nos campos.

Nesse momento, Camilo é eleito ditador. Vai até o exército acampado perto de Veios. Tem certeza do bom êxito, pois todos os oráculos foram revelados, todas as ordens dos deuses, cumpridas; de resto, antes de sair de Roma, prometeu festas e sacrifícios aos deuses protetores. Para vencer, não desdenha os meios humanos; aumenta o exército, endurece a disciplina, faz cavarem uma galeria subterrânea para penetrar na cidadela. Chegou o dia do ataque; Camilo sai da tenda; consulta os auspícios e imola vítimas. Os pontífices e os áugures rodeiam-no; vestindo o *paludamentum*, ele invoca os deuses: "Sob tua guia, ó Apolo, e por tua vontade que me inspira, caminho para tomar e destruir a cidade de Veios; a ti prometo e dedico a décima parte das presas". Mas não basta ter deuses ao seu lado; também o inimigo tem uma divindade poderosa que o protege. Camilo a evoca com esta fórmula: "Juno Rainha, que presentemente habitas em Veios, rogo-te, vem conosco, os vencedores; segue-nos até a nossa cidade; torne-se tua a nossa cidade". Em seguida, executados os sacrifícios, ditas as preces, recitadas as fórmulas, quando os romanos têm certeza de que os deuses estão do seu lado e mais nenhum defende o inimigo, dá-se o assalto e a cidade é tomada.

Esse é Camilo. Um general romano é um homem que sabe combater admiravelmente, que sabe sobretudo a arte de se fazer obedecer, mas crê firmemente nos áugures, pratica todos os dias atos religiosos e está convencido de que o mais importante não é a coragem nem tampouco a disciplina, mas o enunciado de algumas fórmulas ditas exatamente segundo os ritos. Essas fórmulas dirigidas aos deuses dão-lhes determinação e obrigam-nos quase sempre a lhe dar a vitória. Para tal general, a recompensa suprema é a permissão do Senado para executar o sacrifício triunfal. Ele então sobe ao carro sagrado com quatro cavalos brancos atrelados; veste a toga sagrada com que se cobrem os deuses nos dias de festa; sua cabeça está coroada, sua mão direita segura um ramo de louros; a esquerda, o cetro de marfim; são exatamente os atributos e os trajes da estátua de Júpiter.[4] Sob essa majestade quase divina ele se mostra aos concidadãos, e vai render homenagem à majestade verdadeira

---

[4] Tito Lívio, X, 7; XXX, 15. Dionísio, V, 8. Apiano, *G. Pún.*, 59. Juvenal, X, 43. Plínio, XXXIII, 7.

do maior dos deuses romanos. Escala a encosta do Capitólio e, chegando à frente do templo de Júpiter, imola vítimas.

O medo dos deuses não era um sentimento próprio do romano; ele reinava também no coração do grego. Esses povos, constituídos originalmente pela religião, nutridos e educados por ela, conservaram durante muito tempo a marca de sua primeira educação. São conhecidos os escrúpulos do espartano, que jamais começa uma expedição antes da Lua cheia, que imola vítimas sem parar para saber se deve combater e que renuncia aos empreendimentos mais bem articulados e mais necessários porque um mau presságio o apavora. O ateniense não é menos escrupuloso. O exército ateniense jamais entra em campanha antes do sétimo dia do mês e, quando uma esquadra vai zarpar, pintam de novo de dourado, com todo esmero, a estátua de Palas.

Garante Xenofonte que os atenienses têm mais festas religiosas do que qualquer outro povo grego.[5] "Quantas vítimas oferecidas aos deuses", diz Aristófanes,[6] "quantos templos! quantas estátuas! quantas procissões sagradas! Durante o ano inteiro vemos festins religiosos e vítimas coroadas". A cidade de Atenas e seu território estão cobertos de templos e de capelas, para o culto da cidade, para o culto das tribos e dos demos, para o culto das famílias. Cada casa é ela mesma um templo, e em cada campo há um túmulo sagrado.

O ateniense, que imaginamos tão inconstante, tão caprichoso, tão livre-pensador, tem, ao contrário, um singular respeito pelas velhas tradições e pelos velhos ritos. A sua principal religião, aquela que obtém dele a devoção mais ardente, é a religião dos antepassados e dos heróis. Tem o culto dos mortos e os teme. Uma das suas leis obriga-o a oferecer-lhes a cada ano as primícias da colheita; outra lhe proíbe pronunciar uma só

---

[5] Xenofonte, *Gov. de At.*, III, 2.
[6] Aristófanes, *Nuvens*.

palavra que possa provocar-lhes a cólera. Tudo o que se refere à antiguidade é sagrado para o ateniense. Tem velhas coletâneas onde estão registrados os ritos e jamais se afasta deles; se um sacerdote introduzisse no culto a menor inovação, seria punido com a morte. São observados de século em século os mais estranhos ritos. Um dia do ano, o ateniense faz um sacrifício em honra de Ariadne, e como dizem que a amante de Teseu morreu ao dar à luz, cumpre imitar os gritos e os movimentos de uma mulher em trabalho de parto. Celebra ele outra festa anual, chamada Oscofória, que é como a pantomima do retorno de Teseu à Ática; coroa-se o caduceu de um arauto, porque o arauto de Teseu coroou o seu caduceu; dão um certo grito que supõem que o arauto também deu e fazem uma procissão onde cada qual veste a roupa de moda na época de Teseu. Em outro dia, o ateniense não deixa de cozinhar legumes num certo tipo de caldeirão; é um rito cuja origem se perde numa antiguidade distante, cujo sentido não mais se conhece, mas se renova religiosamente a cada ano.[7]

O ateniense, como o romano, tem dias nefastos; nesses dias, não há casamentos, não se começa nenhum empreendimento, não se vai à assembleia, não há julgamentos. O décimo oitavo e o décimo nono dias de cada mês são usados para as purificações. No dia das Plintérias, o mais nefasto dos dias, é coberta a estátua da grande divindade protetora da cidade. No dia das Panatenesias, ao contrário, o véu da deusa é carregado em grande procissão, e todos os cidadãos, sem distinção de idade nem de condição social, devem participar do cortejo. O ateniense faz sacrifícios pelas colheitas, faz sacrifícios pela volta da chuva ou do bom tempo e também para curar as doenças e expulsar a fome ou a peste.[8]

---

[7] Plutarco, *Teseu*, 20, 22, 23.
[8] Platão, *Leis*, VII, p. 800. Filócoro, *Fragm.* Eurípides, *Supl.*, 80.

Atenas tem as suas coletâneas de oráculos antigos, como Roma tem seus livros sibilinos, e alimenta no pritaneu homens que lhe anunciam o futuro. Encontram-se a cada passo nas ruas adivinhos, sacerdotes, intérpretes de sonhos. O ateniense crê nos presságios; um espirro ou um zumbido no ouvido faz que interrompa o que esteja fazendo. Jamais embarca sem ter interrogado os auspícios. Antes de casar, não deixa de consultar o voo dos pássaros. Dissolve-se a assembleia do povo assim que alguém garanta ter aparecido no céu um sinal funesto. Se um sacrifício for perturbado pelo anúncio de uma má notícia, será preciso recomeçá-lo.[9]

O ateniense dificilmente começa uma frase sem invocar primeiro a boa fortuna. Coloca invariavelmente essa palavra no início de todos os seus decretos. Na tribuna, o orador gosta de começar com uma invocação aos deuses e aos heróis que habitam no país. Conduz-se o povo pronunciando-lhe oráculos. Os oradores, para fazerem prevalecer seu ponto de vista, repetem a todo momento: A Deusa assim o ordena.[10]

Nícias pertence a uma família grande e rica. Muito jovem, conduz ao santuário de Delos uma *theoria*, isto é, vítimas e um coro para cantar os louvores do deus durante o sacrifício. De volta a Atenas, presta homenagem aos deuses com parte de sua riqueza, dedicando uma estátua a Atena e uma capela a Dioniso. Alternadamente, é *hestiator*, aquele que oferece banquetes e paga as contas da refeição sagrada de sua tribo; é corego e patrocina um coro para as festas religiosas. Não passa um dia sem oferecer um sacrifício a algum deus. Emprega em casa um adivinho de que nunca se separa e que consulta sobre os negócios públicos assim como sobre os interesses particulares. Nomeado general, dirige uma expedição contra

---

[9] Aristófanes, *Paz,* 1084; *Pássaros,* 596, 718. *Schol. ad aves,* 721. Tucídides, II, 8.
[10] Licurgo, I, 1. Aristófanes, *Cavaleiros,* 903, 999, 1171, 1179.

Corinto; enquanto volta vencedor a Atenas, dá-se conta de que dois dos seus soldados mortos permaneceram sem sepultura no território inimigo; o escrúpulo religioso toma conta dele; detém a frota e envia um arauto, para pedir aos coríntios permissão para sepultar os dois cadáveres. Algum tempo depois, o povo ateniense delibera sobre a expedição à Sicília. Nícias sobe à tribuna e declara que os seus sacerdotes e o seu adivinho anunciam presságios que se opõem à expedição. É verdade que Alcibíades tem outros adivinhos que pronunciam oráculos em sentido contrário. O povo está indeciso. Chegam do Egito alguns homens que consultaram o deus Amon, que começa a estar muito na moda, e trazem dele este oráculo: Os atenienses capturarão todos os siracusanos. O povo decide-se de imediato pela guerra.[11]

Nícias, muito contra a vontade, comanda a expedição. Antes de partir, pratica um sacrifício, segundo o costume. Leva consigo, como todo general, um grupo de adivinhos, de sacrificadores, de arúspices e de arautos. A frota leva o seu fogo sagrado; cada embarcação tem um emblema que representa algum deus.

Mas Nícias tem poucas esperanças. A desgraça não vem sendo anunciada por tantos prodígios? Corvos danificaram uma estátua de Palas; um homem mutilou-se num altar; e a partida ocorreu durante os dias nefatos das Plintérias! Nícias está cansado de saber que essa guerra será fatal para ele e para a pátria. Por isso, durante toda a duração da campanha é sempre visto temeroso e circunspecto; não ousa quase nunca dar o sinal de combate, ele que é reconhecidamente um soldado muito valoroso e um general muito hábil.

Não é possível tomar Siracusa e, depois de perdas cruéis, têm de decidir-se a voltar a Atenas. Nícias prepara a frota para o regresso; o mar ainda está livre. Mas ocorre um eclipse

---

[11] Plutarco, *Nícias*. Tucídides, VI.

da Lua. Consulta o adivinho, que responde que o presságio é adverso e é preciso aguardar três vezes nove dias. Nícias obedece; passa todo esse tempo sem fazer nada, oferecendo muitos sacrifícios para apaziguar a ira dos deuses. Enquanto isso, os inimigos fecham o porto para ele e destroem a frota. Só lhe resta fazer a retirada por terra, o que é impossível; nem ele nem nenhum dos seus soldados escapa aos siracusanos.

Que disseram os atenienses à notícia do desastre? Conheciam a coragem pessoal de Nícias e a sua admirável constância. Tampouco o censuraram por ter seguido as decisões da religião. Só encontraram uma coisa digna de reprovação, ter levado consigo um adivinho ignorante. Pois o adivinho se enganara quanto ao presságio do eclipse lunar; deveria saber que, para um exército que prepara a retirada, a Lua que esconde sua luz é um presságio favorável.[12]

CAPÍTULO XVII

Da onipotência do Estado; os antigos não conheceram a liberdade individual

A cidade fora fundada com base numa religião e constituída como uma Igreja. Daí a sua força; daí também a sua onipotência e o império absoluto que exerce sobre os membros. Numa sociedade estabelecida sobre tais princípios, não podia existir liberdade individual. O cidadão estava submetido em tudo e sem nenhuma reserva à cidade; pertencia completamente a ela. A religião, que dera à luz o Estado, e o Estado, que conservava a religião, sustentavam-se um ao outro e formavam uma só coisa; essas duas potências associadas e fundidas formavam

---

[12] Plutarco, *Nícias*, 23.

uma potência quase sobre-humana, à qual a alma e o corpo estavam igualmente submetidos.

Nada havia no homem que fosse independente. O seu corpo pertencia ao Estado e era dedicado à defesa dele; em Roma, o serviço militar durava até os cinquenta anos, em Atenas até os sessenta, em Esparta a vida toda. Seus bens estavam sempre à disposição do Estado; se a cidade precisasse de dinheiro, podia ordenar que as mulheres lhe entregassem as jóias, aos credores que lhe cedessem seus créditos, aos proprietários de oliveiras que lhe fornecessem grátis o azeite que haviam fabricado.[1]

A vida privada não escapava a essa onipotência do Estado. A lei ateniense, em nome da religião, proibia ao homem permanecer celibatário.[2] Esparta punia não só aquele que não se casava, mas até aquele que se casava tarde. O Estado podia prescrever em Atenas o trabalho, em Esparta o ócio. Exercia a tirania até nas menores coisas; em Lócris, a lei proibia que os homens bebessem vinho puro; em Roma, em Mileto, em Marselha, proibiam-no às mulheres.[3] Era comum que os trajes fossem definidos invariavelmente pelas leis de cada cidade; a legislação de Esparta determinava o penteado das mulheres, e a de Atenas proibia-lhes levar mais do que três vestidos numa viagem.[4] Em Rodes e em Bizâncio, a lei proibia cortar a barba.[5]

O Estado tinha o direito de não tolerar que seus cidadãos portassem deformidades. Por conseguinte ordenava ao pai de tal criança que a fizesse morrer. Achava-se essa lei nos antigos códigos de Esparta e de Roma. Não sabemos se existia em Atenas; só sabemos que Aristóteles e Platão a incluíram em suas legislações ideais.

---

[1] Aristóteles, *Econom.*, II.
[2] Pólux, VIII, 40. Plutarco, *Lisandro*, 30.
[3] Ateneu, X, 33. Eliano, *H. V.*, II, 37.
[4] *Fragments des historiens grecs*, col. Didot, t. II, p. 129, 211. Plutarco, *Sólon*, 21.
[5] Ateneu, XIII. Plutarco, *Cleômenes*, 9. — "Os romanos não acreditavam que se devesse deixar a cada qual a liberdade de se casar, de ter filhos, de escolher o gênero de vida, de fazer festas, enfim, de seguir seus desejos e gostos, sem passar antes por uma inspeção e por um julgamento." Plutarco, *Catão, o Velho*, 23.

Há na história de Esparta uma característica muito admirada por Plutarco e Rousseau. Esparta acabara de sofrer uma derrota em Leuctros e muitos de seus cidadãos haviam morrido. Ao ouvirem a notícia, os parentes dos mortos tiveram de se mostrar em público com expressão alegre no rosto. A mãe que sabia que o filho escapara ao desastre e que ia tornar a vê-lo demonstrava aflição e chorava. Aquela que sabia que não veria mais o filho, mostrava alegria e percorria os templos agradecendo aos deuses. Qual não era, pois, o poder do Estado, que ordenava a inversão dos sentimentos naturais e era obedecido!

O Estado não admitia que um homem fosse indiferente aos seus interesses; o filósofo, o erudito não tinha o direito de viver à parte. Votar na assembleia e ser magistrado por sua vez era uma obrigação. Num tempo em que as discórdias eram frequentes, a lei ateniense não permitia que o cidadão permanecesse neutro; ele devia combater com um ou com outro partido; contra aquele que quisesse permanecer indiferente e afastado das facções, a lei pronunciava a pena de exílio com confisco dos bens.

A educação estava longe de ser livre entre os gregos. Ao contrário, não havia nada em que o Estado fizesse mais questão de ter a última palavra. Em Esparta, o pai não tinha nenhum direito sobre a educação do filho. A lei parece ter sido menos rigorosa em Atenas; mesmo assim, a cidade fazia que a educação fosse comum, com professores escolhidos por ela. Aristófanes, num trecho eloquente, mostra-nos as crianças de Atenas indo à escola; em ordem, distribuídas por bairros, caminham em fileiras serradas, sob chuva, neve ou Sol; essas crianças parecem já compreender que cumprem um dever cívico.[6] O Estado queria ser o único a dirigir a educação, e Platão diz o motivo dessa exigência:[7] "Os pais não devem ter

---

[6] Aristófanes, *Nuvens*, 960-965.
[7] Platão, *Leis*, VII.

a liberdade de enviar ou não os filhos para os professores que a cidade escolheu; pois as crianças pertencem menos aos pais do que à cidade". O Estado considerava que lhe pertenciam o corpo e a alma de cada cidadão; por isso, queria moldar esse corpo e essa alma para tirar o melhor partido dela. Ensinava-lhe a ginástica, porque o corpo do homem era uma arma para a cidade, e era preciso que essa arma fosse o mais forte e o mais manejável possível. Ensinava-lhe também cantos religiosos, os hinos, as danças sagradas, porque esse conhecimento era necessário à boa execução dos sacrifícios e das festas da cidade.[8]

Reconhecia-se ao Estado o direito de impedir que houvesse um ensino livre ao lado do seu. Atenas fez um dia uma lei que proibia instruir os jovens sem autorização dos magistrados, e outra que proibia especificamente o ensino da filosofia.[9]

O homem não tinha a escolha de suas crenças. Tinha de crer na religião da cidade e a ela submeter-se. Podia-se odiar ou desprezar os deuses da cidade vizinha; quanto às divindades de um caráter geral e universal, como Júpiter Celeste ou Cibele ou Juno, tinha-se a liberdade de nelas crer ou não. Mas não se devia duvidar de Atena protetora da cidade ou de Erecteu ou de Cécrope. Isso seria uma grande impiedade, que atingiria ao mesmo tempo a religião e o Estado, e este último a puniria com severidade. Sócrates foi condenado à morte por esse crime. A liberdade de pensamento no que se refere à religião da cidade era absolutamente desconhecida dos antigos. Era preciso conformar-se a todas as regras do culto, participar de todas as procissões e do banquete sagrado. A legislação ateniense pronunciava uma pena contra os que deixassem de celebrar religiosamente uma festa nacional.[10]

---

[8] Aristófanes, *Nuvens*, 966-968.
[9] Xenofonte, *Memor.*, I, 2. Diógenes Laércio, *Teofr*. Essas duas leis não duraram muito tempo; não deixam de provar a onipotência que se reconhecia ao Estado em matéria de instrução.
[10] Pólux, VIII, 46. Ulpiano, *Schol. in Demosth., in Midiam*.

Os antigos não conheciam, portanto, nem a liberdade da vida privada, nem a liberdade de educação nem a liberdade religiosa. A pessoa humana não valia muito diante dessa autoridade santa e quase divina a que chamavam pátria ou Estado. O Estado não tinha apenas, como em nossas sociedades modernas, direito de justiça com relação aos cidadãos. Ele podia punir alguém sem que fosse culpado e apenas porque o seu interesse estava em jogo. Aristides decerto não cometera nenhum crime nem sequer era suspeito; mas a cidade tinha o direito de expulsá-lo do seu território pelo simples fato de ter Aristides adquirido influência demais com as suas virtudes e poder por isso tornar-se perigoso, se quisesse. Chamavam a isso ostracismo; essa instituição não era particular a Atenas; encontramo-la em Argo, em Mégara, em Siracusa e é de crer que existisse em todas as cidades gregas.[11] Ora, o ostracismo não era um castigo; era uma precaução que a cidade tomava contra um cidadão que talvez pudesse um dia prejudicá-la. Em Atenas era possível acusar um homem e condená-lo por incivismo, isto é, por falta de afeto pelo Estado. Nada garantia a vida do homem quando se tratava do interesse da cidade. Roma fez uma lei pela qual era permitido matar todo homem que tivesse a intenção de tornar-se rei.[12] A funesta máxima de que a salvação do Estado é a lei suprema foi formulada pela antiguidade.[13] Pensava-se que o direito, a justiça, a moral, tudo devesse ceder diante do interesse da pátria.

É, pois, um erro singular entre todos os erros humanos ter crido que nas cidades antigas o homem gozasse liberdade. Ele nem sequer tinha ideia dela. Não acreditava que pudesse haver direito em relação à cidade e seus deuses. Logo veremos que o governo mudou várias vezes de forma; mas a natureza do Estado

---

[11] Aristóteles, *Política*, VIII, 2, 5. Escoliasta de Aristófanes, *Caval.*, 851.
[12] Plutarco, *Publícola*, 12.
[13] Cícero, *De legibus*, III, 3.

permaneceu mais ou menos a mesma, e a sua onipotência diminuiu pouco. O governo chamou-se alternadamente monarquia, aristocracia, democracia; mas nenhuma dessas revoluções deu aos homens a verdadeira liberdade, a liberdade individual. Ter direitos políticos, votar, nomear magistrados, poder ser arconte, a isso se chamava liberdade; mas nem por isso o homem deixava de estar submetido ao Estado. Os antigos, e sobretudo os gregos, sempre exageraram a importância e os direitos da sociedade; esse fato se deve, sem dúvida, ao caráter sagrado e religioso que a sociedade assumira originalmente.

LIVRO IV
as revoluções

Decerto nada se podia imaginar de mais solidamente constituído do que essa família dos tempos antigos, que continha em si os deuses, o culto, o sacerdote, o magistrado. Nada de mais forte do que essa cidade que tinha também em si mesma a religião, os deuses protetores, o sacerdócio independente, que mandava tanto na alma quanto no corpo do homem e, infinitamente mais poderosa do que o Estado de hoje, reunia em si a dupla autoridade que hoje vemos dividida entre o Estado e a Igreja. Se alguma sociedade foi constituída para durar, era aquela. Sofreu, porém, como tudo o que é humano, a sua série de revoluções.

Não podemos dizer, de um modo geral, em que época começaram essas revoluções. Compreende-se, com efeito, que essa época não foi a mesma para as diferentes cidades da Grécia e da Itália. O que é certo é que já no século VII a.C. essa organização social era discutida e atacada quase em toda parte. A partir dessa época, ela se mantém só com dificuldades e por uma mistura mais ou menos hábil de resistência e de concessões. Ela se debateu assim durante muitos séculos, em meio a lutas perpétuas, e por fim desapareceu.

As causas que a fizeram perecer podem reduzir-se a duas. Uma é a mudança que se operou nas ideias ao longo do tempo, em consequência do desenvolvimento natural do espírito humano, e que, obliterando as antigas crenças, fez ao mesmo tempo esboroar-se o edifício social que essas crenças haviam elevado e eram as únicas a poder sustentar. A outra é a existência de uma categoria de homens que se achava situada fora dessa organização da cidade, que sofria com ela, tinha interesse em destruí-la e a combateu sem tréguas.

Assim, quando se enfraqueceram as crenças sobre as quais se fundamentava esse regime social, e os interesses da maioria dos homens passaram a estar em desacordo com tal regime, ele teve de cair. Nenhuma cidade escapou a essa lei de transformação, nem Esparta, nem Atenas, nem Roma nem a Grécia. Assim como vimos que os homens da Grécia e os da Itália tiveram a princípio as mesmas crenças e que a mesma série de instituições se estabelecera entre eles, vamos ver agora que todas essas cidades passaram pelas mesmas revoluções.

Cumpre estudar por que e como os homens se afastaram aos poucos dessa antiga organização, não para decaírem, mas, pelo contrário, para avançarem na direção de uma forma social mais ampla e melhor. Pois, sob uma aparência de desordem e às vezes de decadência, cada uma de suas mudanças os aproximava de um objetivo que não conheciam.

CAPÍTULO I

Patrícios e clientes

Até agora não falamos das classes inferiores e nada tínhamos a falar sobre elas, pois se tratava de descrever o organismo primitivo da cidade, e as classes inferiores não tinham nenhum peso nesse organismo. A cidade constituiu-se como se essas classes não existissem. Podíamos, pois, esperar para estudá-las quando chegássemos à época das revoluções.

A cidade antiga, como toda sociedade humana, apresentava estratos, distinções, desigualdades. É conhecida a distinção originária em Atenas entre os eupátridas e os tetas; em Esparta, encontramos a classe dos Iguais e a dos Inferiores; em Eubeia, a dos cavaleiros e a do povo. A história de Roma está repleta de lutas entre os patrícios e os plebeus, luta que encontramos em todas as cidades sabinas, latinas e etruscas. Podemos até observar que quanto mais longe no passado recuamos na história da Grécia e da Itália, mais a distinção parece profunda e as condições, mais fortemente marcadas: prova segura de que a desigualdade não se formou com o tempo, mas existiu desde a origem e é contemporânea do nascimento das cidades.

É importante procurar saber em que princípios se baseava essa divisão das classes. Poderemos assim ver mais facilmente em virtude de que ideias ou de que necessidades vão ser travadas as lutas, o que as classes inferiores vão reivindicar e em nome de que princípios as classes superiores defenderão o seu império.

Vimos mais acima que a cidade nascera da confederação das famílias e das tribos. Ora, antes do dia em que a cidade se formou, a família já continha em si mesma essa distinção de classes. A família, com efeito, não se desmembrava; era indivisível como a religião primitiva da lareira. O primogênito, sucedendo sozinho ao pai, assumia o sacerdócio, a propriedade e a autoridade; seus irmãos eram em relação a ele o que tinham sido em relação ao pai. De geração em geração, de primogênito em primogênito, sempre havia um só chefe de família; ele presidia ao sacrifício, dizia a prece, julgava e governava. Só a ele, originalmente, pertencia o título de *pater*; pois essa palavra, que designava o poder e não a paternidade, só podia aplicar-se então ao chefe da família. Seus filhos, seus irmãos, seus servos, todos o chamavam assim.

Eis, portanto, na constituição íntima da família um primeiro princípio de desigualdade. O primogênito é privilegiado quanto ao culto, à sucessão e ao comando. Depois de muitas gerações se formam naturalmente, em cada uma dessas grandes famílias, ramos mais jovens que estão pela religião e pelo costume num estado de inferioridade para com o ramo primogênito e que, vivendo sob a sua proteção, obedecem à sua autoridade.

Essa família também tem servos, que não a deixam, que estão hereditariamente ligados a ela e sobre os quais o *pater* ou *patrão* exerce a tripla autoridade de senhor, de magistrado e de sacerdote. Chamam-nos por nomes que variam de lugar para lugar; o de clientes e o de tetas são os mais conhecidos.

Eis mais uma classe inferior. O cliente está abaixo, não só do chefe supremo da família, mas também dos ramos mais jovens. Entre estes e ele há a diferença de que o membro de um ramo mais jovem, ao recuar na série de seus antepassados, sempre chega a um *pater*, ou seja, a um chefe de família, a um desses ascendentes divinos que a família invoca nas preces. Como descende de *pater*, é chamado em latim *patricius*. O filho de um cliente, ao contrário, por mais longe que volte em sua genealogia, sempre chega apenas a um cliente ou a um escravo. Não tem um *pater* entre os avoengos. Daí para ele um estado de inferioridade, de que nada pode tirá-lo.

A distinção entre essas duas classes de homens é manifesta no que se refere aos interesses materiais. A propriedade da família pertence inteiramente ao chefe, que aliás compartilha o seu usufruto com os ramos mais jovens e até com os clientes. Mas, enquanto o ramo mais jovem tem pelo menos um direito eventual sobre a propriedade, no caso de o ramo mais velho vir a se extinguir, o cliente não pode jamais se tornar proprietário. A terra que cultiva, ele só a tem em consignação; se morrer, ela volta ao patrão; o direito romano das épocas posteriores conservou um vestígio dessa antiga regra no que era chamado *jus applicationis*. O próprio dinheiro do cliente não lhe pertence; o patrão é o seu verdadeiro proprietário e pode apoderar-se dele para suas próprias necessidades. Em virtude dessa regra antiga é que o direito romano diz que o cliente deve dotar a filha do patrão, deve pagar suas multas e resgates ou contribuir para as despesas de suas magistraturas.

A distinção é ainda mais manifesta na religião. Só o descendente de um *pater* pode executar as cerimônias do culto da família. O cliente assiste a elas; fazem o sacrifício por ele, mas ele próprio não o faz. Entre ele e a divindade doméstica há sempre um intermediário. Não pode sequer substituir a família ausente. Se essa família vier a se extinguir, os clientes não dão continuidade ao culto; dispersam-se. Pois a religião não é patrimônio deles; não é de seu sangue, não lhes vem dos antepassados. É uma religião emprestada; têm dela o usufruto, não a propriedade.

Lembremos que, segundo as ideias das antigas gerações, era hereditário o direito de ter um deus e de rezar. A santa tradição, os ritos, as palavras sacramentais, as fórmulas poderosas que determinavam os deuses a agir, tudo isso só era transmitido pelo sangue. Era, pois, muito natural que, em cada uma dessas antigas famílias, a parte livre e ingênua que descendia realmente do primeiro antepassado fosse a única que estivesse de posse do caráter sacerdotal. Os patrícios ou eupátridas tinham o privilégio de ser sacerdotes e de ter uma religião que lhes pertencesse.

Assim, antes mesmo de sair do estado de família, já existia uma distinção de classes; a velha religião doméstica estabelecera diferentes condições sociais.

Quando, mais tarde, a cidade se formou, nada mudou na constituição interior da família. Mostramos até que a cidade, a princípio, não foi uma associação de indivíduos, mas uma confederação de tribos, de cúrias e de famílias e que, nesse tipo de aliança, cada um desses grupos continuou sendo o que era antes. Os chefes desses pequenos grupos uniam-se entre si, mas cada um deles continuava a ser senhor absoluto na pequena sociedade de que já era chefe. É por isso que o direito romano deixou durante tanto tempo com o *pater* a autoridade absoluta sobre a família, a onipotência e o direito de justiça em relação aos clientes. A distinção de classes, nascida na família, prolongou-se, pois, na cidade.

A cidade, em seus primórdios, foi apenas a reunião dos chefes de família. Dispomos de numerosos testemunhos de um tempo em que só eles podiam ser cidadãos. Essa regra conservou-se em Esparta, onde os filhos mais moços não tinham direitos políticos. Podemos ver ainda vestígios disso numa antiga lei de Atenas, que dizia que para ser cidadão era preciso ter um deus doméstico.[1] Observa Aristóteles que antigamente, em muitas cidades, era de regra que o filho não fosse cidadão enquanto o pai estivesse vivo, e que, morto o pai, só o filho mais velho gozasse de direitos políticos.[2] A lei, consequentemente, não levava em conta na cidade nem os ramos mais moços nem, com mais forte razão, os clientes. Assim, acrescenta Aristóteles que os verdadeiros cidadãos eram então muito poucos.

A assembleia que deliberava sobre os interesses gerais da cidade também era composta apenas, naqueles tempos antigos, de chefes de família, de *patres*. Podemos não crer em Cícero quando ele diz que Rômulo chamou *pais* os senadores, para indicar a afeição paternal que tinham pelo povo. Os membros do Senado tinham naturalmente esse título porque eram os chefes das *gentes*. Ao mesmo tempo que esses homens reunidos representavam a cidade, cada um deles continuava sendo senhor absoluto em sua *gens*, que era como o seu pequeno reino. Vemos também desde os primórdios de Roma uma outra assembleia mais numerosa, a das cúrias; ela, porém, difere muito pouco da dos *patres*. São também eles que constituem o elemento principal dessa assembleia; cada *pater* apenas se mostra ali rodeado de sua família; os parentes e até os clientes servem-lhe de cortejo e indicam o seu poder. Cada família, aliás, tem nesses comícios um só sufrágio.[3] Podemos admitir que o chefe consulte os parentes e até os clientes, mas é claro que é ele que vota. A lei proíbe, ademais, ao cliente ter outra opinião do que a do patrão. Se os clientes estão ligados à cidade, é

---

[1] Harpocrácion, verbete Ζεὺς ἑρκεῖος.

[2] Aristóteles, *Política*, VIII, 5, 2-3.

[3] Aulo Gélio, XV, 27. Veremos que a clientela se formou mais tarde; só estamos falando aqui da dos primeiros séculos de Roma.

apenas por intermédio de seus chefes patrícios. Eles participam do culto público, comparecem diante do tribunal, entram na assembleia, mas só na escolha dos seus patrões.

Não devemos imaginar a cidade desses tempos antigos como uma aglomeração de homens vivendo misturados dentro das mesmas muralhas. A cidade não é muito, nos primeiros tempos, um lugar de residência; é o santuário onde estão os deuses da comunidade; é a fortaleza que os defende e que a presença deles santifica; é o centro da associação, a residência do rei e dos sacerdotes, o lugar onde se faz justiça; mas os homens não vivem ali. Durante ainda muitas gerações, os homens continuam a viver fora da cidade, em famílias isoladas que compartilham os campos. Cada uma dessas famílias ocupa o seu cantão, onde tem seu santuário doméstico e onde forma, sob a autoridade de seu *pater*, um grupo indivisível. Depois, em determinados dias, quando se trata dos interesses da cidade ou das obrigações do culto comum, os chefes dessas famílias vão até a cidade e se reúnem ao redor do rei, quer para deliberar, quer para assistir ao sacrifício. Em caso de guerra, cada um desses chefes chega seguido de sua família e de seus servidores (*sua manus*), agrupam-se por fratrias ou por cúrias e formam o exército da cidade, sob as ordens do rei.

CAPÍTULO II

Os plebeus

Cumpre agora assinalar outro elemento de população que estava abaixo dos próprios clientes e que, ínfima a princípio, adquiriu aos poucos força bastante para despedaçar a antiga organização social. Essa classe, que se tornou mais numerosa em Roma do que em qualquer outra cidade, era chamada plebe. É preciso ver a origem e o caráter dessa classe para compreender o papel por ela desempenhado na história da cidade e da família entre os antigos.

Os plebeus não eram os clientes; os historiadores da Antiguidade não confundem essas duas classes uma com a outra. Diz Tito Lívio em algum lugar: "A plebe não quis participar da eleição dos cônsules; os cônsules foram, pois, eleitos pelos patrícios e seus clientes". E em outro lugar: "A plebe queixou-se de que os patrícios tinham influência demais nos comícios graças aos sufrágios de seus clientes".[1] Lemos em Dionísio de Halicarnasso: "A plebe saiu de Roma e se retirou no Monte Sagrado: os patrícios permaneceram sozinhos na cidade com seus clientes". E mais adiante: "A plebe descontente recusou-se a alistar-se, os patrícios tomaram as armas com seus clientes e guerrearam".[2] Essa plebe, bem separada dos clientes, não fazia parte, pelo menos nos primeiros séculos, do que chamavam de povo romano. Numa velha fórmula de oração, que ainda se repetia no tempo das guerras púnicas, rogava-se aos deuses que fossem propícios "ao povo e à plebe".[3] A plebe não estava, pois, incluída no povo, pelo menos no início. O povo compreendia os patrícios e seus clientes; a plebe ficava de fora.

O que constitui o caráter essencial da plebe é que ela é estranha à organização religiosa da cidade, e até à da família. Nisso se reconhece o plebeu e nisso ele se distingue do cliente. O cliente

---

[1] Tito Lívio, II, 64; II, 56.
[2] Dionísio, VI, 46; VII, 19; X, 27.
[3] Tito Lívio, XXIX, 27: *Ut ea mihi populo plebique romanae bene verruncent.* — Cícero, *pro Murena*, I: *Ut ea res mihi magistratuique meo, populo plebique romanae bene atque feliciter eveniat.* — Macróbio (*Saturn.*, I, 17) cita um velho oráculo do adivinho Márcio que rezava: *Praetor qui jus populo plebique dabit.* — Se tivermos em mente que essa distinção já não existia no tempo em que escreviam, não é de surpreender que os escritores antigos nem sempre tenham levado em conta essa distinção essencial entre o *populus* e a *plebs*. Na época de Cícero, havia muitos séculos a *plebs* fazia legalmente parte do *populus*. Mas as velhas fórmulas, citadas por Tito Lívio, Cícero e Macróbio, permaneciam como lembranças do tempo em que as duas populações ainda não se confundiam.

pelo menos compartilha o culto do patrão e faz parte de uma família, de uma *gens*. O plebeu, originalmente, não tem culto e não conhece a família santa.

O que vimos mais acima do estado social e religioso dos antigos tempos explica-nos como nasceu essa classe. A religião não se propagava; nascida numa família, ela permanecia ali, como que prisioneira; era preciso que cada família formasse a sua crença, os seus deuses, o seu culto. Mas devemos admitir que houve, nesses tempos tão distantes de nós, um grande número de famílias em que o espírito não teve força suficiente para criar deuses, definir uma doutrina, instituir um culto, inventar o hino e o ritmo da prece. Essas famílias se viram naturalmente num estado de inferioridade em relação às que tinham uma religião, e não puderam unir-se em sociedade com elas; não entraram nem nas cúrias nem na cidade. E até mais tarde aconteceu de as famílias que tinham um culto o perderem, quer por negligência e esquecimento, quer depois de uma dessas profanações que proibiam ao homem aproximar-se da sua lareira e de continuar o culto. Deve ter acontecido também que alguns clientes, culpados ou maltratados, abandonaram a família e renunciaram à sua religião; o filho que nascera de um casamento sem ritos era considerado bastardo, assim como o que nascia do adultério, e a religião da família não existia para ele. Todos esses homens, excluídos das famílias e do culto, caíam na classe dos homens sem lareira, vale dizer, na plebe.

Encontramos essa classe ao lado de quase todas as cidades antigas, mas separada por uma linha de demarcação. Originalmente, a cidade grega é dupla: há a cidade propriamente dita, *pólis,* que normalmente se ergue sobre o cume de uma colina; ela foi construída com ritos religiosos e encerra o santuário dos deuses nacionais. Ao pé da colina, encontramos uma aglomeração de casas, que foram construídas sem cerimônias religiosas, sem espaço sagrado; é o domicílio da plebe, que não pode residir na cidade santa.

Em Roma, é gritante a diferença entre as duas populações. A cidade dos patrícios e de seus clientes é a que Rômulo fundou segundo os ritos sobre o Palatino. A morada da plebe é o asilo, espécie de área cercada situada na encosta do monte Capitolino e onde Rômulo admitiu as pessoas sem domicílio que não podia fazer entrar em sua cidade. Mais tarde, quando novos plebeus vieram a Roma, como eram estranhos à religião da cidade, foram estabelecidos sobre o Aventino, ou seja, fora do *pomoerium** e da cidade religiosa.

Uma palavra caracteriza esses plebeus: não têm lareira; não possuem, pelo menos a princípio, o altar doméstico. Seus adversários sempre os censuram por não terem antepassados, o que com certeza quer dizer que não têm o culto dos antepassados e não possuem um túmulo de família aonde possam levar a refeição fúnebre. Não têm pai, *pater*, ou seja, eles percorreriam em vão a série de seus antepassados sem jamais encontrar um chefe de família religiosa. Não têm família, *gentem non habent*, isto é, só têm a família natural; quanto à forma que constitui a religião, não a têm.

O casamento sagrado não existe para eles; não conhecem os seus ritos. Não tendo lareira, a união que o fogo sagrado estabelece lhes é interdita. Assim, o patrício que não conhece outra união regular senão a que liga o esposo à esposa em presença da divindade doméstica, pode dizer ao falar dos plebeus: *Connubia promiscua habent more ferarum.***

Não têm família, não têm autoridade paternal. Podem ter sobre os filhos o poder dado pela força; mas não têm aquela autoridade santa que a religião confere ao pai.

Para eles não existe o direito de propriedade. Pois toda propriedade deve ser estabelecida e consagrada por um fogo

---

* Espaço de terreno que era deixado livre além e aquém dos muros da cidade. (N. T.)

** "Têm relacionamentos promíscuos, como as feras." (N. T.)

sagrado, por um túmulo, por deuses Termos, ou seja, por todos os elementos do culto doméstico. Se o plebeu possui uma terra, essa terra não tem caráter sagrado; é profana e não conhece a demarcação. Mas será que ele podia mesmo possuir terras nos primeiros tempos? É sabido que em Roma ninguém pode exercer o direito de propriedade se não for cidadão; ora, o plebeu, na primeira época de Roma, não é cidadão. O jurisconsulto diz que só se pode ser proprietário pelo direito dos Quirites; ora, o plebeu inicialmente não faz parte do grupo dos Quirites. Na origem de Roma, o *ager romanus* foi dividido entre as tribos, as cúrias e as *gentes*; ora, o plebeu, que não pertence a nenhum desses grupos, certamente não entrou na partilha. Esses plebeus, que não têm a religião, não têm o que faz que o homem possa deixar sua marca sobre um pedaço de terra e torná-lo seu. É sabido que durante muito tempo eles residiram no Aventino e construíram casas ali; mas só depois de três séculos e de muitas lutas obtiveram enfim a propriedade desse terreno.

Para os plebeus não há lei, não há justiça; pois a lei é a decisão da religião, e o processo é um conjunto de ritos. O cliente tem o benefício do direito da cidade, por intermédio do patrão; para o plebeu, esse direito não existe. Diz formalmente um historiador antigo que o sexto rei de Roma foi o primeiro a fazer algumas leis para a plebe, ao passo que os patrícios já tinham as suas havia muito tempo.[4] Parece até que essas leis foram depois retiradas da plebe, ou que, não estando fundamentadas na religião, os patrícios se recusaram a levá-las em conta, pois vemos no historiador que, quando se criaram tribunos, foi preciso fazer uma lei especial para proteger sua vida e sua liberdade, e que essa lei era assim concebida: "Não tente ninguém ferir ou matar um tribuno como o faria a um homem da plebe".[5] Parece, portanto, que se tinha o direito de

---

[4] Dionísio, IV, 43.
[5] Dionísio, VI, 89.

ferir ou matar um plebeu, ou pelo menos essa má ação cometida contra um homem que estava fora da lei não era punida.

Para os plebeus não havia direitos políticos. Primeiro, eles não são cidadãos e nenhum deles pode ser magistrado. Não há outra assembleia em Roma, durante dois séculos, senão a das cúrias; ora, as cúrias não admitem os plebeus. A plebe não entra sequer na composição do exército, uma vez que este é distribuído por cúrias.

Mas o que separa mais claramente o plebeu do patrício é que o plebeu não tem a religião da cidade. Para ele, é impossível assumir um sacerdócio. Podemos até crer que a prece, nos primeiros séculos, foi-lhe proibida e que os ritos não podiam ser-lhes revelados. É como na Índia, onde "o sudra deve sempre ignorar as fórmulas sagradas". É estrangeiro, e por conseguinte a sua simples presença macula o sacrifício. Ele é rejeitado pelos deuses. Entre o patrício e ele há toda a distância que a religião pode colocar entre dois homens. A plebe é uma população desprezada e abjeta, fora da religião, fora da lei, fora da sociedade, fora da família. O patrício só pode comparar essa existência à do animal, *more ferarum*. O contato do plebeu é impuro. Os decênviros, em suas dez primeiras tábuas, esqueceram-se de proibir o casamento entre as duas ordens; isto porque esses primeiros decênviros eram todos patrícios e nem sequer ocorria a nenhum deles que tal casamento fosse possível.

Vemos quantas classes, na época primitiva das cidades, estavam superpostas uma à outra. No topo estava a aristocracia dos chefes de família, aqueles que a língua oficial de Roma chamava *patres*, que os clientes chamavam *reges*, que a *Odisseia* chama βασιλεῖς ou ἄνακτες. Abaixo ficavam os ramos mais jovens das famílias; mais abaixo, os clientes; depois, mais abaixo, muito mais abaixo, a plebe.

Essa distinção de classes veio da religião, pois no tempo em que os antepassados dos gregos, dos italianos e dos hindus ainda viviam juntos na Ásia central, a religião dissera: "O primogênito fará a prece". Veio daí a preeminência do primogênito em todas as coisas; o ramo primogênito em cada família fora o ramo sacerdotal e senhorial. A religião, porém, tinha em grande conta os ramos mais jovens, que eram como uma reserva para substituir um dia o extinto ramo mais velho e salvar o culto. Tinha também em certa conta o cliente, e até o escravo, porque assistiam aos atos religiosos. Mas ao plebeu, que não participava de forma alguma do culto, não atribuía absolutamente nenhum valor. As classes haviam sido definidas assim.

Mas nenhuma das formas sociais imaginadas e estabelecidas pelo homem é imutável. Trazem em si um germe de doença e de morte: essa desigualdade é grande demais. Muitos homens tinham interesse em destruir uma organização social que para eles não trazia nenhuma vantagem.

CAPÍTULO III

Primeira revolução

1º) Os reis perdem a autoridade política

Dissemos que a princípio o rei fora o chefe religioso da cidade, o sumo sacerdote da lareira pública e que a essa autoridade sacerdotal ele somara a autoridade política, pois parecera natural que o homem que representava a religião da cidade fosse ao mesmo tempo o presidente da assembleia, o juiz, o chefe do exército. Em virtude desse princípio, aconteceu de todo o poder existente no Estado ser reunido nas mãos do rei.

Mas os chefes das famílias, os *patres*, e acima deles os chefes das fratrias e das tribos formavam ao lado desse rei uma aristocracia fortíssima. O rei não era o único rei; cada *pater* o era como ele em sua *gens*; em Roma era até um costume antigo chamar cada um desses poderosos patrões com o nome de rei; em Atenas, cada fratria e cada tribo tinha o seu chefe, e ao lado do rei da cidade havia os reis das tribos, φυλοβασιλεῖς. Era uma hierarquia de chefes que tinham todos, num domínio mais ou menos amplo, as mesmas atribuições e a mesma inviolabilidade. O rei da cidade não exercia o seu poder sobre a população inteira; o interior das famílias e toda a clientela escapavam à sua ação. Como o rei feudal, que só tinha como súditos alguns poderosos vassalos, esse rei da cidade antiga só comandava os chefes das tribos e das *gentes*, cada um dos quais podendo ser tão poderoso quanto ele e que, reunidos, o eram muito mais. Podemos crer que não era fácil para ele fazer-se obedecer. Os homens deviam ter grande respeito por ele, pois era o chefe do culto e o guardião do fogo sagrado; mas sem dúvida tinham pouca submissão, pois ele tinha pouca força. Os governantes e os governados não demoraram muito para se dar conta de que não estavam de acordo quanto à medida de obediência devida. Os reis queriam ser poderosos e os *pais* não queriam que eles o fossem. Travou-se, portanto, uma luta, em todas as cidades, entre a aristocracia e os reis.

O resultado do combate, porém, foi o mesmo; a realeza foi vencida. Mas não devemos perder de vista que essa realeza primitiva era sagrada. O rei era o homem que recitava a prece, fazia o sacrifício, que tinha, enfim, por direito hereditário o poder de atrair para a cidade a proteção dos deuses. Não se podia, pois, nem pensar em dispensar o rei; ele era necessário para a religião e para a salvação da cidade. Por isso vemos em todas as cidades cuja história nos seja conhecida que inicialmente não tocaram na autoridade sacerdotal do rei e se contentaram em lhe tirar a autoridade política. Esta não era senão uma espécie de apêndice que os reis haviam acrescentado ao seu sacerdócio; não era santa e inviolável como ele. O rei podia ser despojado dela sem que a religião corresse perigo.

A realeza foi, portanto, conservada; mas, despojada do poder, não foi mais que um sacerdócio. "Nos tempos muito antigos", diz Aristóteles, "os reis tinham o poder absoluto na paz e na guerra; mas depois uns renunciaram voluntariamente a esse poder, aos outros ele foi tirado à força, e não se deixou a esses reis senão o cuidado dos sacrifícios". Plutarco diz a mesma coisa: "Como os reis se mostravam orgulhosos e duros no comando, a maior parte dos gregos tirou deles o poder, só deixando o cuidado da religião".[1] Fala Heródoto da cidade de Cirene e diz: "Entregaram a Bato, descendente dos reis, o cuidado do culto e a posse das terras sagradas e lhe retiraram toda a potência de que seus pais haviam gozado".

Essa realeza assim reduzida às funções sacerdotais continuou, na maioria dos casos, a ser hereditária na família sagrada que instalara antigamente a lareira e começara o culto nacional. No tempo do império romano, isto é, sete ou oito séculos depois dessa revolução, ainda havia em Éfeso, em Marselha, em Téspias, famílias que conservavam o título e as insígnias da antiga realeza e ainda tinham a presidência das cerimônias religiosas.[2]

Nas outras cidades, as famílias sagradas se haviam extinguido, e a realeza se tornara eletiva e geralmente anual.

2º) *História dessa revolução em Esparta*

Esparta sempre teve reis e, no entanto, a revolução de que falamos aqui aconteceu lá tanto quanto nas outras cidades.

Parece que os primeiros reis dórios reinaram como senhores absolutos. Mas já na terceira geração se iniciou a disputa entre os reis e a aristocracia. Durante dois séculos houve uma série de

---

[1] Aristóteles, *Política*, III, 9, 8. Plutarco, *Quest. rom.*, 63.
[2] Estrabão, IV; IX. Diodoro, IV, 29.

lutas que fizeram de Esparta uma das cidades mais agitadas da Grécia; sabe-se que um desses reis, o pai de Licurgo, pereceu por um ferimento recebido numa guerra civil.[3]

Nada é mais obscuro que a história de Licurgo; seu biógrafo antigo começa com estas palavras: "Nada se pode dizer sobre ele que não esteja sujeito a controvérsia". Parece certo, pelo menos, que Licurgo surgiu em meio a discórdias, "num tempo em que o governo passava por uma agitação perpétua". O que mais claramente se destaca de todas as informações que nos chegaram sobre ele é que a sua reforma desferiu na realeza um golpe de que ela jamais se recuperou. "Sob Carilau", diz Aristóteles, "a monarquia deu lugar a uma aristocracia".[4] Ora, esse Carilau era rei quando Licurgo fez a sua reforma. Sabemos, aliás, por Plutarco que Licurgo só assumiu as funções de legislador no meio de uma rebelião durante a qual o rei Carilau teve de buscar asilo num templo. Licurgo teve durante um momento o poder de suprimir a realeza; ele evitou fazê-lo, julgando a realeza necessária e a família reinante, inviolável. Mas fez que daí em diante os reis se submetessem ao Senado no que dizia respeito ao governo e não fossem mais do que os presidentes dessa assembleia e os executores de suas decisões. Um século depois, a realeza se enfraqueceu ainda mais e esse poder executivo lhe foi tirado; confiaram-no a magistrados anuais, os chamados éforos.

É fácil julgar pelas atribuições conferidas aos éforos quais foram deixadas aos reis. Os éforos administravam a justiça em matéria civil, ao passo que o Senado julgava os processos criminais. Os éforos, ouvido o Senado, declaravam a guerra ou definiam as cláusulas dos tratados de paz. Em tempo de guerra, dois éforos acompanhavam o rei, vigiavam-no; eles é que

---

[3] Estrabão, VIII, 5. Plutarco, *Licurgo*, 2.
[4] Aristóteles, *Política*, VIII, 10, 3 (V, 10). Héraclides do Ponto, nos *Fragments des historiens grecs*, col. Didot, t. II, p. 11. Plutarco, *Licurgo*, 4.

determinavam o plano de campanha e comandavam todas as operações.⁵ Que restava, então, aos reis, se lhes tiravam a justiça, as relações exteriores e as operações militares? Restava-lhes o sacerdócio. Descreve Heródoto as suas prerrogativas: "Se a cidade faz um sacrifício, eles têm o primeiro lugar no banquete sagrado; são os primeiros a ser servidos e recebem uma porção dupla. São também os primeiros a fazer a libação, e a pele das vítimas lhes pertence. Dão a cada um deles, duas vezes por mês, uma vítima que eles imolam a Apolo".⁶ "Os reis", diz Xenofonte, "executam os sacrifícios públicos e têm a melhor parte das vítimas". Se não julgam nem em matéria civil nem em matéria criminal, reservam-lhes pelo menos o julgamento em todos os casos que dizem respeito à religião. Em caso de guerra, um dos dois reis caminha sempre à frente das tropas, fazendo a cada dia os sacrifícios e consultando os presságios. Em presença do inimigo, imola vítimas e, quando os sinais são favoráveis, dá o sinal de batalha. No combate, é cercado de adivinhos que lhe indicam a vontade dos deuses e de flautistas que tocam os hinos sagrados. Dizem os espartanos que o rei é que comanda, porque tem entre as mãos a religião e os auspícios; mas são os éforos e os polemarcas que determinam todos os movimentos do exército.⁷

É, portanto, verdadeiro dizer que a realeza de Esparta não é senão um sacerdócio hereditário. A mesma revolução que suprimiu o poder político do rei em todas as cidades suprimiu-o também em Esparta. O poder pertence realmente

---

⁵ Tucídides, V, 63. Helânico, II, 4. Xenofonte, *Rep. dos Laced.*, 14 (13); *Helênicas*, VI, 4. Plutarco, *Agesilau*, 10, 17, 23, 28; *Lisandro*, 23. A direção das operações militares cabia tão pouco ao rei, por direito, que foi necessária uma decisão especialíssima do Senado para confiar o comando do exército a Agesilau, que assim reuniu excepcionalmente as atribuições de rei e de general: Plutarco, *Agesilau*, 6; *Lisandro*, 23. O mesmo acontecera antigamente com o rei Pausânias: Tucídides, I, 128.

⁶ Heródoto, VI, 56, 57.

⁷ Xenofonte, *República dos Lacedemônios*.

ao Senado, que dirige, e aos éforos, que executam. Os reis, em tudo o que diz respeito à religião, obedecem aos éforos. Por isso pode Heródoto dizer que Esparta não conhece o regime monárquico, e Aristóteles, que o governo de Esparta é uma aristocracia.[8]

3º) *A mesma revolução em Atenas*

Vimos mais acima qual tinha sido o estado primitivo da população da Ática. Certo número de famílias, independentes e sem vínculo entre si, dividiram o país; cada uma delas formava uma pequena sociedade governada por um chefe hereditário. Em seguida, essas famílias se agruparam e de sua associação nasceu a cidade ateniense. Atribuía-se a Teseu ter completado a grande obra de unificação da Ática. Mas as tradições acrescentavam e nós cremos sem dificuldade que Teseu tivera de enfrentar muitas resistências. A classe de homens que lhe fez oposição não foi a dos clientes, dos pobres, que estavam divididos nas aldeias e nos γένη. Esses homens, ao contrário, se alegraram com uma mudança que dava um chefe a seus chefes e lhes garantia um recurso e uma proteção. Os que foram prejudicados com a mudança foram os chefes das famílias, os chefes das aldeias e das tribos, os βασιλεῖς, os φυλοβασιλεῖς, esses eupátridas que tinham por direito hereditário a autoridade suprema em seu γένος ou em sua tribo. Eles defenderam o máximo que puderam a sua independência; uma vez perdida, tiveram saudades dela.

Conservaram pelo menos tudo o que puderam de sua antiga autoridade. Cada um deles continuou sendo o chefe todo-poderoso de sua tribo e de seu γένος. Teseu não conseguiu destruir uma autoridade que a religião estabelecera e tornara

---

[8] Heródoto, V, 92. Aristóteles, *Política*, VIII, 10 (V, 10).

inviolável. E há mais. Se examinarmos as tradições relativas a essa época, veremos que esses poderosos eupátridas só consentiram em se associar para formarem uma cidade estipulando que o governo seria realmente federativo e que cada um deles teria a sua parte nele. Houve, sim, um rei supremo; mas quando os interesses comuns estavam em jogo, a assembleia dos chefes devia ser convocada e nada de importante se podia fazer sem o assentimento dessa espécie de Senado.

Essas tradições, na linguagem das gerações seguintes, exprimiam-se mais ou menos assim: Teseu mudou o governo de Atenas e de monárquico transformou-o em republicano. Assim falam Aristóteles, Isócrates, Demóstenes e Plutarco. Sob essa forma um pouco mentirosa há um fundo de verdade. Teseu realmente, como diz a tradição, "depositou a autoridade soberana entre as mãos do povo". Só que a palavra povo, δῆμος, que a tradição conservou, não tinha no tempo de Teseu uma aplicação tão ampla quanto a que teve no tempo de Demóstenes. Esse povo ou corpo político certamente não era na época senão a aristocracia, ou seja, o conjunto dos chefes dos γένη.

Teseu, ao instituir essa assembleia, não estava querendo ser inovador. A formação da grande unidade ateniense mudava, contra a vontade dele, as condições do governo. Desde que esses eupátridas, cuja autoridade permanecia intacta nas famílias, estavam reunidos numa mesma cidade, constituíam um grupo poderoso que tinha seus direitos e podia ter suas exigências. O rei do pequeno penedo de Cécrope tornou-se rei de toda a Ática; mas ao passo que em sua aldeola fora rei absoluto, passou a ser apenas o chefe de um Estado federativo, isto é, o primeiro entre iguais.

Pouco podia tardar a deflagração de um conflito entre essa aristocracia e a realeza. "Os eupátridas tinham saudades do poder realmente régio que cada um deles exercera até então em sua aldeia." Parece que esses guerreiros sacerdotes evocaram a religião, afirmando que a autoridade dos cultos locais fora diminuída. Se é verdade, como diz Tucídides, que Teseu tentou destruir os pritaneus das aldeias, não é de espantar que o sentimento religioso se tenha erguido contra ele. Não podemos dizer quantos combates teve de travar, quantos levantes teve de reprimir pela astúcia ou pela força; o que é certo é que ele foi finalmente vencido, expulso de Atenas e morreu no exílio.

Os eupátridas levaram a melhor, portanto; não suprimiram a realeza, mas fizeram um rei segundo seus gostos, Menesteu. Depois dele, a família de Teseu retomou o poder e o conservou durante três gerações. Em seguida ela foi substituída por outra família, a dos Melântidas. Toda essa época deve ter sido muito agitada; mas a lembrança das guerras civis não nos foi transmitida com clareza.

A morte de Codro coincide com a vitória definitiva dos eupátridas. Eles ainda não suprimiram a realeza, pois a religião deles o proibia, mas despojaram-na do poder político. O viajante Pausânias, muito posterior a esses acontecimentos, mas que consultava com atenção as tradições, diz que a realeza perdeu então grande parte de suas atribuições e "tornou-se dependente"; o que significa, sem dúvida, que ficou desde então subordinada ao Senado dos eupátridas. Os historiadores modernos chamam de arcontado esse período da história de Atenas, e raramente deixam de dizer que a realeza foi então abolida. Isso não é totalmente verdade. Os descendentes de Codro sucederam-se de pai para filho durante treze gerações. Tinham o título de arconte; mas existem documentos antigos que lhes dão também o título de rei;[9] e dissemos mais acima que esses dois títulos eram exatamente sinônimos. Durante esse longo período, Atenas ainda tinha, por conseguinte, reis hereditários; mas tinha-os despojado do poder e só lhes deixara as funções religiosas. Foi o que haviam feito em Esparta.

---

[9] Vide os *Mármores de Paros* e comparai com Pausânias, I, 3, 2; VII, 2, 1; Platão, *Menexeno*, p. 238c; Eliano, *H. V.*, V, 13.

Ao fim de três séculos, os eupátridas ainda encontraram essa realeza religiosa mais forte do que queriam, e trataram de enfraquecê-la. Decidiram que doravante o mesmo homem só assumiria essa alta dignidade sacerdotal durante dez anos. Continuou-se, aliás, a crer que a antiga família real era a única apta a desempenhar as funções de arconte.[10]

Passaram-se assim cerca de quarenta anos. Mas um dia um crime veio manchar a família real. Alegaram que ela não mais podia desempenhar as funções sacerdotais;[11] decidiram que no futuro os arcontes seriam escolhidos fora dela e que essa dignidade seria acessível a todos os eupátridas. Mais quarenta anos depois, para enfraquecer essa realeza ou para dividi-la entre mais mãos, tornaram-na anual e ao mesmo tempo a dividiram em duas magistraturas distintas. Até então, o arconte era simultaneamente rei; daí em diante, os dois títulos foram separados. Um magistrado nomeado arconte e outro magistrado nomeado rei dividiram entre si as atribuições da antiga realeza religiosa. Os encargos de velar pela perpetuidade das famílias, de autorizar ou proibir a adoção, de receber os testamentos, de julgar em matéria de propriedade imobiliária, todas elas coisas do interesse da religião, foram atribuídos ao arconte. Os encargos de executar os sacrifícios solenes e de julgar em matéria de impiedade foram reservados ao rei. Assim, o título de rei, título sagrado que era necessário à religião, perpetuou-se na cidade com os sacrifícios e o culto nacional. O rei e o arconte unidos ao polemarca e aos seis tesmotetas, que talvez já existissem havia muito tempo, completaram o número de nove magistrados anuais, que costumavam chamar-se nove arcontes, com o nome do primeiro deles.

A revolução que despojou a realeza do poder político assumiu formas diversas, em todas as cidades. Em Argo, desde a segunda

---

[10] Pausânias, IV, 8.
[11] Héraclides do Ponto, I, 5. Nicolau de Damasco, *Fragm.*, 51.

geração dos reis dórios, a realeza foi debilitada a ponto "de não deixar aos descendentes de Têmeno senão o nome de rei, sem nenhum poder"; essa realeza, aliás, permaneceu hereditária durante muitos séculos.[12] Em Cirene, os descendentes de Bato reuniram primeiro em suas mãos o sacerdócio e o poder; mas a partir da quarta geração não mais lhe deixaram o sacerdócio.[13] Em Corinto, a realeza, no início se transmitira hereditariamente na família dos Báquidas; a revolução teve como efeito torná-la anual, mas sem a fazer sair dessa família, cujos membros a possuíram em revezamento durante um século.

4º) A mesma revolução em Roma

A princípio, a realeza foi em Roma o que era na Grécia. O rei era o sumo sacerdote da cidade; era ao mesmo tempo o juiz supremo; em tempo de guerra, comandava os cidadãos armados. Ao lado dele estavam os chefes de família, *patres*, que formavam um Senado. Havia só um rei, porque a religião recomendava a unidade no sacerdócio e a unidade no governo. Mas estava claro que esse rei devia consultar os chefes das famílias confederadas sobre todos os negócios importantes.[14] Os historiadores mencionam, já naquela época, uma assembleia do povo. Mas devemos perguntar qual podia ser na época o sentido da palavra povo (*populus*), isto é, qual era o corpo político no tempo dos primeiros reis. Todos os testemunhos concordam em mostrar que esse povo sempre se reunia por cúrias; ora, as cúrias eram a reunião das *gentes;* cada *gens* a ela se dirigia em grupo e só tinha direito a um sufrágio. Os clientes estavam lá, reunidos ao redor do *pater*, sendo talvez consultados, dando

---

[12] Pausânias, II, 19.
[13] Heródoto, IV, 161. Diodoro, VIII.
[14] Cícero, *De Republ.*, II, 8.

talvez sua opinião, ajudando a compor o voto único que a *gens* pronunciava, mas não podendo ter opinião diferente da do *pater*. Essa assembleia das cúrias não era, pois, senão a cidade patrícia reunida perante o rei.

Vemos com isso que Roma se achava nas mesmas condições que as outras cidades. O rei estava em presença de um corpo aristocrático muito fortemente constituído, que baseava a sua força na religião. Reencontramos em Roma, portanto, os mesmos conflitos que vimos na Grécia.

A história dos sete reis é a história dessa longa disputa. O primeiro quer aumentar o poder e livrar-se da autoridade do Senado. As classes inferiores o amam, mas os *Pais* lhe são hostis. Morre assassinado numa reunião do Senado.

A aristocracia pensa imediatamente em abolir a realeza, e os *Pais* revezam-se no desempenho das funções de rei. É verdade que as classes inferiores se agitam; não querem ser governadas pelos chefes das *gentes*; exigem o restabelecimento da realeza.[15] Mas os patrícios consolam-se decidindo que doravante ela será eletiva, e definem com maravilhosa habilidade as formas da eleição: o Senado deverá escolher o candidato; a assembleia patrícia das cúrias confirmará a escolha e por fim os áugures patrícios dirão se o recém-eleito agrada aos deuses.

Numa foi eleito segundo essas regras. Mostrou-se muito religioso, mais sacerdote do que guerreiro, escrupulosíssimo observador de todos os ritos do culto e, por conseguinte, apegadíssimo à constituição religiosa das famílias e da cidade. Foi um rei bem ao gosto dos patrícios e morreu tranquilamente em sua cama.

Parece que sob Numa a realeza tenha sido reduzida às funções sacerdotais, como acontecera nas cidades gregas. É pelo menos certo que a autoridade religiosa do rei era completamente distinta da sua autoridade política e que uma não

---

[15] Tito Lívio, I. Cícero, *De Republ.*, II.

implicava necessariamente a outra. Prova disso é que havia uma dupla eleição. Em virtude da primeira, o rei era apenas um chefe religioso; se a essa dignidade quisesse acrescentar o poder político, *imperium*, precisava que a cidade lho conferisse por um decreto especial. Esse ponto fica claro a partir do que nos diz Cícero sobre a antiga constituição. Desse modo, o sacerdócio e o poder eram distintos; podiam ser colocados nas mesmas mãos, mas para isso era preciso haver comícios duplos e uma dupla eleição.

O terceiro rei certamente os reuniu em sua pessoa. Teve o sacerdócio e o comando; foi até mais guerreiro do que sacerdote; desdenhou e quis enfraquecer a religião que constituía a força da aristocracia. Vemo-lo acolher em Roma uma multidão de estrangeiros, apesar do princípio religioso que os exclui; chega a ousar morar em meio a eles, sobre o Coelius. Vemo-lo também distribuir a uns plebeus algumas terras cujo rendimento fora até então reservado aos custos dos sacrifícios. Acusam-no os patrícios de ter negligenciado os ritos e até, o que é mais grave, de tê-los modificado e alterado. Por isso morreu como Rômulo; os deuses dos patrícios o ferem com o raio e seus filhos com ele.

Esse golpe dá a autoridade ao Senado, que escolhe e nomeia um rei. Anco observa escrupulosamente a religião, guerreia o mínimo possível e passa a vida nos templos. Apreciado pelos patrícios, morre em seu leito.

O quinto rei é Tarquínio, que obtete a realeza contra a vontade do Senado e pelo apoio das classes inferiores. É pouco religioso, muito incrédulo; precisa de nada menos do que um milagre para convencê-lo da ciência dos áugures. É inimigo das velhas famílias; cria novos patrícios; altera o máximo que pode a velha constituição religiosa da cidade. Tarquínio é assassinado.

O sexto rei obtém a realeza pela surpresa; parece até que o Senado jamais o reconheceu como rei legítimo. Adula as classes inferiores, distribui-lhes terras, ignorando o princípio do direito de propriedade; chega a dar-lhes direitos políticos. Sérvio é degolado nos degraus do Senado.

A disputa entre os reis e a aristocracia assumia o aspecto de uma luta social. Os reis atraíam para si o povo; obtinham o apoio dos clientes e da plebe. Ao patriciado tão poderosamente organizado opunham as classes inferiores, tão numerosas em Roma. A aristocracia viu-se então sob um duplo perigo, dos quais o pior não era ter de curvar-se ante a realeza. Ela via erguerem-se por trás dela as classes que desprezava. Via levantar-se a plebe, a classe sem religião e sem fogo sagrado. Via-se talvez atacada pelos clientes, no interior mesmo da família, cuja constituição, o direito e a religião eram discutidos e ameaçados. Os reis, portanto, eram para ela inimigos odiosos que, para aumentar seu poder, pretendiam subverter a organização santa da família e da cidade.

Sucede a Sérvio o segundo Tarquínio; ele frustra as expectativas dos senadores que o elegeram; quer ser senhor, *de rege dominus exstitit*. Faz ao patriciado todo o mal que pode; abate as mais altas cabeças; reina sem consultar os Pais, faz a guerra e a paz sem lhes pedir aprovação. O patriciado parece realmente vencido.

Apresenta-se por fim uma ocasião. Tarquínio está longe de Roma; não só ele, mas o exército, ou seja, o que o sustenta. A cidade está momentaneamente nas mãos do patriciado. O prefeito da cidade, ou seja, aquele que tem o poder civil na ausência do rei, é um patrício, Lucrécio. O chefe da cavalaria, ou seja, aquele que tem a autoridade militar depois do rei, é um patrício, Júnio.[16] Esses dois homens preparam a insurreição. Têm como associados outros patrícios, um Valério, um Tarquínio Colatino. O lugar da reunião não é Roma, mas a cidadezinha de Colácia, que pertence a um dos conjurados.

---

[16] A família Júnia era patrícia. Dionísio, IV, 68.

Ali, eles mostram ao povo o cadáver de uma mulher; dizem que aquela mulher se matou, punindo-se pelo crime de um filho do rei. O povo de Colácia revolta-se; dirige-se a Roma; desenrola-se a mesma cena. Os ânimos exaltam-se, os partidários do rei estão desconcertados; e, ademais, naquele momento mesmo, o poder legal em Roma pertence a Júnio e a Lucrécio.

Os conjurados evitam reunir o povo; dirigem-se ao Senado. O Senado pronuncia que Tarquínio foi derrubado e a realeza, abolida. Mas o decreto do Senado deve ser confirmado pela cidade. Lucrécio, como prefeito da cidade, tem o direito de convocar a assembleia. Reúnem-se as cúrias; elas pensam como os conjurados; decretam a deposição de Tarquínio e a criação de dois cônsules.

Decidido esse ponto principal, entregam a tarefa de nomear os cônsules à assembleia por centúrias. Mas será que essa assembleia onde votam alguns plebeus não vai protestar contra o que os patrícios fizeram no Senado e nas cúrias? Ela não pode fazer isso, pois toda assembleia romana é presidida por um magistrado que designa o objeto do voto, e ninguém pode deliberar sobre outro objeto. E há mais: nessa época, o único que tem o direito de falar é o presidente. Trata-se de uma lei? As centúrias só podem votar por sim ou não. Trata-se de uma eleição? O presidente apresenta os candidatos, e só se pode votar nos candidatos apresentados. No presente caso, o presidente designado pelo Senado é Lucrécio, um dos conjurados. Indica como único assunto em votação a eleição dos dois cônsules. Apresenta dois nomes aos sufrágios das centúrias, os de Júnio e de Tarquínio Colatino. Esses dois homens são necessariamente eleitos. Em seguida, o Senado ratifica a eleição, e por fim os áugures a confirmam em nome dos deuses.

Essa revolução não agradou a todos em Roma. Muitos plebeus apoiaram o rei e se vincularam à sua sorte. Em compensação, um rico patrício da Sabina, o chefe poderoso de uma *gens* numerosa, o altivo Ato Clauso, achou o novo governo tão conforme às suas ideias que veio estabelecer-se em Roma.

De resto, só a realeza política foi suprimida; a realeza religiosa era santa e devia durar. Por isso se apressaram em nomear um rei, mas que fosse rei apenas para os sacrifícios, *rex sacrorum*. Tomaram-se todas as precauções imagináveis para que esse rei-sacerdote jamais abusasse do grande prestígio que as suas funções lhe davam para apoderar-se da autoridade.

CAPÍTULO IV

A aristocracia governa as cidades

A mesma revolução, sob formas ligeiramente variadas, ocorreu em Atenas, em Esparta, em Roma, em todas as cidades, enfim, cuja história conhecemos. Em toda parte ela foi obra da aristocracia, em toda parte teve como efeito suprimir a realeza política, deixando subsistir a realeza religiosa. A partir dessa época e durante um período cuja duração foi bastante desigual para as diversas cidades, o governo da cidade pertenceu à aristocracia.

Essa aristocracia baseava-se ao mesmo tempo no nascimento e na religião. Tinha o seu princípio na constituição religiosa das famílias. A origem de onde derivava eram aquelas mesmas regras que observamos mais acima no culto doméstico e no direito privado, ou seja, a lei de hereditariedade da lareira, o privilégio do primogênito, o direito de recitar a prece ligado ao nascimento. A religião hereditária era o título dessa aristocracia à dominação absoluta. Ela lhe dava direitos que pareciam sagrados. Segundo as velhas crenças, só quem tinha um culto doméstico podia ser proprietário da terra; só era membro da cidade quem tivesse dentro de si o caráter religioso que constituía o cidadão; só podia ser sacerdote quem descendesse de uma família que tivesse um culto, só podia ser magistrado quem tivesse o direito de executar os sacrifícios. O homem que não tivesse um culto hereditário devia ser o cliente de outro homem, ou, se não se resignasse a isso, devia permanecer fora de toda sociedade. Durante longas gerações, não ocorreu a ninguém que essa desigualdade fosse injusta. Não se pensou em constituir a sociedade humana segundo outras regras.

Em Atenas, desde a morte de Codro até Sólon, toda autoridade esteve nas mãos dos eupátridas. Eram eles os únicos sacerdotes e os únicos arcontes. Só eles administravam a justiça e conheciam as leis, que não eram escritas e cujas fórmulas sagradas eram transmitidas de pai para filho.

Essas famílias conservavam o máximo possível as antigas formas do regime patriarcal. Não viviam reunidas na cidade. Continuavam a viver nos diversos cantões da Ática, cada uma em seu vasto terreno, cercada de seus numerosos servidores, governada por seu chefe eupátrida e a praticar numa independência absoluta o seu culto hereditário.[1] Durante quatro séculos, a cidade ateniense foi apenas a confederação desses poderosos chefes de família que se reuniam certos dias para celebrar o culto central ou para tratar dos interesses comuns.

Observamos muitas vezes o quanto a história é muda sobre esse longo período da existência de Atenas e, em geral, da existência das cidades gregas. Causou espanto que, tendo conservado a lembrança de muitos acontecimentos do tempo dos antigos reis, ela não tenha registrado quase nenhum do tempo dos governos aristocráticos. Isso se deve sem dúvida ao fato de que então se produziam muito poucos atos de interesse geral. O retorno ao regime patriarcal suspendera quase em toda parte a vida nacional. Os homens viviam separados e tinham poucos interesses comuns. O horizonte de cada um

---

[1] Tucídides, II, 15-16.

era o pequeno grupo e a aldeola onde vivia como eupátrida ou como servo.

Também em Roma cada uma das famílias patrícias vivia em suas terras, rodeada de seus clientes. Vinham à cidade para as festas do culto público ou para as assembleias. Durante os anos que se seguiram à expulsão dos reis, o poder da aristocracia foi absoluto. Só o patrício podia preencher as funções sacerdotais na cidade; exclusivamente na casta sagrada é que se deviam escolher as vestais, os pontífices, os sálios, os flâmines, os áugures. Só os patrícios podiam ser cônsules; só eles compunham o Senado. Se não chegaram a suprimir a assembleia por centúrias, à qual os plebeus tinham acesso, pelo menos passaram a considerar a assembleia por cúrias a única legítima e santa. As centúrias tinham aparentemente a eleição dos cônsules; mas vimos que só podiam votar nos nomes que os patrícios lhes apresentavam, e além disso suas decisões estavam sujeitas à tripla ratificação do Senado, das cúrias e dos áugures. Só os patrícios administravam a justiça e conheciam as fórmulas da lei.

Esse regime político só durou poucos anos em Roma. Na Grécia, pelo contrário, houve um longo período em que a aristocracia foi soberana. A *Odisseia* apresenta-nos um quadro fiel desse estado social, na parte ocidental da Grécia. Vemos ali, com efeito, um regime patriarcal muito análogo ao que observamos na Ática. Algumas famílias grandes e ricas dividem entre si o país; numerosos servos cultivam a terra ou cuidam dos rebanhos; a vida é simples; uma mesma mesa reúne o chefe e os servos. Esses chefes recebem um nome que em outras sociedades se tornou um título pomposo, ἄνακτες, βασιλεῖς. Assim é que os atenienses da época primitiva chamavam βασιλεύς ao chefe do γένος e que os clientes de Roma conservaram o costume de chamar *rex* ao chefe da *gens*. Esses chefes de família têm um caráter sagrado; o poeta chama-os reis divinos. Ítaca é muito pequena; contém porém um grande número desses reis. Entre eles há, na verdade, um rei supremo; mas ele não tem muita importância e não parece ter outra prerrogativa senão a de presidir o conselho dos chefes. Por certos indícios parece até que está sujeito a eleição, e vemos que Telêmaco só será o chefe supremo da ilha se os outros chefes, seus iguais, se dispuserem a elegê-lo. Ao voltar à pátria, Ulisses não parece ter outros súditos senão os que lhe pertencem pessoalmente; quando matou alguns dos chefes, os servos deles tomaram armas e travaram um combate que não ocorre ao poeta considerar repreensível. Entre os feácios, Alcino tem a autoridade suprema; mas vemo-lo ir à reunião dos chefes, e pode-se notar que não foi ele que convocou o conselho, mas o conselho é que chamou o rei. O poeta descreve uma assembleia da cidade feácia; está longe de ser uma reunião da multidão; só os chefes, individualmente convocados por um arauto, como em Roma para os *comitia calata*, se reúnem; sentam-se em assentos de pedra; o rei toma a palavra e chama os ouvintes de reis portadores de cetros.

Na cidade de Hesíodo, na pedregosa Ascra, encontramos uma classe de homens que o poeta chama de chefes ou de reis; são os que administram a justiça para o povo. Mostra-nos também Píndaro uma classe de chefes entre os cadmeus; em Tebas, ele exalta a raça sagrada dos Espartos, à qual Epaminondas mais tarde vinculou o próprio nascimento. É difícil ler Píndaro sem ficar impressionado com o espírito aristocrático que ainda reina na sociedade grega no tempo das guerras médicas; e adivinha-se com isso o quanto essa aristocracia foi poderosa um ou dois séculos antes. Pois o que o poeta mais louva nos heróis é a família deles, e devemos supor que esse tipo de elogio tinha na época um grande valor e que o nascimento ainda parecia ser o bem supremo. Píndaro mostra-nos as grandes famílias que brilhavam na época em cada cidade; só na cidade de Egina ele cita os Midílidas, os Teândridas, os Euxênidas, os Blepsíadas, os Caríadas e os Balíquidas. Em

Siracusa, glorifica a família sacerdotal dos Jâmidas; em Agrigento, a dos Emênidas e assim em todas as cidades de que tem oportunidade de falar.

Em Epidauro, o conjunto inteiro dos cidadãos, ou seja, daqueles que tinham direitos políticos, durante muito tempo contou apenas 180 membros; todo o resto "estava fora da cidade".[2] Os verdadeiros cidadãos eram menos numerosos ainda em Heracleia, onde os filhos mais jovens das grandes famílias não tinham direitos políticos.[3] O mesmo aconteceu durante muito tempo em Cnido, em Istro, em Marselha. Em Tera, todo o poder estava nas mãos de algumas famílias consideradas sagradas. O mesmo se passava em Apolônia.[4] Em Éritras existia uma classe aristocrática a que chamavam Basílidas. Nas cidades de Eubeia, a classe senhorial chamava-se os Cavaleiros.[5] Sobre esse ponto, pode-se notar que entre os antigos, como na Idade Média, combater a cavalo era um privilégio.

A monarquia já não existia em Corinto quando uma colônia partiu de lá para fundar Siracusa. Por isso a cidade nova não conheceu a realeza e foi governada desde o início por uma aristocracia. Chamavam essa classe de *Geomori*, ou seja, proprietários. Era composta por famílias que, no dia da fundação, distribuíram entre si, com todos os ritos ordinários, as partes sagradas do território. Essa aristocracia permaneceu durante várias gerações senhora absoluta do governo, e conservou seu título de *proprietários*, o que parece indicar que as classes inferiores não tinham o direito de propriedade da terra. Uma aristocracia semelhante foi por muito tempo senhora em Mileto e em Samos.[6]

---

[2] Plutarco, *Quest. gr.*, 1.
[3] Aristóteles, *Política*, VIII, 5, 2.
[4] Aristóteles, *Política*, III, 9, 8; VI, 3, 8.
[5] Aristóteles, *Política*, VIII, 5, 10.
[6] Diodoro, VIII, 5. Tucídides, VIII, 21. Heródoto, VII, 155.

CAPÍTULO V

Segunda revolução: mudanças na constituição da família; desaparece o direito de primogenitura; a *gens* desmembra-se

A revolução que derrubara a realeza havia modificado a forma externa do governo, mais do que mudara a constituição da sociedade. Ela não fora obra das classes inferiores, que tinham interesse em destruir as velhas instituições, mas da aristocracia, que queria mantê-las. Ela, portanto, não fora feita para subverter a antiga constituição da família, mas para conservá-la. Os reis muitas vezes sentiram a tentação de elevar as classes baixas e de enfraquecer as *gentes* e era por isso que haviam derrubado os reis. A aristocracia só operara uma revolução política para impedir uma revolução social. Ela tomara em suas mãos o poder, menos pelo prazer de dominar do que para defender contra os ataques as suas velhas instituições, os seus antigos princípios, o seu culto doméstico, a sua autoridade paterna, o regime da *gens* e, enfim, o direito privado que a religião primitiva estabelecera.

Esse grande e geral esforço da aristocracia respondia, pois, a um perigo. Ora, parece que apesar dos seus esforços e até da sua vitória, o perigo subsistiu. As velhas instituições começavam a balançar, e graves mudanças iam introduzir-se na constituição íntima das famílias.

O velho regime da *gens*, fundado na religião doméstica, não fora destruído no dia em que os homens passaram para o regime da cidade. Não haviam querido ou não haviam podido renunciar a ele de imediato, já que os chefes faziam questão de conservar a autoridade, e os inferiores não tiveram logo a ideia de se libertar. Conciliaram, portanto, o regime da *gens* com o da cidade. Mas eram, no fundo, dois regimes opostos, que não se devia esperar aliar para sempre e que, mais dia, menos dia, deviam entrar em guerra. A família, indivisível e numerosa, era forte demais e independente demais para que o poder social não sentisse a tentação e até a necessidade de debilitá-la. Ou a cidade não duraria muito, ou devia com o tempo suprimir a família.

Compreendemos bem a antiga *gens*, com sua lareira única, seu chefe soberano, suas terras indivisíveis, enquanto dura o estado de isolamento e não existe outra sociedade além dela. Mas a partir do momento em que os homens se reuniram em cidades, o poder do antigo chefe necessariamente diminuiu; pois, ao mesmo tempo que ele é soberano em sua casa, é membro de uma comunidade; enquanto tal, interesses gerais obrigam-no a sacrifícios e leis gerais lhe exigem obediência. A seus próprios olhos e sobretudo aos olhos de seus inferiores, a sua dignidade vê-se diminuída. Depois, nessa comunidade, por mais aristocraticamente que ela seja constituída, os inferiores têm lá seu valor, porém, mesmo que seja só pelo número. A família que compreende vários ramos e vai aos comícios rodeada de uma multidão de clientes tem naturalmente mais autoridade nas deliberações comuns do que a família pouco numerosa, com poucos braços e poucos soldados. Ora, esses inferiores não tardam a sentir a própria importância e a própria força; neles nascem certo sentimento de orgulho e o desejo de melhor sorte. Somem-se a isso as rivalidades dos chefes de família, que rivalizam quanto à influência e procuram enfraquecer-se uns aos outros. Some-se também o fato de se tornarem ávidos pelas magistraturas da cidade e, para obtê-las, procurarem tornar-se populares e, para geri-las, deixarem de lado ou esquecerem a sua pequena soberania local. Essas causas produziram aos poucos uma espécie de relaxamento na constituição da *gens*; aqueles que tinham interesse em manter essa constituição esmoreciam em seu apego a ela; os que tinham interesse em modificá-la tornavam-se mais ousados e mais fortes.

A força de individualidade que inicialmente havia na família enfraquece-se aos poucos. O direito de primogenitura, que era a condição de sua unidade, desapareceu. Não devemos esperar que algum escritor da Antiguidade nos forneça a data exata dessa grande mudança. É provável que ela não tenha tido data, porque não se deu num só ano. Ocorreu durante muito tempo, primeiro numa família, depois noutra e pouco a pouco em todas. Completou-se sem que, por assim dizer, se dessem conta.

Podemos crer também que os homens não passaram de um só salto da indivisibilidade do patrimônio à divisão igual entre os irmãos. Provavelmente houve uma transição entre esses dois regimes. Talvez as coisas se tenham passado na Grécia e na Itália como na antiga sociedade hindu, onde a lei religiosa, depois de recomendar a indivisibilidade do patrimônio, deu ao pai a liberdade de conceder uma parte dele a seus filhos mais jovens, e em seguida, depois de exigir que o primogênito tivesse pelo menos uma parte dupla, permitiu que a partilha fosse feita em partes iguais, e acabou até por recomendá-lo.

Mas não temos nenhuma indicação precisa sobre tudo isso. Só uma coisa é certa, que o direito de primogenitura existiu numa época antiga e depois desapareceu.

Essa mudança não se efetuou ao mesmo tempo nem da mesma forma em todas as cidades. Em algumas delas, a legislação se conservou durante bastante tempo. Em Tebas e em Corinto, ela ainda estava em vigor no século oitavo. Em Atenas, a legislação de Sólon demonstrava ainda certa preferência pelo primogênito. Em Esparta, o direito de primogenitura subsistiu até o triunfo da democracia. Há cidades em que ele só desapareceu depois de uma insurreição. Em Heracleia, em Cnido, em Istro, em Marselha, os ramos mais jovens tomaram armas para destruir ao mesmo tempo a autoridade paterna e o privilégio do primogênito.[1] A partir desse momento, tal

---

[1] Aristóteles, *Política*, VIII, 5, 2, ed. B. Saint-Hilaire.

cidade grega, que até então só tinha uma centena de homens que gozavam de direitos políticos, passou a ter até quinhentos ou seiscentos. Todos os membros das famílias aristocráticas passaram a ser cidadãos, e o acesso às magistraturas e ao Senado lhes foi aberto.

Não é possível dizer em que época o privilégio do primogênito desapareceu em Roma. É provável que os reis, em meio à luta contra a aristocracia, tenham feito o possível para suprimi-lo e para assim desorganizar as *gentes*. No começo da república, vemos cem novos membros entrarem no Senado; Tito Lívio crê que eles vinham da plebe,[2] mas não é possível que a tão dura dominação do patriciado tenha começado com uma concessão dessa natureza. Esses novos senadores devem ter vindo das famílias patrícias. Não tiveram o mesmo título que os membros antigos do Senado; estes eram chamados *patres* (chefes de família); aqueles foram chamados *conscripti* (escolhidos).[3] Não permite essa diferença de denominação crermos que os cem novos senadores, que não eram chefes de família, pertencessem aos ramos mais jovens das *gentes* patrícias? Podemos supor que essa classe dos ramos mais jovens, numerosa e enérgica, só deu seu apoio ao empreendimento de Bruto e dos pais com a condição de lhes concederem os direitos civis e políticos. Adquiriu ela assim, graças à necessidade que tinham dela, o que a mesma classe conquistou pelas armas em Heracleia, em Cnido e em Marselha.

O direito de primogenitura, portanto, desapareceu em toda parte: revolução considerável, que começou a transformar a sociedade. A *gens* italiana e o *genos* helênico perderam sua unidade primitiva. Os diversos ramos separaram-se; cada um

---

[2] Aliás, ele se contradiz: "Ex primoribus ordinis equestris", diz ele. Ora, os *primores* da ordem equestre, ou seja, os cavaleiros das seis primeiras centúrias, eram patrícios. *Vide* Belot, *Histoire des chevaliers romains*, livro I, capítulo 2.

[3] Festo. Verbete *Conscripti, Allecti*. Plutarco, *Quest. rom.*, 58. Durante muitos séculos os *patres* foram distinguidos dos *conscripti*.

deles teve a partir de então a sua parte de propriedade, seu domicílio, seus interesses à parte, sua independência. *Singuli singulas familias incipiunt habere*,* diz o jurisconsulto. Há na língua latina uma velha expressão que parece datar dessa época: *familiam ducere*, dizia-se daquele que se destacava da *gens* para criar seu próprio ramo familiar, como se dizia *ducere coloniam* daquele que deixava a metrópole e ia para longe fundar uma colônia. O irmão que assim se separara do irmão mais velho tinha a partir daí a sua própria lareira, que sem dúvida acendera no fogo sagrado comum da *gens,* como a colônia acendia o seu no pritaneu da metrópole. Daí em diante, a *gens* só conservou uma espécie de autoridade religiosa em relação às diferentes famílias que se haviam destacado dela. O seu culto teve a supremacia sobre os cultos delas. Não lhes foi permitido esquecer que tinham origem naquela *gens*; continuaram a ter seu nome; em determinados dias, elas se reuniam ao redor da lareira comum, para venerarem o antepassado antigo ou a divindade protetora. Continuaram até a ter um chefe religioso e é provável que o primogênito tenha conservado o seu privilégio sacerdotal, que permaneceu durante muito tempo hereditário. Exceto por isso, elas passaram a ser independentes.

Esse desmembramento da *gens* teve graves consequências. A antiga família sacerdotal, que formara um grupo tão unido, constituído com tanta força, tão poderoso, foi debilitada definitivamente. Essa revolução preparou e facilitou outras mudanças.

---

* "Cada qual começou a ter a sua família." [N. T.]

CAPÍTULO VI

Os clientes libertam-se

1º) Que era a clientela inicialmente e como se transformou

Eis mais uma revolução cuja data não podemos indicar, que, porém, com toda certeza modificou a constituição da família e da própria sociedade. A família antiga abrangia sob a autoridade de um chefe único duas classes de condição desigual: por um lado, os ramos mais jovens, isto é, os indivíduos naturalmente livres; por outro, os servos ou clientes, inferiores por nascimento, mas próximos do chefe pela participação no culto doméstico. Dessas duas classes, acabamos de ver a primeira sair de seu estado de inferioridade; a segunda também logo aspira a se libertar. Com o tempo ela é bem-sucedida; a clientela transforma-se e acaba desaparecendo.

Mudança imensa, que os escritores antigos não nos contam. Assim é que, na Idade Média, os cronistas não nos dizem como a população dos campos foi aos poucos se modificando. Houve na existência das sociedades humanas um número bastante grande de revoluções cuja lembrança não nos é fornecida por nenhum documento. Os escritores não as notaram, porque se davam lentamente, de maneira imperceptível, sem lutas visíveis; revoluções profundas e ocultas, que remexiam o fundo da sociedade humana sem que nada aparecesse na superfície, e que passavam despercebidas das próprias gerações que contribuíam para elas. A história só consegue captá-las muito tempo depois de acabarem, quando, comparando duas épocas da vida de um povo, constata entre elas diferenças tão grandes, que se torna evidente que, no intervalo que as separa, aconteceu uma grande revolução.

Se nos referirmos ao quadro que os escritores nos pintam da clientela primitiva em Roma, seria realmente uma instituição da idade de ouro. Que há de mais humano do que esse patrão que defende o cliente na justiça, que o sustenta com o seu dinheiro se ele for pobre, e que provê a educação dos seus filhos? Que há de mais comovente do que esse cliente que sustenta, por sua vez, o patrão que caiu na miséria, paga as suas dívidas, dá tudo o que tem para quitar o seu resgate? Mas não há tanto sentimento nas leis dos povos antigos. O afeto desinteressado e a devoção nunca foram instituições. Precisamos formar outra ideia da clientela e do patronato.

O que sabemos com mais certeza sobre o cliente é que ele não pode separar-se do patrão nem escolher outro, e está vinculado de pai para filho a uma família. Se só soubéssemos desse aspecto, já seria o bastante para crermos que a sua condição não devia ser muito fácil. Acrescentemos a isso que o cliente não é proprietário do solo; a terra pertence ao patrão, que, como chefe de um culto doméstico e também como membro de uma cidade, é o único que se qualifica para ser proprietário. Se o cliente cultiva a terra, é em nome e em proveito do senhor. Não tem sequer a propriedade dos objetos mobiliários, de seu dinheiro, de seu pecúlio. A prova disso é que o patrão pode retomar dele tudo isso, para pagar as próprias dívidas ou o seu resgate. Dessa maneira, nada lhe pertence. É verdade que o patrão lhe deve a subsistência, a ele e aos filhos; mas, em compensação, ele deve seu trabalho ao patrão. Não se pode dizer que ele seja exatamente um escravo, mas tem um senhor a quem pertence e à vontade do qual está sujeito em todas as coisas. É cliente durante toda a vida, e seus filhos o são depois dele.

Há certa analogia entre o cliente das épocas antigas e o servo da Idade Média. Na verdade, o princípio que os condena à obediência não é o mesmo. Para o servo, esse princípio é o direito de propriedade, que se exerce ao mesmo tempo sobre a terra e sobre o homem; para o cliente, esse princípio é a religião doméstica à qual está ligado sob a autoridade do patrão que é o seu sacerdote. Para o cliente e para o servo, aliás, a subordinação é a mesma; um está ligado ao patrão como o outro o está ao senhor; o cliente não pode deixar a *gens*, como o servo, a gleba. O cliente, como o servo, permanece submetido a um senhor, de pai para filho. Um trecho de Tito Lívio faz supor que lhe é proibido casar-se fora da *gens*, como o é ao servo casar-se fora da aldeia. O que é certo é que ele não pode casar-se sem a autorização do patrão. O patrão pode retomar a terra que o cliente cultiva e o dinheiro que ele possui, como o senhor pode fazê-lo com o servo. Se o cliente morrer, tudo aquilo de que tinha o usufruto volta de direito para o patrão, assim como a sucessão do servo pertence ao senhor.

O patrão não é só um senhor; é um juiz; pode condenar o cliente à morte. É, além disso, um chefe religioso. O cliente curva-se ante essa autoridade ao mesmo tempo material e moral que o toma pelo corpo e pela alma. É verdade que essa religião impõe deveres ao patrão, mas deveres de que ele é o único juiz e para os quais não há sanção. O cliente nada vê que o proteja; não é cidadão por si só; se quiser comparecer ante o tribunal da cidade, é preciso que o seu patrão o leve e fale em seu nome. Invocará a lei? Não conhece as suas fórmulas sagradas; se as conhecesse, a primeira lei para ele é a de jamais testemunhar nem falar contra o patrão. Sem o patrão não há nenhuma justiça; contra o patrão, nenhum recurso.

O cliente não existe só em Roma; encontramo-lo também entre os sabinos e os etruscos, fazendo parte da *manus* de cada chefe. Existiu tanto na antiga *gens* helênica quanto na *gens* italiana. É verdade que não devemos procurá-la nas cidades dórias, onde o regime da *gens* desaparece cedo e onde os vencidos são vinculados, não à família de um mestre, mas a um lote de terras. Encontramo-lo em Atenas e nas cidades jônias e eólias, com o nome de *teta* ou de *pelata*. Enquanto durou o regime aristocrático, esse *teta* não fez parte da cidade; fechado numa família da qual não pode sair, está sob o jugo de um eupátrida que tem em si o mesmo caráter e a mesma autoridade que o patrão romano.

Podemos presumir que logo surgiu o ódio entre o patrão e o cliente. É fácil imaginar o que era a existência nessa família onde um tinha todo o poder e o outro não tinha nenhum direito, onde a obediência sem reserva e sem esperança estava ao lado da onipotência desenfreada, onde o melhor senhor tinha seus arroubos e seus caprichos, onde o serviçal mais resignado tinha os seus rancores, os seus gemidos e as suas cóleras. Ulisses é um bom senhor: vede que afeto paternal ele tem por Eumeu e Filécio. Mas manda matar um serviçal que o insultou sem reconhecê-lo e algumas criadas que caíram no mal a que sua ausência as expusera. Da morte dos pretendentes ele é responsável perante a cidade; mas da morte dos servidores, ninguém lhe pede que preste contas.

No estado de isolamento em que a família vivera durante muito tempo, a clientela pudera formar-se e manter-se. A religião doméstica era na época todo-poderosa sobre a alma. O homem que era o seu sacerdote por direito hereditário aparecia às classes inferiores como um ser sagrado. Mais do que um homem, era o intermediário entre os homens e Deus. De sua boca saía a prece possante, a fórmula irresistível que atraía o favor ou a cólera da divindade. Diante de tal força era preciso curvar-se; a obediência era exigida pela fé e pela religião. Como, aliás, o cliente teria a tentação de se libertar? Não via outro horizonte senão essa família à qual tudo o vinculava. Só nela ele tinha uma vida tranquila, uma subsistência garantida; só nela, se tivesse um mestre, tinha também um protetor; só nela, enfim, tinha um altar de que pudesse aproximar-se e deuses que lhe fosse permitido invocar. Abandonar essa família era colocar-se fora de toda organização social e de todo direito; era perder seus deuses e renunciar ao direito de rezar.

Mas depois que foi fundada a cidade, os clientes das diversas famílias podiam ver-se, falar-se, comunicar uns com os outros seus desejos e rancores, comparar os vários senhores e entrever melhor sorte. Seus olhares começavam, então, a se estender para além dos limites da família. Viam que fora dela existiam uma sociedade, regras, leis, altares, templos, deuses. Sair da família já não era para eles uma desgraça irremediável. A tentação tornava-se cada dia mais forte; a clientela parecia um fardo cada vez mais pesado, e já não se cria que a autoridade do senhor fosse legítima e santa. Nasceu então no coração daqueles homens um ardente desejo de liberdade. Sem dúvida, não encontramos na história de nenhuma cidade a lembrança de uma insurreição geral daquela classe. Se houve lutas à mão armada, foram limitadas e escondidas no recinto de cada família. Foi lá que houve, durante mais de uma geração, por um lado enérgicos esforços no sentido da independência, por outro uma repressão implacável. Em cada casa se desenrolou uma longa e dramática história que hoje é impossível contar. Só o que podemos dizer é que os esforços da classe inferior não deixaram de ter seus resultados. Uma necessidade invencível obrigou pouco a pouco os senhores a ceder algo de sua onipotência. Quando a autoridade deixa de parecer justa aos súditos, ainda é preciso tempo para que ela deixe de parecê-lo aos senhores; mas isso vem com o tempo, e então o senhor, que não crê mais que a sua autoridade seja legítima, defende-a mal ou acaba renunciando a ela. Some-se a isso que essa classe inferior era útil, que os seus braços, ao cultivarem a terra, faziam a riqueza do senhor e, ao portarem armas, faziam a sua força no meio das rivalidades das famílias; que era, por conseguinte, prudente satisfazê-la e que o interesse se unia à humanidade para aconselhar concessões.

Parece certo que a condição dos clientes foi aos poucos melhorando. A princípio viviam na casa do senhor, cultivando juntos o terreno comum. Mais tarde se atribuiu a cada um deles um lote particular de terras. O cliente já ficou, talvez, mais satisfeito. Sem dúvida ainda trabalhava em proveito do amo; a terra não lhe pertencia, era antes ele que pertencia a ela. Não importa; ele a cultivava por longos anos em seguida e a amava. Estabelecia-se entre ela e ele, não aquele vínculo que a religião da propriedade criara entre ela e o senhor, mas um outro laço, aquele que o trabalho e o próprio sofrimento podem formar entre o homem que dá seu esforço e a terra que dá seus frutos.

Veio em seguida um novo progresso. Ele não mais cultivou para o senhor, mas para si mesmo. Sob a condição de um pagamento, que talvez tenha sido a princípio variável, mas em seguida se tornou fixo, ele usufruiu a colheita. Seu suor teve assim certa recompensa e sua vida tornou-se ao mesmo tempo mais livre e mais altiva. "Os chefes de família", diz um antigo, "concediam porções de terra a seus inferiores, como se fossem seus próprios filhos".[1] Lemos também na *Odisséia*: "Um amo benévolo dá ao serviçal uma casa e um lote de terra"; e acrescenta Eumeu: "uma esposa desejada", porque o cliente ainda não pode casar contra a vontade do senhor, e é o senhor que escolhe a sua companheira.

Mas esse campo onde agora ele passava a sua vida, onde estavam todos os seus trabalhos e todos os seus prazeres, ainda não era sua propriedade. Pois esse cliente não tinha o caráter sagrado que fazia que a terra pudesse tornar-se a propriedade de um homem. O lote que ele ocupava continuava a ter o marco santo, o deus Termo que a família do amo pusera antigamente. Esse marco inviolável atestava que o campo, unido à família do senhor por um laço sagrado, jamais poderia pertencer ao cliente liberto. Na Itália, o campo e a casa que o *villicus* ocupava, cliente do patrão, encerravam uma lareira, um *Lar familiaris*; mas essa lareira não pertencia ao lavrador;

---

[1] Festo, verbete *Patres*.

era a lareira do amo.² Esse fato estabelecia ao mesmo tempo o direito de propriedade do patrão e a subordinação religiosa do cliente, que, por mais distante que estivesse do patrão, ainda seguia o seu culto.

O cliente, ao tornar-se possuidor, lamentou não ser proprietário e aspirou a sê-lo. Sua ambição era que desaparecesse desse campo, que parecia pertencer-lhe pelo direito do trabalho, o marco sagrado que dele fazia para sempre a propriedade do antigo senhor.

Vemos claramente que na Grécia os clientes atingiram o seu objetivo; ignoramos como. Quanto tempo levaram e quanto se esforçaram para atingi-lo é algo que só podemos adivinhar. Talvez tenha acontecido na Antiguidade a mesma série de mudanças sociais a que a Europa assistiu na Idade Média, quando os escravos dos campos se tornaram servos de gleba; quando estes, de servos que podiam ser taxados à vontade, passaram a servos com renda fixa e, enfim, quando com o tempo se transformaram em camponeses proprietários.

2º) Desaparece a clientela em Atenas; obra de Sólon

Esse tipo de revolução mostra-se com clareza na história de Atenas. A derrubada da realeza tivera como efeito revigorar o regime do γένος; as famílias haviam retomado a sua vida isolada e cada uma delas recomeçara a formar um pequeno Estado que tinha como chefe um eupátrida e como súditos a multidão dos clientes. Esse regime parece ter oprimido fortemente a população ateniense, pois ela guardou má lembrança dele. O povo sentiu-se tão infeliz, que a época anterior lhe pareceu ter sido uma espécie de época de ouro; sentiu saudades dos reis; chegou a pensar que sob a monarquia fora feliz e livre, que

---

² Catão, *De re rust.*, 143. Columela, XI, 1, 19.

gozara na época igualdade e que a desigualdade e o sofrimento só começaram depois da queda dos reis. Havia nisso uma ilusão, como os povos com frequência as têm; a tradição popular datava o começo da desigualdade do momento em que o povo começara a julgá-la odiosa. Essa clientela, essa espécie de servidão, que era tão velha quanto a constituição da família, faziam-na datar da época em que os homens pela primeira vez haviam sentido o seu peso e compreendido a sua injustiça. É, no entanto, certo que não foi no século VII que os eupátridas estabeleceram as duras leis da clientela. Eles apenas as conservaram. Foi só esse o erro deles; mantiveram aquelas leis além do tempo em que as populações as aceitavam sem gemer; mantiveram-nas contra a vontade dos homens. Os eupátridas dessa época eram, talvez, senhores menos duros do que seus antepassados; foram, porém, mais detestados.

Parece que, mesmo sob o domínio dessa aristocracia, melhorou a condição da classe inferior. Pois é então que vemos claramente essa classe obter a posse de lotes de terra, com a única condição de pagar uma taxa definida como um sexto da colheita. Esses homens eram, assim, quase emancipados; tendo uma terra que fosse sua e não mais estando sob a vigilância do amo, respiravam mais à vontade e trabalhavam em proveito próprio.

Mas a natureza humana é tal que esses homens, à medida que melhorava a sua sorte, sentiam mais amargamente o que lhes restava de desigualdade. Não serem cidadãos e não participarem da administração sem dúvida os incomodava mediocremente; mas não poderem tornar-se proprietários da terra sobre a qual nasciam e morriam incomodava-os muito mais. Acrescentemos que o que havia de suportável em sua condição presente não tinha estabilidade, pois, embora fossem realmente possuidores da terra, nenhuma lei formal lhes garantia nem essa posse nem a independência que dela decorria. Vemos em Plutarco que o antigo patrão podia apoderar-se de novo do antigo serviçal; se a renda anual não fosse paga ou por qualquer outra causa, esses homens tornavam a cair numa espécie de escravidão.

Foram, portanto, levantadas graves questões na Ática durante uma série de quatro ou cinco gerações. Mal era possível que os homens da classe inferior permanecessem nessa posição instável e irregular, para a qual um progresso imperceptível os conduzira; e então das duas uma, ou perdendo essa posição eles deviam tornar a cair nos vínculos da dura clientela, ou, definitivamente libertos por um novo progresso, deviam ascender à condição de proprietários da terra e de homens livres.

Podemos adivinhar quantos esforços houve da parte do lavrador, antigo cliente, de resistência da parte do proprietário, antigo patrão. Não foi uma guerra civil; por isso os anais atenienses não conservaram a memória de nenhum combate. Foi uma guerra doméstica em cada aldeola, em cada casa, de pai para filho.

Essas lutas parecem ter tido sortes diversas conforme a natureza do solo dos diferentes cantões da Ática. Na planície, onde o eupátrida tinha a sua principal propriedade e onde estava sempre presente, a sua autoridade conservou-se quase intacta sobre o pequeno grupo de servidores que estavam sempre sob a sua vigilância; por isso os *pedianos** geralmente se mostraram fiéis ao antigo regime. Mas os que duramente labutavam na encosta da montanha, os *diacrianos*,** mais distantes do amo, mais acostumados com a vida independente, mais ousados e mais corajosos, traziam no fundo do coração um violento ódio do eupátrida e uma firme vontade de liberdade. Eram sobretudo esses homens que se indignavam ao verem em seu campo "o marco sagrado" do senhor e ao sentirem "sua terra escrava".[3] Quanto aos habitantes dos cantões próximos ao

---

* "Moradores da planície ática." (N. T.)
** "Moradores das montanhas." (N. T.)
[3] Sólon, edição Bach, p. 104, 105.

mar, aos *paralianos*, a propriedade da terra tentava-os menos; tinham o mar à sua frente, e o comércio e a indústria. Muitos enriqueceram, e com a riqueza estavam quase livres. Não compartilhavam, portanto, os ardentes anseios dos diacrianos e não tinham um ódio muito profundo pelos eupátridas. Mas tampouco tinham a covarde resignação dos pedianos; pediam mais estabilidade em sua condição e mais garantias para os seus direitos.

Na medida do possível, Sólon deu satisfação e esses anseios. Há uma parte da obra desse legislador que os antigos só nos fazem conhecer muito imperfeitamente, mas parece ter constituído a sua parte principal. Antes dele, a maior parte dos habitantes da Ática ainda estava reduzida à posse precária da terra e podia até tornar a cair na servidão pessoal. Depois dele, não tornamos a encontrar essa numerosa categoria de homens: o direito de propriedade é acessível a todos; não há mais servidão para o ateniense; as famílias da classe inferior são libertas para sempre da autoridade das famílias eupátridas. Há aí uma grande mudança, cujo autor só pode ser Sólon.

É verdade que, a dar fé às palavras de Plutarco, Sólon só teria abrandado a legislação sobre as dívidas, tirando do credor o direito de reduzir o devedor à servidão. Mas devemos tomar cuidado com o que um escritor tão posterior a essa época nos diz dessas dívidas que dilaceraram a cidade ateniense, assim como todas as cidades da Grécia e da Itália. É difícil crer que tenha havido antes de Sólon tal circulação de dinheiro, que houvesse muitos emprestadores e muitos tomadores de empréstimo. Não julguemos aqueles tempos pelos que se lhe seguiram. Havia na época muito pouco comércio; a troca de créditos era desconhecida e os empréstimos deviam ser bastante raros. Com que garantia o homem que não era proprietário de nada teria tomado emprestado? Não é costume, em nenhuma sociedade, emprestar aos pobres. Na verdade se diz, com base mais nos tradutores de Plutarco do que no próprio Plutarco, que o tomador de empréstimo dava a sua terra como garantia. Todavia, supondo que essa terra fosse sua propriedade, ele não poderia dá-la como garantia, pois o sistema de hipotecas ainda não era conhecido na época e estava em contradição com a natureza do direito de propriedade. Nesses devedores de que fala Plutarco, devemos ver os antigos clientes; em suas dívidas, a renda anual que deviam pagar aos antigos senhores; na servidão em que caíam se não pagassem, a antiga condição de cliente que tornavam a assumir.

Talvez Sólon tivesse suprimido essa renda paga, ou, mais provavelmente, reduzido o seu montante a uma taxa que facilitasse o seu resgate; acrescentou que no futuro a falta de pagamento não faria o lavrador tornar a cair na servidão.

Ele fez mais. Antes dele, esses antigos clientes, ao ganharem a posse da terra, não podiam tornar-se proprietários dela: pois no campo continuava a erguer-se o marco sagrado e inviolável do antigo patrão. Para a alforria da terra e do lavrador, era preciso que esse marco desaparecesse. Sólon o derrubou: encontramos o testemunho dessa grande reforma em alguns versos do próprio Sólon: "Era uma obra inesperada", diz ele; "executei-a com a ajuda dos deuses. Tomo como testemunha a deusa Mãe, a Terra negra, cujos marcos tantas vezes arranquei, a terra que era escrava e hoje é livre". Ao fazer isso, Sólon operara uma considerável revolução. Pusera de lado a antiga religião da propriedade que, em nome do imóvel deus Termo, conservava a terra num pequeno número de mãos. Arrancara da religião a terra para dá-la ao trabalho. Suprimira, com a autoridade do eupátrida sobre a terra, a sua autoridade sobre o homem, e podia dizer em seus versos: "Aqueles que nesta terra sofriam a cruel servidão e tremiam diante de um amo, eu os tornei livres".

É provável que tenha sido a essa alforria que os contemporâneos de Sólon deram o nome de σεισαχθεία (livrar-se do fardo). As gerações seguintes, que, uma vez habituadas à liberdade, não queriam ou não podiam acreditar que seus pais tinham sido servos, explicaram essa palavra como se indicasse apenas uma abolição das dívidas. Ela tem, porém, uma energia que nos revela uma revolução maior. Some-se a isso esta frase de Aristóteles, que, sem narrar a obra de Sólon, diz simplesmente: "Ele fez cessar a escravidão do povo".[4]

3º) Transformação da clientela em Roma

Essa guerra entre os clientes e os patrões ocupou também um longo período da existência de Roma. Tito Lívio, na verdade, nada diz sobre ela, porque não tem o hábito de observar com atenção a mudança das instituições; aliás, os anais dos pontífices e os documentos análogos de que se valeram os antigos historiadores que Tito Lívio consultava não deviam narrar essas lutas domésticas.

Pelo menos uma coisa é certa. Na origem de Roma, havia clientes; chegaram até nós alguns testemunhos muito precisos da dependência em que seus patrões os mantinham. Se, muitos séculos depois, procurarmos esses clientes, não mais os encontraremos. O nome ainda existe, não a clientela. Pois nada há de mais diferente dos clientes da época primitiva do que esses plebeus do tempo de Cícero, que se diziam clientes de um rico para ter direito à espórtula.

Há quem mais se pareça com o antigo cliente, que é o liberto.[5] Tanto no fim da república quanto nos primeiros tempos de Roma, o homem, ao sair da servidão, não se torna de imediato homem livre e cidadão. Permanece submetido ao senhor. Antigamente o chamavam cliente, agora o chamam liberto; só o

---

[4] Aristóteles, *Constituição de Atenas, Fragm.*, col. Didot, t. II, p. 107.
[5] O liberto tornava-se um cliente. A identidade entre esses dois termos é indicada por um trecho de Dionísio, IV, 23.

nome mudou. Quanto ao senhor, seu nome não muda; outrora era chamado patrão, e ainda é assim que o chamam. O liberto, como antigamente o cliente, permanece ligado à família; tem o seu nome, tanto quanto o antigo cliente. Depende do patrão; deve-lhe não só reconhecimento, mas um verdadeiro serviço, cuja medida só o senhor pode definir. O patrão tem direito de justiça sobre o liberto, como o tinha sobre o cliente; pode levá-lo de volta à escravidão por delito de ingratidão.[6] O liberto faz lembrar em tudo o antigo cliente. Entre eles há só uma diferença: antigamente se era cliente de pai para filho; agora a condição de liberto cessa na segunda ou pelo menos na terceira geração. A clientela, portanto, não desapareceu; ela ainda se apodera do homem no momento em que a servidão o abandona; só que não é mais hereditária. Só isso já é uma mudança considerável; é impossível dizer em que época se deu.

Podemos discernir os sucessivos abrandamentos concedidos à sorte do cliente e por que etapas ele chegou ao direito de propriedade. A princípio, o chefe da *gens* atribui-lhe um lote de terra para cultivar.[7] Pouco depois ganha a posse vitalícia desse lote, com a condição de contribuir para todas as despesas que couberem a seu ex-amo. As duríssimas disposições da velha lei, que o obrigam a pagar o resgate do patrão, o dote da filha dele ou as multas judiciárias, provam pelo menos que quando essa lei foi escrita ele já tinha a posse vitalícia da terra. O cliente faz em seguida mais um progresso: ganha o direito de transmitir o lote ao filho, ao morrer; é verdade que, na falta de filhos, a terra volta mais uma vez ao patrão. Mas eis um progresso novo: o cliente que não deixa filhos ganha o direito de fazer um testamento. Aqui o costume hesita e varia; ora o

---

[6] *Digesto*, livro XXV, tít. 2, 5; liv. L, tít. 16, 195. Valério Máximo, V, 1, 4. Suetônio, *Cláudio*, 25. Díon Cássio, LV. A legislação era a mesma em Atenas; vide Lísias e Hipérides em Harpocrácion, verbete Ἀποστασίου. Demóstenes, *in Aristogitonem* e Suidas, verbete Ἀναγκαῖον.

[7] Festo, verbete *Patres*.

patrão recupera metade dos bens, ora a vontade do testador é inteiramente respeitada; em todo caso, o seu testamento nunca deixa de ter valor.[8] Desse modo, o cliente, apesar de ainda não poder considerar-se proprietário, tem pelo menos um usufruto tão amplo quanto possível.

Sem dúvida, isso ainda não representa uma alforria completa. Mas nenhum documento nos permite determinar a época em que os clientes se separaram definitivamente das famílias patrícias. Existe um texto de Tito Lívio (II, 16) que, se o tomarmos ao pé da letra, mostra que já nos primeiros anos da república os clientes eram cidadãos. Tudo leva a crer que eles já o eram no tempo do rei Sérvio; talvez até votassem nos comícios curiais desde a origem de Roma. Mas não podemos concluir daí que já então estivessem completamente libertos; pois é possível que os patrícios tenham tido interesse em dar direitos políticos a seus clientes, sem que tivessem com isso consentido em lhes dar direitos civis.

Não parece que a revolução que libertou os clientes em Roma se tenha concluído de uma só vez, como em Atenas. Ela se deu muito lentamente e de maneira quase imperceptível, sem que nenhuma lei formal jamais a consagrasse. Os grilhões da clientela afrouxaram-se aos poucos e o cliente paulatinamente se distanciou do patrão.

O rei Sérvio fez uma grande reforma em favor dos clientes: modificou a organização do exército. Antes dele, o exército marchava dividido em tribos, em cúrias, em *gentes*; era a divisão patrícia: cada chefe de *gens* estava no comando de seus clientes. Sérvio dividiu o exército em centúrias; cada qual recebeu o seu posto de acordo com sua riqueza. Em decorrência disso, o cliente não mais marchou ao lado do patrão, não mais o reconheceu como chefe no combate e ganhou o hábito da independência.

---

[8] *Institutas* de Justiniano, III, 7.

Essa mudança provocou uma outra na constituição dos comícios. Antes a assembleia se dividia em cúrias e em *gentes*, e o cliente, se votava, votava sob a vigilância do amo. Mas quando se estabeleceu a divisão por centúrias, tanto para os comícios quanto para o exército, o cliente não mais se encontrou no mesmo quadro que o patrão. É verdade que a velha lei ainda lhe ordenava votar como ele, mas como controlar o seu voto?

Era algo considerável separar o cliente do patrão nos momentos mais solenes da vida, no momento do combate e no momento do voto. A autoridade do patrão viu-se muito enfraquecida e o que lhe restou foi cada dia mais contestado. A partir do momento em que o cliente sentiu o gosto da independência, ele quis possuí-la inteira. Aspirou a se separar da *gens* e a entrar na plebe, onde as pessoas eram livres. Quantas oportunidades se apresentavam a ele! Sob os reis, estava certo de ser ajudado por eles, pois o que mais queriam era enfraquecer as *gentes*. Sob a república, ele recebia a proteção da própria plebe e dos tribunos. Muitos clientes libertaram-se assim, e a *gens* não conseguiu recapturá-los. Em 472 a.C., o número de clientes ainda era bastante considerável, pois a plebe se queixava de que, com seus votos nos comícios das centúrias, eles fizessem a balança pender para o lado dos patrícios.[9] Nessa mesma época, aproximadamente, como a plebe se recusava a se alistar, os patrícios conseguiram formar um exército com seus clientes.[10] Parece, porém, que esses clientes não eram mais numerosos o bastante para cultivarem sozinhos as terras dos patrícios, e que estes foram obrigados a solicitar braços à plebe[11] É provável que a criação do tribunado, garantindo aos clientes evadidos protetores contra seus antigos patrões e tornando a situação dos plebeus mais invejável e mais segura,

---

[9] Tito Lívio, II, 56.
[10] Dionísio, VII, 19; X, 27.
[11] *Inculti per secessionem plebis agri*, Tito Lívio, II, 34.

tenha acelerado esse movimento gradual rumo à alforria. Em 372 já não havia clientes, e um Mânlio podia dizer à plebe: "Assim como fostes clientes ao redor de cada patrão, assim também estareis agora contra um único inimigo".[12] A partir daí não vemos mais na história de Roma esses antigos clientes, esses homens hereditariamente vinculados à *gens*. A clientela primitiva dá lugar a uma clientela de novo tipo, laço voluntário e quase fictício que não acarreta as mesmas obrigações. Não se distinguem mais em Roma as três classes dos patrícios, dos clientes e dos plebeus. Não restam mais do que duas, e os clientes fundiram-se com a plebe. Os Marcelos parecem ser um ramo que assim se destacou da *gens* Cláudia. O nome deles era Cláudio; mas já que não eram patrícios, devem ter feito parte da *gens* apenas como clientes. Logo libertos, enriquecidos por meios que desconhecemos, eles se elevaram primeiro às dignidades da plebe, mais tarde às da cidade. Durante muitos séculos, a *gens* Cláudia pareceu ter esquecido seus antigos direitos sobre eles. Certo dia, porém, no tempo de Cícero,[13] inopinadamente ela se lembrou deles. Um liberto ou cliente dos Marcelos morrera, deixando uma herança que, segundo a lei, devia retornar ao patrão. Os Cláudios patrícios pretenderam que os Marcelos, sendo clientes, não podiam ter eles próprios clientes e que seus libertos deviam cair, eles e sua herança, nas mãos do chefe da *gens* patrícia, única que era capaz de exercer os direitos de patronato. Esse processo surpreendeu profundamente o público e confundiu os jurisconsultos; o próprio Cícero achou muito obscura a questão. Ela não o teria sido quatro séculos antes, e os Cláudios teriam ganhado a causa. Mas no tempo de Cícero, o direito sobre o qual eles fundamentavam a sua reclamação era tão antigo que havia caído no esquecimento, e o tribunal pôde dar ganho de causa aos Marcelos. A antiga clientela não mais existia.

---

[12] Tito Lívio, VI, 18.
[13] Cícero, *De oratore*, I, 39.

CAPÍTULO VII

Terceira revolução: a plebe entra na cidade

1º) História geral dessa revolução

As mudanças que se haviam operado ao longo do tempo na constituição da família provocaram outras na constituição da cidade. A antiga família aristocrática e sacerdotal estava enfraquecida. Com o desaparecimento do direito de primogenitura, ela perdera a unidade e o vigor; com a alforria da maior parte dos clientes, perdera a maior parte de seus súditos. Os homens da classe inferior não estavam divididos entre as *gentes*; vivendo fora delas, formaram entre si um corpo. Com isso, a cidade mudou de aspecto; se antes fora uma reunião pouco coesa de tantos pequenos Estados quantas eram as famílias, a união se fez, por um lado, entre os membros patrícios das *gentes* e, por outro, entre os homens de condição inferior. Houve, assim, dois grandes corpos, um diante do outro, duas sociedades inimigas. Não foi mais, como na época precedente, uma luta obscura em cada família; foi em cada cidade uma guerra aberta. Das duas classes, uma queria que a constituição religiosa da cidade fosse mantida e que o governo, como o sacerdócio, permanecesse nas mãos das famílias sagradas. A outra queria derrubar as velhas barreiras que a mantinham fora do direito, da religião e da sociedade política.

Na primeira parte da luta, a vantagem pertenceu à aristocracia de nascimento. Na verdade, ela já não contava com os seus antigos súditos, e a sua força material declinara; mas restava-lhe o prestígio da religião, a organização regular, o hábito do comando, as tradições, o orgulho hereditário. Ela não duvidava de seu direito; ao defender-se, cria defender a religião. O povo só tinha a seu favor o número. Prejudicava-o um hábito de respeito de que não lhe era fácil livrar-se. Não tinha, aliás, chefes; faltava-lhe todo princípio de organização. No início, era mais uma multidão do que um corpo bem constituído e vigoroso. Se lembrarmos que os homens não haviam encontrado outro princípio de associação além da religião hereditária das famílias e que não tinham a ideia de uma autoridade que não derivasse do culto, compreenderemos facilmente que essa plebe, que estava fora do culto e da religião, não tenha inicialmente conseguido formar uma sociedade regular e tenha precisado de muito tempo para reunir os elementos de uma disciplina e as regras de um governo.

Essa classe inferior, em sua fraqueza, a princípio não viu outro meio de combater a aristocracia senão lhe opor a monarquia.

Nas cidades em que a classe popular já estava formada no tempo dos antigos reis, ela os defendeu com todas as forças de que dispunha e os encorajou a aumentar seu poder. Em Roma, exigiu o restabelecimento da realeza depois de Rômulo; fez que Hostílio fosse nomeado; fez rei Tarquínio, o Velho; amou Sérvio e teve saudades de Tarquínio, o Soberbo.

Quando os reis foram vencidos em toda parte, e a aristocracia tornou-se senhora, o povo não se limitou a ter saudades da monarquia; desejou restaurá-la sob nova forma. Na Grécia, durante o século sexto, ele em geral conseguiu encontrar chefes; não podendo chamá-los de reis, porque esse título implicava a ideia de funções religiosas e só podia ser usado por famílias sacerdotais, chamou-os de tiranos.[1]

Seja qual for o sentido original da palavra, é certo que não fora tomado da linguagem religiosa; não era possível aplicá-la aos deuses, como se fazia com a palavra rei; não era pronunciada nas orações. Ela designava, com efeito, algo de muito novo

---

[1] O nome de rei foi algumas vezes deixado a esses chefes populares, quando descendiam de famílias religiosas. Heródoto, V, 92.

entre os homens, uma autoridade que não derivava do culto, um poder que a religião não estabelecera. O aparecimento dessa palavra na língua grega indica o aparecimento de um princípio que as gerações anteriores não haviam conhecido, a obediência do homem ao homem. Até então, não houvera outros chefes de Estado senão os que eram os chefes da religião; só comandavam na cidade os que faziam o sacrifício e invocavam os deuses por ela; ao obedecerem a eles, só se obedecia à lei religiosa e só à divindade se fazia ato de submissão. A obediência a um homem, a autoridade dada a esse homem por outros homens, um poder de origem e de natureza totalmente humana: isto fora desconhecido dos antigos eupátridas e só foi concebido no dia em que as classes inferiores rejeitaram o jugo da aristocracia e buscaram um governo novo.

Citemos alguns exemplos. Em Corinto, "o povo tinha dificuldade para suportar o domínio dos Báquidas; Cipselo, testemunha do ódio que tinham por eles, ao ver que o povo buscava um chefe para levá-lo à alforria", ofereceu-se para ser esse chefe; o povo aceitou-o, fê-lo tirano, expulsou os Báquidas e obedeceu a Cipselo. Mileto teve como tirano certo Trasíbulo; Mitilene obedeceu a Pítaco, Samos a Polícrates. Encontramos tiranos em Argo, em Epidauro, em Mégara no sexto século; Sícion teve tiranos durante cento e trinta anos, sem interrupção. Entre os gregos da Itália, vemos tiranos em Cumas, em Crotona, em Síbaris, em toda parte. Em Siracusa, em 485, a classe inferior tornou-se senhora da cidade e expulsou a classe aristocrática; mas não conseguiu nem se manter nem se governar, e ao cabo de um ano teve de aceitar um tirano.[2]

Em toda parte esses tiranos, com violência maior ou menor, tinham a mesma política. Certo dia, um tirano de Corinto pediu a um tirano de Mileto conselhos sobre como governar.

---

[2] Nicolau de Damasco, *Fragm*. Aristóteles, *Política*, V, 9. Tucídides, I, 126. Diodoro, IV, 5.

Este, como resposta, cortou as espigas de trigo que ultrapassavam as outras. Assim, sua regra de conduta era abater as melhores cabeças e atacar a aristocracia apoiando-se no povo.

A plebe romana urdiu conspirações, a princípio, para restabelecer Tarquínio. Tentou em seguida erigir tiranos e considerou um após o outro Publícola, Espúrio Cássio e Mânlio. A acusação que o patriciado dirige com tanta frequência àqueles dos seus que se tornam populares não deve ser mera calúnia. O medo dos grandes atesta os desejos da plebe.

Cumpre, todavia, notar que, se na Grécia e em Roma o povo procurava restaurar a monarquia, não era por um autêntico apego a esse regime. Ele amava menos os tiranos do que detestava a aristocracia. A monarquia era para ele um meio de vencer e de vingar-se; mas jamais esse governo, que nascera apenas do direito da força e não se baseava em nenhuma tradição sagrada, criou raízes no coração das populações. Erigem um tirano para as necessidades da luta; em seguida, deixavam-lhe o poder por reconhecimento ou por necessidade; mas depois de alguns anos, quando a lembrança da dura oligarquia se perdera, derrubavam o tirano. Esse governo jamais teve o amor dos gregos; só o aceitaram como um recurso momentâneo, e na espera de que o partido popular encontrasse um regime melhor e se sentisse forte o bastante para se governar a si mesmo.

A classe inferior pouco a pouco foi crescendo. Progressos há que se dão obscuramente e, no entanto, decidem o futuro de uma classe e transformam uma sociedade. Por volta do sexto século antes da nossa era, a Grécia e a Itália viram surgir uma nova fonte de riqueza. A terra não mais bastava para todas as necessidades do homem; os gostos tendiam ao belo e ao luxo: até mesmo as artes nasciam; a indústria e o comércio tornaram-se, então, necessários. Aos poucos foi formando-se uma riqueza mobiliária; cunharam-se moedas; surgiu o dinheiro. Ora, o aparecimento do dinheiro era uma grande revolução. O dinheiro não estava submetido às mesmas condições de propriedade que a terra; era, segundo a expressão do jurisconsulto, *res nec mancipi*; podia passar de mão em mão sem nenhuma formalidade religiosa e chegar sem obstáculo ao plebeu. A religião, que deixara na terra a sua marca, nada podia contra o dinheiro.

Os homens das classes inferiores conheceram, então, outra ocupação além da de cultivar a terra: surgiram artesãos, navegadores, chefes de indústria, comerciantes; entre eles logo apareceram os ricos. Extraordinária novidade! Antes só os chefes das *gentes* podiam ser proprietários, e eis que surgem antigos clientes ou plebeus que são ricos e ostentam sua opulência. Além disso, o luxo que enriquecia o homem do povo empobrecia o eupátrida; em muitas cidades, sobretudo em Atenas, viu-se uma parte dos membros do grupo aristocrático cair na miséria. Ora, numa sociedade em que a riqueza se desloca, as condições estão bem perto de serem invertidas.

Outra consequência dessa mudança foi que se estabeleceram distinções e hierarquias no próprio povo, como tem de ser em toda sociedade humana. Algumas famílias sobressaíram-se; alguns nomes cresceram pouco a pouco. Formou-se no povo uma espécie de aristocracia; isso não era um mal; o povo deixou de ser uma massa confusa e começou a parecer um corpo constituído. Tendo em si diferentes condições, pôde erigir chefes, já sem precisar tomar dentre os patrícios o primeiro ambicioso que chegasse e quisesse reinar. Essa aristocracia plebeia logo adquiriu as qualidades que costumam acompanhar a riqueza adquirida pelo trabalho, ou seja, o sentimento do valor pessoal, o amor de uma liberdade calma e aquele espírito de sabedoria que, desejando as melhorias, teme as aventuras. A plebe deixou-se guiar por essa elite que ela se orgulhava de trazer em si. Renunciou a ter tiranos tão logo sentiu que possuía em seu seio os elementos de um governo melhor. A riqueza, enfim, tornou-se por algum tempo, como logo veremos, um princípio de organização social.

Temos de falar ainda de uma outra mudança, visto que ajudou muito a classe inferior a crescer; é a que se deu na arte militar. Nos primeiros séculos da história das cidades, a força dos exércitos estava na cavalaria. O verdadeiro guerreiro era aquele que combatia de carro ou a cavalo; o soldado de infantaria, pouco útil no combate, era pouco apreciado. Por isso a velha aristocracia reservara para si mesma, em toda parte, o direito de combater a cavalo;[3] em algumas cidades, até, os nobres assumiam o título de cavaleiros. Os *celeres* de Rômulo, os cavaleiros romanos dos primeiros séculos, eram todos patrícios. Entre os antigos, a cavalaria sempre foi a arma nobre. Mas aos poucos a infantaria ganhou alguma importância. O progresso da fabricação de armas e o nascimento da disciplina permitiram-lhe resistir à cavalaria. Obtido esse ponto, ela de imediato ganhou o primeiro lugar nas batalhas, pois era mais manejável e as suas manobras, mais fáceis; doravante, os legionários e os hoplitas constituíram a força dos exércitos. Ora, os legionários e os hoplitas eram plebeus. Some-se a isso que a marinha cresceu, sobretudo na Grécia, que se travaram batalhas marítimas e que o destino de uma cidade esteve muitas vezes entre as mãos de seus remadores, isto é, de plebeus. Ora, a classe que é forte o bastante para defender uma sociedade é forte o bastante para nela conquistar direitos e exercer uma legítima influência. O estado social e político de uma nação está sempre relacionado com a natureza e a composição dos seus exércitos.

Enfim, a classe inferior conseguiu ter também ela a sua religião. Podemos supor que esses homens tinham no coração esse sentimento religioso que é inseparável da nossa natureza e que provoca a necessidade da adoração e da prece. Eles sofriam, por conseguinte, ao se verem afastados da religião pelo antigo princípio que prescrevia que cada deus pertencesse a uma

---

[3] Aristóteles, *Política*, VI, 3, 2.

família e que o direito de rezar só se transmitia pelo sangue. Empenharam-se em ter também um culto.

É impossível entrar aqui em detalhes acerca dos esforços que fizeram, dos expedientes que imaginaram, das dificuldades ou das oportunidades que a eles se apresentaram. Esse trabalho, durante muito tempo individual, foi durante muito tempo o segredo de cada inteligência; só nos damos conta dos resultados. Ora uma família plebeia edificou uma lareira, quer por ter ousado ela mesma acendê-la, quer por ter obtido alhures o fogo sagrado; teve, então, o seu culto, o seu santuário, a sua divindade protetora, o seu sacerdócio, à imagem da família patrícia. Ora o plebeu, sem ter culto doméstico, teve acesso aos templos da cidade; em Roma, aqueles que não tinham lareira e, consequentemente, não tinham festa doméstica, ofereciam seu sacrifício anual ao deus Quirino.[4] Quando a classe superior teimava em afastar de seus templos a classe inferior, esta construía templos para si mesma; em Roma, dispunha de um sobre o Aventino, consagrado a Diana; tinha o templo do pudor plebeu. Os cultos orientais que, a partir do século sexto, invadiram a Grécia e a Itália, foram acolhidos com entusiasmo pela plebe; eram cultos que, como o budismo, não faziam acepção nem de castas nem de povos. Muitas vezes, enfim, se viu a plebe produzir objetos sagrados análogos aos deuses das cúrias e das tribos patrícias. Assim, o rei Sérvio ergueu um altar em cada bairro, para que a multidão tivesse a oportunidade de fazer sacrifícios; analogamente, os Pisistrátidas erigiram vários *hermes* nas ruas e nas praças de Atenas.[5] Foram estes os deuses da democracia. A plebe, antes multidão sem culto, teve daí em diante as suas cerimônias religiosas e as suas festas. Pôde rezar; isso era muito numa sociedade na qual a religião constituía a dignidade do homem.

---

[4] Varrão, *L. L.*, VI, 13.
[5] Dionísio, IV, 5. Platão, *Hiparco*.

Uma vez que a classe inferior concluiu esses diferentes progressos, quando nela surgiram homens ricos, soldados, sacerdotes, quando obteve tudo o que dá ao homem o sentimento de seu valor e de sua força, quando, enfim, ela obrigou a classe superior a dar-lhe valor, passou a ser impossível mantê-la fora da vida social e política, e a cidade não pôde permanecer fechada a ela por mais muito tempo.

A entrada dessa classe inferior na cidade é uma revolução que, do sétimo ao quinto séculos, ocupou a história da Grécia e da Itália. Os esforços do povo foram vitoriosos em toda parte, mas não em toda parte da mesma forma, nem pelos mesmos meios.

Aqui, o povo, tão logo se sentiu forte, se insurgiu; armas na mão, forçou as portas da cidade onde estava proibido de habitar. Uma vez senhor, ou expulsou os grandes e ocupou suas casas, ou contentou-se em decretar a igualdade de direitos. Foi o que se viu em Siracusa, em Éritras, em Mileto.

Lá, pelo contrário, o povo usou de meios menos violentos. Sem lutas à mão armada, só com a força moral que seus últimos progressos lhe haviam dado, obrigou a fazerem concessões. Nomeou-se então um legislador e a constituição foi mudada. Foi o que se viu em Atenas.

Em outros lugares, a classe inferior, sem violência e sem convulsão, chegou gradualmente ao seu objetivo. Assim, em Cumas, o número dos membros da cidade, inicialmente muito restrito, cresceu uma primeira vez pela admissão dos membros do povo ricos o bastante para criarem um cavalo. Mais tarde, elevou-se até mil o número dos cidadãos, e se chegou enfim, aos poucos, à democracia.[6]

Em algumas cidades, a admissão da plebe entre os cidadãos foi obra dos reis; foi o caso de Roma. Em outras, ela foi obra

---

[6] Heráclides do Ponto, nos *Fragments des historiens grecs*, col. Didot, t. II, p. 217.

dos tiranos populares; foi o que aconteceu em Corinto, em Sícion, em Argo. Quando a aristocracia voltou a levar a melhor, teve em geral a prudência de deixar à classe inferior esse título de cidadão que os reis ou os tiranos lhe haviam dado. Em Samos, a aristocracia só encerrou a luta contra os tiranos ao libertar as classes mais baixas. Seria longo demais enumerar todas as formas sob as quais se operou essa grande revolução. O resultado foi em toda parte o mesmo: a classe inferior penetrou na cidade e passou a fazer parte do corpo político.

Dá-nos o poeta Teógnis uma ideia bastante clara dessa revolução e das suas consequências. Diz-nos que em Mégara, sua pátria, há dois tipos de homens. A um chama a classe dos *bons*, ἀγαθοί; é, com efeito, o nome que ela mesmo se dava na maioria das cidades gregas. Chama à outra a classe dos *maus*, κακοί; era também o nome com que se costumava designar a classe inferior. Descreve-nos o poeta a condição antiga dessa classe: "ela antigamente não conhecia nem os tribunais nem as leis"; basta dizer que ela não tinha o direito de cidade. Não era sequer permitido a esses homens aproximarem-se da cidade; "viviam fora, como animais selvagens". Não assistiam às refeições religiosas; não tinham o direito de se casar nas famílias dos *bons*.

Mas como tudo isso mudou! As condições inverteram-se, "os maus foram colocados acima dos bons". Confunde-se a justiça; as antigas leis não existem mais, e leis de uma estranha novidade as substituíram. A riqueza tornou-se o único objeto dos desejos dos homens, porque dá a potência. O homem de raça nobre desposa a filha do rico plebeu, e "o casamento mistura as raças".

Teógnis, de família aristocrática, tentou em vão resistir ao curso das coisas. Condenado ao exílio, despojado de seus bens, só tem os seus versos para protestar e para combater. Mas se não espera o bom êxito, pelo menos não duvida da justiça da sua causa; aceita a derrota, mas conserva o sentimento do seu direito. Para ele, a revolução ocorrida é um mal moral, um crime. Filho da aristocracia, parece-lhe que essa revolução não tem a seu favor nem a justiça nem os deuses e que ela atenta contra a religião. "Os deuses", diz ele, "abandonaram a terra; ninguém os teme. Desapareceu a raça dos homens pios; ninguém se preocupa mais com os Imortais".

Mas esses lamentos são inúteis, ele bem o sabe. Se assim suspira, é por uma espécie de dever religioso, é porque recebeu dos antigos "a tradição santa" e deve perpetuá-la. Mas em vão: a própria tradição vai estiolar-se, os filhos dos nobres vão esquecer a sua nobreza; logo veremos todos se unirem pelo matrimônio às famílias plebeias, "beberão em suas festas e comerão à sua mesa"; logo adotarão seus sentimentos. No tempo de Teógnis, as saudades são tudo o que resta à aristocracia grega, e até essas saudades vão desaparecer.

Com efeito, depois de Teógnis, a nobreza não foi mais do que uma lembrança. As grandes famílias continuaram a conservar religiosamente o culto doméstico e a memória dos antepassados; mas isso foi tudo. Ainda houve homens que se divertiam contando os avós; mas as pessoas riam desses homens. Conservou-se o costume de inscrever sobre alguns túmulos que o morto era de raça nobre; mas não foi feita nenhuma tentativa de restaurar um regime caído para sempre. Diz com verdade Isócrates que em seu tempo as grandes famílias de Atenas já não existiam mais, senão nos túmulos.

Assim a cidade antiga gradualmente se transformara. A princípio, era a associação de uma centena de chefes de família. Mais tarde, cresceu o número de cidadãos, porque os ramos mais jovens obtiveram a igualdade. Ainda mais tarde, os clientes libertos, a plebe, toda essa multidão que durante séculos permanecera fora da associação religiosa e política, às vezes até fora do limite sagrado da cidade, derrubou as barreiras que se lhe opunham e penetrou na cidade, donde logo se tornou senhora.

2º) *História dessa revolução em Atenas*

Os eupátridas, depois da derrubada da realeza, governaram Atenas durante quatro séculos. A história é muda sobre esse longo domínio; só se sabe uma coisa, é que ele foi odioso para as classes inferiores e o povo esforçou-se para sair desse regime.

No ano 598, o descontentamento, que se percebia ser geral, e os sinais certos que anunciavam uma revolução iminente despertaram a ambição de um eupátrida, Cílon, que planejou derrubar o governo de sua casta e fazer-se tirano popular. A energia dos arcontes fez abortar o golpe; mas a agitação continuou depois dele. Em vão os eupátridas se valeram de todos os recursos de sua religião. Em vão disseram que os deuses estavam irritados e que ocorriam aparições de espectros. Em vão purificaram a cidade de todos os crimes do povo e ergueram dois altares à Violência e à Insolência, para apaziguarem essas duas divindades cuja influência maligna enlouquecera as mentes.[7] Tudo isso de nada serviu. Os sentimentos de ódio não se abrandaram. Mandaram vir de Creta o pio Epimênides, personagem misterioso que diziam ser filho de uma deusa; fizeram-no executar uma série de cerimônias expiatórias; esperavam, impressionando assim a imaginação do povo, reavivar a religião e fortificar, por conseguinte, a aristocracia. Mas o povo não se deixou comover; a religião dos eupátridas não mais gozava de prestígio em sua alma; continuou a exigir reformas.

Durante mais dezesseis anos, a oposição feroz dos pobres da montanha e a oposição paciente dos ricos do litoral travaram uma rude guerra com os eupátridas. Por fim, todos os sábios dos três partidos entenderam-se para confiar a Sólon a tarefa de pôr um fim nessas disputas e evitar desgraças maiores. Sólon tinha a rara sorte de pertencer ao mesmo tempo aos eupátridas por nascimento e aos comerciantes pelas ocupações

---

[7] Diógenes Laércio, I, 110. Cícero, *De leg*. II, 11. Ateneu, p. 602.

de juventude. As suas poesias mostram-no como um homem completamente liberto dos preconceitos de sua casta; pelo espírito conciliador, pelo gosto da riqueza e do luxo, por seu amor ao prazer, está muito distante dos antigos eupátridas e pertence à nova Atenas.

Dissemos acima que Sólon começou libertando a terra do velho domínio que a religião das famílias eupátridas exercera sobre ela. Rompeu os grilhões da clientela. Tal mudança no estado social provocava outra na ordem política. Era preciso que as classes inferiores passassem a ter daí em diante, segundo a expressão do próprio Sólon, um escudo para defender sua liberdade recente. Esse escudo eram os direitos políticos.

Falta muito para conhecermos com clareza a constituição de Sólon; parece, pelo menos, que todos os atenienses passaram daí em diante a fazer parte da assembleia do povo, e o Senado não mais foi composto apenas de eupátridas; parece até que os arcontes puderam ser eleitos fora da antiga casta sacerdotal. Essas graves inovações subvertiam todas as antigas regras da cidade. Sufrágios, magistraturas, sacerdócios, direção da sociedade, foi preciso que o eupátrida dividisse tudo isso com o homem da casta inferior. Na constituição nova, não se levavam em conta de modo algum os direitos de nascimento; ainda havia classes, mas só se distinguiam pela riqueza. A partir daí, desapareceu o domínio dos eupátridas. O eupátrida não era mais nada, a menos que fosse rico; valia pela riqueza e não pelo nascimento. A partir daí, o poeta podia dizer: "Na pobreza o homem nobre não é mais nada"; e o povo aplaudia no teatro esta tirada do cômico: "Qual o nascimento deste homem? — Rico; são esses os nobres hoje".[8]

O regime que assim se fundara tinha duas espécies de inimigos: os eupátridas, saudosos de seus privilégios perdidos, e os pobres, que ainda sofriam com a desigualdade.

---

[8] Eurípides, *Fenícias*. Alexis, em Ateneu, IV, 49.

Mal terminara Sólon a sua obra e a agitação recomeçou. "Os pobres mostraram-se", diz Plutarco, "inimigos ferozes dos ricos". O novo governo era-lhes, talvez, tão desagradável quanto o dos eupátridas. Aliás, ao verem que os eupátridas ainda podiam ser arcontes e senadores, muitos imaginavam que a revolução não fora completa. Sólon conservara as formas republicanas; ora, o povo ainda tinha um ódio instintivo contra aquelas formas de governo sob as quais não vira durante quatro séculos senão o reinado da aristocracia. Seguindo o exemplo de muitas cidades gregas, ele quis um tirano.

Pisístrato, de origem eupátrida, mas movido pela ambição pessoal, prometeu aos pobres a partilha das terras e conseguiu seu apoio. Certo dia, apareceu na assembleia e, dizendo ter sido ferido, pediu que lhe dessem uma escolta. Os homens das classes superiores iam responder a ele e revelar a mentira, mas "o populacho estava pronto para recorrer às vias de fato para defender Pisístrato; vendo isso, os ricos fugiram em desordem". Assim, um dos primeiros atos da assembleia popular recentemente instituída foi o de ajudar um homem a se tornar senhor da pátria.

Não parece, aliás, que o reinado de Pisístrato tenha constituído um entrave ao desenvolvimento dos destinos de Atenas. Teve, ao contrário, como principal efeito assegurar e garantir contra uma reação a grande reforma social e política que acabava de ocorrer. Os eupátridas jamais se recuperaram.

O povo não se mostrou muito desejoso de recuperar a liberdade; duas vezes a coalizão dos grandes e dos ricos derrubou Pisístrato, duas vezes ele recuperou o poder, e os seus filhos governaram Atenas depois dele. Foi necessária a intervenção de um exército espartano na Ática para fazer cessar o domínio daquela família.

A antiga aristocracia teve por um momento a esperança de aproveitar-se da queda dos Pisistrátidas para recuperar os seus privilégios. Não só não teve êxito, como recebeu o mais rude golpe sofrido até então. Clístenes, oriundo dessa classe, mas de uma família que essa classe cobria de opróbrio e parecia renegar havia três gerações, descobriu o meio mais seguro de dela tirar para sempre a força que ainda lhe restava. Sólon, ao mudar a constituição política, deixara subsistir toda a velha organização religiosa da sociedade ateniense. A população permanecia dividida em duzentas ou trezentas *gentes*, em doze fratrias, em quatro tribos. Em cada um desses grupos ainda havia, como na época anterior, um culto hereditário, um sacerdote que era um eupátrida, um chefe que era o mesmo que o sacerdote. Tudo isso era o resto de um passado que custava a desaparecer; com isso, perpetuavam-se as tradições, os costumes, as regras, as distinções do antigo estado social. Essas estruturas haviam sido estabelecidas pela religião, e por sua vez conservavam a religião, isto é, o poder das grandes famílias. Havia em cada um desses quadros duas classes de homens, por um lado os eupátridas, que possuíam hereditariamente o sacerdócio e a autoridade, e por outro os homens de condição inferior, que já não eram nem serviçais nem clientes, mas ainda eram mantidos sob a autoridade do eupátrida pela religião. Em vão a lei de Sólon dizia que todos os atenienses eram livres. A velha religião abordava o homem ao sair da Assembleia onde havia livremente votado e lhe dizia: Estás ligado a um eupátrida pelo culto; deves-lhe respeito, deferência, submissão; como membro de uma cidade, Sólon te fez livre; mas como membro de uma tribo, obedeces a um eupátrida; como membro de uma fratria, tens também um eupátrida como chefe; até mesmo na família, na *gens* onde nasceram teus antepassados e de que não podes sair, encontras também ainda a autoridade de um eupátrida. De que servia que a lei política tivesse feito desse homem um cidadão, se a religião e os costumes continuavam a fazer dele um cliente? É verdade que havia muitas gerações numerosos homens já se achavam fora desses quadros, quer por virem de países estrangeiros, quer por terem escapado da *gens* e da tribo para serem livres. Mas esses homens sofriam de outra maneira, achavam-se em estado de inferioridade moral ante os outros homens, e uma espécie de ignomínia estava vinculada à sua independência.

Havia, portanto, depois da reforma política de Sólon, outra reforma a fazer no campo da religião. Clístenes executou-a, ao suprimir as quatro antigas tribos religiosas e ao substituí-las por dez tribos que se dividiam em certo número de demos.

Essas tribos e esses demos pareciam-se com as antigas tribos e com as *gentes*. Em cada uma dessas circunscrições havia um culto, um sacerdote, um juiz, reuniões para as cerimônias religiosas, assembleias para deliberar sobre os interesses comuns.[9] Mas os novos grupos diferiam dos antigos em dois pontos essenciais. Primeiro, todos os homens livres de Atenas, até mesmo os que não tinham participado das antigas tribos e das *gentes*, foram divididos segundo os quadros formados por Clístenes:[10] grande reforma que dava um culto aos que ainda não o tinham e fazia entrar numa associação religiosa os que antes estavam excluídos de toda associação. Em segundo lugar, os homens foram distribuídos nas tribos e nos demos, não mais segundo o nascimento, como antes, mas segundo o domicílio. O nascimento não era levado em conta: ali, os homens foram iguais e não se conheceram mais privilégios. O culto, para a celebração do qual a nova tribo ou demo se reunia, não era mais o culto hereditário de uma velha família; não mais se reuniam ao redor da lareira de um eupátrida. Não era mais um antigo eupátrida que a tribo ou o demo venerava como avoengo divino; as tribos tiveram novos heróis epônimos, escolhidos entre os personagens antigos de que o povo conservara boas lembranças e, quanto aos demos, eles adotaram uniformemente

---

[9] Ésquines, *in Ctesiph.*, 30. Demóstenes, *in Eubul.* Pólux, VIII, 19, 95, 107.
[10] Aristóteles, *Política*, III, 1, 10; VII, 2. Escoliasta de Ésquines, ed. Didot, p. 511.

por deuses protetores *Zeus guardião das muralhas* e *Apolo paternal*. A partir daí não havia mais razão para que o sacerdócio fosse hereditário no demo como fora na *gens*; tampouco havia razão para que o sacerdote fosse sempre um eupátrida. Nos novos grupos, a dignidade de sacerdote e de chefe passou a ser anual, e cada membro pôde exercê-la em revezamento. Essa reforma foi o que acabou de derrubar a aristocracia dos eupátridas. A partir desse momento, não mais houve casta religiosa nem privilégios de nascimento na religião ou na política. A sociedade ateniense estava completamente transformada.[11]

Ora, a supressão das velhas tribos, substituídas por novas tribos, às quais todos os homens tinham acesso e eram iguais, não é um fato exclusivo da história de Atenas. A mesma mudança se deu em Cirene, em Sícion, em Élis, em Esparta e provavelmente em muitas outras cidades gregas.[12] Dentre todos os meios próprios para enfraquecer a antiga aristocracia, Aristóteles não via nenhum mais eficaz do que este. "Se se quiser fundar a democracia", diz ele, "deve-se fazer o que fez Clístenes com os atenienses: estabelecer-se-ão novas tribos e novas fratrias; os sacrifícios hereditários das famílias serão substituídos por sacrifícios onde todos os homens serão admitidos; confundir-se-ão o máximo possível as relações dos homens entre si, tendo o cuidado de romper todas as associações anteriores".[13]

Depois que essa reforma é levada a efeito em todas as cidades, pode-se dizer que a velha forma da sociedade se quebrou e que se forma um novo corpo social. Essa mudança nos quadros que a antiga religião hereditária estabelecera e declarara imutáveis marca o fim do regime religioso da cidade.

---

[11] As fratrias antigas e os γένη não foram suprimidos; subsistiram, ao contrário, até o fim da história grega; mas não constituíram mais senão quadros religiosos, sem nenhum valor político.
[12] Heródoto, V, 67, 68. Aristóteles, *Política*, VII, 2, 11. Pausânias, V, 9.
[13] Aristóteles, *Política*, VII, 3, 11 (VI, 3).

3º) História dessa revolução em Roma

Cedo teve a plebe em Roma grande importância. A situação da cidade entre os latinos, os sabinos e os etruscos condenava-a a uma guerra perpétua, e a guerra exigia uma população numerosa. Por isso os reis tinham acolhido e convocado todos os estrangeiros, sem distinção de origem. As guerras sucediam-se sem parar, e, como precisavam de homens, o resultado mais ordinário de cada vitória era a transferência da população vencida para Roma. Que acontecia com esses homens assim levados juntamente com a presa? Se houvesse entre eles famílias sacerdotais e patrícias, o patriciado apressava-se em associar-se a elas. Quanto à multidão, parte entrava na clientela dos grandes ou do rei, parte era relegada à plebe.

Outros elementos também entravam na composição dessa classe. Muitos estrangeiros afluíam a Roma como a um lugar cuja localização tornava propício ao comércio. Os descontentes da Sabina, da Etrúria, do Lácio encontravam refúgio ali. Todos eles passavam a pertencer à plebe. O cliente que conseguisse escapar da *gens* tornava-se um plebeu. O patrício que se casasse com uma mulher de condição inferior ou cometesse um desses erros que acarretavam a desgraça caía na classe inferior. Todo bastardo era rejeitado pela religião das famílias puras e relegado à plebe.

Por todas essas razões, a plebe aumentava em número. A luta travada entre os patrícios e os reis aumentou a importância dela. A realeza e a plebe logo sentiram que tinham os mesmos inimigos. A ambição dos reis era livrar-se dos velhos princípios de governo que entravavam o exercício do poder. A ambição da plebe era derrubar as velhas barreiras que a excluíam da associação religiosa e política. Estabeleceu-se uma aliança tácita; os reis protegeram a plebe, e a plebe apoiou os reis.

As tradições e os testemunhos da Antiguidade datam do reinado de Sérvio os grandes progressos dos plebeus. O ódio que os patrícios guardaram por esse rei mostra bem qual era a política dele. A sua primeira reforma foi dar terras à plebe, não, é verdade, no *ager romanus*, mas nos territórios tomados ao inimigo; não deixava de ser uma inovação grave conferir assim o direito de propriedade da terra a famílias que até então só tinham podido cultivar a terra de terceiros.[14]

O que foi ainda mais grave é que ele decretou leis para a plebe, que antes jamais as tivera. Essas leis eram em sua maioria relativas às obrigações que o plebeu podia contrair com o patrício. Era um começo de direito comum entre as duas ordens e, para a plebe, um começo de igualdade.[15]

Em seguida, esse mesmo rei estabeleceu uma nova divisão na cidade. Sem destruir as três antigas tribos, nas quais as famílias patrícias e os clientes estavam divididos segundo o nascimento, ele formou quatro novas tribos onde a população inteira era dividida segundo o domicílio. Já vimos essa reforma em Atenas e já dissemos que efeitos teve; foram os mesmos em Roma. A plebe, que não entrava nas antigas tribos, foi admitida nas novas tribos.[16] Essa multidão até então flutuante, uma espécie de população nômade sem nenhum vínculo com a cidade, teve a partir daí as suas divisões fixas e a sua organização regular. A formação dessas tribos, nas quais as duas ordens estavam misturadas, assinala realmente a entrada da plebe na cidade. Cada tribo passou a ter uma lareira e sacrifícios; Sérvio estabeleceu deuses Lares em cada esquina da cidade, em cada circunscrição do campo. Eles serviram de divindades para aqueles que não as tinham pelo nascimento. O plebeu celebrou

---

[14] Tito Lívio, I, 47. Dionísio, IV, 13. Já os reis anteriores tinham dividido as terras tomadas ao inimigo; mas não é certo que tivessem admitido a plebe na partilha.
[15] Dionísio, IV, 13; IV, 43.
[16] Dionísio, IV, 26.

as festas religiosas de seu bairro e de seu burgo (*compitalia*, *paganalia*), assim como o patrício celebrava os sacrifícios da sua *gens* e da sua cúria. O plebeu passou a ter uma religião.

Deu-se ao mesmo tempo uma grande mudança na cerimônia sagrada da lustração. O povo não foi mais dividido em cúrias, com exclusão daqueles que as cúrias não aceitavam. Todos os habitantes livres de Roma, todos os que faziam parte das novas tribos passaram a participar do ato sagrado. Pela primeira vez, se reuniram todos os homens, sem distinção entre patrícios, clientes e plebeus. O rei deu a volta nessa assembleia mista, conduzindo à sua frente as vítimas e cantando o hino solene. Terminada a cerimônia, todos se viram igualmente cidadãos.

Antes de Sérvio, só se distinguiam em Roma dois tipos de homens, a casta sacerdotal dos patrícios com seus clientes e a classe plebeia. Não se conhecia nenhuma outra distinção senão a que a religião hereditária estabelecera. Sérvio traçou uma nova divisão, com a riqueza como princípio. Dividiu os habitantes de Roma em duas grandes categorias: numa estavam os que possuíam alguma coisa, na outra os que nada tinham. A primeira repartiu-se ela mesma em cinco classes, nas quais os homens se dividiram segundo o montante de seus bens.[17] Sérvio introduzia com isso um princípio totalmente novo na sociedade romana: a riqueza passava a definir condições sociais, como antes a religião.

Sérvio aplicou essa divisão da população romana ao serviço militar. Antes dele, se os plebeus combatiam, não era nas fileiras da legião. Mas como Sérvio os transformara em proprietários e

---

[17] Os historiadores modernos costumam enumerar seis classes. Na realidade, são só cinco: Cícero, *De republ.*, II, 22; Aulo Gélio, X, 28. Os cavaleiros por um lado, por outro os proletários, estavam fora das classes. — Note-se, aliás, que a palavra *classis* não tinha na língua antiga um sentido análogo ao de nossa palavra classe; significava uma unidade militar. Isso indica que a divisão estabelecida por Sérvio foi mais militar do que política.

cidadãos, podia também fazer deles legionários. Daí em diante, o exército não mais se formou unicamente com os homens das cúrias; todos os homens livres, todos, pelo menos, que possuíssem algo passaram a fazer parte dele, e só os proletários continuaram a ser excluídos. Não era mais a condição de patrício ou de cliente que determinava a armadura de cada soldado e sua posição na batalha; o exército era dividido em classes, exatamente como a população, segundo a riqueza. A primeira classe, que tinha a armadura completa, e as duas seguintes, que tinham pelo menos o escudo, o capacete e a espada, formaram as três primeiras linhas da legião. A quarta e a quinta, com armas leves, compuseram os corpos de escaramuçadores e de fundeiros. Cada classe se dividia em companhias, chamadas centúrias. A primeira abrangia, segundo dizem, oitenta delas; as quatro outras, vinte ou trinta cada. A cavalaria era à parte, e também neste ponto Sérvio fez uma grande inovação; ao passo que até então os jovens patrícios eram os únicos a compor as centúrias de cavaleiros, Sérvio admitiu certo número de plebeus, escolhidos dentre os mais ricos, para combaterem a cavalo, e formou com eles doze novas centúrias.

Ora, dificilmente se poderia mexer no exército sem ao mesmo tempo mexer na constituição política. Os plebeus sentiram que o seu valor no Estado aumentara; dispunham de armas, tinham disciplina e chefes; cada centúria tinha o seu centurião e um emblema sagrado. Era permanente essa organização militar; a paz não a dissolvia. É verdade que, ao voltarem de uma campanha, os soldados abandonavam suas fileiras, pois a lei lhes proibia entrar na cidade em formação. Mas em seguida, ao primeiro sinal, os cidadãos se dirigiam em armas ao campo de Marte, onde cada qual se juntava à sua centúria, ao seu centurião e à sua bandeira. Ora, vinte e cinco anos depois de Sérvio Túlio, tiveram a ideia de convocar o exército sem que fosse para uma expedição militar. Tendo o exército se reunido e entrado em formação, cada centúria com o seu centurião à frente e a sua bandeira em seu meio, o magistrado falou, consultou, pôs em votação. As seis centúrias patrícias e as doze de cavaleiros plebeus votaram primeiro, depois delas as centúrias de infantaria de primeira classe e as outras em seguida. Assim se estabeleceu depois de pouco tempo a assembleia centurial, onde todos que fossem soldados tinham direito de voto e onde já quase não se fazia distinção entre plebeus e patrícios.[18]

Todas essas reformas mudaram muito a face da cidade romana. O patriciado continuava de pé, com os seus cultos hereditários, as suas cúrias, o seu senado. Mas os plebeus adquiriram o hábito da independência, da riqueza, das armas, da religião. A plebe não se confundia com o patriciado, mas crescia ao lado dele.

É verdade que o patriciado teve a sua desforra. Começou degolando Sérvio; mais tarde, expulsou Tarquínio. Com a realeza, a plebe foi vencida.

---

[18] Parece-nos incontestável que os comícios por centúrias não eram senão a reunião do exército romano. Prova disto é que 1º) essa assembleia é não raro chamada *o exército* pelos escritores latinos; *urbanus exercitus*, Varrão, VI, 93; *quum comitiorum causa exercitus eductus esset*, Tito Lívio, XXXIX, 15, *miles ad suffragia vocatur et comitia centuriata dicuntur*, Ampélio, 48; 2º.) esses comícios eram convocados exatamente como o exército, quando ele iniciava uma campanha, isto é, ao som da trombeta (Varrão, V, 91), com dois estandartes desfraldados sobre a cidadela, um vermelho para chamar a infantaria, o outro verde escuro para a cavalaria; 3º.) esses comícios sucediam sempre no campo de Marte, porque o exército não podia reunir-se no interior da cidade. (Aulo Gélio, XV, 27); 4º.) cada um comparecia armado (Díon Cássio, XXXVII); 5º.) a distribuição era feita por centúrias, a infantaria de um lado, a cavalaria do outro; 6º.) cada centúria era comandada pelo centurião e pelo porta-bandeira, ὅσπερ ἐν πολέμῳ, Dionísio, VII, 59; 7º.) os sexagenários, como não faziam parte do exército, tampouco tinham o direito de votar nesses comícios; Macróbio, I, 5; Festo, verbete *Depontani*. Some-se a isso o fato de que, na língua antiga, a palavra *classis* significava unidade de exército e a palavra *centuria* designava uma companhia militar. — Inicialmente, os proletários não compareciam a essa assembleia; no entanto, como era costume que eles formassem no exército uma centúria dedicada aos serviços, também puderam formar uma centúria nesses comícios.

Os patrícios esforçaram-se para recuperar todas as conquistas que a plebe fizera sob os reis. Um de seus primeiros atos foi tirar dos plebeus as terras que Sérvio lhes dera; e pode-se notar que o único motivo alegado para assim os despojar foi o de serem plebeus.[19] O patriciado punha de novo em vigor o velho princípio segundo o qual a religião hereditária era o único fundamento do direito de propriedade e que não permitia que o homem sem religião e sem antepassados pudesse exercer algum direito sobre a terra.

As leis que Sérvio fizera para a plebe foram, portanto, revogadas. Se o sistema de classes e a assembleia centurial não foram abolidos, foi primeiro porque o estado de guerra não permitia desorganizar o exército, e depois porque conseguiram rodear esses comícios com tantas formalidades que o patriciado sempre foi o senhor das eleições. Não se ousou tirar dos plebeus o título de cidadãos; deixaram-nos constar do censo. Mas é claro que o patriciado, ao permitir à plebe fazer parte da cidade, não compartilhou com ela nem os direitos políticos, nem a religião nem as leis. De nome, a plebe permaneceu na cidade; de fato, foi excluída.

Não acusemos mais do que razoável os patrícios e não suponhamos que tenham concebido com frieza o plano de oprimir e esmagar a plebe. O patrício que descendia de uma família sagrada e se sentia herdeiro de um culto não compreendia outro regime social senão aquele cujas regras a antiga religião traçara. Para ele, o elemento constitutivo de toda sociedade era a *gens*, com o seu culto, o seu chefe hereditário, a sua clientela. Para ele, a cidade não podia ser senão a reunião dos chefes das *gentes*. Não conseguia compreender que pudesse haver outro sistema político além do que se baseava no culto, outros magistrados além dos que executavam os sacrifícios públicos, outras leis além daquelas cujas fórmulas santas haviam sido

---

[19] Cássio Hemina, em Nônio, liv. II, verbete *Plevitas*.

ditadas pela religião. Não se podia sequer lhe objetar que os plebeus também tinham, desde pouco tempo, uma religião e que faziam sacrifícios aos Lares das encruzilhadas. Pois ele responderia que esse culto não tinha o caráter essencial da autêntica religião, não era hereditário, esses fogos sagrados não eram antigos e esses deuses Lares não eram verdadeiros antepassados. Acrescentaria que os plebeus, ao obterem um culto, fizeram o que não tinham o direito de fazer; para o obterem, violaram todos os princípios, só haviam tomado a parte exterior do culto e dele haviam retirado o princípio essencial, que era a hereditariedade e, enfim, que seu simulacro de religião era absolutamente o oposto da religião.

Uma vez que o patrício teimava em pensar que a religião hereditária devia governar sozinha os homens, isso fazia que ele não visse um governo possível para a plebe. Não concebia que o poder social pudesse exercer-se regularmente sobre essa classe de homens. A lei santa não podia ser aplicada a eles; a justiça era um terreno sagrado que lhes era proibido. Enquanto houvera reis, eles se encarregaram de governar a plebe e o fizeram segundo certas regras que nada tinham em comum com a antiga religião e que a necessidade ou o interesse público fizeram que fossem inventadas. Mas pela revolução, que expulsara os reis, a religião recuperara o domínio, e aconteceu inevitavelmente que toda a classe plebeia fosse repelida para fora das leis sociais.

O patriciado formara, então, um governo conforme aos seus próprios princípios; mas não pensava em estabelecer um governo para a plebe. Não tinha a ousadia de expulsá-la de Roma, mas tampouco sabia como constituí-la como sociedade regular. Víamos, assim, no meio de Roma, milhares de famílias para as quais não existiam leis fixas, nem ordem social nem magistraturas. A cidade, o *populus*, ou seja, a sociedade patrícia com os clientes que ainda lhe restavam, erguia-se possante, organizada, majestosa. Ao redor dela vivia a multidão plebeia, que não era um povo e não formava um corpo. Os cônsules, chefes da cidade patrícia, mantinham a ordem material em meio a essa população confusa; os plebeus obedeciam; fracos, geralmente pobres, curvavam-se sob a força do corpo patrício.

O problema cuja solução devia decidir o futuro de Roma era este: como se tornaria a plebe uma sociedade regular?

Ora, o patriciado, dominado pelos princípios rigorosos da sua religião, só via um meio de resolver esse problema: fazer a plebe entrar, pela clientela, nos quadros sagrados das *gentes*. Parece que foi feita uma tentativa nesse sentido. A questão das dívidas, que agitou Roma na época, só pode explicar-se se nela virmos a questão mais grave da clientela e da servidão. A plebe romana, despojada de suas terras, não podia mais viver. Os patrícios calcularam que, gastando algum dinheiro, fariam que ela caísse em seu poder. O homem da plebe tomou emprestado. Ao tomar emprestado, ele se dava ao credor, vendia-se a ele. Tanto era uma venda, que aquilo era feito *per aes et libram*, isto é, com a formalidade solene que se costumava usar para conferir a um homem o direito de propriedade sobre um objeto.[20] É verdade que o plebeu ganhava garantias contra a servidão; por uma espécie de contrato fiduciário, estipulava que conservaria a condição de homem livre até o dia do vencimento e que naquele dia retomaria plena posse de si mesmo, reembolsando a dívida. Mas, chegado o dia, se a dívida não fosse paga, o plebeu perdia o benefício do contrato. Ficava à mercê do credor, que o levava para casa e dele fazia seu cliente e servidor. Em tudo isso o patrício não acreditava fazer algo desumano; como o ideal da sociedade era para ele o regime da *gens*, não via nada mais legítimo e mais belo do que trazer de volta a ele os homens, por qualquer meio que fosse. Se o plano tivesse sido bem-sucedido, a plebe teria em pouco tempo

---

[20] Varrão, *L. L.*, VII, 105. Tito Lívio, VIII, 28. Aulo Gélio, XX, l. Festo, verbete *Nexum*.

desaparecido e a cidade romana teria sido apenas a associação das *gentes* patrícias que repartia entre si a multidão dos clientes.

Mas essa clientela era uma cadeia de que o plebeu tinha horror. Ele se debatia contra o patrício que, armado de sua dívida, queria fazê-lo cair nela. A clientela era para ele o equivalente da escravidão; a casa do patrício era para ele uma prisão (*ergastulum*). Muitas vezes o plebeu, caído sob o poder patrício, implorou o apoio dos semelhantes e amotinou a plebe, exclamando que era um homem livre e mostrando como prova os ferimentos que recebera nos combates em defesa de Roma. O cálculo dos patrícios só serviu para irritar a plebe. Ela viu o perigo; aspirou com toda a energia a sair daquele estado precário em que a queda do governo régio a colocara. Quis ter leis e direitos.

Não parece, porém, que esses homens tenham inicialmente desejado compartilhar as leis e os direitos dos patrícios. Talvez acreditassem, como os próprios patrícios, que não podia haver nada em comum entre as duas ordens. Ninguém pensava na igualdade civil e política. Que a plebe pudesse elevar-se ao nível do patriciado era algo que não entrava nem nas cogitações do plebeu dos primeiros séculos, nem nas do patrício. Longe, pois, de reivindicar a igualdade de direitos e de leis, esses homens parecem ter preferido primeiro uma separação completa. Em Roma, não encontravam remédio para os seus sofrimentos; só viram um meio de sair da inferioridade: afastar-se de Roma.

O historiador antigo traduz bem os pensamentos deles quando lhes atribui estas palavras: "Já que os patrícios querem possuir sozinhos a cidade, sintam-se à vontade. Para nós Roma não é nada. Lá não temos nem lareiras, nem sacrifícios nem pátria. Saímos de uma cidade estrangeira; nenhuma religião hereditária nos prende a esse lugar. Para nós, toda terra é boa; ali onde encontrarmos a liberdade, ali será a nossa pátria".[21] E

---

[21] Dionísio, VI, 45; VI, 79.

foram estabelecer-se sobre o monte Sagrado, fora dos limites do *ager romanus*.

Na presença de tal ato, o Senado teve sentimentos divididos. Os mais ardentes patrícios mostraram que a partida da plebe estava longe de afligi-los. Daí em diante os patrícios permaneciam sós em Roma com os clientes que ainda lhes eram fiéis. Roma renunciaria à grandeza futura, mas o patriciado seria seu senhor. Não teriam mais de lidar com essa plebe à qual as regras ordinárias de governo não podiam aplicar-se e que era um estorvo para a cidade. Talvez devessem tê-la expulsado ao mesmo tempo que os reis; já que ela decidira por si mesma afastar-se, era melhor deixá-la ir e alegrar-se com isso.

Mas outros, menos fiéis aos velhos princípios ou mais preocupados com a grandeza romana, afligiram-se com a partida da plebe, pois Roma perdia a metade dos seus soldados. Que seria dela em meio aos latinos, aos sabinos, aos etruscos, todos inimigos? A plebe tinha seu lado bom; por que não o fazer servir aos interesses da cidade? Esses senadores desejavam, por conseguinte, que, ao custo de alguns sacrifícios, de que não previam, talvez, todas as consequências, se trouxesse de volta à cidade aqueles milhares de braços que constituíam a força das legiões.

Por outro lado, a plebe deu-se conta, passados poucos meses, que não podia viver sobre o monte Sagrado. Ela conseguia o que era materialmente necessário à existência. Mas faltava-lhe tudo o que faz uma sociedade organizada. Não podia fundar ali uma cidade, pois não tinha um sacerdote que soubesse efetuar a cerimônia religiosa da fundação. Não podia erigir magistrados, uma vez que não tinha pritaneu regularmente aceso no qual um magistrado tivesse a oportunidade de sacrificar. Não podia encontrar o fundamento das leis sociais, pois as únicas leis de que se tinha então ideia derivavam da religião patrícia. Numa palavra, ela não tinha em si os elementos de uma cidade. A plebe percebeu que, embora fosse mais independente, não era mais feliz, não constituía uma sociedade mais regular do que em Roma e, assim, o problema cuja solução tanto lhe importava não fora resolvido. De nada lhe servira afastar-se de Roma; não era no isolamento do monte Sagrado que ela poderia encontrar as leis e os direitos a que aspirava.

O fato, portanto, é que a plebe e o patriciado, não tendo quase nada em comum, não podiam, entretanto, viver um sem o outro. Eles se aproximaram e concluíram um tratado de aliança. Esse tratado parece ter sido feito segundo a mesma forma dos que concluíam uma guerra entre dois povos diferentes; plebe e patriciado não eram, com efeito, nem um mesmo povo nem uma mesma cidade. Por esse tratado, o patriciado não concedeu que a plebe fizesse parte da cidade religiosa e política, nem sequer parece que a plebe o tenha reivindicado. Concordou-se apenas que no futuro a plebe, constituída como uma sociedade quase regular, teria chefes tirados de seu próprio seio. Essa é a origem do tribunado da plebe, instituição completamente nova e que em nada se assemelhava ao que as cidades tinham conhecido antes.

O poder dos tribunos não tinha a mesma natureza que a autoridade do magistrado; não derivava do culto da cidade. O tribuno não executava nenhuma cerimônia religiosa; era eleito sem auspícios e não era necessário o assentimento dos deuses para criá-lo.[22] Não tinha cadeira curul, nem toga de púrpura, nem coroa de folhas e nenhuma das insígnias que em todas as cidades antigas designavam à veneração dos homens os magistrados-sacerdotes. Jamais entraram no grupo dos magistrados romanos.

Qual era, então, a natureza e qual o princípio do seu poder? Temos, aqui, de tirar da cabeça todas as ideias e todos os hábitos modernos, e transportar-nos, na medida do possível, ao ambiente das crenças dos antigos. Até então, os homens

---

[22] Dionísio, X. Plutarco, *Quest. rom.*, 84.

só haviam compreendido a autoridade como um apêndice do sacerdócio. Dessa forma, quando quiseram estabelecer um poder que não estivesse ligado ao culto e chefes que não fossem sacerdotes, tiveram de imaginar um rodeio singular. Para tanto, no dia em que foram criados os primeiros tribunos, celebrou-se uma cerimônia religiosa de um caráter particular.[23] Os historiadores não descrevem os seus ritos; dizem apenas que ela teve como efeito tornar *sacrossantos* esses primeiros tribunos. Ora, essa palavra significava que o corpo do tribuno faria daí em diante parte do grupo de objetos nos quais a religião proibia tocar, e cujo mero contato fazia o homem cair em estado de impureza.[24] Vinha daí que, se algum devoto de Roma, algum patrício encontrasse um tribuno na via pública, tinha o dever de purificar-se voltando para casa, "como se seu corpo se tivesse sujado só com esse encontro".[25] Esse caráter sacrossanto permanecia ligado ao tribuno durante todo o exercício das suas funções; depois, ao criar o seu sucessor, ele lhe transmitia esse caráter, exatamente como o cônsul, ao criar outros cônsules, lhes passava os auspícios e o direito de celebrar os ritos sagrados. Mais tarde, tendo sido interrompido o tribunado durante dois anos, foi preciso, para estabelecer novos tribunos, renovar a cerimônia religiosa celebrada no monte Sagrado.

Não conhecemos de modo suficientemente completo as ideias dos antigos para dizer se esse caráter sacrossanto tornava a pessoa do tribuno honrada aos olhos dos patrícios ou a apresentava, ao contrário, como um objeto de maldição e de horror. A segunda conjetura é mais provável. O que é certo é que, de qualquer modo, o tribuno se tornava completamente

---

[23] Tito Lívio, III, 55.
[24] Esse é o sentido próprio da palavra *sacer*: Plauto, *Bacanais*, IV, 6, 13; Catulo, XIV, 12; Festo, verbete *Sacer*; Macróbio, III, 7. Segundo Tito Lívio, o epíteto de *sacrosanctus* não seria inicialmente aplicado ao tribuno, mas ao homem que atacasse a pessoa do tribuno.
[25] Plutarco, *Quest. Rom.*, 81.

inviolável, não podendo a mão do patrício tocá-lo sem grave impiedade.

Uma lei confirmou e garantiu essa inviolabilidade; decretou que "ninguém poderia brutalizar um tribuno, nem surrá-lo nem matá-lo". Acrescentava que "aquele que se permitisse um desses atos para com o tribuno seria impuro, seus bens seriam confiscados em prol do templo de Ceres e poderia ser assassinado impunemente". Ela concluía com esta fórmula, cujo caráter vago foi muito útil aos progressos futuros do tribunado: "Nem magistrado nem particular terá o direito de fazer alguma coisa contra um tribuno". Todos os cidadãos pronunciaram um juramento pelo qual se comprometiam a sempre observar essa lei estranha, invocando sobre eles a cólera dos deuses, se a violassem, e acrescentando que aquele que se tornasse culpado de atentado contra um tribuno "contrairia a maior impureza".[26]

Esse privilégio de inviolabilidade estendia-se até onde o corpo do tribuno podia exercer uma ação direta. Se um plebeu fosse maltratado por um cônsul que o condenava à prisão ou por um credor que erguia a mão contra ele, o tribuno aparecia, colocava-se entre eles (*intercessio*) e detinha a mão patrícia. Quem ousaria "fazer algo contra um tribuno", ou se expor a ser tocado por ele?

Mas o tribuno só exercia esse poder singular onde estivesse presente. Longe dele, podia-se maltratar os plebeus. Ele não tinha nenhum poder sobre o que se passava fora do alcance da sua mão, do seu olhar e da sua fala.[27]

Os patrícios não tinham dado direitos à plebe; tinham apenas concedido que alguns plebeus fossem invioláveis. Isso,

---

[26] Dionísio, VI, 89; X, 32; X, 42.
[27] *Tribuni antiquitus creati, non juri dicundo nec causis querelisque de absentibus noscendis, sed intercessionibus faciendis quibus praesentes fuissent, ut injuria quae coram fieret arceretur.* Aulo Gélio, XIII, 12.

porém, era o bastante para que houvesse certa segurança para todos. O tribuno era uma espécie de altar vivo, ao qual se vinculava um direito de asilo.

Os tribunos tornaram-se naturalmente os chefes da plebe; e apoderaram-se do direito de julgar. Na verdade, não tinham o direito de citar nem mesmo a um plebeu; mas podiam prender a pessoa.[28] Uma vez em seu poder, o homem obedecia. Bastava até se achar no raio de alcance de sua fala; essa fala era irresistível e era preciso submeter-se a ela, mesmo sendo patrício ou cônsul.

O tribuno, aliás, não tinha nenhuma autoridade política. Não sendo magistrado, não podia convocar nem as cúrias nem as centúrias. Não tinha nenhuma proposta a fazer no Senado; a princípio, nem sequer se julgava que ele pudesse ali comparecer. Nada tinha em comum com a cidade verdadeira, ou seja, com a cidade patrícia, onde não lhe reconheciam nenhuma autoridade. Não era tribuno do povo, era tribuno da plebe.

Havia, consequentemente, como no passado, duas sociedades em Roma, a cidade e a plebe: uma fortemente organizada, com leis, magistrados, um senado; a outra, que continuava a ser uma multidão sem direito nem lei, que tinha, entretanto, protetores e juízes em seus tribunos invioláveis.

Nos anos que se seguiram, podemos ver como os tribunos foram ousados e que licenças imprevistas se permitiram. Nada os autorizava a convocar o povo; eles o convocaram. Nada os chamava ao Senado; eles se sentaram primeiro à porta da sala, mais tarde dentro dela. Nada lhes dava o direito de julgar patrícios; eles os julgaram e condenaram. Era a consequência dessa inviolabilidade ligada à sua pessoa sacrossanta. Toda força caía diante deles. O patriciado desarmara-se no dia em que decretara com os ritos solenes que quem quer que tocasse um tribuno se tornaria impuro. Dizia a lei: Nada se fará contra

---

[28] Aulo Gélio, XV, 27. Dionísio, VIII, 87; VI, 90.

o tribuno. Desse modo, se esse tribuno convocava a plebe, a plebe reunia-se, e ninguém podia dissolver essa assembleia, que a presença do tribuno punha fora do alcance do patriciado e das leis. Se o tribuno entrasse no Senado, ninguém podia fazê-lo sair. Se segurasse um cônsul, ninguém podia tirá-lo de suas mãos. Nada resistia às audácias de um tribuno. Contra um tribuno, ninguém tinha força, a não ser outro tribuno.

A partir do momento que a plebe teve assim seus chefes, não tardou muito para ter as suas assembleias deliberativas. Estas não se pareciam em nada com as da cidade patrícia. A plebe, em seus comícios, distribuía-se em tribos; o que determinava o lugar de cada um era o domicílio, e não a religião nem a riqueza. A assembleia não começava com um sacrifício; nela a religião não estava presente. Nela não se conheciam os presságios, e a voz dum áugure ou dum pontífice não podia forçar os homens a se separar. Eram realmente os comícios da plebe, e nada tinham das velhas regras nem da religião do patriciado.

É verdade que inicialmente essas assembleias não tratavam dos interesses gerais da cidade: não nomeavam magistrados e não decretavam leis. Só deliberavam sobre os interesses da plebe, só nomeavam os chefes plebeus e só faziam plebiscitos. Durante muito tempo houve em Roma uma dupla série de decretos, senátus-consultos para os patrícios, plebiscitos para a plebe. Nem a plebe obedecia aos senátus-consultos, nem os patrícios aos plebiscitos. Havia dois povos em Roma.

Esses dois povos, sempre em contato e habitando os mesmos muros, não tinham quase nada em comum. Um plebeu não podia ser cônsul da cidade, nem um patrício, tribuno da plebe. O plebeu não entrava na assembleia por cúrias, nem o patrício, na assembleia por tribos.[29]

---

[29] Tito Lívio, II, 60. Dionísio, VII, 16. Festo, verbete *Scita plebis*. É claro que estamos falando dos primeiros tempos. Os patrícios estavam inscritos nas tribos, mas sem dúvida não estavam presentes em assembleias que se reuniam sem auspícios e sem cerimônia religiosa e às quais durante muito tempo não reconheceram nenhum valor legal.

Eram dois povos que nem sequer se compreendiam bem, não tendo, por assim dizer, ideias em comum. Se o patrício falava em nome da religião e das leis, o plebeu respondia não conhecer essa religião hereditária nem as leis que dela decorriam. Se o patrício alegava o santo costume, o plebeu respondia em nome do direito natural. Acusavam-se uns aos outros de injustiça; cada um deles era justo segundo seus próprios princípios, injusto segundo os princípios e as crenças do outro. A assembleia das cúrias e a reunião dos *patres* pareciam ao plebeu privilégios odiosos. Na assembleia das tribos, o patrício via um conciliábulo condenado pela religião. O consulado era para o plebeu uma autoridade arbitrária e tirânica; o tribunado era para o patrício algo ímpio, anormal, contrário a todos os princípios; não conseguia compreender essa espécie de chefe que não era um sacerdote, eleito sem auspícios. O tribunado perturbava a ordem sagrada da cidade; era o que é uma heresia numa religião; o culto público era prejudicado por ele. "Os deuses nos serão contrários", dizia um patrício, "enquanto tivermos em nosso meio essa úlcera que nos corrói e estende a corrupção para todo o corpo social". A história de Roma, durante um século, esteve repleta de tais mal-entendidos entre esses dois povos que não pareciam falar a mesma língua. O patriciado teimava em manter a plebe fora do corpo político; a plebe formava instituições próprias. A dualidade da população romana tornava-se cada dia mais manifesta.

Havia, porém, algo que formava um laço entre esses dois povos: a guerra. O patriciado precavera-se para não se privar de soldados. Deixara aos plebeus o título de cidadãos, ainda que fosse só para poder incorporá-los nas legiões. Tiveram o cuidado, aliás, de impedir que a inviolabilidade dos tribunos se estendesse para além de Roma, e para tanto haviam decidido que um tribuno jamais saísse da cidade. No exército, portanto, a plebe estava submetida e não mais havia um duplo poder; na presença do inimigo, Roma tornava a ser una.

Mais tarde, graças ao hábito adquirido depois da expulsão dos reis de reunir o exército para consultá-lo acerca dos interesses públicos ou sobre a escolha dos magistrados, havia assembleias mistas onde a plebe aparecia ao lado dos patrícios. Ora, vemos claramente na história que esses comícios por centúrias ganharam cada vez mais importância e aos poucos se tornaram o que chamaram de grande comício. Com efeito, no conflito que se travava entre a assembleia por cúrias e a assembleia por tribos, parecia natural que a assembleia centurial se tornasse uma espécie de terreno neutro no qual os interesses gerais fossem preferencialmente debatidos.

O plebeu nem sempre era pobre. Muitas vezes pertencia a uma família originária de outra cidade, que fora rica e respeitada e que a sorte da guerra transportara para Roma sem lhe tirar a riqueza nem o sentimento de dignidade que costuma acompanhá-la. Às vezes também o plebeu pudera enriquecer-se com o trabalho, principalmente no tempo dos reis. Quando Sérvio dividira a população em classes segundo a renda, alguns plebeus entraram na primeira. O patriciado não ousara ou não pudera abolir essa divisão em classes. Não faltavam, pois, plebeus que combatiam ao lado dos patrícios nas primeiras fileiras da legião e votavam com eles nas primeiras centúrias.

Essa classe rica, orgulhosa e também prudente, que não podia apreciar as perturbações e devia temê-las, que tinha muito a perder se Roma caísse e muito a ganhar se ela ascendesse, foi um intermediário natural entre as duas ordens inimigas.

Não parece que a plebe tenha sentido repugnância em ver nela estabelecerem-se as distinções da riqueza. Trinta e seis anos depois da criação do tribunado, o número de tribunos foi levado a dez, para que houvesse dois de cada uma das cinco classes. A plebe aceitava, por conseguinte, e fazia questão de conservar a divisão que Sérvio estabelecera. E até a parte pobre, que não estava incluída nas classes, não reclamava; deixava aos mais abastados seus privilégios e não exigia que escolhessem tribunos também entre as suas fileiras.

Quanto aos patrícios, não se assustaram muito com essa importância que a riqueza assumia. Pois também eram ricos. Mais prudentes ou mais felizes do que os eupátridas de Atenas, que caíram no nada no dia em que a direção da sociedade passou a pertencer à riqueza, os patrícios jamais desdenharam nem a agricultura, nem o comércio nem mesmo a indústria. Aumentar a riqueza sempre foi sua grande preocupação. O trabalho, a frugalidade, a boa especulação sempre foram suas virtudes. Cada vitória sobre o inimigo, aliás, cada conquista aumentava as suas posses. Por isso não achavam que fosse um mal muito grande que o poder estivesse ligado à riqueza.

Os hábitos e o caráter dos patrícios eram tais, que não podiam desprezar um homem rico, mesmo que da plebe. O plebeu rico era próximo deles, vivia com eles; estabeleciam-se entre eles muitas relações de interesse ou de amizade. Esse contato perpétuo levava a um intercâmbio de ideias. O plebeu aos poucos fazia o patrício compreender as aspirações e os direitos da plebe. O patrício acabava deixando-se convencer; chegava pouco a pouco a ter uma opinião menos firme e menos orgulhosa da sua superioridade; não tinha mais tanta certeza do seu direito. Ora, quando uma aristocracia vem a ter dúvidas sobre a legitimidade do seu domínio, ou ela não tem mais coragem para defendê-lo ou o defende mal. Desde que as prerrogativas do patrício deixaram de ser um artigo de fé para ele próprio, podemos dizer que o patriciado já estava meio vencido.

A classe rica parece ter exercido uma influência de outro gênero sobre a plebe, de que se originara e de que ainda não se separava. Como tinha interesse na grandeza de Roma, desejava a união das duas ordens. Ela era, aliás, ambiciosa; calculava que a separação absoluta das duas ordens limitaria para sempre a sua carreira, acorrentando-a definitivamente à classe inferior, ao passo que a sua união lhe abriria uma via cujo fim não se podia ver. Empenhou-se, pois, em dar outra direção às ideias e às aspirações da plebe. Em vez de insistir em formar uma ordem separada, em vez de elaborar com muito esforço leis particulares que a outra ordem jamais reconheceria, em vez de trabalhar lentamente por meio dos plebiscitos para criar tipos de leis de uso próprio e elaborar um código que jamais teria valor oficial, ela lhe inspirou a ambição de penetrar na cidade patrícia e de passar a compartilhar as leis, as instituições e as dignidades do patrício. Os desejos da plebe tenderam, então, à união das duas ordens, sob a condição da igualdade.

A plebe, uma vez nessa via, começou por reclamar um código. Havia leis em Roma, como em todas as cidades, leis invariáveis e santas, que estavam escritas e cujo texto era guardado pelos sacerdotes.[30] Mas essas leis que faziam parte da religião só se aplicavam aos membros da cidade religiosa. O plebeu não tinha o direito de conhecê-las e é de crer que tampouco tivesse o direito de invocá-las. Essas leis existiam para as cúrias, para as *gentes*, para os patrícios e seus clientes, mas não para os outros. Elas não reconheciam o direito de propriedade àquele que não tivesse *sacra*; não concediam a ação judicial àquele que não tivesse patrão. Esse caráter exclusivamente religioso da lei é que a plebe quis fazer desaparecer. Ela reivindicou não só que as leis fossem postas por escrito e tornadas públicas, mas que houvesse leis igualmente aplicáveis aos patrícios e a ela.

Parece que os tribunos a princípio queriam que essas leis fossem redigidas por plebeus. Os patrícios responderam que aparentemente os tribunos ignoravam o que fosse uma lei, pois se o soubessem não teriam manifestado essa pretensão. "É totalmente impossível", diziam eles, "que os plebeus façam leis. Vocês que não têm os auspícios, que não praticam atos religiosos, o que têm em comum com todas as coisas sagradas, entre as quais se inclui a lei?".[31] Esse pensamento da plebe

---

[30] Dionísio, X, I.
[31] Tito Lívio, III, 31. Dionísio, X, 4.

parecia monstruoso aos patrícios. Por isso os velhos anais, que Tito Lívio e Dionísio consultavam nesse ponto de sua história, mencionavam horrendos prodígios, o céu em fogo, espectros a esvoaçar pelo ar, chuvas de sangue.[32] O verdadeiro prodígio era que alguns plebeus tivessem a ideia de fazer leis. Entre as duas ordens, das quais uma se admirava da insistência da outra, a república permaneceu oito anos em suspenso. Em seguida, os tribunos chegaram a um compromisso: "Já que vocês não querem que a lei seja escrita pelos plebeus", disseram, "escolhamos legisladores pertencentes às duas ordens". Com isso, acreditavam fazer uma grande concessão; era pouco no que se referia aos rigorosíssimos princípios da religião patrícia. O Senado replicou que ele não se opunha de modo algum à redação de um código, que tal código, porém, só poderia ser redigido por patrícios. Acabaram por encontrar um meio de conciliar os interesses da plebe com a necessidade religiosa invocada pelo patriciado: decidiu-se que os legisladores seriam todos patrícios, mas o código, antes de ser promulgado e entrar em vigor, seria exposto ao público e submetido à aprovação prévia de todas as classes.

Não é este o momento de analisar o código dos decênviros. É importante apenas notar desde já que a obra dos legisladores, previamente exposta no fórum, discutida livremente por todos os cidadãos, foi em seguida aceita pelos comícios centuriais, ou seja, pela assembleia em que as duas ordens estavam misturadas. Havia nisso uma inovação grave. Adotada por todas as classes, doravante a mesma lei se aplicava a todas elas. Não encontramos no que chegou até nós desse código uma só palavra que implique uma desigualdade entre o plebeu e o patrício, quer quanto ao direito de propriedade, quer quanto aos contratos e às obrigações, quer quanto ao procedimento legal. A partir desse momento, o plebeu compareceu diante

---

[32] Júlio Obsequente, 16.

do mesmo tribunal que o patrício, agiu como ele, foi julgado segundo a mesma lei que ele. Ora, não podia haver revolução mais radical: os hábitos de cada dia, os costumes, os sentimentos do homem para com o homem, a ideia da dignidade pessoal, o princípio do direito, tudo foi mudado em Roma.

Como restavam algumas leis por fazer, foram nomeados novos decênviros, e entre eles houve três plebeus. Assim, depois que se proclamou com tanta energia que o direito de redigir as leis pertencia só à classe patrícia, o progresso das ideias era tão rápido que ao fim de um ano alguns plebeus eram admitidos entre os legisladores.

Os costumes tendiam à igualdade. Estava-se numa ladeira em que não havia mais onde se segurar. Tornara-se necessário fazer uma lei para impedir o casamento entre as duas ordens: prova certa de que a religião e os costumes não mais bastavam para proibi-lo. Mas mal tinham acabado de fazer essa lei e ela já caía diante da reprovação universal. Alguns patrícios insistiram em alegar a religião: "O nosso sangue vai ser maculado, e o culto hereditário de cada família será atingido com isso; ninguém mais saberá de que sangue nasceu, a que sacrifícios pertence; será a derrubada de todas as instituições divinas e humanas". Os plebeus não entendiam nada desses argumentos, que lhes pareciam apenas sutilezas de somenos. Discutir artigos de fé diante de homens que não têm a religião é perder tempo. Os tribunos replicavam, aliás, com toda razão: "Se é verdade que a vossa religião fala tão alto, por que precisais dessa lei? Ela não vos serve para nada; retirai-a, permanecereis tão livres quanto antes de não vos aliardes às famílias plebeias". A lei foi retirada. Imediatamente se tornaram frequentes os casamentos entre as duas ordens. Os plebeus ricos foram tão procurados que, para só falar dos Licínios, foram vistos aliando-se a três *gentes* patrícias, aos Fábios, aos Cornélios e aos Mânlios.[33] Pode-se

---

[33] Tito Lívio, V, 12; VI, 34; VI, 39.

reconhecer então que a lei fora durante um instante a única barreira a separar as duas ordens. Doravante, o sangue patrício e o sangue plebeu se misturaram.

Desde que foi conquistada a igualdade na vida privada, o mais difícil estava feito, e parecia natural que a igualdade existisse também na política. A plebe questionou, então, por que o consulado lhe era proibido, e não viu nenhuma razão para ser sempre afastada dele.

Havia, porém, uma razão muito forte. O consulado não era só um comando; era um sacerdócio. Para ser cônsul, não bastava oferecer garantias de inteligência, de coragem, de probidade; era preciso sobretudo ser capaz de celebrar as cerimônias do culto público. Era necessário que os ritos fossem bem observados e que os deuses ficassem contentes. Ora, só os patrícios tinham em si o caráter sagrado que permitia pronunciar as preces e chamar a proteção divina sobre a cidade. O plebeu nada tinha em comum com o culto; a religião opunha-se, portanto, a que ele fosse cônsul, *nefas plebeium consulem fieri*.

Podemos imaginar a surpresa e a indignação do patriciado quando os plebeus manifestaram pela primeira vez a pretensão de serem cônsules. Acharam que a religião tivesse sido ameaçada. Esforçaram-se muito para fazer que a plebe compreendesse aquilo; disseram-lhe que importância tinha a religião na cidade, que fora ela que fundara a cidade, era ela que presidia a todos os atos públicos, dirigia as assembleias deliberativas, dava à república os seus magistrados. Acrescentaram que essa religião era, segundo a regra antiga (*more majorum*), patrimônio dos patrícios, os seus ritos só podiam ser conhecidos e praticados por eles e, enfim, que os deuses não aceitavam sacrifícios feitos por plebeus. Propor a criação de cônsules plebeus era querer suprimir a religião da cidade; doravante o culto seria profanado e a cidade não mais estaria em paz com os seus deuses.[34]

---

[34] Tito Lívio, VI, 41.

O patriciado usou de toda a força e de toda a habilidade para manter os plebeus afastados das magistraturas. Defendia ao mesmo tempo a sua religião e o seu poder. Desde que viu que o consulado corria o risco de ser obtido pela plebe, retirou-lhe a função religiosa que, dentre todas, tinha maior importância, aquela que consistia em fazer a lustração dos cidadãos: assim foram estabelecidos os censores. Num momento em que lhe parecia difícil demais resistir às aspirações dos plebeus, substituiu o consulado pelo tribunado militar. A plebe, aliás, demonstrou grande paciência; aguardou setenta e cinco anos para que o seu desejo se tornasse realidade. Fica claro que ela se empenhava menos em obter essas altas magistraturas do que quando lutara para conquistar o tribunado e um código.

Mas se a plebe estava bastante indiferente, havia uma ambiciosa aristocracia plebeia. Eis uma lenda dessa época: "Fábio Ambusto, um dos mais distintos patrícios, casara as duas filhas, uma com um patrício que se tornou tribuno militar, outra com Licínio Estolão, homem de muito destaque, mas plebeu. Esta última se achava certo dia na casa da irmã, quando os litores, trazendo o tribuno militar para casa, bateram à porta com seus feixes. Como ignorava esse costume, ela sentiu medo. Os risos e as perguntas irônicas da irmã lhe mostraram como um casamento plebeu a rebaixara, colocando-a numa casa onde as dignidades e as honras não deviam jamais entrar. Seu pai percebeu sua tristeza, consolou-a e lhe prometeu que um dia veria em sua casa o que acabava de ver na casa da irmã. Entrou em acordo com o genro e ambos trabalharam juntos com o mesmo objetivo". Essa lenda ensina-nos duas coisas: uma, que a aristocracia plebeia, de tanto viver com os patrícios, adquiria a sua ambição e aspirava às suas dignidades; a outra é que havia patrícios que encorajavam e instigavam a ambição dessa nova aristocracia, que se unira a eles pelos mais estreitos laços.

Parece que Licínio e Sêxtio, que se unira a ele, não achavam que a plebe se empenhasse muito para lhes dar o direito de serem cônsules, pois acreditaram ter de propor três leis ao mesmo tempo. A que tinha por objetivo estabelecer que um dos cônsules fosse obrigatoriamente escolhido na plebe era precedida por duas outras; uma diminuía as dívidas e a outra dava terras ao povo. É evidente que as duas primeiras deviam servir para estimular o zelo da plebe em favor da terceira. Houve um momento em que a plebe foi demasiado clarividente: nas propostas de Licínio, pegou o que era para ela, isto é, a redução das dívidas e a distribuição de terras, e deixou de lado o consulado. Mas Licínio replicou que as três leis eram inseparáveis, e que tinham de aceitá-las ou rejeitá-las em bloco. A constituição romana autorizava esse procedimento. Naturalmente, a plebe preferiu aceitar tudo a perder tudo. Mas não bastava que a plebe quisesse fazer leis; nessa época ainda era preciso que o Senado convocasse os grandes comícios e em seguida confirmasse o decreto.[35] Ele se recusou a isso durante dez anos. Por fim aconteceu algo que Tito Lívio deixa demasiadamente à sombra;[36] parece que a plebe apelou para as armas e a guerra civil ensanguentou as ruas de Roma. O patriciado vencido emitiu um senátus-consulto pelo qual aprovava e confirmava antecipadamente todos os decretos que o povo promulgasse naquele ano. Nada mais impediu que os tribunos pusessem em votação suas três leis. A partir desse momento, a plebe teve a cada ano um dos dois cônsules e não tardou muito para chegar às outras magistraturas. O plebeu vestiu a toga púrpura e foi precedido pelos feixes; administrou a justiça, foi senador, governou a cidade e comandou as legiões.

Restavam os sacerdócios, e não parecia que eles pudessem ser tirados dos patrícios. Pois na velha religião era um dogma inabalável que o direito de recitar a prece e de tocar nos objetos sagrados só se transmitia com o sangue. A ciência dos ritos,

---

[35] Tito Lívio, IV, 49.
[36] Tito Lívio, IV, 48.

como a posse dos deuses, era hereditária. Assim como o culto doméstico era um patrimônio em que nenhum estrangeiro podia ter parte, o culto da cidade também pertencia exclusivamente às famílias que haviam formado a cidade primitiva. Com certeza, nos primeiros séculos de Roma não ocorreria a ninguém que um plebeu pudesse ser pontífice.

Mas as ideias haviam mudado. A plebe, tirando da religião a regra da hereditariedade, fizera uma religião para seu uso próprio. Constituíra deuses Lares domésticos, altares de esquina, lareiras de tribo. O patrício, no começo, só tivera desprezo por essa paródia da sua religião. Mas com o tempo aquilo se tornou uma coisa séria, e o plebeu veio a crer que fosse, até mesmo do ponto de vista do culto e em relação aos deuses, um igual do patrício.

Havia dois princípios frente a frente. O patriciado insistia em afirmar que eram hereditários o caráter sacerdotal e o direito de adorar a divindade. A plebe liberava a religião e o sacerdócio dessa velha regra da hereditariedade; pretendia que todo homem estava apto a pronunciar a prece e que, contanto que se fosse cidadão, tinha-se o direito de praticar as cerimônias do culto da cidade; daí ela chegava à conclusão de que um plebeu podia ser pontífice.

Se os sacerdócios fossem distintos das posições de mando e da política, é possível que os plebeus não os tivessem desejado tão ardentemente. Mas todas essas coisas estavam misturadas: o sacerdote era um magistrado; o pontífice era um juiz, o áugure podia dissolver as assembleias públicas. A plebe não deixou de perceber que sem os sacerdócios não teria realmente nem a igualdade civil nem a igualdade política. Exigiu, pois, a partilha do pontificado entre as duas ordens, como exigira a partilha do consulado.

Era difícil objetar-lhe a sua incapacidade religiosa; pois havia sessenta anos se via o plebeu, como cônsul, celebrar os sacrifícios; como censor, fazia a lustração; vencedor do inimigo, cumpria as santas formalidades do triunfo. Pelas magistraturas, a plebe já se apoderara de parte dos sacerdócios; não era fácil salvar o resto. A fé no princípio da hereditariedade religiosa estava abalada nos próprios patrícios. Alguns deles invocaram em vão as velhas regras e disseram: "O culto vai ser alterado, maculado por mãos indignas; vocês atacam os próprios deuses; tomem cuidado para que a cólera deles não se faça sentir em nossa cidade". Não parece que esses argumentos tenham tido muita força sobre a plebe, nem mesmo que a maioria do patriciado se tenha comovido com ela. Os novos costumes davam ganho de causa ao princípio plebeu. Ficou, portanto, decidido que metade dos pontífices e dos áugures seria doravante escolhida entre a plebe.[37]

Essa foi a última conquista da ordem inferior; ela não tinha mais nada que desejar. O patriciado perdia até a superioridade religiosa. Nada mais o distinguia da plebe; o patriciado não era mais do que um nome ou uma lembrança. Haviam desaparecido os velhos princípios sobre os quais a cidade romana, como todas as cidades antigas, se fundara. Dessa antiga religião hereditária, que durante muito tempo governara os homens e estabelecera hierarquias entre eles, já só restavam as formas exteriores. O plebeu lutara contra ela durante quatro séculos, sob a república e sob os reis, e a vencera.

---

[37] As dignidades de rei dos sacrifícios, de flâmines, de sálios, de vestais, às quais não estava ligada nenhuma importância política, foram deixadas sem riscos nas mãos do patriciado, que continuou sendo uma casta sagrada, mas não mais uma casta dominante.

CAPÍTULO VIII

Mudança no direito privado; o código das Doze Tábuas; o código de Sólon

Não é da natureza do direito ser absoluto e imutável; ele se modifica e se transforma, como toda obra humana. Cada sociedade tem o seu direito, que se forma e se desenvolve com ela, que muda como ela e, enfim, segue sempre o movimento das suas instituições, dos seus costumes e das suas crenças.

Os homens dos tempos antigos tinham estado sujeitos a uma religião tanto mais poderosa sobre sua alma quanto mais grosseira fosse; essa religião formara o direito deles, como lhes havia dado suas instituições políticas. Mas eis que a sociedade se transformara. O regime patriarcal que essa religião hereditária havia gerado se desfez com o tempo no regime da cidade. Aos poucos, a *gens* se desmembrou, o irmão mais moço se separou do mais velho, o servidor, do chefe; a classe inferior cresceu; armou-se; acabou por vencer a aristocracia e conquistar a igualdade. Essa mudança no estado social devia provocar outra no direito. Pois assim como os eupátridas e os patrícios eram apegados à velha religião das famílias e, por conseguinte, ao velho direito, assim também a classe inferior tinha ódio dessa religião hereditária que durante muito tempo fizera a sua inferioridade e desse direito antigo que a oprimira. Não só o detestava, mas nem sequer o compreendia. Como não tinha as crenças sobre as quais ele se fundava, esse direito lhe parecia não ter fundamento. Considerava-o injusto, e a partir daí se tornava impossível que ele permanecesse de pé.

Se nos colocarmos na época em que a plebe cresceu e entrou no corpo político, e compararmos o direito dessa época com o direito primitivo, logo ficam claras graves mudanças. A primeira e a mais evidente é que o direito se tornou público e conhecido de todos. Não é mais aquele canto sagrado e misterioso que se transmitia de século em século com piedoso respeito, que só os sacerdotes escreviam e só os homens das famílias religiosas podiam conhecer. O direito saiu dos rituais e dos livros dos sacerdotes; perdeu o mistério religioso; é uma língua que cada qual consegue ler e falar.

Algo de ainda mais grave se manifesta nesses códigos. A natureza da lei e seu princípio não são mais os mesmos que no período anterior. Antes a lei era um decreto da religião; era tida como uma revelação feita pelos deuses aos antepassados, ao divino fundador, aos reis sagrados, aos magistrados-sacerdotes. Nos novos códigos, ao contrário, não é mais em nome dos deuses que o legislador fala; os decênviros de Roma receberam do povo o poder; foi também o povo que investiu Sólon do direito de fazer leis. O legislador, por conseguinte, não representa mais a tradição religiosa, mas a vontade popular. A lei tem doravante como princípio o interesse dos homens e como fundamento o assentimento do maior número.

Decorrem daí duas consequências. Primeiro, a lei não mais se apresenta como uma fórmula imutável e indiscutível. Ao tornar-se obra humana, ela se reconhece sujeita a mudança. É o que dizem as Doze Tábuas: "O que os votos do povo ordenaram em última instância é a lei".[1] Dentre todos os textos desse código que chegaram até nós, não há nenhum que tenha maior importância do que esse, nem que mostre melhor o caráter da revolução que então se operou no direito. A lei não é mais uma tradição santa, *mos*; é um simples texto, *lex*, e, como foi feita pela vontade dos homens, essa mesma vontade pode mudá-la.

A outra consequência é esta: a lei, que antes era parte da religião e, portanto, patrimônio das famílias sagradas, passou a ser propriedade comum de todos os cidadãos. O plebeu pôde invocá-la e mover ação na justiça. No máximo, o patrício de

---

[1] Tito Lívio, VII, 17; IX, 33, 34.

Roma, mais tenaz ou mais astuto do que o eupátrida de Atenas, tentou esconder da multidão as formas processuais; mesmo essas formas não tardaram a ser divulgadas.

Assim, mudou a natureza do direito. A partir daí ele não mais podia conter as mesmas prescrições que na época anterior. Enquanto a religião tivera o domínio sobre ele, ele determinara as relações dos homens entre si segundo os princípios dessa religião. Mas a classe inferior, que introduzia outros princípios na cidade, nada compreendia nem sobre as velhas normas do direito de propriedade, nem sobre o antigo direito de sucessão, nem sobre a autoridade absoluta do pai nem sobre o parentesco de agnação. Ela queria que tudo isso desaparecesse.

Na verdade, essa transformação do direito não pôde acontecer de uma só vez. Embora às vezes seja possível ao homem mudar bruscamente as instituições políticas, ele só pode mudar as leis e o direito privado lenta e gradualmente. É o que provam as histórias do direito romano e do direito ateniense.

As Doze Tábuas, como vimos mais acima, foram escritas em meio a uma transformação social; foram feitas por patrícios, mas eles as fizeram a pedido da plebe e para uso dela. Essa legislação não é mais, portanto, o direito primitivo de Roma; ainda não é o direito pretoriano; é uma transição entre os dois.

Eis, em primeiro lugar, os pontos sobre os quais ela ainda não se afasta do direito antigo:

Ela conserva o poder do pai; deixa-o julgar o filho, condená-lo à morte, vendê-lo. Enquanto o pai está vivo, o filho nunca atinge a maioridade.

No que se refere às sucessões, ela também conserva as regras antigas; a herança passa aos agnados e, na falta de agnados, aos *gentiles*. Quanto aos cognados, ou seja, aos parentes pelas mulheres, a lei ainda não os reconhece; eles não herdam uns dos outros; a mãe não herda do filho, nem os filhos herdam da mãe.[2]

---

[2] Gaio, III, 17; III, 24. Ulpiano, XVI, 4. Cícero, *De invent.*, II, 50.

Ela preserva na emancipação e na adoção o caráter e os efeitos que esses dois atos tinham no direito antigo. O filho emancipado não participa mais do culto da família, e disso se segue que ele não tem mais direito à sucessão.

Eis agora os pontos sobre os quais essa legislação se afasta do direito primitivo:

Ela admite formalmente que o patrimônio pode ser compartilhado entre os irmãos, pois concede o *actio familiae erciscundae*.[3]

Determina que o pai não poderá dispor mais de três vezes da pessoa do filho, e que, depois de três vendas, o filho será livre.[4] Esse é o primeiro ataque que o direito romano fez contra a autoridade paterna.

Outra mudança mais grave foi a faculdade dada ao homem de deixar testamento. Antes, o filho era herdeiro *seu* e *necessário*; na ausência de filhos, herdava o agnado mais próximo; na falta de agnados, os bens retornavam à *gens*, em memória do tempo em que a *gens* ainda indivisa era a única proprietária do patrimônio que mais tarde foi dividido. As Doze Tábuas deixam de lado esses princípios caducos; consideram que a propriedade pertença não mais à *gens*, mas ao indivíduo; reconhecem, pois, ao homem o direito de dispor de seus bens por testamento.

Não que no direito primitivo o testamento fosse completamente desconhecido. O homem já podia escolher um legatário fora da *gens*, mas com a condição de fazer que a sua escolha fosse ratificada pela assembleia das cúrias; assim, só a vontade da cidade inteira podia derrogar a ordem que a religião estabelecera antigamente. O novo direito libera o testamento dessa regra incômoda e lhe dá uma forma mais fácil, a de uma venda simulada. O homem fingirá vender sua riqueza a quem tiver escolhido como legatário; na realidade,

---

[3] Gaio, III, 19.
[4] *Digesto*, liv. X, tít. 2, 1.

terá feito um testamento sem a necessidade de comparecer ante a assembleia do povo.

Essa forma de testamento tinha a grande vantagem de ser permitida ao plebeu. Ele, que nada tinha em comum com as cúrias, não tivera até então nenhum meio de testar.[5] Daí em diante ele pôde valer-se do recurso da venda ativa e dispor dos seus bens. O que há de mais notável nesse período da história da legislação romana é que, com a introdução de certas formas novas, o direito pôde estender a sua ação e as suas vantagens às classes inferiores. As antigas regras e as antigas formalidades não tinham podido e ainda não podiam aplicar-se convenientemente senão às famílias religiosas; mas foram imaginadas novas regras e novos procedimentos que fossem aplicáveis aos plebeus.

Foi pela mesma razão e em consequência da mesma necessidade que foram introduzidas inovações na parte do direito relacionada com o casamento. É claro que as famílias plebeias não praticavam o matrimônio sagrado, e é de crer que para elas a união conjugal se baseava unicamente no consentimento mútuo das partes (*mutuus consensus*) e no afeto que se haviam prometido uma à outra (*affectio maritalis*). Não se cumpria nenhuma formalidade civil nem religiosa. Esse casamento plebeu acabou prevalecendo, com o tempo, nos costumes e no direito; mas a princípio as leis da cidade patrícia não lhe reconheciam nenhum valor. Ora, isso tinha graves consequências; como o poder marital e paternal decorria apenas, para o patrício, da cerimônia religiosa que iniciara a mulher no culto do marido, seguia-se daí que o plebeu não tinha esse poder. A lei não lhe reconhecia nenhuma família, e o direito privado não existia para ele. Era uma situação que não podia perdurar.

---

[5] Havia o testamento *in procinctu*; mas não dispomos de muitas informações acerca desse tipo de testamento; talvez ele estivesse para o testamento *calatis comitiis* assim como a assembleia por centúrias estava para a assembleia por cúrias.

Concebeu-se, então, uma formalidade que servisse para o plebeu e que, para as relações civis, produzisse os mesmos efeitos que o casamento sagrado. Recorreram, como no caso do testamento, a uma venda fictícia. A mulher passou a ser comprada pelo marido (*coemptio*); a partir daí, ela foi reconhecida de direito como parte da sua propriedade (*familia*), passou a estar *em sua mão*; e assumiu em relação a ele a condição de filha, exatamente como se a formalidade religiosa tivesse sido praticada.⁶

Não podemos afirmar que esse processo não era mais antigo do que as Doze Tábuas. É pelo menos certo que a nova legislação o reconheceu como legítimo. Ela dava, assim, ao plebeu um direito privado, análogo quanto aos efeitos ao direito do patrício, embora dele diferisse muito quanto aos princípios.

À *coemptio* corresponde o *usus*; são duas formas de um mesmo ato. Todo objeto pode ser adquirido indiferentemente de duas maneiras, por compra ou por *uso*; o mesmo acontece com a propriedade fictícia da mulher. O *uso* aqui é a coabitação de um ano; ela estabelece entre os esposos os mesmos vínculos de direito que a compra e a cerimônia religiosa. É escusado, sem dúvida, acrescentar que era preciso que a coabitação tivesse sido precedida do casamento, pelo menos do casamento plebeu, que se efetuava por consentimento e afeição das partes. Nem a *coemptio* nem o *usus* criavam a união moral entre os esposos; só vinham depois do casamento e só estabeleciam um vínculo de direito. Não eram, como muitas vezes se repetiu, modos de matrimônio; eram só meios de adquirir o poder marital e paternal.⁷

Mas o poder marital dos tempos antigos tinha consequências que, na época da história a que chegamos, começavam a parecer excessivas. Vimos que a mulher estava sujeita sem reservas ao

---

⁶ Gaio, I, 114.

⁷ Gaio, I, 111: *quae anno continuo* NUPTA *perseverabat*. Tanto a *coemptio* não era um modo de casamento, que a mulher podia contraí-la com outro homem que não seu marido, por exemplo, com um tutor.

marido e que o direito deste ia até poder aliená-la e vendê-la.[8] De outro ponto de vista, o poder marital ainda produzia efeitos que o bom senso do plebeu tinha dificuldade em compreender; assim, a mulher colocada *na mão* do marido era separada de maneira absoluta de sua família paterna, não herdava dela e não conservava com ela nenhum vínculo e nenhum parentesco perante a lei. Isso era bom no direito primitivo, quando a religião proibia que a mesma pessoa fizesse parte de duas *gentes*, sacrificasse a dois fogos sagrados e fosse herdeira em duas casas. Mas o poder marital não era mais entendido com esse rigor e era possível ter muitos excelentes motivos para querer escapar a essas duras consequências. Por isso a lei das Doze Tábuas, embora estabelecesse que a coabitação de um ano colocava a mulher em poder do marido, foi forçada a dar aos esposos a liberdade de não contrair um vínculo tão rigoroso. Se a mulher interrompesse a cada ano a coabitação, mesmo que por uma ausência de três noites, era o bastante para que o poder marital não se estabelecesse. Com isso, a mulher conserva com a sua própria família um laço de direito e pode herdar dela.

Sem que seja necessário entrarmos em mais longos pormenores, vemos que o código das Doze Tábuas já se afasta muito do direito primitivo. Transforma-se a legislação romana, como o governo e o estado social. Pouco a pouco e quase a cada geração se produzirá alguma mudança nova. À medida que as classes inferiores fizerem um progresso na ordem política, uma nova modificação será introduzida nas regras do direito. Inicialmente, será permitido o casamento entre patrícios e plebeus. Depois, a lei Papíria proibirá ao devedor dar a sua pessoa como garantia ao credor. O processo vai simplificar-se, para grande proveito dos plebeus, pela abolição das *ações da lei*.

---

[8] Gaio, I, 117, 118. Que essa mancipação fosse só fictícia no tempo de Gaio é o que está fora de dúvida; mas pode ter sido real no começo. Aliás, não ocorria com o casamento por simples *consensus* o mesmo que com o casamento sagrado, que estabelecia entre os esposos um laço indissolúvel.

Por fim, o emprestador, continuando a caminhar na trilha que as Doze Tábuas abriram, traçará ao lado do direito antigo um direito absolutamente novo, que a religião não terá ditado e que se aproximará cada vez mais do direito natural.

Uma revolução análoga se dá no direito ateniense. Sabemos que foram redigidos dois códigos de leis em Atenas, à distância de trinta anos, o primeiro por Drácon, o segundo por Sólon. O de Drácon foi escrito no auge da luta entre as duas classes, e quando os eupátridas ainda não haviam sido vencidos. Sólon redigiu o seu no momento mesmo em que a classe inferior levava a melhor. Por isso são grandes as diferenças entre os dois códigos.

Drácon era um eupátrida; tinha todos os sentimentos da casta e "era instruído no direito religioso". Não parece ter feito nada senão pôr por escrito os velhos costumes, sem nada mudar. Sua primeira lei é esta: "Devem-se honrar os deuses e os heróis do país e deve-se oferecer a eles sacrifícios anuais, sem desviar-se dos ritos seguidos pelos antepassados". Conservamos a memória de suas leis sobre o assassínio; prescreviam que o culpado fosse afastado do templo, e lhe proibiam tocar na água lustral e nos vasos das cerimônias.[9]

Suas leis pareceram cruéis às gerações seguintes. Elas eram, de fato, ditadas por uma religião implacável, que via em toda falta uma ofensa à divindade e em toda ofensa à divindade um crime irremissível. O roubo era punido com a morte, porque era um atentado contra a religião da propriedade.

Um curioso artigo dessa legislação que chegou até nós[10] mostra com que espírito ela foi feita. Ela só concedia o direito de processar judicialmente um crime aos pais do morto e aos membros da sua *gens*. Vemos aí como a *gens* ainda era

---

[9] Aulo Gélio, XI, 18. Demóstenes, *in Lept.*, 158. Porfírio, *De abstinentia*, IX.
[10] Demóstenes, *in Everg.*, 71; *in Macart.*, 57.

poderosa nessa época, pois não permitia à cidade intervir automaticamente em seus negócios, mesmo que fosse para vingá-la. O homem ainda pertencia mais à família do que à cidade.

Em tudo o que nos chegou dessa legislação, vemos que ela apenas reproduzia o direito antigo. Tinha a dureza e a inflexibilidade da velha lei não escrita. É de crer que ela estabelecesse uma demarcação bem profunda entre as classes; pois a classe inferior sempre a detestou e ao fim de trinta anos exigiu uma legislação nova.

O código de Sólon difere completamente; vemos que ele corresponde a uma grande revolução social. A primeira coisa que se nota é que as leis são as mesmas para todos. Não estabelecem distinção entre o eupátrida, o mero homem livre e o teta. Essas palavras nem sequer se encontram em nenhum dos artigos que chegaram até nós. Sólon gaba-se em seus versos de ter escrito as mesmas leis para os grandes e para os pequenos.

Como as Doze Tábuas, o código de Sólon afasta-se do direito antigo em muitos pontos; sobre outros pontos, permanece fiel a ele. O que não quer dizer que os decênviros romanos tivessem copiado as leis de Atenas; mas as duas legislações, obras da mesma época, consequências da mesma revolução social, não puderam deixar de se parecer. Mesmo assim, essa semelhança praticamente só está no espírito das duas legislações; a comparação de seus artigos revela numerosas diferenças. Há pontos sobre os quais o código de Sólon permanece mais perto do direito primitivo do que as Doze Tábuas, assim como há outros sobre os quais ele se afasta mais.

O direito antiquíssimo prescrevera que o primogênito fosse o único herdeiro.

A lei de Sólon afasta-se disso e diz em termos formais: "Os irmãos dividirão entre si o patrimônio". Mas o legislador ainda não se afasta do direito primitivo a ponto de dar à irmã uma parte da sucessão: "A divisão", diz ele, "será feita entre os filhos".[11]

E há mais: se um pai deixar só uma filha, essa filha única não pode ser herdeira; é sempre o agnado mais próximo que recebe a sucessão. Nisso Sólon se conforma ao antigo direito; pelo menos consegue dar à filha o usufruto do patrimônio, forçando o herdeiro a desposá-la.[12]

O parentesco pelas mulheres era desconhecido no velho direito; Sólon admite-o no direito novo, mas colocando-o abaixo do parentesco pelos varões. A lei é a seguinte:[13] "Se um pai só deixar uma filha, o agnado mais próximo herdará, casando com a filha. Se não deixar filho, herdará o seu irmão, e não a irmã; seu irmão germano ou consanguíneo, não o irmão uterino. Na falta de irmãos ou de filhos de irmãos, a sucessão passa à irmã. Se não tiver irmãos, nem irmãs, nem sobrinhos, herdarão os primos e os filhos de primos do ramo paterno. Se não houver primos no lado paterno (ou seja, entre os agnados), a sucessão passará para os colaterais do lado materno (ou seja, aos cognados)". Dessa sorte, as mulheres começam a ter direitos à sucessão, mas inferiores aos dos homens; a lei proclama formalmente este princípio: "Os varões e os descendentes pelos varões excluem as mulheres e as descendentes das mulheres". Pelo menos essa espécie de parentesco é reconhecida e consegue lugar nas leis, prova certa de que o direito natural começa a falar quase tão alto quanto a velha religião.

Sólon introduziu ainda na legislação ateniense algo de muito novo, o testamento. Antes dele os bens passavam obrigatoriamente ao agnado mais próximo, ou, na falta de agnados, aos *gennetes* (*gentiles*); isso porque não se considerava que os bens pertencessem ao indivíduo, mas à família. No tempo de

---

[11] Iseu, VI, 25.
[12] Iseu, III, 42.
[13] Iseu, VII, 19; XI, 1, 11.

Sólon, porém, se começava a entender de outra forma o direito de propriedade; a dissolução do antigo γένος tinha feito de cada patrimônio o bem próprio de um indivíduo. O legislador permitiu, portanto, ao homem dispor da sua riqueza e escolher o legatário. Todavia, ao suprimir o direito que o γένος tivera sobre os bens de cada um dos seus membros, ele não suprimiu o direito da família natural; o filho continuou a ser o herdeiro necessário; se o moribundo só deixasse uma filha, só podia escolher o herdeiro com a condição de que esse herdeiro desposasse a filha; sem filhos, o homem estava livre para testar à vontade.[14] Esta última regra era absolutamente nova no direito ateniense, e por ela podemos ver como na época se fazia uma ideia nova da família.

A religião primitiva dera ao pai uma autoridade soberana na casa. O direito antigo de Atenas chegava a lhe permitir vender ou mandar matar o filho.[15] Sólon, em conformidade com os novos costumes, traçou limites a esse poder;[16] sabemos com certeza que ele proibiu ao pai vender a filha, e é provável que a mesma proibição protegesse o filho. A autoridade paterna ia enfraquecendo-se, à medida que a velha religião perdia o seu domínio: o que aconteceu mais cedo em Atenas do que em Roma. Assim, o direito ateniense não se contentou em dizer como as Doze Tábuas: "Após três vendas o filho será livre". Ele permitiu ao filho que tivesse chegado a certa idade livrar-se do poder paterno. Os costumes, senão as leis, chegaram aos poucos a estabelecer a maioridade do filho, ainda enquanto o pai vivia. Conhecemos uma lei de Atenas que obrigava o filho a sustentar o pai ancião ou doente; tal lei indica necessariamente que o filho pode ter posses e que, por conseguinte, está livre do

---

[14] Iseu, III, 41, 68, 73; VI, 9; X, 9, 13. Plutarco, *Sólon*, 21.
[15] Plutarco, *Sólon*, 13.
[16] Plutarco, *Sólon*, 23.

poder paternal. Essa lei não existia em Roma, porque o filho jamais possuía nada e permanecia sempre sob o poder do pai.

Quanto à mulher, a lei de Sólon também se conformava com o direito antigo, quando lhe proibia fazer um testamento, porque a mulher não era jamais realmente proprietária e só podia ter um usufruto. Mas se afastava desse direito antigo quando permitia à mulher recuperar o dote.[17]

Havia ainda outras novidades nesse código. Ao contrário de Drácon, que só concedia o direito de processar judicialmente um crime à família da vítima, Sólon concedeu-o a todo cidadão.[18] Mais uma regra do velho direito patriarcal que desaparecia.

Desse modo, tanto em Atenas quanto em Roma o direito começava a se transformar. Para um novo estado social, nascia um direito novo. Como as crenças, os costumes e as instituições se haviam modificado, as leis que antes pareciam justas e boas deixavam de parecê-lo, e pouco a pouco eram obliteradas.

CAPÍTULO IX

Novo princípio de governo; o interesse público e o voto

A revolução que derrubou o domínio da classe sacerdotal e elevou a classe inferior ao nível dos antigos chefes das *gentes* assinalou o começo de um período novo na história das cidades. Operou-se uma espécie de renovação social. Não era só uma classe de homens que substituía outra classe no poder. Eram os velhos princípios que eram descartados, e regras novas iam governar as sociedades humanas.

---

[17] Iseu, VII, 24, 25. Díon Crisóstomo, περι απωτιας. Harpocrácion, περα μεδιμνου. Demóstenes, *in Evergum; in Boeotum de dote; in Neoeram*, 51, 52.
[18] Plutarco, *Sólon*, 18.

É verdade que a cidade conservou as formas exteriores que tivera na época anterior. O regime republicano subsistiu; os magistrados conservaram quase em toda parte os seus antigos nomes; Atenas ainda teve os seus arcontes e Roma, seus cônsules. Nada mudou tampouco nas cerimônias da religião pública; as refeições do pritaneu, os sacrifícios no começo da assembleia, os auspícios e as preces, tudo foi conservado. É muito comum que o homem, ao rejeitar as velhas instituições, queira manter pelo menos as suas aparências.

No fundo, tudo estava mudado. Nem as instituições, nem o direito, nem as crenças nem os costumes foram nesse novo período o que tinham sido no anterior. Desapareceu o antigo regime, levando consigo as normas rigorosas que estabelecera em tudo; um regime novo foi fundado, e a vida humana ganhou outro aspecto.

A religião fora durante longos séculos o único princípio de governo. Era preciso encontrar outro princípio que fosse capaz de substituí-la e pudesse, como ela, reger as sociedades, pondo-as na medida do possível ao abrigo das flutuações e dos conflitos. O princípio sobre o qual o governo das cidades passou a fundar-se foi daí em diante o interesse público.

Cumpre observar esse dogma novo que fez então seu aparecimento no espírito dos homens e na história. Antes, a regra superior de onde derivava a ordem social não era o interesse, mas a religião. O dever de celebrar os ritos do culto fora o vínculo social. Dessa necessidade religiosa decorrera, para uns o direito de comandar, para os outros a obrigação de obedecer; vieram daí as regras da justiça e do procedimento legal, das deliberações públicas e da guerra. As cidades não se perguntavam se eram úteis as instituições que formavam; essas instituições haviam sido fundadas porque a religião assim o quisera. Nem o interesse nem a conveniência haviam contribuído para estabelecê-las; e se a classe sacerdotal lutara para defendê-las, não foi em nome do interesse público, mas em nome da tradição religiosa.

Mas no período em que entramos agora, a tradição não tem mais a preponderância e a religião já não governa. O princípio regulador do qual doravante todas as instituições devem tirar sua força, o único que esteja acima das vontades individuais e que possa obrigá-las a se submeter, é o interesse público. O que os latinos chamam de *res publica*, os gregos de τὸ κοινόν, eis o que substitui a velha religião. É isso que agora decide sobre as instituições e as leis, e é a isso que se referem todos os atos importantes das cidades. Nas deliberações dos senados ou das assembleias populares, quando se discute uma lei ou uma forma de governo, um ponto de direito privado ou uma instituição política, não mais se pergunta o que prescreve a religião, mas sim o que exige o interesse geral.

Atribui-se a Sólon uma frase que caracteriza bastante bem o novo regime. Alguém lhe perguntava se acreditava ter dado à pátria a melhor constituição: "Não", respondeu ele; "mas aquela que melhor lhe convém". Ora, era uma grande novidade não mais exigir das formas de governo e das leis senão um mérito relativo. As antigas constituições, fundadas nas regras do culto, haviam-se proclamado infalíveis e imutáveis; tinham tido o rigor e a inflexibilidade da religião. Sólon indicava com essa frase que no futuro as constituições políticas deveriam conformar-se às necessidades, aos costumes, aos interesses dos homens de cada época. Já não se tratava de verdade absoluta; as regras do governo deviam daí em diante ser flexíveis e variáveis. Dizem que o máximo que Sólon desejava era que as suas leis fossem observadas durante cem anos.

As normas do interesse público não são tão absolutas, tão claras, tão manifestas quanto as da religião. Sempre é possível discuti-las; não são percebidas logo de início. O modo que pareceu mais simples e mais seguro para saber o que o interesse público exigia, foi reunir os homens e consultá-los. Esse procedimento foi considerado necessário e utilizado quase diariamente. Na época anterior, os auspícios constituíam praticamente toda a matéria das deliberações; a opinião do sacerdote, do rei, do magistrado sagrado era todo-poderosa; votava-se pouco, e mais para cumprir uma formalidade do que para revelar a opinião de cada um. A partir daí se passou a votar sobre tudo; tinham de ter o parecer de todos para terem certeza de conhecer o interesse de todos. O sufrágio tornou-se o grande meio de governo. Foi a fonte das instituições, a regra do direito; decidiu o que era útil e até o que era justo. Esteve acima dos magistrados, acima até das leis; foi o soberano da cidade.

O governo também mudou de natureza. A sua função essencial não era mais a celebração regular das cerimônias religiosas; foi constituído sobretudo para manter a ordem e a paz internamente, a dignidade e a potência externamente. O que outrora estivera no segundo plano passou para o primeiro. A política passou a ter prioridade sobre a religião, e o governo dos homens se tornou algo humano. Consequentemente, aconteceu ou a criação de novas magistraturas ou, pelo menos, que as antigas ganharam um caráter novo. É o que podemos ver pelos exemplos de Atenas e de Roma.

Em Atenas, durante o domínio da aristocracia, os arcontes eram sobretudo sacerdotes; o trabalho de julgar, administrar, declarar a guerra reduzia-se a pouca coisa e podia sem inconveniente ser unido ao sacerdócio. Quando a cidade ateniense rejeitou os velhos métodos religiosos de governo, não suprimiu o arcontado; pois tinham uma repugnância extrema a suprimir o que era antigo. Mas, ao lado dos arcontes, ela estabeleceu outros magistrados, que pela natureza de suas funções se adequavam mais às necessidades da época. Eram os *estrategos*. A palavra significa chefe do exército; mas sua autoridade não era meramente militar; tinham a responsabilidade das relações com as outras cidades, a administração das finanças, e tudo o que dizia respeito à administração da cidade. Podemos dizer que os arcontes tinham nas mãos a religião e tudo o que era ligado a ela, e os estrategos tinham o poder político. Os arcontes conservavam a autoridade, tal como os velhos tempos a haviam entendido; os estrategos detinham a autoridade que as novas necessidades tinham feito estabelecer. Aos poucos se chegou a ponto de os arcontes só terem a aparência do poder e os estrategos terem toda a realidade dele. Esses novos magistrados já não eram sacerdotes; limitavam-se a celebrar as cerimônias totalmente indispensáveis em tempo de guerra. O governo tendia cada vez mais a se separar da religião. Esses estrategos podiam ser escolhidos fora da classe dos eupátridas. Na prova por que passavam antes de serem nomeados (δοκιμασια), não lhe perguntavam, como perguntavam ao arconte, se tinham um culto doméstico e se eram de família pura; bastava que eles tivessem cumprido sempre seus deveres de cidadãos e tivessem uma propriedade na Ática.[1] Os arcontes eram designados por sorteio, vale dizer, pela voz dos deuses; o mesmo não acontecia com os estrategos. Como governar se tornava mais difícil e mais complicado, como a piedade já não era a qualidade principal e como era preciso ter habilidade, prudência, coragem, arte de comandar, não se acreditava mais que a voz da sorte fosse suficiente para fazer um bom magistrado. A cidade não queria mais estar presa à pretensa vontade dos deuses, e fazia questão de ter livre escolha dos seus chefes. Era natural que o arconte, que era um sacerdote, fosse designado pelos deuses; mas o estrategos, que tinha nas mãos os interesses materiais da cidade, devia ser eleito pelos homens.

Se observarmos com atenção as instituições de Roma, reconheceremos que ali se operaram mudanças do mesmo gênero. Por um lado, os tribunos da plebe aumentaram a tal ponto a sua importância, que a direção da república, pelo menos no que dizia respeito aos negócios internos, acabou pertencendo a eles. Ora, esses tribunos, que não tinham o caráter sacerdotal,

---

[1] Dinarco, I, 171 (col. Didot).

parecem-se bastante com os estrategos. Por outro lado, o próprio consulado só pôde subsistir mudando de natureza. O que nele havia de sacerdotal aos poucos desapareceu. É bem verdade que o respeito dos romanos pelas tradições e as formas do passado exigia que o cônsul continuasse a celebrar as cerimônias religiosas instituídas pelos antepassados. Mas é compreensível que, quando os plebeus foram cônsules, essas cerimônias já não passavam de vãs formalidades. O consulado passou a ser cada vez menos um sacerdócio e cada vez mais um comando. Essa transformação foi lenta, insensível, despercebida; nem por isso deixou de ser completa. O consulado decerto não era mais no tempo dos Cipiões o que fora no tempo de Publícola. O tribunado militar, que o Senado instituiu em 443 e acerca do qual os antigos nos dão muito poucas informações, talvez tenha sido a transição entre o consulado da primeira época e o da segunda. Podemos observar também que ocorreu uma mudança na maneira de nomear os cônsules. Com efeito, nos primeiros séculos, o voto das centúrias na eleição do magistrado era apenas, como vimos, mera formalidade. Na verdade, o cônsul de cada ano era *criado* pelo cônsul do ano anterior, que lhe transmitia os auspícios, depois de ter recebido o assentimento dos deuses. As centúrias só votavam nos dois ou três candidatos apresentados pelo cônsul em exercício; não havia debate. O povo podia detestar um candidato; nem por isso deixava de ter de votar nele. Na época em que agora estamos, a eleição é completamente diferente, embora as suas formas ainda sejam as mesmas. Há ainda, como no passado, uma cerimônia religiosa e um voto; mas a cerimônia religiosa é meramente formal, e o voto é a realidade. O candidato ainda deve fazer-se apresentar pelo cônsul que preside; mas o cônsul é obrigado, senão pela lei, pelo menos pelo costume, a aceitar todos os candidatos e a declarar que os auspícios são igualmente favoráveis a todos eles. Dessa maneira, as centúrias nomeiam quem quiserem. A eleição já não pertence aos deuses, está nas mãos do povo. Os deuses e os auspícios só são consultados com a condição de serem imparciais entre todos os candidatos. Os homens é que escolhem.

CAPÍTULO X

Uma aristocracia da riqueza tenta constituir-se; estabelecimento da democracia; quarta revolução

O regime que sucedeu ao domínio da aristocracia religiosa não foi inicialmente a democracia. Como vimos com o exemplo de Atenas e de Roma, a revolução que se dera não fora obra das classes mais baixas. Havia, na verdade, algumas cidades em que essas classes logo se insurgiram; mas não conseguiram fundar nada de duradouro; as longas desordens em que caíram Siracusa, Mileto e Samos são prova disso. O regime novo só se estabeleceu com alguma solidez ali onde se encontrou de imediato uma classe superior para assumir por algum tempo o poder e a autoridade moral que escapavam aos eupátridas ou aos patrícios.

Qual podia ser essa aristocracia nova? Estando descartada a religião hereditária, o único elemento de distinção social que restava era a riqueza. Pediu-se, pois, à riqueza que definisse a hierarquia social, já que os espíritos não admitiam de imediato que a igualdade devesse ser absoluta.

Assim, Sólon julgou que só podia fazer esquecer a antiga distinção fundada na religião hereditária se estabelecesse uma divisão nova, baseada na riqueza. Dividiu os homens em quatro classes e lhes deu direitos desiguais; era preciso ser rico para chegar às altas magistraturas; era preciso ser pelo menos de uma das duas classes médias para ter acesso ao Senado e aos tribunais.[1]

---

[1] Plutarco, *Sólon*, 18; *Aristides,* 13. Aristóteles citado por Harpocrácion, nas palavras Ἱππεις, Θῆτες. Pólux, VIII, 129.

O mesmo sucedeu em Roma. Já vimos que Sérvio só destruiu a força do patriciado fundando uma aristocracia rival. Criou doze centúrias de cavaleiros escolhidos dentre os plebeus mais ricos; foi essa a origem da ordem equestre, que a partir daí passou a ser a ordem rica de Roma. Os plebeus que não tinham o censo determinado para serem cavaleiros foram divididos em cinco classes, segundo o montante de sua riqueza. Os proletários ficaram fora de todas as classes. Não tinham direitos políticos; embora estivessem presentes aos comícios por centúrias, é certo que não votavam.[2] A constituição republicana conservou essas distinções estabelecidas por um rei, e a plebe inicialmente não se mostrou muito desejosa de instaurar a igualdade entre os seus membros.

O que vemos muito claramente em Atenas e em Roma tornamos a encontrar em quase todas as outras cidades. Em Cumas, por exemplo, os direitos políticos só foram dados primeiro aos que, possuindo cavalos, formavam uma espécie de ordem equestre; mais tarde, aqueles que vinham depois deles pelo montante da riqueza obtiveram os mesmos direitos, e esta última medida só elevou a mil o número dos cidadãos. Em Régio, o governo esteve durante muito tempo nas mãos dos mil mais ricos da cidade. Em Túrio, era necessário um censo muito alto para fazer parte do corpo político. Vemos claramente nas poesias de Teógnis que em Mégara, depois da queda dos nobres, a riqueza é que reinou. Em Tebas, para gozar os direitos de cidadão, não se podia ser nem artesão nem comerciante.[3]

Dessa forma, os direitos políticos que, na época anterior, eram inerentes ao nascimento, foram durante certo tempo inerentes à riqueza. Formou-se em todas as cidades essa aristocracia dos ricos, não em função de algum cálculo, mas

---

[2] Tito Lívio, I, 43.
[3] Aristóteles, *Política*, III, 3, 4; VI, 4, 5 (ed. Didot).

pela própria natureza do espírito humano, que, ao sair de um regime de profunda desigualdade, não concebia de imediato a igualdade completa.

Cumpre notar que essa aristocracia não baseava a sua superioridade unicamente na riqueza. Em toda parte ela fez questão de ser a classe militar. Encarregou-se ao mesmo tempo de defender as cidades e de governá-las. Reservou para si as melhores armas e a maior parte dos perigos nos combates, querendo imitar nisso a classe nobre, que substituía. Em todas as cidades, os mais ricos formaram a cavalaria, a classe abastada compôs o corpo dos hoplitas ou dos legionários. Os pobres foram excluídos do exército; no máximo eram utilizados como escaramuçadores e como soldados de armamentos leves, ou entre os remadores da frota.[4] A organização do exército refletia, assim, com exatidão perfeita a organização política da cidade. Os perigos eram proporcionais aos privilégios, e a força material achava-se nas mesmas mãos que a riqueza.[5]

Houve assim em quase todas as cidades cuja história nos seja conhecida um período durante o qual a classe rica ou pelo menos a classe abastada teve a posse do governo. Esse regime político teve os seus méritos, como todo regime pode ter os seus, quando é conforme aos costumes da época e as

---

[4] Lísias, in Alcib., I, 8; II, 7. Iseu, VII, 89, Xenofonte, *Helênicas*, VII, 4. Harpocrácion, Θῆτες.

[5] A relação entre o serviço militar e os direitos políticos é manifesta: em Roma, a assembleia centurial não era senão o exército; prova disso é que os homens que haviam ultrapassado a idade do serviço militar não tinham mais direito de voto nesses comícios. Os historiadores não nos dizem que tivesse havido uma lei semelhante em Atenas; mas há números que são significativos; Tucídides nos ensina (II, 31; II, 13) que, no início da guerra, Atenas tinha 13 mil hoplitas; se acrescentarmos os cavaleiros que Aristófanes (nas *Vespas*) estima em cerca de mil, chegamos ao número de 14 mil soldados. Ora, Plutarco nos diz que na mesma época o número de cidadãos era de 14 mil. Isso significa, portanto, que os proletários, que não tinham o direito de servir entre os hoplitas, tampouco eram contados entre os cidadãos. A constituição de Atenas, em 430, ainda não era, portanto, completamente democrática.

crenças não lhe são contrárias. A nobreza sacerdotal da época anterior tinha com certeza prestado grandes serviços; pois ela é que, pela primeira vez, estabelecera leis e fundara governos regulares. Ela fizera viver com calma e dignidade, durante muitos séculos, as sociedades humanas. A aristocracia da riqueza teve outro mérito: deu novo impulso à sociedade e à inteligência. Nascida do trabalho sob todas as suas formas, ela o honrou e o estimulou. Esse novo regime dava maior valor político ao homem mais laborioso, mais ativo ou mais hábil; era, portanto, favorável ao desenvolvimento da indústria e do comércio; era propícia também ao progresso intelectual; pois a aquisição dessa riqueza, que normalmente se ganhava ou se perdia, segundo o mérito de cada um, fazia da instrução a primeira necessidade e da inteligência o mais potente motor dos negócios humanos. Não é, pois, de admirar que sob esse regime a Grécia e Roma tenham ampliado os limites da sua cultura intelectual e feito progredir a sua civilização.

A classe rica não conservou o poder por tanto tempo quanto a antiga nobreza hereditária. As suas credenciais para o domínio não tinham o mesmo valor. Ela não tinha aquele caráter sagrado de que o antigo eupátrida estava imbuído; não reinava em virtude das crenças e pela vontade dos deuses. Nada tinha em si que impressionasse a consciência e forçasse o homem a se submeter. O homem quase sempre só se inclina ante o que crê ser o direito ou o que as suas opiniões lhe mostram como muito acima dele mesmo. Pudera curvar-se durante muito tempo diante da superioridade religiosa do eupátrida que recitava a prece e tinha os deuses. A riqueza, porém, não lhe impunha respeito. Diante da riqueza, o sentimento mais comum não é o respeito, mas a inveja. A desigualdade política que resultava da diferença das riquezas logo pareceu uma iniquidade, e os homens se empenharam em fazê-la desaparecer.

De resto, a série das revoluções, uma vez iniciada, não devia parar. Os velhos princípios eram subvertidos, e não mais se tinham tradições nem regras fixas. Havia um sentimento geral da instabilidade das coisas, que fazia que mais nenhuma constituição fosse capaz de durar muito. A nova aristocracia foi, por conseguinte, atacada como o fora a antiga; os pobres quiseram ser cidadãos e se esforçaram para entrar, por sua vez, no corpo político.

É impossível entrar nos pormenores dessa nova luta. A história das cidades, à medida que se afasta da origem, diversifica-se cada vez mais. Elas trilham a mesma série de revoluções; mas essas revoluções apresentam-se sob formas muito variadas. Podemos pelo menos observar que, nas cidades onde o principal elemento da riqueza era a posse da terra, a classe rica foi respeitada e conservou o poder por mais tempo; e, ao contrário, nas cidades, como Atenas, em que havia poucas riquezas territoriais e onde as pessoas se enriqueciam sobretudo pela indústria e pelo comércio, a instabilidade das fortunas despertou mais cedo a cobiça ou as esperanças das classes inferiores, e a aristocracia foi atacada mais cedo.

Os ricos de Roma resistiram muito melhor do que os da Grécia; isso se deve a causas que mostraremos mais adiante. Mas quando lemos a história grega, observamos com certa surpresa o quanto a nova aristocracia se defendeu mal. É verdade que ela não podia, como os eupátridas, opor aos seus adversários o grande e potente argumento da tradição e da piedade. Não podia pedir o socorro dos antepassados e dos deuses. Não tinha ponto de apoio em suas próprias crenças; não tinha fé na legitimidade dos seus privilégios.

Ela dispunha da força das armas; mas até essa superioridade acabou faltando-lhe. As constituições que os Estados compõem durariam sem dúvida mais tempo se cada Estado pudesse permanecer no isolamento, ou se pelo menos pudesse viver sempre em paz. A guerra, porém, desarranja os mecanismos das constituições e apressa as mudanças. Ora, entre essas cidades da Grécia e da Itália, o estado de guerra era quase perpétuo. O serviço militar pesava mais sobre a classe rica, pois era ela que ocupava a primeira fileira nas batalhas. Muitas vezes, de volta de uma campanha, retornava dizimada e debilitada à cidade, sem condições, portanto, de enfrentar o partido popular. Em Tarento, por exemplo, tendo a classe alta perdido a maior parte dos seus membros numa guerra contra os iapígios, logo a democracia se estabeleceu na cidade. Deu-se em Argo o mesmo fato, cerca de trinta anos antes: depois de uma guerra infeliz contra os espartanos, o número dos verdadeiros cidadãos tornara-se tão pequeno, que tiveram de dar direito de cidade a uma multidão de *periecos*.[6] Era para não cair nesse extremo que Esparta era tão ciosa do sangue dos verdadeiros espartanos. Quanto a Roma, suas contínuas guerras explicam em grande parte as suas revoluções. A guerra primeiro destruiu o seu patriciado; das trezentas famílias que essa casta contava sob os reis, mal restava um terço depois da conquista de Sâmnio. Em seguida a guerra ceifou a plebe primitiva, aquela plebe rica e corajosa que preenchia as cinco classes e formava as legiões.

Um dos efeitos da guerra era que as cidades quase sempre eram forçadas a dar armas às classes inferiores. Por isso é que, em Atenas e em todas as cidades marítimas, a necessidade de uma marinha e os combates no mar deram à classe pobre a importância que as constituições lhe recusavam. Os tetas, elevados à condição de remadores, de marinheiros e até de soldados, e tendo entre as mãos a salvação da pátria, sentiram-se necessários e tornaram-se ousados. Foi essa a origem da democracia ateniense. Esparta tinha medo da guerra. Podemos ver em Tucídides a sua lentidão e a sua repugnância em entrar em guerra. Ela se deixou arrastar contra a vontade à guerra do Peloponeso; mas quantos esforços fez para dela se retirar!

---

[6] Aristóteles, *Política*, VIII, 2, 8 (V, 2).

É que Esparta era obrigada a armar os seus ὑπομείονες,* os seus neodamodés,** os seus motacos,*** os seus lacões e até os seus hilotas; sabia muito bem que toda guerra, ao dar armas a essas classes que ela oprimia, a fazia correr o risco de ter uma revolução e que no retorno do exército teria ou de se submeter à lei dos hilotas, ou dar um jeito de massacrá-los sem estardalhaço. Os plebeus caluniavam o Senado de Roma quando o censuravam por sempre buscar novas guerras. O Senado era hábil até demais. Sabia o que essas guerras lhe custavam em termos de concessões e de fracassos no fórum. Mas não podia evitá-las.

Não há, então, nenhuma dúvida de que a guerra preencheu o espaço que a aristocracia do dinheiro pusera entre ela e as classes inferiores. Com isso, logo aconteceu de as constituições se acharem em desacordo com o estado social e de ser preciso modificá-las. Devemos, aliás, reconhecer que todo privilégio estava necessariamente em contradição com o princípio que então governava os homens. O interesse público não era um princípio capaz de autorizar e de manter por muito tempo a desigualdade. Ele levava as sociedades inevitavelmente à democracia.

Prova disso é que foi preciso em toda parte, um pouco mais cedo ou um pouco mais tarde, dar direitos políticos a todos os homens livres. Tão logo a plebe romana quis ter comícios que lhe fossem próprios, teve de neles admitir os proletários e não conseguiu fazer passar a divisão em classes. A maioria das cidades viu assim se formarem assembleias realmente populares, e foi estabelecido o sufrágio universal.

---

* Os "inferiores"; classe de espartanos que perderam a cidadania por covardia ou preguiça. (N. T.)
** Aqueles que haviam sido admitidos recentemente à condição de cidadãos. (N. T.)
*** Escravos nascidos na família. (N. T.)

Ora, o direito de voto tinha na época um valor incomparavelmente maior que o que pode ter nos Estados modernos. Por ele, o último dos cidadãos participava de todos os negócios, nomeava os magistrados, fazia as leis, distribuía a justiça, decidia sobre a guerra ou a paz e redigia os tratados de aliança. Bastava, pois, essa ampliação do direito de voto para que o governo fosse realmente democrático.

Cumpre fazer uma última observação. Ter-se-ia, talvez, evitado o advento da democracia, se se tivesse podido fundar o que Tucídides chama ὀλιγαρχία ἰσόνομος ou seja, o governo para alguns e a liberdade para todos. Os gregos, porém, não tinham uma ideia clara da liberdade; entre eles, os direitos individuais sempre careceram de garantias.

Sabemos por Tucídides, que certamente não é suspeito de amor excessivo pelo governo democrático, que sob o domínio da oligarquia o povo estava exposto a muitas vexações, condenações arbitrárias e execuções violentas. Lemos nesse historiador que "foi preciso o regime democrático para que os pobres tivessem refúgio e os ricos, freio". Os gregos jamais souberam conciliar a igualdade civil com a desigualdade política. Para que o pobre não fosse lesado em seus interesses pessoais, pareceu-lhes necessário que houvesse um direito de voto, que ele fosse juiz nos tribunais e pudesse ser magistrado. Se lembrarmos, aliás, que, para os gregos, o Estado era uma potência absoluta e nenhum direito individual lhe resistia, compreenderemos que imenso interesse havia para cada homem, mesmo para o mais humilde, em ter direitos políticos, ou seja, em fazer parte do governo. Como o soberano coletivo era tão onipotente, o homem só podia ser alguma coisa se fosse membro desse soberano. A sua segurança e a sua dignidade dependiam disso. Queria dispor dos direitos políticos, não para ter a verdadeira liberdade, mas para ter pelo menos o que pudesse substituí-la.

CAPÍTULO XI

Regras do governo democrático; exemplo da democracia ateniense

À medida que as revoluções seguiam seu curso e o antigo regime ficava cada vez mais distante, o governo dos homens tornava-se mais difícil. Eram necessárias regras mais minuciosas, mecanismos mais complexos e mais delicados. É o que podemos ver pelo exemplo do governo de Atenas.

Atenas contava um número enorme de magistrados. Para começar, ela conservara todos os da época anterior, o arconte, que dava o nome ao ano e velava pela perpetuidade dos cultos domésticos; o rei, que celebrava os sacrifícios; o polemarca, que aparecia como chefe do exército e julgava os estrangeiros; os seis tesmotetas, que pareciam administrar a justiça e na realidade apenas presidiam os júris; havia ainda os dez ἱερόποιοι, que consultavam os oráculos e faziam alguns sacrifícios; os παράσιτοι, que acompanhavam o arconte e o rei nas cerimônias; os dez atlotetas, que permaneciam quatro anos no cargo para preparar a festa de Baco; enfim, os prítanes, que, em número de cinquenta, estavam permanentemente reunidos para zelarem pela manutenção da lareira pública e pela continuidade dos banquetes sagrados. Por essa lista, vemos que Atenas permanecia fiel às tradições dos velhos tempos; tantas revoluções ainda não tinham acabado de destruir esse respeito supersticioso. Ninguém ousava romper com as velhas formas da religião nacional; a democracia dava continuidade ao culto instituído pelos eupátridas.

Vinham em seguida os magistrados especialmente criados para a democracia, que não eram sacerdotes e velavam pelos interesses materiais da cidade. Eram em primeiro lugar os dez estrategos, que tratavam dos negócios da guerra e da política;

em seguida, os dez astínomos, que cuidavam da polícia; os dez agorânomos, que vigiavam os mercados da cidade e do Pireu; os quinze sitofílacas, que inspecionavam a venda do trigo; os quinze metrônomos, que controlavam os pesos e as medidas; os dez guardas do tesouro; os dez recebedores de contas; os onze encarregados da execução das sentenças. Some-se a isso que a maioria dessas magistraturas se repetia em cada tribo e em cada demo. O menor grupo populacional, na Ática, tinha o seu arconte, o seu sacerdote, o seu secretário, o seu recebedor, o seu chefe militar. Mal se podia dar um passo na cidade ou no campo sem encontrar um magistrado.

Esses cargos eram anuais; desse modo, não havia quase ninguém que não pudesse esperar exercer algum deles por sua vez. Os magistrados-sacerdotes eram escolhidos por sorteio. Os magistrados que só exerciam funções de ordem pública eram eleitos pelo povo. Havia, porém, uma precaução contra os caprichos da sorte ou do sufrágio universal: cada recém-eleito era submetido a um exame, quer diante do Senado, quer diante dos magistrados que deixavam o cargo, quer, enfim, perante o Areópago; não que se exigissem provas de capacidade ou de talento; mas faziam uma investigação sobre a probidade do homem e sobre a sua família; exigiam também que todo magistrado tivesse um patrimônio em terras.

Poderia parecer que esses magistrados, eleitos pelo voto de seus iguais, nomeados apenas por um ano, responsáveis e até dispensáveis, deviam ter pouco prestígio e autoridade. Basta, porém, ler Tucídides e Xenofonte para saber que eram respeitados e obedecidos. Sempre houve no caráter dos antigos, e até dos atenienses, uma grande facilidade para submeter-se à disciplina. Isso era, talvez, consequência dos hábitos de obediência que o governo sacerdotal lhes incutira. Estavam acostumados a respeitar o Estado e todos os que, em graus diversos, o representavam. Não lhes ocorria desprezar um magistrado porque tivesse sido eleito por eles; o sufrágio era considerado uma das mais santas fontes de autoridade.

Acima dos magistrados, cuja única função era fazer executar as leis, estava o Senado. Não era um corpo deliberativo, uma espécie de Conselho de Estado; não agia, não fazia as leis, não exercia nenhuma soberania. Não viam nenhum inconveniente no fato de que ele fosse renovado a cada ano, pois não exigia de seus membros nem uma inteligência superior, nem grande experiência. Era composto de cinquenta prítanes de cada tribo, que exerciam em rodízio as funções sagradas e deliberavam durante o ano inteiro sobre os interesses religiosos ou políticos da cidade. É provavelmente porque o Senado era apenas a reunião dos prítanes, isto é, dos sacerdotes anuais do fogo sagrado, que ele era nomeado por sorteio. É justo dizer que depois que a sorte se pronunciara, cada nome passava por uma prova e era afastado se não parecesse suficientemente honrado.[1]

Acima até do Senado estava a assembleia do povo. Era ela o verdadeiro soberano. Mas assim como nas monarquias bem constituídas o monarca se cerca de precauções contra os seus próprios caprichos e erros, a democracia também tinha regras invariáveis a que se submetia.

A assembleia era convocada pelos prítanes ou pelos estrategos. Reunia-se num espaço consagrado pela religião; já de manhã, os sacerdotes haviam dado a volta do Pnice, imolando vítimas e invocando a proteção dos deuses. O povo estava sentado em bancos de pedra. Sobre uma espécie de estrado elevado ficavam os prítanes e, em frente, os proedros que presidiam a assembleia. Junto à tribuna havia um altar, e a própria tribuna era considerada uma espécie de altar. Quando todos estavam sentados, um sacerdote (κῆρυξ) exclamava: "Mantenham silêncio", dizia ele, "o silêncio religioso (εὐφημία); rezem aos deuses e às deusas (e aqui nomeava as principais divindades do país) para que tudo ocorra da melhor maneira possível nesta assembleia, para maior proveito de Atenas e para a felicidade

---

[1] Ésquines, III, 2; Andócides, II, 19; I, 45-55.

dos cidadãos". Depois o povo, ou alguém em seu nome, respondia: "Invocamos os deuses para que eles protejam a cidade. Possa a opinião do sábio prevalecer! Maldito seja quem nos dê maus conselhos, quem pretenda mudar os decretos e as leis ou revele os nossos segredos ao inimigo!".[2]

Em seguida, o arauto, por ordem dos presidentes, dizia qual o assunto de que a assembleia devia ocupar-se. O que era apresentado ao povo já devia ter sido discutido e estudado pelo Senado. O povo não tinha o que chamamos em linguagem moderna iniciativa. O Senado levava-lhe um projeto de decreto; ele podia rejeitá-lo ou aprová-lo, mas não devia deliberar sobre outra coisa.

Quando o arauto terminava a leitura do projeto de decreto, abria-se a discussão. Dizia o arauto: "Quem quer tomar a palavra?". Os oradores subiam à tribuna, por ordem de idade. Qualquer homem podia falar, sem distinção de riqueza nem de profissão, mas com a condição de ter provado que gozava os direitos políticos, não era devedor do Estado, seus costumes eram puros, era casado legitimamente, possuía terras na Ática, cumprira todos os deveres para com os pais, fizera todas as expedições militares para as quais havia sido convocado e não se desfizera do escudo em nenhum combate.[3]

Uma vez tomadas essas precauções contra a eloquência, o povo entregava-se então a ela por completo. Os atenienses, como diz Tucídides, não achavam que a palavra prejudicasse a ação. Sentiam, pelo contrário, a necessidade de ser esclarecidos. A política não era mais, como no regime anterior, uma questão de tradição e de fé. Era preciso refletir e ponderar as razões. A discussão era necessária; pois toda questão era mais ou menos obscura, e só a palavra podia lançar luz sobre a verdade. O povo

---

[2] Ésquines, 1, 23; III, 4. Dinarco, II, 14. Demóstenes, *in Aristocr.*, 97. Aristófanes, *Acarnianos*, 43, 44 e Escoliasta, *Tesmof.*, 295-310.

[3] Ésquines, I, 27-33. Dinarco, I, 71.

ateniense queria que cada caso lhe fosse apresentado sob todos os seus diferentes aspectos e que lhe fossem mostrados com clareza os prós e os contras. Dava muita importância aos seus oradores; dizem que lhes retribuía em dinheiro pelos discursos pronunciados na tribuna.[4] Fazia ainda melhor: escutava-os. Pois não devemos imaginar uma multidão turbulenta e ruidosa. A atitude do povo era antes o contrário; o poeta cômico o representa a escutar boquiaberto, imóvel sobre os seus bancos de pedra.[5] Os historiadores e os oradores descrevem-nos frequentemente essas reuniões populares; não vemos quase nunca que um orador seja interrompido; seja ele Péricles ou Cléon, Ésquines ou Demóstenes, o povo presta atenção; quer quando o adulam, quer quando o censurem, ele escuta. Deixa exprimirem as opiniões mais opostas, com uma paciência às vezes admirável. Jamais gritos nem apupos. O orador, diga o que disser, sempre pode chegar ao fim do discurso.

Em Esparta, a eloquência é quase desconhecida. Isso porque os princípios do governo não são os mesmos. A aristocracia ainda governa, e tem tradições fixas que a dispensam de debater longamente o pró e o contra de cada questão. Em Atenas, o povo quer ser instruído; só se decide depois de um debate contraditório; só age se estiver convencido ou crer estar. Para pôr em operação o sufrágio universal, é necessária a palavra; a eloquência é o motor do governo democrático. Por isso os oradores logo ganham o título de *demagogos*, vale dizer, condutores da cidade; são eles, com efeito, que a fazem agir e determinam todas as suas decisões.

Fora previsto o caso em que um orador fizesse uma proposta contrária às leis existentes. Atenas tinha magistrados especiais, a que chamava guardiães das leis. Em número de sete,

---

[4] É pelo menos o que dá a entender Aristófanes, *Vespas*, 711 (639); *vide* Escoliasta.

[5] Aristófanes, *Cavaleiros*, 1119.

vigiavam a assembleia, sentados em assentos altos, e pareciam representar a lei, que está acima do próprio povo. Se vissem que uma lei era atacada, interrompiam o orador no meio do discurso e ordenavam a dissolução imediata da assembleia. O povo dispersava-se, sem direito de votar.[6]

Havia uma lei, pouco aplicável, na verdade, que punia todo orador culpado de ter dado um mau conselho ao povo. Outra havia que proibia o aceso à tribuna a todo orador que tivesse aconselhado por três vezes resoluções contrárias às leis existentes.[7]

Atenas sabia muito bem que a democracia só pode manter-se pelo respeito às leis. O cuidado de buscar as mudanças que podia ser útil fazer à legislação pertencia especificamente aos tesmotetas. Suas propostas eram apresentadas ao Senado, que tinha o direito de rejeitá-las, mas não de convertê-las em lei. Em caso de aprovação, o Senado convocava a assembleia e lhe comunicava o projeto dos tesmotetas. O povo, contudo, não devia resolver nada de imediato; adiava a discussão para outro dia, e enquanto isso designava cinco oradores que deviam ter como missão especial defender a antiga lei e mostrar os inconvenientes da inovação proposta. No dia marcado, o povo se reunia outra vez e escutava primeiro os oradores encarregados da defesa das velhas leis, e depois os que apoiavam as novas. Ouvidos os discursos, o povo ainda não se pronunciava. Contentava-se em nomear uma comissão, muito numerosa, mas composta exclusivamente de homens que tivessem exercido as funções de juiz. Essa comissão retomava o exame do caso, ouvia de novo os oradores, discutia e deliberava. Se rejeitasse a lei proposta, seu julgamento não tinha apelação. Se a aprovasse,

---

[6] Pólux, VIII, 94. Filocoro, *Fragm.*, col. Didot, p. 407.
[7] Ateneu, X, 73. Pólux, VIII, 52. Vide G. Perrot, *Histoire du droit public d'Athènes*, cap. II.

ela reunia mais uma vez o povo, que, nessa terceira vez, devia enfim votar, e cujos sufrágios faziam da proposta uma lei.[8]

Apesar de tanta prudência, ainda era possível que fosse aprovada uma proposta injusta ou funesta. Mas a lei teria para sempre o nome do autor, que poderia mais tarde ser processado e punido. O povo, como autêntico soberano, era considerado impecável; mas cada orador continuava sempre sendo o responsável pelo conselho que dera.[9]

Essas eram as regras a que obedecia a democracia. Não devemos concluir daí que ela jamais cometesse erros. Seja qual for a forma de governo, monarquia, aristocracia, democracia, dias há em que a razão é que governa, e outros em que é a paixão. Nenhuma constituição jamais suprimiu as fraquezas e os defeitos da natureza humana. Quanto mais minuciosas são as regras, mais demonstram que a direção da sociedade é difícil e cheia de perigos. A democracia só podia durar usando-se de prudência.

Causa espanto também todo o trabalho que essa democracia exigia dos homens. Era um governo muito laborioso. Vede como se passa a vida de um ateniense. Um dia é chamado à assembleia de seu demo e deve deliberar acerca dos problemas religiosos ou políticos dessa pequena associação. Outro dia ele é convocado à assembleia da tribo; trata-se de regular uma festa religiosa ou de examinar despesas ou de fazer decretos ou de nomear chefes e juízes. Três vezes por mês, regularmente, ele deve assistir à assembleia geral do povo; não tem o direito de faltar. Ora, a sessão é longa; não se trata apenas de votar; tendo chegado de manhã, ele tem de permanecer até uma hora avançada do dia, a escutar os oradores. Só pode votar se tiver estado presente desde a abertura da sessão e ouvido todos os

---

[8] Ésquines, *in Ctesiph.*, 38. Demóstenes, *in Timocr.*; *in Leptin.* Andócides, I, 83.

[9] Tucídides, III, 43. Demóstenes, *in Timocratem.*

discursos. Esse voto é para ele um negócio certíssimo; ora se trata de nomear os chefes políticos e militares, ou seja, aqueles a quem serão confiados o seu interesse e a sua vida durante um ano; ora é um imposto a criar ou uma lei a modificar; ora deve votar sobre a guerra, sabendo que terá de dar seu sangue e o de um filho. Os interesses individuais estão inseparavelmente unidos ao interesse do Estado. O homem não pode ser nem indiferente nem leviano. Se se enganar, sabe que logo virá o castigo e que em cada voto estão em jogo a sua riqueza e a sua vida. O dia em que foi decidida a infeliz expedição à Sicília, não havia nenhum cidadão que não soubesse que um dos seus faria parte dela e que não tivesse aplicado toda a atenção para ponderar as vantagens e os perigos que tal guerra ofereceria. Era muito importante refletir e esclarecer-se. Pois um fracasso da pátria era para cada cidadão uma diminuição da dignidade pessoal, da segurança e da riqueza.

O dever do cidadão não se limitava a votar. Quando chegava a sua vez, devia ser magistrado em seu demo e em sua tribo. Um em cada dois anos, em média,[10] ele era heliasta e passava o ano inteiro nos tribunais, ouvindo os pleiteantes e aplicando as leis. Quase não havia cidadão que não fosse chamado duas vezes na vida a fazer parte do Senado; então, durante um ano, ele participava do tribunal, da manhã à noite, recebendo os depoimentos dos magistrados, fazendo-os prestar contas, respondendo aos embaixadores estrangeiros, redigindo as instruções dos embaixadores atenienses, examinando todos os casos que deviam ser submetidos ao povo e preparando todos os decretos. Podia, enfim, ser magistrado da cidade, arconte, estratego, astínomo, se a sorte ou o sufrágio o designasse. Vemos que era um duro encargo ser cidadão de um Estado

---

[10] Havia 5 mil heliastas para 14 mil cidadãos; podemos, porém, subtrair desse último número 3 mil ou 4 mil que deviam ser afastados pela δοκιμασία. Em Atenas, prova de aptidão ou de elegibilidade. (N. T.)

democrático, que havia ali com que ocupar toda a vida, e que sobrava muito pouco tempo para os trabalhos pessoais e para a vida doméstica. Por isso dizia Aristóteles com muita justiça que o homem que precisasse trabalhar para viver não podia ser cidadão. Tais eram as exigências da democracia. O cidadão, como o funcionário público dos nossos dias, pertencia totalmente ao Estado. Dava-lhe o sangue na guerra, o tempo durante a paz. Não tinha a liberdade de deixar de lado os negócios públicos para dar mais atenção aos seus. Eram antes os seus que ele devia negligenciar para trabalhar em prol da cidade. Os homens passavam a vida a governar-se. A democracia só podia durar com a condição do trabalho incessante de todos os seus cidadãos. Por pouco que o zelo arrefecesse, ela devia perecer ou corromper-se.

CAPÍTULO XII

Ricos e pobres; morre a democracia; os tiranos populares

Quando a série de revoluções trouxe a igualdade entre os homens e não houve mais lugar para se combater por princípios e direitos, os homens guerrearam-se por interesses. Esse período novo da história das cidades não começou para todas ao mesmo tempo. Numas ele seguiu de bem perto o estabelecimento da democracia; noutras, só apareceu depois de muitas gerações que souberam governar com serenidade. Todas as cidades, porém, mais cedo ou mais tarde, caíram nessas deploráveis lutas.

À medida que se afastavam do antigo regime, formara-se uma classe pobre. Antes, quando cada homem fazia parte de uma *gens* e tinha o seu senhor, a miséria era quase desconhecida. O homem era sustentado pelo chefe; aquele a quem prestava obediência devia-lhe em troca atender a todas as suas necessidades. Mas as revoluções, que haviam dissolvido o γένος, também tinham mudado as condições da vida humana. O dia em que o homem se libertara dos vínculos da clientela, ele vira erguer-se diante dele as necessidades e as dificuldades da existência. A vida tornara-se mais independente, porém mais laboriosa e sujeita a mais acidentes. Cada qual tinha agora o cuidado com seu bem-estar, cada qual seu prazer e sua tarefa. Um se enriquecera por sua atividade, o outro permanecera pobre. A desigualdade é inevitável em toda sociedade que não queira permanecer no estado patriarcal ou no estado de tribo.

A democracia não suprimiu a miséria: tornou-a, pelo contrário, mais sensível. A igualdade dos direitos políticos fez ressaltar ainda mais a desigualdade das condições.

Como não havia nenhuma autoridade que se elevasse acima dos ricos e dos pobres ao mesmo tempo e que pudesse obrigá-los a viver em paz, teria sido desejável que os princípios econômicos e as condições de trabalho fossem tais que as duas classes fossem forçadas a viver em bom entendimento. Teria sido preciso, por exemplo, que elas necessitassem uma da outra, que o rico só pudesse enriquecer-se se pedisse ao pobre o seu trabalho e se o pobre só obtivesse os meios para viver se desse seu trabalho ao rico. Então a desigualdade das riquezas teria estimulado a atividade e a inteligência do homem; não teria gerado a corrupção e a guerra civil.

Muitas cidades, porém, careciam absolutamente de indústria e comércio; não dispunham, pois, do recurso de aumentar a soma da riqueza pública, para dar parte dela ao pobre sem espoliar ninguém. Onde havia comércio, quase todos os benefícios iam para os ricos, em função do preço exagerado do dinheiro. Embora houvesse indústria, os trabalhadores eram escravos. Sabemos que os ricos de Atenas ou de Roma tinham em casa oficinas de tecelões, de cinzeladores, de armeiros, todos eles escravos. Mesmo as profissões liberais permaneciam praticamente fechadas ao cidadão. O médico era muitas vezes um escravo que curava os doentes em proveito do amo. Os caixeiros de banco, muitos arquitetos, os construtores de navios, os baixos funcionários do Estado eram escravos. A escravidão era uma praga de que até a sociedade livre sofria. O cidadão tinha dificuldade para achar emprego e trabalho. A falta de ocupação logo o tornava preguiçoso. Como só via os escravos trabalhando, desprezava o trabalho. Assim, os hábitos econômicos, as disposições morais, os preconceitos, tudo se reunia para impedir o pobre de sair da miséria e viver decentemente. A riqueza e a pobreza não estavam constituídas para poderem viver em paz.

O pobre tinha a igualdade de direitos. Mas certamente os sofrimentos cotidianos o faziam pensar que a igualdade das riquezas teria sido muito preferível. Ora, não demorou muito para que se desse conta de que a igualdade que ele tinha podia servir-lhe para adquirir a que não tinha e que, senhor dos sufrágios, podia tornar-se senhor da riqueza.

Começou por querer viver do direito de voto. Fez-se pagar para assistir à assembleia ou para julgar nos tribunais. Se a cidade não fosse rica o bastante para pagar tais despesas, o pobre dispunha de outros recursos. Ele vendia o seu voto e, como as ocasiões de votar eram frequentes, conseguia viver. Em Roma, esse tráfico fazia-se regularmente e às claras; em Atenas, era mais escondido. Em Roma, onde o pobre não entrava nos tribunais, ele se vendia como testemunha; em Atenas, como juiz. Tudo isso não tirava o pobre da miséria e o jogava na degradação.

Como esses expedientes não se mostraram suficientes, o pobre valeu-se de meios mais enérgicos. Organizou uma guerra violenta contra a riqueza. Essa guerra primeiro se disfarçou sob formas legais; oneraram os ricos com todas as despesas públicas, encheram-nos de impostos, fizeram-nos construir trirremes, quiseram que eles dessem festas ao povo. Em seguida se multiplicaram as multas nos julgamentos; decretou-se o confisco dos bens para as mais leves faltas. É possível dizer quantos homens foram condenados ao exílio só por serem ricos? A riqueza do exilado ia para o tesouro público, de onde em seguida saía, sob forma de trióbolo, para ser dividida entre os pobres. Mas tudo isso ainda não bastava, pois o número de pobres continuava a aumentar. Os pobres usaram, então, o seu direito de voto para decretar quer a abolição das dívidas, quer o confisco maciço e a subversão geral.

Nas épocas anteriores, o direito de propriedade havia sido respeitado, porque tinha por fundamento uma crença religiosa. Enquanto cada patrimônio estivera ligado a um culto e fora considerado inseparável dos deuses domésticos de uma família, ninguém pensara que se tivesse o direito de espoliar um homem de seu campo. Mas na época em que as revoluções nos conduziram, essas velhas crenças foram abandonadas e a religião da propriedade desapareceu. A riqueza não é mais um terreno sagrado e inviolável. Não parece mais um dom dos deuses, mas um dom do acaso. Desejam apoderar-se dela, tirando-a de quem a possui; e esse desejo, que antes teria parecido uma impiedade, começa a parecer legítimo. Não mais se vê o princípio superior que o direito de propriedade consagra; cada qual só sente a sua própria necessidade e com ela mede o seu direito.

Já dissemos que a cidade, sobretudo entre os gregos, tinha um poder sem limites, a liberdade era desconhecida e o direito individual nada era ante a vontade do Estado. Isso fazia que a maioria dos sufrágios pudesse decretar o confisco dos bens dos ricos e que os gregos não vissem naquilo nem ilegalidade nem injustiça. O que o Estado pronunciara era o direito. Essa ausência de liberdade individual foi causa de desgraças e de desordens para a Grécia. Roma, que respeitava um pouco mais o direito do homem, também sofreu menos.

Conta Plutarco que em Mégara, após uma insurreição, decretaram que as dívidas seriam abolidas e os credores, além da perda do capital, seriam obrigados a reembolsar os juros já pagos.[1]

"Em Mégara, como em outras cidades", diz Aristóteles,[2] "o partido popular, tendo tomado o poder, começou decretando o confisco dos bens de algumas famílias ricas. Mas uma vez nesse caminho, não conseguiu mais parar. Teve de fazer a cada dia uma nova vítima; e por fim o número de ricos espoliados e exilados se tornou tão grande, que eles formaram um exército".

Em 412, "o povo de Samos matou duzentos de seus adversários, exilou quatrocentos outros e dividiu entre si suas terras e casas".[3]

Em Siracusa, o povo mal se livrara do tirano Dionísio e já na primeira assembleia decretava a divisão das terras.[4]

Nesse período da história grega, todas as vezes que vemos uma guerra civil, os ricos estão num partido e os pobres, no outro. Os pobres querem apoderar-se da riqueza, os ricos querem conservá-la ou recuperá-la. "Em toda guerra civil", diz um historiador grego, "trata-se de deslocar as riquezas".[5] Todo demagogo fazia como aquele Molpágoras de Cio,[6] que entregava à multidão os que possuíam dinheiro, massacrava uns, exilava os outros e distribuía seus bens entre os pobres. Em Messena, assim que o partido popular tomou o poder, exilou os ricos e dividiu suas terras.

As classes altas jamais tiveram entre os antigos inteligência suficiente e habilidade bastante para encaminhar os pobres ao trabalho e ajudá-los a sair honradamente da miséria e da

---

[1] Plutarco, *Quest. grec.*, 18.
[2] Aristóteles, *Política*, VIII, 4 (V, 4).
[3] Tucídides, VIII, 21.
[4] Plutarco, *Díon*, 37, 48.
[5] Políbio, XV, 21.
[6] Políbio, VII, 10.

corrupção. Alguns homens valorosos o tentaram; não foram bem-sucedidos. Isso fez que as cidades sempre flutuassem entre duas revoluções, uma que espoliava os ricos, outra que lhes devolvia a posse da riqueza. Esse estado de coisas durou desde a guerra do Peloponeso até a conquista da Grécia pelos romanos.

Em cada cidade, o rico e o pobre eram dois inimigos que viviam lado a lado, um a cobiçar a riqueza, o outro a ver a riqueza sendo cobiçada. Entre eles, nenhuma relação, nenhum serviço, nenhum trabalho que os unisse. O pobre só podia adquirir a riqueza se despojasse o rico. O rico só podia defender seus bens com extrema habilidade ou com a força. Eles se encaravam com olhares raivosos. Era em cada cidade uma dupla conspiração: os pobres conspiravam por cupidez, os ricos por medo. Diz Aristóteles que os ricos pronunciavam entre si este juramento: "Juro ser sempre inimigo do povo e fazer-lhe todo o mal que puder".[7]

Não é possível dizer qual das duas partes cometeu mais crueldades e crimes. Os ódios faziam desaparecer do coração todo sentimento de humanidade. "Houve em Mileto uma guerra entre os ricos e os pobres. Estes inicialmente levaram a melhor e forçaram os ricos a fugir da cidade. Mais tarde, no entanto, lamentando não terem podido degolá-los, tomaram seus filhos, reuniram-nos nos celeiros e os moeram sob os pés dos bois. Em seguida, os ricos retornaram à cidade e retomaram o poder. Pegaram, por sua vez, os filhos dos pobres, untaram-nos de pixe e os queimaram vivos".[8]

---

[7] Aristóteles, *Política*, VIII, 7, 10 (V, 7). Plutarco, *Lisandro*, 19.

[8] Heráclides do Ponto, em Ateneu, XII, 26. — Costuma-se acusar a democracia ateniense de ter dado à Grécia o exemplo desses excessos e dessas subversões. Atenas é, ao contrário, a única cidade grega conhecida por nós que não tenha visto em seus muros essa guerra atroz entre os ricos e os pobres. Aquele povo inteligente e prudente compreendera, desde o dia em que se iniciara a série das revoluções, que se caminhava para um ponto em que só o trabalho poderia salvar a sociedade. Ela, portanto, o havia encorajado e tornando honroso.

Que se passou, então, com a democracia? Ela não era exatamente responsável por esses excessos e por esses crimes; era, porém, a primeira a ser atingida por eles. Não havia mais regras; ora, a democracia só pode viver em meio às regras mais estritas e mais bem observadas. Não se viam mais governos, mas facções no poder. O magistrado não mais exercia a autoridade em prol da paz e da lei, mas em proveito dos interesses e das cobiças de um partido. O comando não tinha mais títulos legítimos nem caráter sagrado; a obediência nada mais tinha de voluntário; sempre forçada, ela sempre prometia a si mesma a desforra. A cidade não era mais, como diz Platão, senão um amontoado de homens, dos quais parte era senhora e a outra, escrava. Diziam que o governo era aristocrático quando os ricos estavam no poder, democrático quando eram os pobres. Na realidade, a verdadeira democracia não existia mais.

A partir do dia em que as necessidades e os interesses materiais nela irromperam, ela se alterara e corrompera. A democracia, com os ricos no poder, tornara-se uma oligarquia violenta; a democracia dos pobres transformara-se em tirania. Do século quinto ao segundo antes da nossa era, vemos em todas as cidades da Grécia e da Itália, exceto ainda em Roma, que as formas republicanas corriam perigo e se tornaram odiosas a um partido. Ora, podemos distinguir claramente quem são aqueles que querem destruí-las e quem são os que gostariam de conservá-las. Os ricos, mais esclarecidos e mais orgulhosos, permanecem fiéis ao regime republicano, ao passo

---

Sólon prescrevera que todo homem que não tivesse um trabalho perdesse os direitos políticos. Péricles não quis que nenhum escravo participasse da construção dos grandes monumentos que ele erguia, e reservou todo esse trabalho aos homens livres. A propriedade, aliás, era tão dividida, que um recenseamento feito no fim do século quinto mostrou que havia na pequena Ática mais de 10 mil proprietários. Por isso Atenas, vivendo sob um regime econômico um pouco melhor do que o das outras cidades, foi menos violentamente atingida do que o resto da Grécia; as lutas entre ricos e pobres foram ali mais calmas e não acabaram nas mesmas balbúrdias.

que os pobres, para quem os direitos políticos têm menor valor, gostam de ter por chefe um tirano. Quando essa classe pobre, depois de muitas guerras civis, reconheceu que as suas vitórias de nada serviam, que o partido contrário sempre acabava voltando ao poder e que, depois de longas alternâncias de confiscos e restituições, a luta tinha sempre de recomeçar, ela imaginou estabelecer um regime monárquico que fosse conforme aos seus interesses e que, oprimindo para sempre o partido contrário, lhe garantisse no futuro os benefícios da vitória. Assim, ela criou os tiranos. A partir desse momento, os partidos mudaram de nome: já não se era aristocrata ou democrata; combatia-se pela liberdade ou se combatia pela tirania. Sob essas duas palavras, era ainda a guerra entre a riqueza e a pobreza. Liberdade significava o governo em que os ricos levavam a melhor e defendiam sua riqueza; tirania denotava exatamente o contrário.

É um fato geral e quase sem exceções na história da Grécia e da Itália que os tiranos saem do partido popular e têm por inimigo o partido aristocrático. "O tirano", diz Aristóteles, "só tem por missão proteger o povo contra os ricos; sempre começou sendo demagogo e é da essência da tirania combater a aristocracia". "O meio de chegar à tirania", diz ele ainda, "é ganhar a confiança da multidão; ora, ganha-se essa confiança declarando-se inimigo dos ricos. Foi assim com Pisístrato em Atenas, Teágenes em Mégara, Dionísio em Siracusa".[9]

O tirano sempre declara guerra aos ricos. Em Mégara, Teágenes surpreende na batalha as tropas dos ricos e as degola. Em Cumas, Aristodemo abole as dívidas, e tira as terras dos ricos para dá-las aos pobres. É o que fazem Nícocles em Sícion e Aristômaco em Argo. Todos esses tiranos nos são representados pelos escritores como crudelíssimos; não é provável que eles o fossem todos por natureza; mas o eram pela premente

---

[9] Aristóteles, *Política*, V, 8; VIII, 4, 5; V, 4.

necessidade em que se achavam de dar terras ou dinheiro aos pobres. Só conseguiam manter-se no poder enquanto satisfizessem a cobiça e entretivessem as paixões da multidão.

O tirano dessas cidades gregas é um personagem de que hoje nada nos pode dar uma ideia. É um homem que vive no meio dos súditos, sem intermediários e sem ministros, e lida diretamente com eles. Não está naquela posição elevada e independente na qual está o soberano de um grande Estado. Tem todas as pequenas paixões do homem particular: não é insensível aos lucros de um confisco; é acessível à cólera e ao desejo de vingança pessoal; sente medo; sabe que tem inimigos bem junto dele e que a opinião pública aprova o assassínio, quando a vítima é um tirano. É fácil adivinhar como pode ser o governo de tal homem. Com duas ou três honrosas exceções, os tiranos que chegaram ao poder em todas as cidades gregas nos séculos quarto e terceiro só reinaram por exaltarem o que havia de pior na multidão e por destruírem com violência tudo o que fosse superior pelo nascimento, pela riqueza ou pelo mérito. Seu poder era ilimitado; os gregos puderam reconhecer como o governo republicano, quando não professa um grande respeito pelos direitos individuais, facilmente se transforma em despotismo. Os antigos tinham conferido tal poder ao Estado, que, no dia em que um tirano lançava mão dessa onipotência, os homens não tinham mais nenhuma garantia contra ele, que era legalmente o senhor de sua vida e riquezas.

CAPÍTULO XIII

Revoluções de Esparta

Não devemos crer que Esparta tenha vivido dez séculos sem revoluções. Diz-nos Tucídides, ao contrário, "que ela sofreu com as dissensões mais do que qualquer outra cidade grega".[1] Na verdade, pouco sabemos sobre a história dessas lutas intestinas; mas isso porque o governo de Esparta tinha por norma e por hábito cercar-se do mais profundo mistério.[2] A maior parte das lutas que a agitaram foi ocultada e entregue ao esquecimento; delas pelo menos sabemos o suficiente para podermos dizer que, embora a história de Esparta seja sensivelmente diferente da de outras cidades, nem por isso ela deixou de passar pela mesma série de revoluções.

Os dórios já estavam unidos como um povo quando invadiram o Peloponeso. Que causa os havia feito sair de seu país? Teria sido a invasão de um povo estrangeiro, uma revolução interna? Ignoramo-lo. O que parece certo é que naquele momento da existência do povo dório, o antigo regime da *gens* já havia desaparecido. Já não distinguimos nele essa antiga organização da família; não mais encontramos rastos do regime patriarcal, não mais vestígios de nobreza religiosa nem de clientela hereditária; só vemos guerreiros iguais sob um rei. É provável, portanto, que uma primeira revolução social já se houvesse realizado, quer na Dórida, quer no caminho que levou esse povo até Esparta. Se compararmos a sociedade dórica do século nono com a sociedade jônia da mesma época, percebemos que a primeira estava muito mais avançada do que a segunda na série das mudanças. A raça jônia entrou mais tarde na trilha das revoluções; é verdade que a percorreu mais rápido.

Embora os dórios, ao chegarem a Esparta, não mais tivessem o regime da *gens*, eles ainda não tinham conseguido desfazer-se tão completamente dele a ponto de não conservarem algumas das suas instituições, como, por exemplo, o direito de primogenitura e a inalienabilidade do patrimônio. Essas instituições não tardaram a restabelecer uma aristocracia na sociedade espartana.

---

[1] Tucídides, I, 18.
[2] Tucídides, V, 68.

Todas as tradições nos mostram que, na época em que Licurgo surgiu, havia duas classes entre os espartanos, e elas estavam em luta. A realeza tinha uma tendência natural a tomar o partido da classe inferior. Licurgo, que não era rei, fez-se chefe da aristocracia, e com isso enfraqueceu a realeza e pôs o povo sob o seu jugo.

As declamações de alguns antigos e de muitos modernos acerca da sabedoria das instituições de Esparta, da felicidade inalterável que ali se gozava, da igualdade, da vida em comum, não devem iludir-nos. De todas as cidades que houve sobre a terra, Esparta é talvez aquela onde a aristocracia reinou com maior dureza e onde menos se conheceu a igualdade. Não se deve falar de divisão de terras; se essa divisão alguma vez ocorreu, pelo menos é bem certo que não se manteve. Pois no tempo de Aristóteles "uns possuíam terrenos imensos, outros não tinham nada ou quase nada; mal se contavam em toda a Lacônia mil proprietários".[3]

Deixemos de lado os hilotas e os lacões, e examinemos apenas a sociedade espartana: nela encontramos uma hierarquia de classes superpostas uma à outra. São em primeiro lugar os neodamodés, que parecem ser ex-escravos libertos;[4] em seguida, os epeunactes, que haviam sido admitidos para preencher os vazios causados pela guerra entre os espartanos;[5] num nível um pouco superior apareciam os motacos, que, bem parecidos com os clientes domésticos, viviam com o amo, servindo-lhe de cortejo, compartilhando as suas ocupações, os seus trabalhos, as suas festas e combatendo ao lado dele.[6] Vinha em seguida a classe dos bastardos, que descendiam dos verdadeiros espartanos, mas deles separados pela religião e pela lei;[7] depois,

---

[3] Aristóteles, *Política*, II, 6, 10 e 11.
[4] Míron de Priene, em Ateneu, VI.
[5] Teopompo, em Ateneu, VI.
[6] Ateneu, VI, 102. Plutarco, *Cleômenes*, 8. Eliano, XII, 43.
[7] Aristóteles, *Política*, VIII, 6 (V, 6). Xenofonte, *Helênicas*, V, 3, 9.

mais uma classe, a que chamavam inferiores, ὑπομείονες,[8] e que eram provavelmente os filhos mais jovens deserdados das famílias. Por fim, acima de tudo aquilo se elevava a classe aristocrática, composta por homens a que chamavam *Iguais*, Ὅμοιοι. Estes homens eram, com efeito, iguais entre si, mas muito superiores a todo o resto. Não conhecemos o número de membros desta classe; só sabemos que era muito pequeno. Certo dia, um de seus inimigos os contou na praça pública, e só encontrou cerca de sessenta em meio a uma multidão de 4 mil indivíduos.[9] Esses iguais eram os únicos a participar do governo da cidade. "Estar fora dessa classe", diz Xenofonte, "é estar fora do corpo político".[10] Diz Demóstenes que o homem que entra na classe dos Iguais só por isso já se torna "um dos senhores do governo".[11] "São chamados *Iguais*", diz ele ainda, "porque a igualdade deve reinar entre os membros de uma oligarquia".

Não dispomos de informações precisas sobre a composição desse grupo. Parece que era recrutado por eleição; mas o direito de eleger pertencia ao próprio grupo, e não ao povo. Ser aceito era o que chamavam na língua oficial de Esparta *o preço da virtude*. Não sabemos quais os requisitos de riqueza, de nascimento, de mérito, de idade, para compor essa *virtude*. Sabemos que o nascimento não bastava, pois havia eleição; é de crer que era antes a riqueza que determinava a escolha, numa cidade "que tinha no mais alto grau o amor ao dinheiro e onde aos ricos tudo era permitido".[12]

Seja como for, esses Iguais eram os únicos a ter os direitos do cidadão; eram os únicos a compor a assembleia; eram os únicos a formar o que em Esparta chamavam *o povo*. Dessa

---

[8] Xenofonte, *Helênicas*, III, 3, 6.
[9] Xenofonte, *Helênicas*, III, 3, 5.
[10] Xenofonte, *Const. de Laced.*, 10.
[11] Demóstenes, *in Leptin.*, 107.
[12] A φιλοχρηματια Σπαρταν ελοι: era já um provérbio na Grécia nos tempos de Aristóteles. Zenóbio. II, 24. Aristóteles, *Política*, VIII, 6, 7 (V, 6).

classe saíam por eleição os senadores, a quem a constituição dava imensa autoridade, pois diz Demóstenes que, no dia em que um homem entra no Senado, ele se torna um déspota para a multidão.[13] Esse Senado, de que os reis eram simples membros, governava o Estado segundo o método habitual dos corpos aristocráticos; magistrados anuais, cuja eleição lhe pertencia indiretamente, exerciam em seu nome uma autoridade absoluta. Esparta tinha, assim, um regime republicano; tinha até toda a aparência de democracia, reis-sacerdotes, magistrados anuais, um Senado deliberativo, uma assembleia do povo. Mas esse povo era apenas a reunião de duas ou três centenas de homens.

Desde Licurgo, e sobretudo desde o estabelecimento dos éforos, foi esse o governo de Esparta. Uma aristocracia composta de alguns ricos fazia pesar um jugo de ferro sobre os hilotas, sobre os lacões e até sobre a maioria dos espartanos. Pela energia, pela habilidade, pelos poucos escrúpulos e pouca preocupação com as leis morais, ela soube conservar o poder durante cinco séculos. Mas suscitou ódios cruéis e teve de reprimir grande número de insurreições.

Não falaremos sobre as conjurações dos hilotas. Nem todos os dos espartanos nos são conhecidos; o governo era hábil demais para não procurar destruir até mesmo a memória deles. Alguns, porém, a história não pôde esquecer. Sabemos que os colonos que fundaram Tarento eram espartanos que haviam querido derrubar o governo. Uma indiscrição do poeta Tirteu revelou à Grécia que durante as guerras de Messênia um partido conspirara para obter a partilha das terras.

O que salvava Esparta era a divisão extrema que ela sabia provocar entre as classes inferiores. Os hilotas não se entendiam com os lacões; os motacos desprezavam os neodamodés. Nenhuma coalizão era possível, e a aristocracia, graças à educação

---

[13] Demóstenes, *in Leptin.*, 107. Xenofonte, *Const. de Laced.*, 10.

militar e à estreita união de seus membros, era sempre forte o bastante para enfrentar cada uma das classes inimigas.

Os reis tentaram o que nenhuma classe conseguira realizar. Todos dentre eles, que aspiraram a sair do estado de inferioridade em que a aristocracia os mantinha, procuraram o apoio dos homens de condição inferior. Durante a guerra médica, Pausânias concebeu o projeto de restaurar ao mesmo tempo a realeza e as classes baixas, derrubando a oligarquia. Os espartanos mataram-no, acusando-o de ter travado relações com o rei da Pérsia; seu verdadeiro crime foi antes o de ter pensado em dar alforria aos hilotas.[14] Podemos contar na história como são numerosos os reis que foram exilados pelos éforos; é fácil adivinhar a causa dessas condenações, e Aristóteles a diz: "Os reis de Esparta, para enfrentarem os éforos e o Senado, faziam-se demagogos".[15]

Em 397, uma conspiração quase derrubou esse governo oligárquico. Um tal de Cínadon, que não pertencia à classe dos Iguais, era o chefe dos conjurados. Quando queria recrutar alguém para o complô, levava-o à praça pública e fazia-o contar os cidadãos; incluindo os reis, os éforos e os senadores, chegava-se ao número de cerca de setenta. Cínadon lhe dizia, então: "Aquela gente é nossa inimiga; todos os outros, porém, que enchem a praça em número de mais de quatro mil, são nossos aliados". E acrescentava: "Quando encontrares no campo um espartano, vê nele um inimigo e um senhor; todos os outros homens são amigos". Hilotas, lacões, neodamodés, ὑπομείονες, todos estavam associados, dessa vez, e eram cúmplices de Cínadon; "pois todos", diz o historiador, "tinham tamanho ódio de seus amos, que não havia um único entre eles que não confessasse que gostaria de devorá-los crus". Mas o governo de Esparta era admiravelmente servido: não havia

---

[14] Aristóteles, *Política*, VIII, 1 (V, 1). Tucídides I, 13, 2.
[15] Aristóteles, *Política*, II, 6, 14.

segredo para ele. Os éforos declararam que as entranhas das vítimas lhes revelaram a conspiração. Não deram aos conjurados tempo para agir: capturaram-nos e os mandaram matar secretamente. Mais uma vez a oligarquia foi salva.[16]

Graças a esse governo, a desigualdade continuou a crescer. A Guerra do Peloponeso e as expedições à Ásia trouxeram muito dinheiro a Esparta, que foi, todavia, distribuído de modo muito desigual e só enriqueceu os que já eram ricos. Ao mesmo tempo, desapareceu a pequena propriedade. O número de proprietários, que ainda era de mil no tempo de Aristóteles, reduziu-se a cem, um século depois.[17] A terra estava toda nas mãos de poucos, enquanto não havia nem indústria nem comércio para dar ao pobre algum trabalho, e os ricos faziam que escravos cultivassem suas imensas terras. De um lado estavam alguns homens que tinham tudo; do outro, a imensa maioria que não tinha absolutamente nada. Plutarco nos apresenta, na vida de Ágis e de Cleômenes, um quadro da sociedade espartana; nele vemos um amor desenfreado pela riqueza, com tudo subordinado a ela; em alguns, o luxo, a preguiça, o desejo de aumentar indefinidamente a riqueza; fora disso, nada além de uma turba miserável, indigente, sem direitos políticos, sem nenhum valor na cidade, invejosa, rancorosa e que aquele estado social condenava a desejar uma revolução.

Quando a oligarquia levou assim as coisas aos últimos limites do possível, a revolução teve de acontecer e a democracia, detida e contida durante tanto tempo, teve enfim de romper os seus diques. É fácil adivinhar também que, depois de uma compressão tão longa, a democracia não devia limitar-se a reformas políticas, mas devia chegar de pronto às reformas sociais.

---

[16] Xenofonte, *Helênicas*, III, 3.
[17] Plutarco, *Ágis*, 5.

O pequeno número de espartanos de nascença (não eram mais, contando todas as diversas classes, do que setecentos) e a debilitação dos caracteres, em consequência de uma longa opressão, foram a causa de que o sinal para as mudanças não viesse das classes inferiores. Ele veio de um rei. Ágis tentou levar adiante essa inevitável revolução por meios legais, o que aumentou para ele as dificuldades da operação. Ele apresentou ao Senado, isto é, aos próprios ricos, dois projetos de lei para a abolição das dívidas e a divisão das terras. Não há lugar para uma surpresa excessiva com o fato de o Senado não ter rejeitado essas propostas; Ágis talvez tivesse tomado suas precauções para que elas fossem aceitas. Mas, uma vez votadas as leis, faltava pô-las em execução; ora, essas reformas são sempre tão difíceis de executar, que os mais ousados fracassam. Ágis, imobilizado pela resistência dos éforos, foi forçado a sair da legalidade: depôs aqueles magistrados e nomeou outros por sua própria autoridade; em seguida, armou os partidários e estabeleceu durante um ano um regime de terror. Durante esse tempo, pôde aplicar a lei sobre as dívidas e mandar queimar em praça pública todos os títulos de crédito. Mas não teve tempo de dividir as terras. Não sabemos se Ágis hesitou sobre esse ponto e se apavorou com a sua obra, ou se a oligarquia espalhou hábeis acusações contra ele; de qualquer modo, o povo afastou-se dele e o deixou cair. Os éforos degolaram-no, e o governo aristocrático foi restabelecido.

Cleômenes retomou os projetos de Ágis, mas com mais destreza e menos escrúpulos. Começou massacrando os éforos, suprimiu ousadamente essa magistratura, que era odiosa aos reis e ao partido popular, e proscreveu os ricos. Depois desse golpe de Estado, levou adiante a revolução, decretou a divisão das terras e deu direito de cidade a quatro mil lacões. Vale notar que nem Ágis nem Cleômenes admitiam estar fazendo uma revolução e que ambos, reivindicando a autoridade do nome do velho legislador Licurgo, pretendiam trazer de volta a Esparta os antigos costumes. Sem dúvida, a constituição de Cleômenes estava muito longe disso. O rei era realmente um senhor absoluto; nenhuma autoridade lhe servia de contrapeso; ele reinava como os tiranos que havia na época na maioria das cidades gregas, e o povo de Esparta, satisfeito por ter obtido terras, parecia preocupar-se muito pouco com as liberdades políticas. Essa situação não durou muito tempo. Cleômenes quis levar o regime democrático a todo o Peloponeso, onde Arato, exatamente naquela época, tentava estabelecer um regime de liberdade e de prudente aristocracia. Em todas as cidades, o partido popular se agitou ao nome de Cleômenes, esperando obter, como em Esparta, a abolição das dívidas e a partilha das terras. Foi essa insurreição imprevista das classes baixas que obrigou Arato a mudar todos os seus planos; ele julgou poder contar com a Macedônia, cujo rei Antígono Dóson seguia então a política de combater em toda parte os tiranos e o partido popular, e a introduziu no Peloponeso. Antígono e os aqueus venceram Cleômenes em Selásia. A democracia espartana foi mais uma vez vencida, e os macedônios restabeleceram o antigo governo (222 anos antes de Jesus Cristo).

Mas a oligarquia já não conseguia sustentá-lo. Houve longas perturbações; certo ano, três éforos favoráveis ao partido popular massacraram seus dois colegas: no ano seguinte, os cinco éforos pertenciam ao partido oligárquico; o povo tomou armas e degolou-os todos. A oligarquia não queria reis; o povo queria-os; nomearam um, e o escolheram fora da família real, o que jamais se vira em Esparta. Esse rei, que recebeu o nome de Licurgo, foi duas vezes derrubado do trono, uma primeira vez pelo povo, porque se recusava a dividir as terras, uma segunda vez pela aristocracia, porque suspeitavam que quisesse dividi-las. Não sabemos que fim ele levou; mas depois dele vemos em Esparta um tirano, Macânidas; prova certa de que o partido popular levara a melhor.

Filopêmen, que, à frente da liga aqueia, combatia em toda parte os tiranos democratas, venceu e matou Macânidas. A democracia espartana de imediato adotou outro tirano, Nábis. Este deu direito de cidade a todos os homens livres, elevando os próprios lacões à condição de espartanos; chegou até a libertar os hilotas. Segundo o costume dos tiranos das cidades gregas, ele se fez líder dos pobres contra os ricos; "ele exilou ou mandou matar aqueles cuja riqueza elevava acima dos demais".

Não faltou grandeza a essa nova Esparta democrática; Nábis instaurou na Lacônia uma ordem que não se via havia muito; sujeitou a Esparta Messênia, parte da Arcádia, a Élida. Apoderou-se de Argo. Formou uma marinha, o que estava muito longe das antigas tradições da aristocracia espartana; com a frota, dominou todas as ilhas que rodeiam o Peloponeso e estendeu sua influência até Creta. Em toda parte instaurava a democracia; senhor de Argo, a sua primeira preocupação foi confiscar os bens dos ricos, abolir as dívidas e dividir as terras. Podemos ver em Políbio como a liga aqueia tinha ódio desse tirano democrata. Ela convenceu Flamínio a lhe declarar guerra em nome de Roma. Dez mil lacões, sem contar os mercenários, tomaram armas para defender Nábis. Depois de um revés, ele queria fazer a paz; o povo se recusou; pois a causa do tirano era a da democracia! Flamínio, vencedor, tirou-lhe uma parte de suas forças, mas deixou-o reinar na Lacônia, quer porque a impossibilidade de restabelecer o antigo governo fosse evidente demais, quer porque fosse do interesse de Roma que alguns tiranos servissem de contrapeso à liga aqueia. Nábis foi mais tarde assassinado por um eólio; mas a sua morte não restabeleceu a oligarquia; as mudanças que efetuara no estado social foram conservadas depois dele, e até Roma se recusou a restabelecer em Esparta a antiga situação.

LIVRO V
desaparece o regime municipal

CAPÍTULO I

Novas crenças; a filosofia muda as regras da política

Vimos acima como o regime municipal se constituíra entre os antigos. Uma religião antiquíssima fundara primeiro a família, depois a cidade; estabelecera primeiro o direito doméstico e o governo da *gens*, depois as leis civis e o governo municipal. O Estado estava intimamente ligado à religião; vinha dela e se confundia com ela. Por isso é que, na cidade primitiva, todas as instituições políticas haviam sido instituições religiosas; as festas, cerimônias do culto; as leis, fórmulas sagradas; os reis e os magistrados, sacerdotes. Por isso também é que a liberdade individual fora desconhecida e o homem não pudera subtrair até a sua própria consciência da onipotência da cidade. Por isso, enfim, é que o Estado permanecera restrito aos limites de uma cidade e jamais conseguira ultrapassar as fronteiras que os seus deuses nacionais lhe haviam traçado originalmente. Cada cidade tinha não só a sua independência política, mas também o seu culto e o seu código. A religião, o direito, o governo, tudo era municipal. A cidade era a única força viva; nada acima, nada abaixo dela; nem unidade nacional nem liberdade individual.

Resta dizer como esse regime desapareceu, ou seja, como, tendo mudado o princípio da associação humana, o governo, a religião, o direito perderam esse caráter municipal que tiveram na Antiguidade.

A ruína do regime político que a Grécia e a Itália haviam criado pode ser relacionada a duas causas principais. Uma pertence à ordem dos fatos morais e intelectuais, outra à ordem dos fatos materiais; a primeira é a transformação das crenças; a segunda, a conquista romana. Estes dois grandes fatos são da mesma época; desenvolveram-se e efetuaram-se juntos durante a série de seis séculos que precede a nossa era.

A religião primitiva, cujos símbolos eram a pedra imóvel da lareira e o túmulo dos antepassados, religião que constituíra a família antiga e em seguida organizara a cidade, alterou-se com o tempo e envelheceu. O espírito humano fortalece-se e forma novas crenças. Começou-se a conceber a ideia da natureza imaterial; a noção da alma humana precisou-se e, quase ao mesmo tempo, a de uma inteligência divina surgiu nos espíritos.

Que dizer, então, das divindades dos tempos antigos, desses mortos que viviam nos túmulos, desses deuses Lares que haviam sido homens, desses antepassados sagrados que ainda tinham de ser alimentados? Tal fé tornou-se impossível. Tais crenças não estavam mais à altura do espírito humano. É bem verdade que esses preconceitos, por mais grosseiros que fossem, não foram arrancados com facilidade da mente do vulgo: ainda reinaram durante muito tempo; mas já no quinto século antes da nossa era os homens que refletiam tinham-se libertado desses erros. Compreendiam a morte de um modo diferente. Uns criam na aniquilação, os outros, numa segunda existência completamente espiritual num mundo das almas; em todo caso, já não admitiam que o morto vivesse no túmulo, alimentando-se de oferendas. Começava-se também a ter do divino uma ideia elevada demais para continuarem a crer que os mortos fossem deuses. Imaginavam, ao contrário, a alma humana a ir buscar nos Campos Elísios a sua recompensa ou a ir pagar a pena por suas faltas; e, por um notável progresso, já só eram divinizados os homens que o reconhecimento ou a adulação colocavam acima da humanidade.

Aos poucos a ideia da divindade se transformava, pelo efeito natural da maior potência de espírito. Essa ideia, que o homem aplicara primeiro à força invisível que sentia dentro de si mesmo, ele a transportou para as potências incomparavelmente maiores que via na natureza, enquanto não se elevava até a concepção de um ser que estivesse fora e acima da natureza. Então os deuses Lares e os Heróis perderam a adoração de todos os que pensavam.

Quanto à lareira, que só parece ter tido sentido por estar ligada ao culto dos mortos, também perdeu prestígio. Continuava-se a ter em casa uma lareira doméstica, a saudá-la, a adorá-la, a oferecer-lhe a libação; mas não era mais do que um culto de hábito, que já nenhuma fé vivificava.

A lareira sagrada das cidades ou pritaneu foi aos poucos sendo arrastada ao descrédito no qual caíra a lareira doméstica. Já não se sabia o que ela significasse; haviam esquecido que o fogo sempre vivo do pritaneu representava a vida invisível dos antepassados, dos fundadores, dos heróis nacionais. Continuava-se a nutrir aquele fogo, a fazer as refeições públicas, a cantar os velhos hinos: vãs cerimônias, de que não ousavam livrar-se, mas cujo sentido já ninguém compreendia.

Até as divindades da natureza, que tinham sido associadas às lareiras, mudaram de caráter. Depois de começarem sendo divindades domésticas, depois de se haverem tornado divindades de cidade, elas se transformaram mais uma vez. Os homens acabaram dando-se conta de que os seres diferentes a que davam o nome de Júpiter podiam muito bem ser um único e mesmo ser; e o mesmo com os outros deuses. O espírito confundiu-se com a multidão das divindades e sentiu a necessidade de reduzir o seu número. Compreendeu-se que os deuses não pertenciam mais cada um a uma família ou a uma cidade, mas pertenciam todos ao gênero humano e velavam pelo universo. Os poetas iam de cidade em cidade e ensinavam aos homens, em lugar dos velhos hinos da cidade, cantos novos em que não se falava nem dos deuses Lares nem das divindades protetoras das cidades, e nos quais se contavam as lendas dos grandes deuses da terra e do céu; e o povo grego esquecia os seus velhos hinos domésticos ou nacionais por essa poesia nova, que já não era filha da religião, mas da arte e da imaginação livre. Ao mesmo tempo, alguns grandes santuários, como os de Delfos e de Delos, atraíam os homens e os faziam esquecer os cultos locais. Os mistérios e a doutrina que eles continham habituavam-nos a desdenhar a religião vazia e insignificante da cidade.

Assim se operou, lenta e obscuramente, uma revolução intelectual. Os próprios sacerdotes não opunham resistência, pois, desde que os sacrifícios continuassem a ser celebrados nos dias marcados, julgavam que a antiga religião estava salva; as ideias podiam mudar e a fé, perecer, contanto que os ritos não fossem atingidos. Ocorreu então que, sem que as práticas fossem modificadas, as crenças se transformaram e a religião doméstica e municipal perdeu todo o império sobre as almas.

Em seguida veio a filosofia e subverteu todas as regras da velha política. Era impossível tocar nas opiniões dos homens sem tocar também nos princípios fundamentais do governo. Pitágoras, tendo uma concepção vaga do Ser supremo, desdenhou os cultos locais e isso bastou para que rejeitasse os velhos modos de governo e tentasse fundar uma sociedade nova.

Anaxágoras compreendeu o Deus-Inteligência que reina sobre todos os homens e todos os seres. Ao distanciar-se das crenças antigas, afastou-se também da antiga política. Como não cria nos deuses do pritaneu, tampouco cumpria todos os seus deveres de cidadão; evitava as assembleias e não queria ser magistrado. A sua doutrina ameaçava a cidade; os atenienses sentenciaram-no à morte.

Vieram em seguida os sofistas e exerceram maior influência do que aqueles dois grandes espíritos. Eram homens que combatiam ardentemente os velhos erros. Na luta que travaram contra tudo o que estava ligado ao passado, não pouparam nem as instituições da cidade nem os preconceitos da religião. Examinaram e discutiram ousadamente as leis que ainda regiam o Estado e a família. Iam de cidade em cidade, pregando princípios novos, ensinando não exatamente a indiferença ao justo e ao injusto, mas uma nova justiça, menos estreita e menos exclusiva do que a antiga, mais humana, mais racional e livre das fórmulas dos tempos passados. Foi uma aventura ousada, provocou contra eles uma tempestade de ódios e rancores. Acusaram-nos de não ter nem religião, nem moral nem patriotismo. A verdade é que sobre todas essas coisas eles não tinham uma doutrina bem determinada e criam ter feito o bastante quando haviam combatido os preconceitos. Agitavam, como diz Platão, o que até então estivera imóvel. Colocavam as regras do sentimento religioso e da política na consciência humana, e não nos costumes dos antepassados, na tradição imutável. Ensinavam aos gregos que, para governar um Estado, já não bastava invocar os velhos costumes e as leis sagradas, mas era preciso persuadir os homens e agir sobre vontades livres. Substituíam o conhecimento dos velhos costumes pela arte de raciocinar e de falar, a dialética e a retórica. Seus adversários tinham a seu favor a tradição; eles, a eloquência e a inteligência.

Uma vez assim despertada a reflexão, o homem não mais quis crer sem se dar conta das suas crenças, nem se deixar governar sem discutir as instituições. Duvidou da justiça das velhas leis sociais e concebeu outros princípios. Platão põe na boca de um sofista estas belas palavras: "Todos vós que estais aqui, eu vos considero parentes uns dos outros. A natureza, na falta da lei, fez-vos concidadãos. Mas muitas vezes a lei, esse tirano do homem, faz violência à natureza". Opor assim a natureza à lei e ao costume significava atacar o fundamento mesmo da política antiga. Em vão os atenienses expulsaram Protágoras e queimaram os seus escritos; o golpe já fora desferido e o resultado do ensinamento dos sofistas foi imenso. A autoridade das instituições desaparecia com a autoridade dos deuses nacionais e se estabelecia o hábito do livre exame nas casas e na praça pública.

Sócrates, embora reprovasse o abuso pelos sofistas do direito de duvidar, era da escola deles. Como eles, rejeitava o império da tradição e cria que as regras de conduta estivessem gravadas na consciência humana. Só diferia deles pelo fato de estudar essa consciência religiosamente e com o firme desejo de nela encontrar a obrigação de ser justo e de fazer o bem. Colocava a verdade acima do costume, a justiça acima da lei. Separava a moral da religião; antes dele, só se concebia o dever como um decreto dos velhos deuses; ele mostrou que o princípio do dever está na alma do homem. Em tudo isso, quisesse-o ou não, ele declarava guerra aos cultos da cidade. Em vão tinha o cuidado de assistir a todas as festas e de participar dos sacrifícios; as suas crenças e as suas palavras desmentiam a sua conduta. Ele fundava uma religião nova, que era o contrário da religião da cidade. Foi acusado, com verdade, "de não adorar os deuses que o Estado adorava". Condenaram-no à morte por ter atacado os costumes e as crenças dos antepassados, ou, como se dizia, por ter corrompido a geração presente. Tornam-se explicáveis a impopularidade de Sócrates e as violentas iras dos seus concidadãos se pensarmos nos hábitos religiosos dessa sociedade ateniense, na qual havia tantos e tão poderosos sacerdotes. Mas a revolução que os sofistas tinham começado e que Sócrates retomara com mais moderação não foi detida pela morte de um ancião. A sociedade grega libertava-se cada dia mais do império das velhas crenças e das velhas instituições.

Depois dele, os filósofos discutiram em total liberdade os princípios e as regras da associação humana. Platão, Críton, Antístenes, Espeusipo, Aristóteles, Teofrasto e muitos outros escreveram tratados sobre a política. Pesquisou-se, examinou-se; os grandes problemas da organização do Estado, da autoridade e da obediência, das obrigações e dos direitos colocaram-se a todos os espíritos.

Sem dúvida o pensamento não pode libertar-se com facilidade dos vínculos do hábito. Platão ainda sofreu, em certos pontos, o império das velhas ideias. O Estado que ele imagina ainda é a cidade antiga; ele é estreito; deve conter só 5 mil membros. O governo ainda se pauta pelos antigos princípios; a liberdade é desconhecida; a meta que o legislador se propõe é menos o aperfeiçoamento do homem do que a segurança e a grandeza da associação. A própria família é quase sufocada, para não fazer concorrência à cidade; só o Estado é proprietário; só ele é livre; só ele tem uma vontade; só ele tem religião e crenças, e todo aquele que não pensar como ele deve morrer. Em meio a tudo isso, porém, surgem ideias novas. Platão proclama, como Sócrates e como os sofistas, que a regra da moral e da política está em nós mesmos, a tradição não é nada, a razão é que deve ser consultada e as leis só são justas se forem conformes à natureza humana.

Essas ideias são ainda mais precisas em Aristóteles. "A lei", diz ele, "é a razão". Ensina que devemos buscar, não o que é conforme ao costume dos pais, mas o que é bom em si. Acrescenta ele que, à medida que o tempo passa, é preciso modificar as instituições. Deixa de lado o respeito pelos antepassados: "Os nossos primeiros pais", diz ele, "tenham eles nascido do seio da terra ou tenham sobrevivido ao dilúvio, ao que tudo indica se assemelhavam ao que há hoje de mais vulgar e mais ignorante entre os homens. Seria um claro absurdo agarrar-se à opinião daquela gente". Aristóteles, como todos os filósofos, desconhecia absolutamente a origem religiosa da sociedade humana; não fala dos pritaneus; ignora que esses cultos locais tinham sido o fundamento do Estado. "O Estado", diz ele, "não é senão uma associação de seres iguais que buscam em comum uma existência feliz e agradável". A filosofia rejeita, assim, os velhos princípios das sociedades e busca um fundamento novo sobre o qual possa apoiar as leis sociais e a ideia de pátria.[1]

A escola cínica vai mais longe. Nega até a pátria. Diógenes gabava-se de não ter direito de cidade em nenhum lugar, e Crates dizia que a sua pátria era o desprezo pela opinião dos outros. Os cínicos acrescentavam esta verdade, novíssima na época, de que o homem é cidadão do universo e a pátria não é o estreito espaço de uma cidade. Consideravam um preconceito o patriotismo municipal, e não contavam entre os sentimentos o amor da cidade.

Por desdém ou repulsa, os filósofos distanciavam-se cada vez mais dos negócios públicos. Sócrates ainda cumprira os deveres do cidadão; Platão tentara trabalhar para o Estado, reformando-o. Aristóteles, já mais indiferente, limitou-se ao papel de observador e fez do Estado um objeto de estudos científicos. Os epicuristas deixaram de lado os negócios públicos. "Não vos envolvais com isso", dizia Epicuro, "a menos que alguma potência superior vos obrigue a tanto". Os cínicos não queriam sequer ser cidadãos.

Os estóicos voltaram à política. Zenão, Cleanto e Crisipo escreveram numerosos tratados sobre o governo dos Estados. Mas seus princípios estavam muito distantes da velha política municipal. Eis em que termos um antigo nos informa sobre as doutrinas que seus escritos continham: "Zenão, em seu tratado sobre o governo, propôs-se mostrar que não somos os habitantes de tal demo ou de tal cidade, separados uns dos outros por um direito particular e leis exclusivas, mas devemos ver concidadãos em todos os homens, como se pertencêssemos todos ao mesmo demo e à mesma cidade".[2] Vemos com isso que caminho as ideias haviam percorrido de Sócrates a Zenão. Sócrates ainda se julgava obrigado a adorar, na medida do

---

[1] Aristóteles, *Política*, II, 5, 12; IV, 5; IV, 7, 2; VII, 4 (VI, 4).
[2] Pseudo-Plutarco, *Fortuna de Alexandre*, 1.

possível, os deuses do Estado. Platão ainda não concebia outro governo senão o de uma cidade. Zenão passa por cima desses limites estreitos da associação humana. Desdenha as divisões que a religião dos velhos tempos estabelecera. Como concebe o Deus do universo, tem também a ideia de um Estado em que entrasse o gênero humano inteiro.[3]

Eis, porém, um princípio ainda mais novo. O estoicismo, ao ampliar a associação humana, emancipa o indivíduo. Como se baseia na religião da cidade, rejeita também a servidão do cidadão. Não quer mais que a pessoa humana seja sacrificada ao Estado. Distingue e separa nitidamente o que deve permanecer livre no homem e liberta pelo menos a consciência. Diz ao homem que deve fechar-se em si mesmo, encontrar em si o dever, a virtude e a recompensa. Não lhe proíbe ocupar-se dos negócios públicos; convida-o até a isso, mas advertindo que seu principal trabalho deve ter como objeto o aperfeiçoamento individual e que, seja qual for o governo, a sua consciência deve permanecer independente. Grande princípio, que a cidade antiga sempre ignorara, mas devia tornar-se um dia uma das regras mais santas da política.

Começa-se então a compreender que há outros deveres além dos deveres para com o Estado, outras virtudes além das virtude cívicas. Apega-se a alma a outros objetos além da pátria. A cidade antiga fora tão poderosa e tão tirânica, que o homem dela fizera a meta de todo o seu trabalho e de todas as suas virtudes; ela fora a regra do belo e do bem, e só por ela houvera heroísmo. Mas eis que Zenão ensina ao homem que ele tem uma dignidade, não de cidadão, mas de homem; que, além dos deveres para com a lei, têm-nos para consigo mesmo, e que o supremo mérito não é viver ou morrer pelo Estado,

---

[3] A ideia da cidade universal é exprimida por Sêneca, *ad Mareiam*, 4; *De tranquillitate*, 14; por Plutarco, *De exsilio*; por Marco Aurélio: "Como Antonino, tenho Roma como pátria; como homem, o mundo".

mas ser virtuoso e agradável à divindade. Virtudes um pouco egoístas e que permitiram que a independência nacional e a liberdade se perdessem, mas pelas quais o indivíduo se fortaleceu. As virtudes públicas foram definhando, mas as virtudes pessoais libertaram-se e irromperam no mundo. Inicialmente elas tiveram de lutar, quer contra a corrupção geral, quer contra o despotismo. Mas aos poucos elas se arraigaram na humanidade; com o tempo se tornaram uma força com a qual todo governo teve de contar, e foi preciso que as regras da política fossem modificadas para abrir um espaço livre para elas.

Assim se transformaram pouco a pouco as crenças; a religião municipal, fundamento da cidade, desapareceu; o regime municipal, como os antigos o tinham concebido, teve de cair com ela. Aos poucos a gente se livrava dessas regras rigorosas e dessas formas estritas de governo. Ideias mais elevadas estimulavam os homens a formar sociedades maiores. Eram arrastados para a unidade; essa foi a aspiração geral dos dois séculos que antecederam a nossa era. É verdade que os frutos dessas revoluções da inteligência amadurecem muito devagar. Veremos, porém, ao estudar a conquista romana, que os acontecimentos seguiam o mesmo sentido que as ideias, tendiam como elas à ruína do velho regime municipal e preparavam novos modos de governo.

CAPÍTULO II

A conquista romana

À primeira vista, parece bem surpreendente que entre as mil cidades da Grécia e da Itália tenha havido uma que foi capaz de sujeitar todas as outras. Esse grande acontecimento é, porém, explicável pelas causas comuns que determinam a marcha dos negócios humanos. A sabedoria de Roma consistiu, como toda sabedoria, em valer-se das circunstâncias favoráveis com que se deparava.

Podemos distinguir na obra da conquista romana dois períodos. Um concorda com o tempo em que o velho espírito municipal ainda tinha muita força; é então que Roma teve de superar maiores obstáculos. O segundo pertence ao tempo em que o espírito municipal já estava muito debilitado; a conquista tornou-se, então, fácil e se deu rapidamente.

1º) Algumas palavras sobre as origens e a população de Roma

As origens de Roma e a composição do seu povo são dignas de nota. Elas explicam o caráter particular da sua política e o papel excepcional que lhe coube, desde o começo, entre as outras cidades.

A raça romana era estranhamente miscigenada. O fundo principal era latino e originário de Alba; mas mesmo esses albanos, segundo tradições que nenhuma crítica nos autoriza a rejeitar, eram compostos de duas populações associadas e não mescladas: uma era a raça aborígine, os autênticos latinos; a outra era de origem estrangeira, e julgava-se que viera de Troia, com Eneias, o sacerdote-fundador; era pouco numerosa, ao que tudo indica, mas era considerável pelo culto e pelas instituições que trouxera consigo.[1]

Esses albanos, mistura de duas raças, fundaram Roma num lugar no qual já se erguia outra cidade, Pallantium, fundada por gregos. Ora, a população de Pallantium subsistiu na

---

[1] A origem troiana de Roma era uma opinião aceita antes mesmo que Roma estabelecesse relações contínuas com o Oriente. Um velho adivinho, numa predição que se relacionava com a Segunda Guerra Púnica, dava ao romano o epíteto de *trojugena*. Tito Lívio, XXV, 12.

cidade nova, e os ritos do culto grego nela se conservaram.[2] Havia também, no lugar onde mais tarde estava o Capitólio, uma cidade que diziam ter sido fundada por Hércules e cujas famílias continuaram a se distinguir do resto da população romana durante toda a duração da república.[3]

Assim, em Roma, todas as raças se associam e se misturam: há latinos, troianos, gregos; logo haverá sabinos e etruscos. Vede as diversas colinas: o Palatino é a cidade latina, depois de ter sido a cidade de Evandro; o Capitolino, depois de ter sido a morada dos companheiros de Hércules, torna-se a morada dos sabinos de Tácio. O Quirinal recebe o seu nome dos quirites sabinos ou do deus sabino Quirino. O Célio parece ter sido habitado desde a origem por etruscos.[4] Roma não parecia uma só cidade; parecia uma confederação de várias cidades, cada uma das quais ligada pela origem a outra confederação. Era o centro em que latinos, etruscos, sabelos e gregos se encontravam.

O seu primeiro rei foi latino; o segundo, sabino; o quinto era, dizem, filho de grego; o sexto foi etrusco.

A língua era um composto dos elementos mais diversos; o latim predominava; mas as raízes sabélicas eram numerosas, e encontravam-se nela mais radicais gregos do que em nenhum outro dos dialetos da Itália central. Mesmo quanto ao seu nome, não se sabia a que língua pertencia. Segundo uns, Roma era uma palavra troiana; segundo outros, uma palavra grega; há razões para se crer que era latina, mas alguns antigos acreditavam que fosse etrusca.

Os nomes das famílias romanas mostram também uma grande diversidade de origem. Na época de Augusto, ainda

---

[2] Tito Lívio, I, 5. Virgílio, VIII. Ovídio, *Fast.*, I, 579. Plutarco, *Quest. rom.*, 56. Estrabão, V, p. 230.

[3] Dionísio, I, 85. Varrão, *L. L.*, V, 42. Virgílio, VIII, 358.

[4] Dos três nomes das tribos primitivas, os antigos sempre acreditaram que um era um nome latino, o outro, um nome sabino, o terceiro, um nome etrusco.

havia cerca de cinquenta famílias que, recuando na série de antepassados, chegavam a companheiros de Eneias.[5] Outros se diziam oriundos dos arcádios de Evandro, e desde tempos imemoriais os homens dessas famílias traziam sobre o calçado, como sinal distintivo, um pequeno crescente de prata.[6] As famílias Potitia e Pinaria descendiam dos que eram chamados companheiros de Hércules, e sua descendência era provada pelo culto hereditário desse deus. Os Túlios, os Quíncios, os Servílios tinham vindo de Alba depois da conquista dessa cidade. Muitas famílias acrescentavam ao nome um sobrenome que lembrava a sua origem estrangeira; assim, havia os Sulpícios Camerinos, os Comínios Auruncos, os Sicínios Sabinos, os Cláudios Regilenses, os Aquílios Tuscos. A família Nautia era troiana; os Aurélios eram sabinos; os Cecílios vinham de Preneste; os Otavianos eram originários de Velitras.

O efeito dessa mistura das mais diversas populações era que Roma tinha laços de origem como todos os povos que conhecia. Podia dizer-se latina com os latinos, sabina com os sabinos, etrusca com os etruscos e grega com os gregos.

O seu culto nacional também era uma reunião de muitos cultos, infinitamente diversos, cada um dos quais a ligando a um desses povos. Tinha os cultos gregos de Evandro e de Hércules, gabava-se de possuir o paládio troiano. Os seus Penates estavam na cidade latina de Lavínio: ela adotou desde a origem o culto sabino do deus Conso. Outro deus sabino, Quirino, implantou-se nela com tanta força que ela o associou a Rômulo, seu fundador. Tinha também os deuses dos etruscos, as festas deles, seus áugures e até suas insígnias sacerdotais.

Num tempo em que ninguém tinha o direito de assistir às festas religiosas de uma nação se não pertencesse a essa nação pelo nascimento, o romano tinha a incomparável vantagem de

---

[5] Dionísio, I, 85.
[6] Plutarco, *Quest. rom.*, 76.

poder participar das férias latinas, das festas sabinas, das festas etruscas e dos jogos olímpicos.[7] Ora, a religião era um vínculo forte. Quando duas cidades tinham um culto comum, elas se diziam parentes; deviam considerar-se aliadas e ajudar-se mutuamente; não se conhecia nessa antiguidade outra união além da que a religião estabelecia. Por isso Roma conservava com muito cuidado tudo o que podia servir de testemunho desse precioso parentesco com as outras nações. Aos latinos, ela apresentava as suas tradições sobre Rômulo; aos sabinos, a lenda de Tarpeia e de Tácio; alegava aos gregos os velhos hinos que possuía em honra da mãe de Evandro, hinos que ela não mais compreendia, mas persistia em cantar. Conservava também com a maior atenção a memória de Eneias; pois, se por Evandro podia dizer-se parente dos peloponésios,[8] por Eneias ela o era de mais de trinta cidades[9] espalhadas pela Itália, pela Sicília, pela Grécia, pela Trácia e pela Ásia Menor, todas elas tendo Eneias como fundador ou sendo colônias de cidades fundadas por ele, todas elas, por conseguinte, com um culto em comum com Roma. Podemos ver nas guerras que ela fez na Sicília contra Cartago e na Grécia contra Filipe que partido ela tirou desse parentesco antigo.

A população romana era, portanto, uma mistura de várias raças; seu culto, uma reunião de vários cultos; sua lareira nacional, uma associação de várias lareiras. Era quase a única cidade cuja religião municipal não isolava de todas as outras. Tocava toda a Itália, toda a Grécia. Não havia quase nenhum povo que não pudesse admitir em sua lareira.

---

[7] Pausânias, V, 23, 24. Comparar com Tito Lívio, XXIX, 12; XXXVII, 37.
[8] Pausânias, VIII, 43. Estrabão, V, p. 232.
[9] Sérvio, *ad Aen.*, III, 12.

2º) Primeiros crescimentos de Roma (753-350 antes de Jesus Cristo)

Durante os séculos em que a religião municipal estava em vigor em toda parte, Roma pautou a sua política por ela.

Dizem que o primeiro ato da nova cidade foi raptar algumas mulheres sabinas: lenda que parece muito improvável, se pensarmos na santidade do matrimônio entre os antigos. Mas vimos mais acima que a religião municipal proibia o casamento entre pessoas de cidades diferentes, a menos que essas duas cidades tivessem um laço de origem ou um culto comum. Esses primeiros romanos tinham o direito de casamento com Alba, de onde eram originários, mas não o tinham com os seus outros vizinhos, os sabinos. A princípio, o que Rômulo quis conquistar não eram algumas mulheres, mas o direito de casamento, ou seja, o direito de contrair relações regulares com a população sabina. Para isso, precisava estabelecer entre ela e ele um vínculo religioso; adotou, pois, o culto do deus sabino Conso e celebrou a sua festa.[10] Acrescenta a tradição que durante essa festa ele raptou as mulheres; se tivesse feito isso, os casamentos não teriam podido ser celebrados segundo os ritos, pois o primeiro e mais necessário ato do casamento era a *traditio in manum*, ou seja, a doação da filha pelo pai; Rômulo não teria alcançado o seu objetivo. Mas a presença dos sabinos e de suas famílias na cerimônia religiosa e sua participação no sacrifício estabeleciam entre os dois povos um laço tal que o *connubium* não mais podia ser recusado. Não era preciso o rapto; a festa tinha por consequência natural o direito de casamento. Por isso, o historiador Dionísio, que consultava os textos e os hinos antigos, garante que as sabinas se casaram segundo os ritos mais solenes, o que é confirmado por Plutarco e Cícero. É digno de nota que o primeiro esforço dos romanos

---

[10] Dionísio, II, 30.

tenha tido como resultado fazer ruírem as barreiras que a religião municipal colocava entre eles e um povo vizinho. Não chegou até nós uma lenda análoga em relação à Etrúria; mas parece certo que Roma tinha com esse país as mesmas relações que com o Lácio e os sabinos. Tinha, pois, a habilidade de se unir pelo culto e pelo sangue a tudo o que estava ao seu redor. Fazia questão de ter o *connubium* com todas as cidades, e o que prova que ela conhecia bem a importância desse laço é que não queria que as outras cidades, suas súditas, o tivessem entre si.[11]

Roma entrou, em seguida, numa longa sequência de guerras. A primeira foi contra os sabinos de Tácio; terminou com uma aliança religiosa e política entre os dois pequenos povos. Declarou em seguida guerra a Alba; dizem os historiadores que Roma ousou atacar essa cidade, embora fosse colônia dela. Foi justamente por ser uma colônia que ela julgou necessário destruí-la. Toda metrópole, com efeito, exerce sobre as suas colônias uma supremacia religiosa; ora, a religião tinha então tal poder que, enquanto Alba permanecesse de pé, Roma só poderia ser uma cidade dependente, e seus destinos estariam para sempre selados.

Destruída Alba, Roma não se contentou em ser mais uma colônia; pretendeu elevar-se à condição de metrópole, herdando os direitos e a supremacia religiosa que Alba exercera até então sobre as suas trinta colônias do Lácio. Roma travou longas guerras para obter a presidência do sacrifício das férias latinas. Era o meio de adquirir o único tipo de superioridade e de domínio conhecido na época.

Erigiu em seu território um templo a Diana; obrigou os latinos a virem fazer nele os sacrifícios; atraiu para ele até mesmo os sabinos.[12] Com isso, ela acostumou os dois povos a compartilhar consigo, sob a sua presidência, as festas, as

---

[11] Tito Lívio, IX, 43; XXIII, 4.
[12] Tito Lívio, I, 45. Dionísio, IV, 48, 49.

preces, as carnes sagradas das vítimas. Reuniu-os sob a sua supremacia religiosa.

Roma foi a única cidade capaz de aumentar pela guerra a sua população. Adotou uma política desconhecida de todo o resto do mundo greco-italiano; ela absorveu tudo o que venceu. Trouxe para o seu território os habitantes das cidades conquistadas, e fez aos poucos dos vencidos, romanos. Ao mesmo tempo, enviava colonos aos países conquistados, e assim semeava Roma por toda parte; pois os seus colonos, embora formassem cidades distintas do ponto de vista político, conservavam a comunidade religiosa com a metrópole; ora, isso era o bastante para que fossem obrigados a subordinar a política deles à sua, a obedecer-lhe e a ajudá-la em todas as suas guerras.

Uma das características notáveis da política de Roma é que ela atraía para si todos os cultos das cidades vizinhas. Ela se empenhava em conquistar tanto os deuses quanto as cidades. Apoderou-se de uma Juno de Veios, de um Júpiter de Preneste, de uma Minerva de Falérios, de uma Juno de Lanúvio, de uma Vênus dos samnitas e de muitos outros que não conhecemos.[13] "Pois era costume em Roma", diz um antigo,[14] receber as religiões das cidades vencidas; ora ela as repartia entre as suas *gentes*, ora lhes dava lugar na sua religião nacional".

Montesquieu louva os romanos, como de um refinamento de habilidade política, por não terem imposto seus deuses aos povos vencidos. Mas isso teria sido absolutamente contrário a suas ideias e às de todos os antigos. Roma conquistava os deuses dos vencidos e não lhes dava os seus. Guardava para si os seus protetores e trabalhava até para aumentar o seu número. Fazia questão de possuir mais cultos e mais deuses tutelares do que todas as outras cidades.

---

[13] Tito Lívio, V, 21, 22; VI, 29. Ovídio, *Fast.*, III, 837, 843. Plutarco, *Paralelo das hist. gr. e rom.*, 75.

[14] Cíncio, citado por Arnóbio, *Adv. gentes*, III, 38.

Como, aliás, esses cultos e esses deuses eram em sua maioria tomados aos vencidos, Roma estava por eles em comunhão religiosa com todos os povos. Os vínculos de origem, a conquista do *connubium*, da presidência das férias latinas, dos deuses vencidos, o direito que pretendia ter de sacrificar em Olímpia e em Delfos eram alguns dos meios pelos quais Roma preparava o seu domínio. Como todas as cidades, tinha a sua religião municipal, origem do seu patriotismo; era, porém, a única cidade que fazia essa religião servir ao seu engrandecimento. Ao passo que, pela religião, as outras cidades estavam isoladas, Roma tinha a habilidade ou a boa sorte de valer-se dela para atrair tudo para si e para tudo dominar.

3º) Como Roma adquiriu o império (350-140 antes de Jesus Cristo)

Enquanto Roma assim crescia lentamente, pelos meios que a religião e as ideias da época punham à sua disposição, uma série de mudanças sociais e políticas ocorria em todas as cidades e na mesma Roma, transformando ao mesmo tempo o governo dos homens e sua maneira de pensar. Descrevemos mais acima essa revolução; o que importa notar aqui é que ela coincide com o grande desenvolvimento do poder romano. Esses dois fatos ocorridos ao mesmo tempo não deixaram de ter certa influência um sobre o outro. As conquistas de Roma não teriam sido tão fáceis se o velho espírito municipal não se tivesse extinguido então em toda parte; e é de crer também que o regime municipal não teria caído tão cedo se a conquista romana não lhe tivesse desferido o golpe de misericórdia.

Em meio às mudanças ocorridas nas instituições, nos costumes, nas crenças, no direito, até o patriotismo mudara de natureza, e essa foi uma das coisas que mais contribuíram para os grandes progressos de Roma. Dissemos mais acima qual era esse sentimento nos primeiro tempos das cidades. Ele fazia parte da religião; amava-se a pátria porque se amavam os seus deuses protetores, porque nela se achava um pritaneu, um fogo divino, festas, preces, hinos e porque fora dela não havia mais nem deuses nem culto. Esse patriotismo era feito de fé e piedade. Mas quando a casta sacerdotal perdeu o domínio, essa espécie de patriotismo desapareceu com todas as velhas crenças. O amor da cidade ainda não morreu, mas assumiu uma forma nova.

Não mais se amou a pátria pela religião e pelos deuses; foi amada apenas por causa das leis, das instituições, dos direitos e da segurança que ela concedia aos seus membros. Vede na oração fúnebre que Tucídides põe na boca de Péricles quais são as razões que fazem amar Atenas: é porque essa cidade "quer que todos sejam iguais diante da lei"; é porque "ela dá a liberdade aos homens e abre a todos o caminho das honras; é porque ela mantém a ordem pública, garante aos magistrados a autoridade, protege os fracos, dá a todos espetáculos e festas que são a educação da alma". E o orador termina dizendo: "Eis por que os nossos guerreiros preferiram morrer heroicamente a deixar que lhes tirassem tal pátria; eis por que aqueles que sobrevivem estão dispostos a sofrer e a se devotar a ela". O homem, por conseguinte, ainda tem deveres para com a cidade; mas esses deveres já não decorrem do mesmo princípio que antes. Ele ainda dá o sangue e a vida, não mais, porém, para defender a divindade nacional e o fogo sagrado dos seus pais, mas sim para defender as instituições que usufrui e as vantagens que a cidade lhe proporciona.

Ora, esse patriotismo novo não teve exatamente os mesmos efeitos que o dos velhos tempos. Como o coração não mais se prendia ao pritaneu, aos deuses protetores, à terra sagrada, mas só às instituições e às leis, e como ademais estas últimas, no estado de instabilidade em que todas as cidades se acharam então, mudavam com frequência, o patriotismo tornou-se um sentimento variável e inconsistente, que dependia das circunstâncias e estava sujeito às mesmas flutuações que o próprio governo. Só se amava a pátria quando se amava o regime político que nela prevalecia no momento; quem achava que as leis eram más nada mais tinha que o fizesse apegar-se a ela.

Assim, o patriotismo municipal se enfraquece e perece nas almas. A opinião de cada homem passou a ser mais sagrada para ele do que a pátria, e o triunfo da sua facção se tornou muito mais desejado do que a grandeza ou a glória da cidade. Cada qual passou a preferir à cidade natal, se nela não encontrasse as instituições de que gostava, outra cidade onde tais instituições estivessem em vigor. A emigração passou a ser mais atraente, temia-se menos o exílio. Que importava ser excluído do pritaneu e ficar sem a água lustral? Já mal se pensava nos deuses protetores, e era fácil acostumar-se a passar sem a pátria.

Daí a armar-se contra ela já não havia grande distância. Houve quem se aliasse a uma cidade inimiga para fazer o seu partido triunfar na sua própria cidade. De dois argivos, um desejava um governo aristocrático, logo preferia Esparta a Argo; o outro preferia a democracia, e amava Atenas. Nem um nem outro fazia muita questão da independência da sua cidade, e não lhes repugnava muito se dizerem súditos de outra cidade, contanto que essa cidade defendesse o seu partido em Argo. Vemos claramente em Tucídides e em Xenofonte que foi essa disposição de espírito que provocou e fez durar a guerra do Peloponeso. Em Plateia, os ricos eram do partido de Tebas e da Lacedemônia, os democratas eram do partido de Atenas. Em Corcira, o partido popular era a favor de Atenas; a aristocracia, a favor de Esparta.[15] Atenas tinha aliados em todas as cidades do Peloponeso, e Esparta os tinha em todas as cidades jônias. Tucídides e Xenofonte concordam em dizer que não havia nenhuma cidade onde o povo não fosse favorável

---

[15] Tucídides, II, 2; III, 65, 70; V, 29, 76.

aos atenienses e a aristocracia, aos espartanos[16] Essa guerra representa um esforço geral que os gregos fazem para estabelecer por toda parte uma mesma constituição, com a hegemonia de uma cidade. Mas uns querem a aristocracia sob a proteção de Esparta; os outros, a democracia com o apoio de Atenas. O mesmo aconteceu no tempo de Filipe: o partido aristocrático, em todas as cidades, desejou ardentemente o domínio da Macedônia. No tempo de Filopêmen, os papéis estavam invertidos, mas os sentimentos continuavam os mesmos: o partido popular aceitava o império da Macedônia, e tudo o que era a favor da aristocracia estava ligado à liga aqueia. Assim, os desejos e as simpatias dos homens já não tinham por objeto a cidade. Havia poucos gregos que não estivessem dispostos a sacrificar a independência municipal para ter a constituição que preferiam.

Quanto aos homens honestos e escrupulosos, as perpétuas dissenções de que eram testemunhas faziam que se desapegassem do regime municipal. Não podiam gostar de uma forma de sociedade em que tinham de combater todos os dias, na qual o pobre e o rico estavam sempre em guerra, em que viam alternar-se sem fim as violências populares e as vinganças aristocráticas. Queriam fugir de um regime que, depois de ter produzido uma real grandeza, só gerava sofrimentos e ódios. Começava-se a sentir a necessidade de sair do sistema municipal e de chegar a uma forma diferente de governo da cidade. Muitos homens aspiravam a pelo menos estabelecer acima das cidades uma espécie de poder soberano que zelasse pela manutenção da ordem e que forçasse essas pequenas sociedades turbulentas a viver em paz. Foi assim que Fócion, bom cidadão, aconselhava os compatriotas a aceitarem a autoridade de Filipe e, em troca, lhes prometia a concórdia e a segurança.

---

[16] Tucídides, III, 47. Xenofonte, *Helênicas*, VI, 3.

Na Itália, as coisas não eram muito diferentes da Grécia. As cidades do Lácio, dos sabinos e da Etrúria eram atingidas pelas mesmas revoluções e pelas mesmas lutas, e o amor à cidade desaparecia. Como na Grécia, cada qual se apegava de bom grado a uma cidade estrangeira, para fazer prevalecerem as suas opiniões ou os seus interesses na sua própria cidade.

Essas disposições de espírito foram a boa sorte de Roma. Ela apoiou em toda parte a aristocracia, e também em toda parte a aristocracia foi sua aliada. Citemos alguns exemplos. A *gens* Cláudia deixou os sabinos porque as instituições romanas agradavam-lhe mais do que as de seu país. Na mesma época, muitas famílias latinas emigraram para Roma, porque não gostavam do regime democrático do Lácio, e Roma acabava de restabelecer o reinado do patriciado.[17] Em Árdea, a aristocracia e a plebe estavam em luta, a plebe pediu a ajuda dos volscos, e a aristocracia entregou a cidade aos romanos.[18] A Etrúria estava cheia de conflitos; Veios derrubara o governo aristocrático; os romanos a atacaram, e as outras cidades etruscas, onde ainda dominava a aristocracia sacerdotal, recusaram-se a ir em socorro dos veianos. Acrescenta a lenda que nessa guerra os romanos raptaram um arúspice de Veios e obtiveram dele os oráculos que lhes garantiam a vitória; não significa essa lenda que os sacerdotes etruscos abriram a cidade aos romanos?

Mais tarde, quando Cápua se revoltou contra Roma, observou-se que os cavaleiros, ou seja, o corpo aristocrático, não participaram dessa insurreição.[19] Em 313, as cidades de Ausona, de Sora, de Minturnas e de Véscia foram entregues aos romanos pelo partido aristocrático.[20] Quando os etruscos se uniram contra Roma, foi porque o governo popular se

---

[17] Dionísio, VI, 2.
[18] Tito Lívio, IV, 9, 10.
[19] Tito Lívio, VIII, 11.
[20] Tito Lívio, IX, 24, 25; X, 1.

estabelecera entre eles; só uma cidade, Arrécio, se recusou a entrar na coalizão; isso porque a aristocracia ainda prevalecia em Arrécio. Quando Aníbal estava na Itália, havia agitação em todas as cidades; mas não se tratava da independência; em cada cidade, a aristocracia era a favor de Roma, e a plebe, pelos cartagineses.[21]

A maneira como Roma era governada pode dar conta dessa preferência constante que a aristocracia tinha por ela. Nela, a sequência de revoluções se desenrolava como em todas as cidades, só que mais lentamente. Em 509, quando as cidades latinas já tinham tiranos, uma reação patrícia fora bem-sucedida em Roma. Em seguida, a democracia se reergueu, mas lentamente e com muito comedimento e moderação. O governo romano, foi, portanto, aristocrático durante mais tempo do que todos os outros, e pôde ser durante muito tempo a esperança do partido aristocrático.

É verdade que a democracia acabou levando a melhor em Roma, mas, mesmo então, os métodos e o que poderíamos chamar de artifícios do governo continuaram a ser aristocráticos. Nos comícios por centúrias, os votos eram divididos segundo a riqueza. Não era muito diferente nos comícios por tribos; de direito, ali não se admitia nenhuma distinção de riqueza; de fato, a classe pobre, estando limitada às quatro tribos urbanas, só tinha quatro sufrágios a opor aos trinta e um da classe dos proprietários. Aliás, nada era mais calmo, normalmente, do que essas reuniões; ninguém falava, a não ser o presidente e aquele a quem ele dava a palavra; raramente se ouviam oradores; pouco se discutia; tudo se reduzia, no mais das vezes, a votar sim ou não e a contar os votos; esta última operação, sendo muito complicada, exigia muito tempo e muita calma. Some-se a isso que o Senado não se renovava todos os anos, como nas

---

[21] Tito Lívio, XXIII, 13, 14, 39; XXIV, 2, 3.

cidades democráticas da Grécia; era vitalício e praticamente se recrutava a si mesmo; era realmente um corpo oligárquico.

Os costumes eram ainda mais aristocráticos do que as instituições. Os senadores tinham lugares reservados no teatro. Só os ricos serviam na cavalaria. As patentes do exército eram em boa parte reservadas aos jovens das grandes famílias; Cipião ainda não tinha completado dezesseis anos e já comandava um esquadrão.

Manteve-se o domínio da classe rica em Roma durante mais tempo do que em qualquer outra cidade. Isso se deve a duas causas. Uma é que foram feitas grandes conquistas, e os lucros decorrentes foram para a classe que já era rica; todas as terras retiradas aos vencidas foram por ela possuídas; ela se apoderou do comércio dos países conquistados e acrescentou a ele as enormes vantagens da percepção dos impostos e da administração das províncias. Essas famílias, enriquecendo-se assim a cada geração, tornaram-se imensamente opulentas, e cada uma delas foi uma potência ante o povo. A outra causa era que o romano, até mesmo o mais pobre, tinha um respeito inato pela riqueza. Embora a verdadeira clientela tivesse desaparecido havia muito, foi como que ressuscitada sob a forma de homenagem prestada às grandes fortunas; e se estabeleceu o costume de os proletários irem saudar os ricos de manhã.

Não que a luta dos ricos e dos pobres não se travasse em Roma como em todas as cidades. Mas só começou no tempo dos Gracos, ou seja, depois que a conquista já estava quase concluída. De resto, essa luta jamais teve em Roma o caráter de violência que tinha em todos os outros lugares. O baixo povo de Roma não cobiçou muito ardentemente a riqueza; ajudou os Gracos sem muita firmeza; recusou-se a crer que os reformadores trabalhassem a seu favor, e os abandonou no momento decisivo. As leis agrárias, tantas vezes apresentadas aos ricos como uma ameaça, sempre deixaram o povo bastante indiferente e só o agitaram superficialmente. Vê-se que ele não desejava muito ardentemente a posse de terras; de resto, embora lhe oferecessem a divisão das terras públicas, isto é, da propriedade do Estado, pelo menos não lhe ocorria espoliar os ricos de suas propriedades. Meio por um respeito inveterado e meio por costume de nada fazer, gostava de viver à margem e como que à sombra dos ricos.

Essa classe teve a sabedoria de admitir em si as famílias mais consideráveis das cidades vencidas ou dos aliados. Tudo o que era rico na Itália veio aos poucos a formar a classe rica de Roma. A importância desse corpo cresceu cada vez mais e ele se apoderou do Estado. Exerceu sozinho as magistraturas, porque eram muito caras para se comprar; e compôs sozinho o Senado, porque era necessário um censo altíssimo para ser senador. Assim se assistiu ao estranho fato de, apesar das leis, que eram democráticas, ter-se formado uma nobreza, e o povo, que era todo-poderoso, ter deixado que ela se erguesse acima dele, sem jamais lhe fazer uma verdadeira oposição.

Roma era, pois, no terceiro e no segundo séculos antes da nossa era, a cidade mais aristocraticamente governada da Itália e da Grécia. Note-se, enfim, que, se nos negócios internos o Senado era obrigado a levar em conta a multidão, no que diz respeito à política externa era o senhor absoluto. Ele é que recebia os embaixadores, concluía as alianças, distribuía as províncias e as legiões, ratificava os atos dos generais, determinava as condições impostas aos vencidos: todas elas coisas que, em todas as outras cidades, eram atribuição da assembleia popular. Os estrangeiros, em suas relações com Roma, jamais, portanto, lidavam com o povo; só ouviam falar do Senado, e lhes impingiam a ideia de que o povo não tivesse nenhum poder. É esta a opinião que um grego exprimiu a Flaminino: "Em vosso país", dizia ele, "a riqueza governa e todo o resto está submetido a ela".[22]

---

[22] Tito Lívio, XXXIV, 31.

Isso fez que, em todas as cidades, a aristocracia voltasse os olhos para Roma, contasse com ela, adotasse-a como protetora e se ligasse à sua sorte. Isso parecia ainda mais lícito porque Roma não era para ninguém uma cidade estrangeira: sabinos, latinos e etruscos nela viam uma cidade sabina, uma cidade latina ou uma cidade etrusca, e os gregos nela reconheciam gregos.

Desde que Roma apareceu na Grécia (199 antes de Jesus Cristo), a aristocracia entregou-se a ela. Quase ninguém pensava então que tivesse de escolher entre a independência e a sujeição; para a maioria dos homens, a questão era apenas entre a aristocracia e o partido popular. Em todas as cidades, este último era a favor de Filipe, Antíoco ou Perseu, e o primeiro, a favor de Roma. Pode-se ver em Políbio e em Tito Lívio que se, em 198, Argo abre as portas aos macedônios, é porque o povo está no poder; no ano seguinte, é o partido dos ricos que entrega Opunte aos romanos; entre os acarnanianos, a aristocracia faz um tratado de aliança com Roma, mas, no ano seguinte, o tratado é rompido, porque, no entanto, o povo voltou a dominar; Tebas mantém aliança com Filipe enquanto o partido popular é o mais forte, e se aproxima de Roma assim que a aristocracia toma o poder; em Atenas, em Demetríade, em Foceia, a populaça é hostil aos romanos; Nábis, o tirano democrata, lhes declara guerra; a liga aqueia, enquanto é governada pela aristocracia, lhes é favorável; os homens como Filopêmen e Políbio desejam a independência nacional, mas preferem ainda mais o domínio romano à democracia; na própria liga aqueia chega um momento em que o partido popular leva a melhor, por sua vez; a partir desse momento, a liga se torna inimiga de Roma; Diaeu e Critolau são ao mesmo tempo os chefes da facção popular e os generais da liga contra os romanos; e eles combatem valentemente em Escarfeia e em Leucópetra, menos talvez pela independência da Grécia do que pelo triunfo da democracia.

Tais fatos mostram bem como Roma, sem se esforçar muito, obteve o império. O espírito municipal ia aos poucos desaparecendo. O amor da independência tornava-se um sentimento raríssimo, e os corações pertenciam inteiramente aos interesses e às paixões partidários. Aos poucos a cidade era esquecida. As barreiras que outrora haviam separado as cidades e as haviam transformado em pequenos mundos distintos, cujo horizonte limitava os anseios e os pensamentos de cada um, caíam uma após outra. Já não se distinguiam, em toda a Itália e em toda a Grécia, senão dois grupos de homens: por um lado, uma classe aristocrática; por outro, um partido popular; um desejava o domínio de Roma, o outro o repelia. A aristocracia levou a melhor, e Roma obteve o império.

4º) Roma destrói em toda parte o regime municipal

As instituições da cidade antiga haviam sido enfraquecidas e como que exauridas por uma série de revoluções. A dominação romana teve como primeiro resultado acabar de destruí-las e de aniquilar o que delas ainda subsistia. É o que podemos ver ao observarmos em que condição os povos caíram à proporção que se submeteram a Roma.

Temos, em primeiro lugar, de afastar da mente todos os hábitos da política moderna, e não conceber os povos como se entrassem um atrás do outro no Estado romano, como, em nossos dias, as províncias conquistadas são anexadas a um reino que, ao acolher esses novos membros, avança os seus limites. O Estado romano, *civitas romana*, não crescia com a conquista; continuava contando apenas as famílias que participavam da cerimônia religiosa do censo. O território romano, *ager romanus*, tampouco crescia; continuava encerrado nos limites imutáveis que os reis lhe haviam traçado e que a cerimônia das Ambarválias santificava a cada ano. Só uma coisa aumentava a cada conquista: o domínio de Roma, *imperium romanum*.

Enquanto durou a república, não ocorreu a ninguém que os romanos e os outros povos pudessem formar uma mesma nação. Roma podia muito bem acolher individualmente dentro dela alguns vencidos, fazer que habitassem entre os seus muros e transformá-los, com o tempo, em romanos; mas não podia assimilar toda uma população estrangeira à sua população, todo um território ao seu território. Isso não se devia à política particular de Roma, mas a um princípio persistente na Antiguidade, princípio de que Roma gostaria, mais do que qualquer outra cidade, de se afastar, mas de que não podia libertar-se completamente. Assim, quando um povo era submetido, não entrava no Estado romano, mas só no domínio romano. Não se unia a Roma, como hoje as províncias são unidas a uma capital; entre os povos e ela, Roma só conhecia dois tipos de vínculo, a sujeição ou a aliança.

Diante disso, poderia parecer que as instituições municipais tivessem de subsistir entre os vencidos e que o mundo devesse ser um vasto conjunto de cidades distintas entre si, tendo à frente uma cidade soberana. Não era nada disso. A conquista romana tinha como efeito operar no interior de cada cidade uma autêntica transformação.

De um lado estavam os súditos, *dedititii*; eram aqueles que, tendo pronunciado a fórmula de *deditio*,* haviam entregado ao povo romano "a sua pessoa, os muros, as terras, as águas, as casas, os templos, os deuses". Tinham, pois, renunciado, não apenas ao governo municipal, mas também a tudo o que a ele estava ligado entre os antigos, vale dizer, à sua religião e ao seu direito privado. A partir desse momento, esses homens não mais formavam entre si um corpo político; nada mais tinham de uma sociedade regular. Sua urbe podia permanecer de pé, mas sua cidade perecera. Embora continuassem a viver juntos, era sem terem nem instituições, nem leis nem magistrados.

---

* "Capitulação." (N. T.)

A autoridade arbitrária de um *praefectus* enviado por Roma mantinha entre eles a ordem material.[23]

De outro lado estavam os aliados, *foederati* ou *socii*. Eram menos maltratados. No dia em que passaram a estar sob o domínio romano, fora estipulado que eles conservariam o regime municipal e permaneceriam organizados em cidades. Continuavam a ter, por conseguinte, em cada cidade, uma constituição própria, magistraturas, um senado, um pritaneu, leis, juízes. A cidade era considerada independente e parecia não ter outras relações com Roma senão as de um aliado com o seu aliado. Contudo, nos termos do tratado que fora redigido no momento da conquista, Roma inserira esta fórmula: *majestatem populi romani comiter conservato*.[24] Essas palavras estabeleciam a dependência da cidade aliada em relação à cidade dominante e, como eram muito vagas, a medida dessa dependência era sempre, portanto, determinada pelo mais forte. Essas cidades chamadas livres recebiam ordens de Roma, obedeciam aos procônsules e pagavam impostos aos publicanos; seus magistrados prestavam contas ao governador da província, que também recebia as apelações de seus juízes.[25] Ora, a natureza do regime municipal entre os antigos era tal, que ou tinha de ter uma independência completa ou cessar de existir. Entre a conservação das instituições da cidade e a subordinação a um poder estrangeiro, havia uma contradição, que talvez não apareça claramente aos olhos dos modernos, mas devia impressionar todos os homens da época. A liberdade municipal e o império de Roma eram inconciliáveis; a primeira só podia ser uma aparência, uma mentira, uma diversão capaz de ocupar os homens. Cada uma dessas cidades enviava, quase

---

[23] Tito Lívio, I, 38; VII, 31; IX, 20; XXVI, 16; XXVIII, 34. Cícero, *De lege agr.*, I, 6; II, 32. Festo, verbete *Praefecturae*.
[24] Cícero, *pro Balbo*, 16.
[25] Tito Lívio, XLV, 18. Cícero, *ad Att.*, VI, 1; VI, 2. Apiano, *Guerras civis*, I, 102. Tácito, XV, 45.

a cada ano, uma delegação a Roma, e seus negócios mais íntimos e mais minuciosos eram resolvidos no Senado. Elas ainda tinham os seus magistrados municipais, arcontes e estrategos, eleitos livremente por elas; mas a única atribuição do arconte era inscrever o seu nome nos registros públicos para marcar o ano, e o estratego, outrora chefe do exército e do Estado, só cuidava da limpeza pública e da inspeção dos mercados.[26]

Consequentemente, as instituições municipais pereciam tanto nos chamados povos aliados quanto nos chamados súditos, com a única diferença de que os primeiros ainda conservavam as suas formas exteriores. Na verdade, a cidade tal como a Antiguidade a concebera já não se encontrava em nenhum lugar, a não ser entre os muros de Roma.

Roma, aliás, ao destruir em toda parte o regime da cidade, nada punha em seu lugar. Aos povos de que tirava as instituições, não dava as suas em troca. Nem sequer cogitava em criar instituições novas que servissem a elas. Jamais fez uma constituição para os povos do seu império, e não foi capaz de estabelecer regras fixas para governá-los. A própria autoridade que ela exercia sobre eles nada tinha de regular. Como não faziam parte do seu Estado, da sua cidade, ela não tinha sobre eles nenhuma ação legal. Seus súditos eram estrangeiros para ela; por isso, tinha sobre eles esse poder irregular e ilimitado que o antigo direito municipal deixava ao cidadão em relação ao estrangeiro ou ao inimigo. Foi nesse princípio que se pautou durante muito tempo a administração romana, e eis como procedia.

Roma enviava um dos seus cidadãos a um país; fazia desse país uma *provincia* desse homem, isto é, seu encargo, sua incumbência própria, seu negócio pessoal: este era o sentido da palavra *provincia*. Ao mesmo tempo, ela conferia àquele

---

[26] Filóstrato, *Vida dos sofistas*, I, 23. Boeckh, *Corp. inscr.*, *passim*.

cidadão o *imperium*; isso significava que ela se despojava em favor dele, por um determinado tempo, da soberania que possuía sobre o país. A partir daí, esse cidadão representava em sua pessoa todos os direitos da república, e, em função disso, era um senhor absoluto. Ele determinava o montante dos impostos; exercia o poder militar; administrava a justiça. As suas relações com os súditos ou os aliados não eram reguladas por nenhuma constituição. Quando presidia o seu tribunal, julgava unicamente segundo a sua vontade; nenhuma lei podia impor-se a ele, nem a lei dos provincianos, uma vez que era romano, nem a lei romana, uma vez que julgava provincianos. Para que houvesse leis entre ele e os seus administrados, seria preciso que ele mesmo as tivesse feito; pois só ele podia obrigar-se. Por isso o *imperium* de que estava investido compreendia o poder legislativo. É por isso que os governadores tiveram o direito e contraíram o hábito de publicar, ao entrarem na província, um código de leis a que chamavam seu Édito, e com o qual se comprometiam moralmente a se conformar. Mas como os governadores mudavam todos os anos, tais códigos também mudavam a cada ano, porque a lei só tinha origem na vontade do homem momentaneamente investido do *imperium*. Esse princípio era aplicado com tanto rigor, que, quando um juízo tivesse sido pronunciado pelo governador, mas não tivesse sido completamente executado no momento em que ele deixava a província, a chegada do sucessor anulava de pleno direito esse julgamento, e o processo tinha de recomeçar.[27]

Tal era a onipotência do governador. Era ele a lei viva. Quanto a invocar a justiça romana contra as suas violências ou os seus crimes, os provincianos só o podiam se encontrassem um cidadão romano que quisesse servir-lhes de patrão.[28] Pois por si mesmos não tinham o direito de alegar a lei da cidade

---

[27] Gaio, IV, 103, 105.
[28] Cícero, *De orat.*, I, 9.

nem de se dirigir aos seus tribunais. Eles eram estrangeiros; a língua jurídica e oficial chamava-os *peregrini*; tudo o que a lei dizia do *hostis* continuava a se aplicar a eles.

A situação legal dos habitantes do império aparece claramente nos escritos dos jurisconsultos romanos. Vemos ali que se considera que os povos já não têm leis próprias e ainda não têm as leis romanas. Para eles, por conseguinte, o direito não existe de modo algum. Segundo o jurisconsulto romano, o provinciano não é nem marido nem pai, ou seja, a lei não lhe reconhece nem o poder marital nem a autoridade paternal. Não existe propriedade para ele; a impossibilidade de ele ser proprietário é até mesmo dupla: impossibilidade por causa da sua condição pessoal, porque não é cidadão romano; impossibilidade por causa da condição da sua terra, por não ser terra romana e a lei só admitir o direito completo de propriedade nos limites do *ager romanus*.* Por isso os jurisconsultos ensinam que o solo provincial não é jamais propriedade privada, e os homens só podem ter a posse e o usufruto dele.[29] Ora, o que eles dizem, no século II de nossa era, do solo provincial, fora igualmente verdadeiro do solo italiano antes do dia em que a Itália obteve o direito de cidade romano, como veremos logo mais.

É, portanto, certo que os povos, à medida que entravam no império romano, perdiam a religião municipal, o governo, o direito privado. É de crer que Roma abrandasse na prática o que a sujeição tinha de destrutivo. Assim, vemos que, embora a lei romana não reconhecesse no súdito a autoridade paternal, ainda deixava essa autoridade subsistir nos costumes. Se não se permitia que tal homem se dissesse proprietário da terra, ainda se deixava a ele a sua posse; ele cultivava a sua terra, vendia-a, legava-a. Jamais se dizia que essa terra fosse sua, mas

---

* Território romano. (N. T.)
[29] Gaio, II, 7. Cícero, *pro Flacco*, 32.

dizia-se que ela era como sua, *pro suo*. Ela não era sua propriedade, *dominium*, mas estava em seus bens, *in bonis*.[30] Roma imaginava, assim, em proveito do súdito, um sem-número de rodeios e de artifícios de linguagem. Sem dúvida, embora as suas tradições municipais o impedissem de fazer leis para os vencidos, o gênio romano não podia tolerar que a sociedade entrasse em dissolução. Em princípio, eles eram postos fora do direito; de fato, eles viviam como se o tivessem. Mas fora isso, e com exceção da tolerância do vencedor, deixavam-se todas as instituições dos vencidos e todas as suas leis desaparecerem. O império romano apresentou, durante várias gerações, este extraordinário espetáculo: uma só cidade permanecia de pé e conservava as instituições e um direito; todo o resto, isto é, mais de cem milhões de almas, ou não tinha mais nenhuma espécie de lei ou pelo menos não tinha leis que fossem reconhecidas pela cidade dominante. O mundo, então, não era precisamente um caos; mas só a força, a arbitrariedade e a convenção, na falta de leis e de princípios, sustentavam a sociedade.

Foi esse o efeito da conquista romana sobre os povos que se tornaram sucessivamente a sua presa. Da cidade, tudo caiu: primeiro a religião, depois o governo e enfim o direito privado; todas as instituições municipais, já abaladas havia muito tempo, foram finalmente arrancadas pela raiz e aniquiladas. Mas nenhuma sociedade regular, nenhum sistema de governo substituiu de imediato o que desaparecia. Houve um intervalo de tempo entre o momento em que os homens viram dissolver-se o regime municipal e aquele em que viram nascer outro modo de sociedade. A nação não sucedeu de imediato à cidade, pois o império romano não se assemelhava de modo algum a uma nação. Era uma multidão confusa, em que só havia uma verdadeira ordem num ponto central e em que todo o resto só tinha uma ordem artificial ou transitória, e mesmo isso só à custa de

---

[30] Gaio, I, 54; II, 5, 6, 7.

obediência. Os povos subjugados só conseguiram constituir-se como um corpo organizado ao conquistarem, por sua vez, os direitos e as instituições que Roma queria guardar para si; para isso, tiveram de entrar na cidade romana, conquistar nela um espaço, pressionar, transformar também a ela, para fazer de si mesmos e de Roma um só corpo. Foi uma obra longa e difícil.

5º) Os povos subjugados entram sucessivamente na cidade romana

Acabamos de ver como era deplorável a condição de súdito de Roma e como devia ser invejada a sorte do cidadão. A vaidade não era a única a sofrer; estavam em jogo interesses mais reais e mais caros. Quem não era cidadão romano não era considerado nem marido, nem pai; não podia ser legalmente nem proprietário nem herdeiro. Era tal o valor do título de cidadão romano, que sem ele se estava fora do direito e por ele se entrava na sociedade regular. Dessa maneira, esse título se tornou o objeto dos mais ardentes desejos dos homens. O latino, o italiano, o grego, mais tarde o espanhol e o gaulês aspiraram a ser cidadãos romanos, único meio de ter direitos e de ter alguma importância. Todos, um após outro, mais ou menos na ordem em que haviam entrado no império de Roma, se empenharam em entrar na cidade romana, e, depois de longos esforços, foram bem-sucedidos.

Essa lenta introdução dos povos no Estado romano é o último ato da longa história da transformação social dos antigos. Para observar esse grande acontecimento em todas as suas fases sucessivas, é preciso vê-lo começar no século IV antes da nossa era.

O Lácio fora subjugado; dos quarenta pequenos povos que o habitavam, Roma exterminara a metade, despojara alguns de suas terras e deixara aos outros o título de aliados. Em 340, estes se deram conta de que a aliança lhes era completamente desfavorável, que tinham de obedecer em tudo e estavam condenados a prodigar, a cada ano, o seu sangue e o seu dinheiro em proveito unicamente de Roma. Fizeram uma coalizão; seu chefe, Ânio, formulou assim as suas reivindicações no Senado de Roma: "Dai-nos a igualdade; tenhamos as mesmas leis; formemos convosco um só Estado, *una civitas*; tenhamos um só nome e sejamos todos chamados romanos". Ânio assim formulava, já no ano 340, o voto que todos os povos do império conceberam um após o outro, e que só devia ser completamente realizado cinco séculos e meio depois. Na época, tal ideia era muito nova e muito inesperada; os romanos declararam-na monstruosa e criminosa; ela era, de fato, contrária à velha religião e ao velho direito das cidades. O cônsul Mânlio respondeu que, se tal proposta fosse aceita, ele, cônsul, mataria com as próprias mãos o primeiro latino que viesse participar do Senado; em seguida, voltando-se para o altar, tomou o deus como testemunha, dizendo: "Ouviste, ó Júpiter, as ímpias palavras que saíram da boca desse homem! Poderás tolerar, ó deus, que um estrangeiro venha a assentar-se em teu templo sagrado, como senador, como cônsul?". Mânlio exprimia assim o velho sentimento de repulsa que separava o cidadão do estrangeiro. Ele era o porta-voz da antiga lei religiosa, que determinava que o estrangeiro fosse detestado pelos homens, por ser maldito aos deuses da cidade. Parecia-lhe impossível que um latino fosse senador, porque o lugar de reunião do Senado era um templo e os deuses romanos não podiam tolerar em seu santuário a presença de um estrangeiro.

Seguiu-se a guerra; os latinos, vencidos, fizeram *deditio*, ou seja, entregaram aos romanos as suas cidades, os seus cultos, as suas leis e as suas terras. Sua posição era cruel. Um cônsul diz no Senado que, se não quisessem que Roma fosse rodeada de um vasto deserto, tinham de decidir a sorte dos latinos com alguma clemência. Tito Lívio não explica com clareza o que foi feito; a crer nele, deram aos latinos o direito de cidade romana, mas sem incluir, na ordem política, o direito de sufrágio, nem na ordem civil o direito de matrimônio; podemos notar, além disso, que esses novos cidadãos não eram contados no censo. Vê-se que o Senado iludia os latinos, ao lhes aplicar o nome de cidadãos romanos; esse título disfarçava uma autêntica sujeição, pois os homens que o portavam possuíam as obrigações do cidadão, sem terem os seus direitos. Prova disso é que diversas cidades latinas se revoltaram para que lhes tirassem esse suposto direito de cidade.

Uma centena de anos se passou, e, sem que Tito Lívio nos avise, reconhecemos que Roma mudou a sua política. Não mais existe a condição de latinos com direito de cidade sem voto e sem *connubium*. Roma retirou deles esse título de cidadão, ou melhor, fez desaparecer aquela mentira, e decidiu devolver às diversas cidades o seu governo municipal, as suas leis e as suas magistraturas.

Mas, com um lance de grande habilidade, Roma abria uma porta que, por mais estreita que fosse, permitia aos súditos entrarem na cidade romana. Concedia que todo latino que tivesse exercido uma magistratura em sua cidade natal fosse cidadão romano ao expirar o seu mandato.[31] Dessa vez, o dom do direito de cidade era completo e sem reserva: sufrágios, magistraturas, censo, matrimônio, direito privado, estava tudo ali. Roma se resignava a compartilhar com o estrangeiro a religião, o governo, as leis; só que os seus favores eram individuais e se dirigiam, não a cidades inteiras, mas a alguns homens em cada uma delas. Roma só admitia em seu regaço o que havia de melhor, de mais rico e de mais respeitável no Lácio.

Esse direito de cidade tornou-se então precioso, primeiro porque era completo, depois porque era um privilégio. Por ele se conseguia a presença nos comícios da cidade mais poderosa da Itália; podia-se ser cônsul e comandar legiões. Era possível

---

[31] Apiano, *Guerras civis*, II, 26.

também satisfazer as ambições mais modestas; graças a ele, era possível aliar-se pelo casamento a uma família romana; estabelecer-se em Roma e nela ser proprietário; podiam-se fazer negócios em Roma, que já se tornava um dos primeiros mercados comerciais do mundo. Podia-se entrar nas companhias de publicanos, isto é, participar das enormes vantagens proporcionadas pela percepção dos impostos ou pela especulação com as terras do *ager publicus*. Em qualquer lugar onde se morasse, havia uma proteção muito eficaz; escapava-se à autoridade dos magistrados municipais e estava-se ao abrigo dos caprichos dos próprios magistrados romanos. Sendo cidadão de Roma, ganhavam-se honras, riqueza, segurança.

Os latinos empenharam-se, pois, na busca desse título, e usaram toda sorte de meios para adquiri-lo. Um dia em que Roma quis mostrar-se um pouco severa, descobriu que 12 mil deles o haviam obtido pela fraude.

Normalmente Roma fechava os olhos, pensando que com isso a sua população aumentaria e as perdas da guerra seriam reparadas. Mas as cidades latinas sofriam; seus mais ricos habitantes tornavam-se cidadãos romanos, e o Lácio se empobrecia. O imposto, de que os mais ricos estavam isentos por serem cidadãos romanos, tornava-se cada vez mais pesado, e o contingente de soldados que tinham de fornecer a Roma a cada ano se tornava mais difícil de completar. Quanto maior o número dos que obtinham o direito de cidade, mais dura era a condição dos que não o tinham. Chegou uma hora em que as cidades latinas reivindicaram que esse direito de cidade deixasse de ser um privilégio. As cidades italianas que, submetidas havia dois séculos, estavam mais ou menos na mesma condição que as cidades latinas e também viam os seus mais ricos habitantes abandoná-las para se tornarem romanos, reivindicaram para si esse direito de cidade. A sorte dos súditos ou dos aliados tornara-se nessa época ainda mais insuportável, porque a democracia romana levantava então a grande questão das leis agrárias. Ora, o princípio de todas essas leis era que nem o súdito nem o aliado podiam ser proprietários da terra, exceto por um ato formal da cidade, e que a maior parte das terras italianas pertencia à república; um partido exigia, portanto, que essas terras, que estavam quase todas ocupadas por italianos, fossem retomadas pelo Estado e divididas entre os pobres de Roma. Os italianos estavam, pois, ameaçados de uma ruína geral; sentiam vivamente a necessidade de ter direitos civis, e só podiam obtê-los tornando-se cidadãos romanos.

A guerra que se seguiu foi chamada de guerra *social*; eram os aliados de Roma que tomavam armas para não serem aliados e tornar-se romanos. Roma vitoriosa foi, porém, obrigada a conceder o que lhe pediam, e os italianos ganharam o direito de cidade. Assimilados a partir de então aos romanos, puderam votar no fórum; na vida privada, foram regidos pelas leis romanas; foi reconhecido o seu direito sobre o solo, e a terra italiana, tal como a terra romana, pôde ser possuída como propriedade. Estabeleceu-se então o *jus italicum*, que era o direito, não da pessoa italiana, pois o italiano se tornara romano, mas do solo itálico, que foi suscetível de propriedade, como se fosse *ager romanus*.[32]

A partir daí, a Itália inteira formou um só Estado. Ainda restava fazer as províncias entrarem na unidade romana.

Cumpre fazer uma distinção entre as províncias do Ocidente e a Grécia. No Ocidente estavam a Gália e a Espanha, que, antes da conquista, não haviam conhecido o verdadeiro regime municipal. Roma se empenhou em criar esse regime entre esses povos, quer por julgar que não os pudesse governar de outra forma, quer porque, para assimilá-los aos poucos às populações italianas, fosse preciso fazê-los passar pela mesma estrada que aquelas populações haviam trilhado. Daí que os imperadores,

---

[32] Por isso é chamado a partir daí, em direito, *res mancipi*. *Vide* Ulpiano.

que suprimiam toda vida política em Roma, se empenhassem em conservar as formas da liberdade municipal nas províncias. Formaram-se assim cidades na Gália; cada uma delas teve o seu Senado, o seu grupo aristocrático, as suas magistraturas eletivas; cada uma teve até o seu culto local, o seu *Genius*, a sua divindade protetora, à imagem do que havia na antiga Grécia e na antiga Itália. Ora, esse regime municipal que assim se estabelecia não impedia que os homens se dirigissem à cidade romana; pelo contrário, preparava-os a isso. Uma hierarquia habilmente articulada entre essas cidades indicava os graus pelos quais elas deviam aproximar-se aos poucos de Roma para por fim se assimilar a ela. Distinguiam-se 1º) os aliados, que tinham um governo e leis próprias, e nenhum vínculo de direito com os cidadãos romanos; 2º) as colônias, que gozavam o direito civil dos romanos, sem terem os seus direitos políticos; 3º) as cidades de direito itálico, isto é, aquelas a que o favor de Roma concedera o direito de propriedade completa sobre as suas terras, como se essas terras estivessem na Itália; 4º) as cidades de direito latino, ou seja, aquelas cujos habitantes podiam, segundo o costume outrora estabelecido no Lácio, tornar-se cidadãos romanos, depois de terem exercido uma magistratura municipal. Essas distinções eram tão profundas que entre pessoas de duas categorias não havia possibilidade de casamento possível e nenhuma relação legal. Mas os imperadores tiveram o cuidado de fazer que as cidades pudessem elevar-se, com o tempo e gradualmente, da condição de súdito ou de aliado ao direito itálico, do direito itálico ao direito latino. Quando uma cidade chegava a esse ponto, as suas principais famílias se tornavam romanas uma após a outra.

Desse modo, a Grécia entrou pouco a pouco no Estado romano. Cada cidade conservou a princípio as formas e os mecanismos do regime municipal. No momento da conquista, a Grécia mostrara-se desejosa de conservar a autonomia; ela lhe foi deixada, e talvez por mais tempo do que ela teria desejado.

Ao fim de poucas gerações, ela aspirou a se tornar romana; a vaidade, a ambição e o interesse trabalharam nesse sentido.

Os gregos não tinham por Roma esse ódio que normalmente se tem por um senhor estrangeiro; eles a admiravam, tinham veneração por ela; dedicavam-lhe espontaneamente um culto e lhe elevavam templos como a um deus. Cada cidade esquecia a sua divindade protetora e adorava em seu lugar a deusa Roma e o deus César; as mais belas festas eram para eles, e os primeiros magistrados não tinham função mais alta do que a de celebrarem com grande pompa os jogos augustais. Os homens habituavam-se, assim, a erguer os olhos acima das suas cidades; viam em Roma a cidade por excelência, a verdadeira pátria, o pritaneu de todos os povos. A cidade em que haviam nascido parecia pequena; seus interesses já não ocupavam o pensamento; as honras que ela dava já não satisfaziam a ambição. Julgavam nada ser se não fossem cidadãos romanos. É verdade que, sob os imperadores, esse título já não conferia direitos políticos; mas oferecia mais sólidas vantagens, pois o homem que dele estivesse investido adquiria ao mesmo tempo o pleno direito de propriedade, o direito de herdar, o direito de casamento, a autoridade paternal e todo o direito privado de Roma. As leis que cada qual encontrava em sua cidade eram leis variáveis e sem fundamento, apenas toleradas; o romano desprezava-as e o próprio grego pouco as estimava. Para ter leis fixas, reconhecidas por todos e realmente santas, era preciso ter as leis romanas.

Não consta que nem a Grécia como um todo, nem mesmo uma cidade grega tenha formalmente solicitado esse tão desejado direito de cidade; mas os homens trabalharam individualmente para adquiri-lo, e Roma consentiu de bom grado. Uns o obtiveram do favor do imperador; outros o compraram; ele foi concedido aos que davam três filhos à sociedade, ou que serviam em certas divisões do exército; às vezes bastava para obtê-lo ter construído um navio comercial de determinada tonelagem ou ter trazido trigo a Roma. Um meio fácil e rápido de adquiri-lo era vender-se como escravo a um cidadão romano, pois a alforria segundo as formas legais conduzia ao direito de cidade.³³

O homem que possuía o título de cidadão romano não mais fazia parte nem civil nem politicamente da sua cidade natal. Podia continuar a morar nela, mas era considerado estrangeiro; não estava sujeito às leis da cidade, não mais obedecia aos seus magistrados nem suportava os encargos pecuniários.³⁴ Essa era a consequência do velho princípio que não permitia que um mesmo homem pertencesse a duas cidades ao mesmo tempo.³⁵ Aconteceu naturalmente que depois de algumas gerações houvesse em cada cidade grega um número bastante grande de homens, e normalmente os mais ricos, que não reconheciam nem o governo nem o direito dessa cidade. Assim, o regime municipal pereceu lentamente e como que de morte natural. Chegou um dia em que a cidade passou a ser um quadro que não continha mais nada, em que as leis locais já não se aplicavam quase a mais ninguém, em que os juízes municipais não tinham mais pessoas sujeitas à sua jurisdição.

Enfim, depois de oito ou dez gerações terem suspirado pelo direito romano de cidade, e quando todos os que tinham algum valor já o obtiveram, foi então baixado um decreto imperial que o concedeu a todos os homens livres, sem distinção.

O estranho é que não podemos dizer com certeza nem a data desse decreto nem o nome do príncipe que o baixou. A honra de sua criação é com certa probabilidade conferida a Caracala, ou seja, a um príncipe que jamais teve ideias muito

---

³³ Suetônio, *Nero*, 24. Petrônio, 57. Ulpiano, III. Gaio, I, 16, 17.
³⁴ Ele se tornava um estrangeiro em relação à sua própria família, se ela não tivesse como ele o direito de cidade. Não herdava dela. Plínio, *Panegírico*, 37.
³⁵ Cícero, *pro Balbo*, 28; *pro Archia*, 5; *pro Coecina*, 36. Cornélio Nepos, *Atticus*, 9. A Grécia abandonara havia muito esse princípio; mas Roma se apegava fielmente a ele.

elevadas; por isso lhe é atribuída como uma simples medida fiscal. Raros são os decretos mais importantes do que esse na história: ele suprimia a distinção, existente desde a conquista romana, entre o povo dominador e os povos súditos; fazia até desaparecer a distinção, muito mais velha, que a religião e o direito haviam marcado entre as cidades. Os historiadores da época, todavia, não o repararam, e só o conhecemos por dois textos vagos dos jurisconsultos e uma curta indicação de Díon Cássio.[36] Se esse decreto não impressionou os contemporâneos e não foi notado pelos que escreviam a história na época, é porque a mudança de que ele era a expressão legal já se operara havia muito tempo. A desigualdade entre os cidadãos e os súditos enfraquecera-se a cada geração e aos poucos desaparecera. O decreto pôde passar despercebido, sob o véu de uma medida fiscal; ele proclamava e fazia passar para o domínio do direito o que já era um fato consumado.

O título de cidadão começou então a cair em desuso, ou, embora ainda fosse empregado, era para designar a condição de homem livre, oposta à de escravo. A partir daquele tempo, tudo o que fazia parte do império romano, desde a Espanha

---

[36] "Antoninus Pius jus romanae civitatis omnibus subjectis donavit." Justiniano, *Novellae*, 78, c. 5. "In orbe romano qui sunt, ex constitutione imperatoris Antonini, cives romani effecti sunt." Ulpiano, no *Digesto*, liv. I, tít. 5, 17. Sabemos, aliás, por Espartiano que Caracala se fazia chamar Antonino nas atas oficiais. Diz Díon Cássio que Caracala deu a todos os habitantes do império o direito de cidade para generalizar o imposto do dízimo sobre as alforrias e sobre as sucessões. — A distinção entre peregrinos, latinos e cidadãos não desapareceu completamente; encontramo-la ainda em Ulpiano e no Código; pareceu, com efeito, natural que os escravos libertos não se tornassem de imediato cidadãos romanos, mas passassem por todas as antigas etapas que separavam a servidão do direito de cidade. Vemos também em certos indícios que a distinção entre as terras itálicas e as terras provinciais ainda subsistiu durante muito tempo (*Código*, VII, 25; VII, 31; X, 39; *Digesto*, liv. L, tít. 1). Assim, a cidade de Tiro na Fenícia, ainda depois de Caracala, gozava por privilégio do direito itálico (*Digesto*, IV, 15); explica-se a conservação dessa distinção pelo interesse dos imperadores, que não queriam privar-se dos tributos que a terra provincial pagava ao fisco.

até o Eufrates, formou realmente um único povo e um só Estado. Desaparecera a distinção das cidades; a das nações ainda só aparecia debilmente. Todos os habitantes desse imenso império eram igualmente romanos. O gaulês abandonou o seu nome de gaulês e adotou com afã o de romano; o mesmo fez o espanhol, assim como o habitante da Trácia ou da Síria. Já não havia senão um só nome, uma só pátria, um só governo, um só direito.

Vemos o quanto a cidade romana se desenvolvera de época em época. Originalmente, ela só continha patrícios e clientes; em seguida, a classe plebeia nela penetrou, depois os latinos, depois os italianos; por fim vieram os provincianos. Não bastara a conquista para operar essa grande mudança. Fora necessária a lenta transformação das ideias, as concessões prudentes mas ininterruptas dos imperadores, e o afã dos interesses individuais. Então, todas as cidades desapareceram aos poucos; e a própria cidade romana, a última de pé, transformou-se, de sorte que se tornou a reunião de uma dúzia de grandes povos sob um único senhor. Assim caiu o regime municipal.

Não pertence ao nosso tema dizer por qual sistema de governo esse regime foi substituído, nem pesquisar se tal mudança foi de pronto mais vantajosa do que funesta às populações. Devemos deter-nos no momento em que as velhas formas sociais estabelecidas pela antiguidade desapareceram para sempre.

CAPÍTULO III

O cristianismo muda as condições do governo

A vitória do cristianismo marca o fim da sociedade antiga. Com a religião nova se encerra essa transformação social que vimos começar seis ou sete séculos antes.

Para saber o quanto os princípios e as regras essenciais da política foram então mudados, basta lembrar que a antiga sociedade fora constituída por uma velha religião cujo dogma principal era que cada deus protegia exclusivamente uma família ou uma cidade, e só existia para ela. Era o tempo dos deuses domésticos e das divindades protetoras das cidades. Essa religião dera à luz o direito; as relações entre os homens, a propriedade, a hereditariedade, o procedimento jurídico, tudo se vira determinado, não pelos princípios da equidade natural, mas pelos dogmas dessa religião e com vista às necessidades do seu culto. Ela também estabelecera um governo entre os homens: o do pai na família, o do rei ou do magistrado na cidade. Tudo viera da religião, ou seja, da opinião que o homem se formara da divindade. Religião, direito e governo haviam-se confundido e não foram senão uma mesma coisa sob três aspectos diversos.

Procuramos lançar alguma luz sobre esse regime social dos antigos, em que a religião era senhora absoluta na vida privada e na vida pública; em que o Estado era uma comunidade religiosa, o rei, um pontífice, o magistrado, um sacerdote, a lei, uma fórmula santa; em que o patriotismo era piedade, o exílio uma excomunhão; em que a liberdade individual era desconhecida, em que o homem estava sob o jugo do Estado pela alma, pelo corpo e pelos bens; em que era obrigatório o ódio ao estrangeiro, em que as noções do direito e do dever, da justiça e da afeição se detinham nos limites da cidade; em que a associação humana estava necessariamente restrita a certa circunferência, ao redor de um pritaneu, e em que não se via a possibilidade de fundar sociedades maiores. Foram esses os traços característicos das cidades gregas e italianas durante o primeiro período de sua história.

Aos poucos, porém, como vimos, a sociedade se modificou. Ocorreram mudanças no governo e no direito, ao mesmo tempo que nas crenças. Nos cinco séculos que antecederam o cristianismo, já não era tão íntima a aliança entre a religião, por um lado, o direito e a política, por outro. Os esforços das classes oprimidas, a derrubada da casta sacerdotal, o trabalho dos filósofos, o progresso do pensamento haviam abalado os velhos princípios da associação humana. Foram feitos incessantes esforços no sentido da libertação do domínio dessa velha religião, na qual o homem não podia mais crer; o direito e a política, como a moral, haviam aos poucos se libertado de seus vínculos.

Só que essa espécie de divórcio vinha do enfraquecimento da antiga religião; se o direito e a política começavam a ser um pouco independentes, é porque os homens deixavam de ter crenças; se a sociedade já não era governada pela religião, isso se devia sobretudo ao fato de a religião não ter mais força. Ora, chegou um dia em que o sentimento religioso recuperou a vida e o vigor, e, sob a forma cristã, a crença recuperou o império da alma. Não veríamos então reaparecer a antiga confusão do governo e do sacerdócio, da fé e da lei?

Com o cristianismo, não só o sentimento religioso foi revivescido, mas assumiu também uma expressão mais alta e menos material. Ao passo que antes se haviam criado deuses da alma humana ou das grandes forças físicas, começou-se a conceber Deus como realmente estranho, por essência, à natureza humana, por um lado, ao mundo, por outro. O Divino foi resolutamente colocado fora da natureza visível e acima dela. Enquanto antes cada homem fazia para si mesmo o seu deus, e havia tantos deuses quantas as famílias e as cidades, Deus apareceu então como um ser único, imenso, universal, único a animar os mundos e o único a dever satisfazer à necessidade de adoração que existe no homem. Enquanto antes a religião, entre os povos da Grécia e da Itália, pouco mais era do que um conjunto de práticas, uma série de ritos que se repetiam sem que naquilo se visse algum sentido, uma sequência de fórmulas que muitas vezes não mais se compreendia, porque a sua língua envelhecera, uma tradição que se transmitia de século em século e recebia o caráter sagrado apenas da sua antiguidade, em lugar disso, a religião passou a ser um conjunto de dogmas e um grande objeto proposto à fé. Já não era exterior; residia sobretudo no pensamento do homem. Já não era matéria; tornou-se espírito. O cristianismo mudou a natureza e a forma da adoração: o homem não mais deu a Deus o alimento e a bebida; a prece já não era uma fórmula mágica; passou a ser um ato de fé e uma humilde súplica. A alma passou a estar numa outra relação com a divindade: o temor dos deuses foi substituído pelo amor de Deus.

O cristianismo trazia mais outras novidades. Não era a religião doméstica de nenhuma família, a religião nacional de nenhuma cidade e de nenhuma raça. Não pertencia nem a uma casta nem a uma corporação. Desde o início, ele chamava para si a humanidade inteira. Dizia Jesus Cristo aos discípulos: "Ide e instruí *todos os povos*".

Esse princípio era tão extraordinário e tão inesperado que os primeiros discípulos tiveram um instante de hesitação; podemos ver nos Atos dos Apóstolos que no começo muitos se recusaram a propagar a nova doutrina fora do povo em meio ao qual ela nascera. Esses discípulos achavam, como os antigos judeus, que o Deus dos judeus não queria ser adorado por estrangeiros; como os romanos e os gregos dos tempos antigos, eles acreditavam que cada raça tinha o seu deus, que propagar o nome e o culto desse deus era se despojar de um bem próprio e de um protetor especial, e que tal propaganda era ao mesmo tempo contrária ao dever e ao interesse. Mas Pedro replicou àqueles discípulos: "Deus não faz diferença entre os gentios e nós". São Paulo gostava de repetir este grande princípio em todas as ocasiões e sob todas as formas: "Deus", diz ele, abre aos gentios as portas da fé. Deus é só Deus dos judeus? não, é claro, Ele é também Deus dos gentios... Os gentios são chamados à mesma herança que os judeus".

Havia em tudo aquilo algo de muito novo. Pois em toda parte, nos primórdios da humanidade, se concebera que a divindade estivesse especialmente ligada a uma raça. Os judeus haviam crido no Deus dos judeus; os atenienses, na Palas ateniense; os romanos, no Júpiter capitolino. O direito de praticar um culto fora um privilégio. O estrangeiro fora repelido dos templos; o não-judeu não pudera entrar no templo dos judeus; o lacedemônio não tivera o direito de invocar a Palas ateniense. É justo dizer que, nos cinco séculos que antecederam o cristianismo, todos os que pensavam já se insurgiam contra essas regras estreitas. A filosofia havia ensinado muitas vezes, desde Anáxagoras, que o Deus do universo recebia indistintamente as homenagens de todos os homens. A religião de Elêusis admitira iniciados de todas as cidades. Os cultos de Cibele, de Serápis e alguns outros haviam aceitado indiferentemente adoradores de todas as nações. Os judeus haviam começado a admitir o estrangeiro na sua religião, os gregos e os romanos o haviam admitido em suas cidades. O cristianismo, vindo depois de todos esses progressos do pensamento e das instituições, apresentou à adoração de todos os homens um Deus único, um Deus universal, um Deus que era de todos, que não tinha povo eleito e não fazia distinção nem de raça, nem de família nem de Estado.

Para esse Deus não havia mais estrangeiros. O estrangeiro não profanava mais o templo, não maculava mais o sacrifício com a sua simples presença. O templo foi aberto a quem quer que acreditasse em Deus. O sacerdócio deixou de ser hereditário, porque a religião não era mais um patrimônio. O culto não foi mais mantido secreto; os ritos, as preces, os dogmas passaram a não ser mais ocultos; ao contrário, passou a haver um ensino religioso, que não só se deu, mas se ofereceu, se levou para os mais distantes, foi buscar os mais indiferentes. O espírito de propaganda substituiu a lei de exclusão.

Isso teve grandes consequências, tanto para as relações entre os povos quanto para o governo dos Estados.

Entre os povos, a religião não mais ordenou o ódio; não mais tornou um dever do cidadão detestar o estrangeiro; passou a ser de sua essência, ao contrário, ensinar-lhe que tinha para com o estrangeiro, para com o inimigo, deveres de justiça e até de benevolência. As barreiras entre os povos e as raças foram assim derrubadas; o *pomoerium* desapareceu; "Jesus Cristo", diz o apóstolo, "rompeu a muralha de separação e de inimizade". "Há muitos membros", diz ele ainda; "mas todos formam um só corpo. Não há nem gentio nem judeu; nem circunciso nem incircunciso; nem bárbaro nem cita. Todo o gênero humano se ordena na unidade". Passou-se até a ensinar aos povos que eles descendiam todos de um mesmo pai comum. Com a unidade de Deus, a unidade da raça humana se mostrou aos espíritos; e a partir daí passou a ser uma necessidade da religião proibir ao homem odiar os outros homens. No que se refere ao governo do Estado, podemos dizer que o cristianismo o transformou em sua essência, justamente porque não se ocupou dele. Nos velhos tempos, a religião e o Estado eram uma e a mesma coisa; cada povo adorava o seu deus, e cada deus governava o seu povo; o mesmo código regulava as relações entre os homens e os deveres para com os deuses da cidade. A religião mandava então no Estado e lhe designava os seus chefes pela voz do sorteio ou pela dos auspícios; o Estado, por sua vez, intervinha no terreno da consciência e punia toda infração aos ritos e ao culto da cidade. Em vez disso, Jesus Cristo ensina que o seu reino não é deste mundo. Separa a religião do governo. Não sendo mais terrestre, a religião já só se envolve o mínimo possível nas coisas da terra. Jesus Cristo acrescenta: "Dai a César o que é de César, e a Deus o que é de Deus". Foi a primeira vez que se fez tão nitidamente a distinção entre Deus e o Estado. Pois César, nessa época, ainda era o grande pontífice, o chefe e o principal porta-voz da religião romana; era o guardião e o intérprete das crenças; tinha nas mãos o culto e o dogma. A própria pessoa deles era sagrada e divina, pois era precisamente uma das características da política dos imperadores o fato de, querendo recuperar os atributos da realeza antiga, fazerem questão de não esquecer esse caráter divino que a antiguidade vinculara aos reis-pontífices e aos sacerdotes-fundadores. Mas eis que Jesus Cristo quebra essa aliança que o paganismo e o império queriam restaurar. Ele proclama que a religião não é mais o Estado e que obedecer a César já não é o mesmo que obedecer a Deus.

O cristianismo acaba de derrubar os cultos locais; extingue os pritaneus, quebra definitivamente as divindades protetoras das cidades. Faz mais: não toma para si o domínio que esses cultos haviam exercido sobre a sociedade civil. Professa que entre o Estado e a religião nada há em comum; separa o que toda a Antiguidade havia misturado. Podemos, aliás, notar que, durante três séculos, a religião nova viveu completamente fora da ação do Estado; foi capaz de abrir mão da sua proteção e até de lutar contra ele. Esses três séculos estabeleceram um abismo entre o campo do governo e o campo da religião. E como a memória dessa época gloriosa não pôde ser apagada, seguiu-se daí que esta distinção se tornou uma verdade vulgar e incontestável, que até os esforços de parte do clero não conseguiram desarraigar.

Esse princípio foi fértil em grandes resultados. Por um lado, a política foi definitivamente libertada das regras estritas que a antiga religião lhe havia traçado. Pôde-se governar os homens sem ter de se curvar diante de costumes sagrados, sem consultar os auspícios ou os oráculos, sem conformar todos os atos às crenças e às necessidades do culto. A política tornou-se mais livre em suas maneiras; mais nenhuma outra autoridade além da lei moral a perturbou. Por outro lado, se o Estado se tornou mais soberano em certas coisas, a sua ação também se tornou mais limitada. Toda uma metade do homem lhe escapou. O cristianismo ensinava que o homem não mais pertencia à sociedade senão por uma parte de si mesmo, que tinha compromissos com ela pelo corpo e pelos interesses materiais, que, súdito de um tirano, devia submeter-se, que, cidadão de uma república, devia dar a vida por ela, mas que pela alma ele era livre e só tinha compromissos com Deus.

O estoicismo já havia marcado essa separação; havia devolvido o homem a si mesmo, fundando a liberdade interior. Mas do que era apenas o esforço enérgico de uma seita corajosa, o cristianismo fez a regra universal e inabalável das gerações seguintes; do que era apenas o consolo de alguns, fez o bem comum da humanidade.

Se agora nos lembrarmos do que foi dito mais acima sobre a onipotência do Estado entre os antigos, se tivermos em mente até que ponto a cidade, em nome do seu caráter sagrado e da religião que era inerente a ela, exercia um domínio absoluto, veremos que esse princípio novo foi a origem de onde pôde vir a liberdade do indivíduo. Uma vez libertada a alma, o mais difícil já estava feito, e a liberdade se tornou possível na ordem social.

Os sentimentos e os costumes então se transformaram, assim como a política. A ideia que se tinha dos deveres do cidadão enfraqueceu-se. O dever por excelência não mais consistiu em dar o tempo, as forças e a vida ao Estado. A política e a guerra já não eram todo o homem; já nem todas as virtudes estavam incluídas no patriotismo; pois a alma já não tinha pátria. O homem sentiu que tinha outras obrigações além de viver e morrer pela cidade. O cristianismo distinguiu as virtudes privadas das virtudes públicas. Ao rebaixar estas últimas, exaltou as primeiras; colocou Deus, a família, a pessoa humana acima da pátria, o próximo acima do concidadão.

A natureza do direito também mudou. Para todas as nações antigas, o direito estivera submetido à religião e recebera dela todas as suas regras. Para os persas e os hindus, para os judeus, para os gregos, os italianos e os gauleses, a lei estivera contida nos livros sagrados ou na tradição religiosa. Por isso, cada religião fizera o direito à sua imagem. O cristianismo foi a primeira religião que não afirmou que o direito dependia dela. Ocupou-se com os deveres dos homens, não com suas relações de interesse. Não se viu que regulasse nem o direito de propriedade, nem a ordem das heranças, nem as obrigações nem o procedimento. Ele se colocou fora do direito, como estava fora de tudo que fosse puramente terrestre. O direito tornou-se, por consequência, independente; ele pôde colher as suas normas na natureza, na consciência humana, na possante ideia do justo que está em nós. Pôde desenvolver-se com toda a liberdade, reformar-se e aperfeiçoar-se sem nenhum obstáculo, seguir os progressos da moral, curvar-se aos interesses e às necessidades sociais de cada geração.

Reconhece-se a feliz influência da nova ideia na história do direito romano. Durante alguns séculos que precederam o triunfo do cristianismo, o direito romano já trabalhava para se separar da religião e se aproximar da equidade e da natureza; mas ele só procedia por rodeios e sutilezas, que o debilitavam e enfraqueciam a sua autoridade moral. O trabalho de regeneração do direito, anunciado pela filosofia estoica, perseguida pelos nobres esforços dos jurisconsultos romanos, esboçado pelos artifícios e pelas astúcias do emprestador, só alcançou um bom êxito completo graças à independência que a nova religião dava ao direito. Foi possível ver, à medida que o cristianismo conquistava a sociedade, os códigos romanos admitirem as regras novas, não mais por subterfúgios, mas abertamente e sem hesitação. Tendo os Penates domésticos sido derrubados e extintos os fogos sagrados, a antiga constituição da família desapareceu para sempre, e com ela as regras que dela decorriam. O pai perdeu a autoridade absoluta que o seu sacerdócio lhe dera antigamente, e só conservou a que a própria natureza lhe confere para as necessidades do filho. A mulher, que o velho culto colocava numa posição inferior ao marido, tornou-se moralmente sua igual. O direito de propriedade foi modificado na essência; desapareceram os limites sagrados dos campos; a propriedade não mais decorria da religião, mas do trabalho; a sua aquisição tornou-se mais fácil, e as formalidades do velho direito foram definitivamente deixadas de lado.

Assim, pelo simples fato de a família não mais ter uma religião doméstica, foram transformados a sua constituição e o seu direito; assim como, pelo simples fato de o Estado não ter mais uma religião oficial, as regras do governo dos homens mudaram para sempre.

O nosso estudo deve deter-se neste limite que separa a política antiga da política moderna. Escrevemos a história de uma crença. Ela se estabelece: a sociedade humana constitui-se. Ela se modifica: a sociedade atravessa uma série de revoluções. Ela desaparece: a sociedade muda de figura. Tal foi a lei dos tempos antigos.

© *Copyright* desta tradução: Editora Martin Claret Ltda., 2009.
Título original: *La cité antique*. Traduzido da 1ª edição de 1864.

Direção
MARTIN CLARET
Produção editorial
CAROLINA MARANI LIMA / MAYARA ZUCHELI
Direção de arte e capa
JOSÉ DUARTE T. DE CASTRO
Diagramação
GIOVANA QUADROTTI
Revisão
WALDIR MORAES
Impressão e acabamento
GRÁFICA SANTA MARTA

A ortografia deste livro segue o novo Acordo Ortográfico da Língua Portuguesa.

Dados Internacionais de Catalogação na Publicação (CIP)
(Câmara Brasileira do Livro, SP, Brasil)

Coulanges, Fustel de, 1830-1889
A cidade antiga / Fustel de Coulanges; tradução:
Roberto Leal Ferreira. — São Paulo: Martin Claret, 2020.

Título original: *La cité antique*.
ISBN 978-65-86014-97-6

1. Cidades antigas 2. Civilização grega 3. Civilização latina
4. Grécia – Política e governo 5. Roma – Política e governo
I. Título

20-46506 CDD-930

Índices para catálogo sistemático:

1. Cidades: História antiga 930
Cibele Maria Dias – Bibliotecária – CRB-8/9427

EDITORA MARTIN CLARET LTDA.
Rua Alegrete, 62 — Bairro Sumaré — CEP: 01254-010 — São Paulo — SP
Tel.: (11) 3672-8144 — www.martinclaret.com.br
Impresso — 2021

CONTINUE COM A GENTE!

- Editora Martin Claret
- editoramartinclaret
- @EdMartinClaret
- www.martinclaret.com.br

IMPRESSO EM PAPEL

Pólen®

mais prazer em ler